GWERIN
MORGANNWG

DIWYLLIANT GWERIN MORGANNWG

Allan James

GOMER

Argraffiad cyntaf—2002

ISBN 1 84323 091 7

Mae Allan James wedi datgan ei hawl dan Ddeddf Hawlfraint,
Dyluniadau a Phatentau 1988 i gael ei gydnabod fel awdur y llyfr hwn.

Dymuna'r cyhoeddwyr gydnabod cymorth Cyngor Llyfrau Cymru.

Argraffwyd yng Nghymru gan
Wasg Gomer, Llandysul, Ceredigion

I Lynne,

i Ceri ac i Iwan

CYNNWYS

DIOLCHIADAU

I'r Athro T. J. Morgan y bo'r diolch am gynnig testun ymchwil ar ganu gwerin Gwent a Morgannwg a fu'n sbardun i mi droi nid yn unig at hanes cerddorol y siroedd hynny ond at hanes rhai o arferion a chymeriadau Bro Morgannwg a Chwm Llynfi, fy mro enedigol. Yn ystod y cyfnod ymchwil gwreiddiol, cefais gefnogaeth arbennig gan Brinley Richards (Brinli), cyfreithiwr wrth ei alwedigaeth ond bardd a llenor yn ogystal a fanteisiai ar bob cyfle i ddathlu gorffennol y rhanbarth. Byddai ei ystafell aros ar brydiau yn llawn i'r ymylon pan fyddai ef wrthi'n traethu'n huawdl a di-dâl am ryw agwedd neu'i gilydd ar hanes y plwyf neu'n rhannu â mi ryw glecs eisteddfodol. Bu'n hynod garedig tuag ataf; a defnyddio geiriau Brinli ei hun, 'Daeth encyd i ddweud thanciw'. Tua'r un cyfnod y cwrddes i â Roy Saer (Sain Ffagan) am y tro cyntaf a derbyn cyngor diogel ganddo ar nifer o bynciau gwerinol eu pwyslais. Diolchaf hefyd i Greville James, cyfaill a chyd-weithiwr, a fu mor garedig â threfnu i mi gwrdd â Herbert Davies, mab 'Sam y Delyn', yn ei gartref ym Mhont-rhyd-y-fen.

Yn ystod cyfnod o gasglu a phrosesu deunydd ar gyfer y gwaith presennol, bu ymweliadau â gwahanol sefydliadau yn gyfle i fanteisio ar gyngor nifer o arbenigwyr parod eu cymwynas. Pleser yn y cyd-destun hwn yw cael diolch i Arwyn Lloyd Hughes (cyn-archifydd Amgueddfa Werin Cymru) am ei gymorth caredig ac am gyfarwyddyd diogel ar bob achlysur. Yn yr un modd, hoffwn ddiolch i Huw Walters nid yn unig am hwyluso'r gwaith o ddilyn ambell drywydd digon cymhleth ymhlith papurau'r Llyfrgell Genedlaethol ond am fy nghyfeirio yn ei ffordd ddi-ffwdan a chwrtais at gyfres o ffynonellau atodol. Bu Meinwen Ruddock ac Emma Lile yn Amgueddfa Wein Cymru o gymorth wrth gael gafael ar luniau, a diolch i Amgueddfeydd ac Orielau Cymru am roi caniatâd i atgynhyrchu rhai o'r lluniau hynny yn y gyfrol.

O fewn fy adran fy hun ym Mhrifysgol Morgannwg, hoffwn ddiolch i Anne England am dynnu fy sylw at rai cyfrolau cyfoes hynod ddifyr a pherthnasol ac i Anne Baik am gynnal prentis go anobeithiol ym myd technoleg drwy ymarfer ei dewiniaeth gyfrifiadurol ar fy rhan. Yn ôl ei arfer, bu Cennard Davies yn olygydd personol parod a chefnogol; bu'n hapus i ymateb i bob math o ymholiad gydag amynedd di-ball ac i ddarllen gwahanol adrannau o'r gwaith gyda'i frwdfrydedd a'i graffter arferol. Mae fy nyled yn fawr iddo a braf cael cyfle i ddiolch iddo ef ac i Mary, am gynifer o gymwynasau dros y blynyddoedd.

O fewn fy nheulu fy hun byddai'n amhriodol pe na bawn yn cyfeirio at gyfraniad unigryw fy mhlant, Ceri ac Iwan. Yn wyneb colled deuluol arswydus o sydyn, buont yn hynod gefnogol a chall dan amgylchiadau anodd a fu'n her i'r tri ohonom. Mae'n gyfle i ddiolch yr un pryd i garfan gref o ffrindiau a fu mor biwr tuag atom ac i'm cefnder William am ei gefnogaeth garedig a di-ffael dros y blynyddoedd.

Yn olaf, carwn ddiolch i Wasg Gomer ac i Bethan Mair yn benodol, am ofalu fod y deunydd wedi gweld golau dydd mewn diwyg sydd mor ddeniadol a glân. Derbyniwyd cyngor gofalus bob cam o'r ffordd a phleser yw cydnabod yr ymdrech a wnaed i sicrhau safon uchel y cysodi a'r argraffu.

BLAENAU MORGANNWG

RHYMNI

LLYS-FAEN
LLANISIEN
TREDELERCH
CAERDYDD
YR EGLWYS NEWYDD

AFON TAF

LLANDAF
TYLLGOED
TREGANNA
TRELAI
SAIN FFAGAN
LLANFIHANGEL-AR-ELÁI
LLANDAF
LECWYDD
LLANDOCHAU FACH
LLANFIHANGEL-Y-PWLL
PENARTH
DINAS POWYS
TREGATWG
SILI
LARNOG

LLANTRISANT

Y GROES-FAEN
LLANSTFFRAID-AR-ELÁI
SAIN FFAGAN
LLANBEDR-Y-FRO
SAIN SIORYS
SAIN NICOLAS
LLWYNELIDDON
GWENFÓ
SAINT ANDRAS
MERTHYR DYFAN
Y BARRI
PORTHCERI

AFON ELÁI
PONT-Y-CLUN

TRESIMWN
LLANTRIDDYD
TREWALLTER
MOLLTWN
PEN-MARC

LLANHARAN
LLANILID
LLANHARI
EGLWYS FAIR Y MYNYDD
YSTRADOWEN
LLANSANNWR
Y MAENDY
PENDEULWYN
LLANDDUNWYD
ABERTHIN
SAINT HILARI
Y BONT-FAEN
TRE-GOF
LLANCARFAN
LLANGATAL
Y BRITWN
ABERDDAWAN

PEN-COED
LLANGRALLO
TRE-OS
LLAN-GAN
PEN-LLIN
TREGOLWYN
LLANFYRNACH
LLYSWYRNY
LLANDŴ
LLANFIHANGEL Y BONT FAEN
LLANDOCHAU
TRESIGIN
LLANFAIR
TREFFLEMIN
SAIN TATHAN
SILSTWN
TREBEFERED
EGLWYS BREWYS
LLAN-FAES
LLANILLTUD FAWR

AFON DDAWAN

COETY
PEN-Y-BONT AR OGWR
TRE-OS
EWENNI
SAINT-Y-BRID
Y WIG
YR AS FAWR
MARCROES
SAIN DUNWYD

AFON OGWR
AFON EWENNI

TON-DU
LLANGEWYDD
TRELALES
MERTHYR MAWR
LLANDUDWG

Y PÎL
CYNFFIG
DRENEWYDD YN NOTAIS
PORTH-CAWL

0 1 2 3 4 5
MILLTIROEDD

BRO MORGANNWG

RHAGAIR

Nod y gyfrol hon yw ail-greu darlun o gymdeithas werinol ei natur drwy gyfrwng cyfres o ddogfennau perthnasol a luniwyd neu a ddetholwyd gan groniclwyr sy'n perthyn i wahanol gyfnodau ac i amrywiaeth o gymunedau. Mae'r darlun cymdeithasol hwnnw, ar y naill law yn dangos y gwerinwr wrth ei waith ac, ar y llaw arall yn cynnal ac yn gwarchod hen draddodiadau ei gynefin. Canolbwyntir yn benodol ar Fro Morgannwg, ond y gobaith yw y bydd disgrifio natur diwylliant gwerin yr ardal honno yn arddangos ac yn egluro natur y prosesau a fu'n cymaint rhan o fywyd cymunedau eraill ledled Cymru.

Er bod tuedd naturiol i ddosbarthu deunydd gwerinol fesul talaith a chyfnod, y gwir amdani yw bod y pwnc ei hun yn gwarafun y math hwnnw o ddosbarthu a labelu cyfleus a gysylltir yn benodol â dulliau gwyddonol cyfnodau pur ddiweddar. O ganlyniad, bydd ymdriniaeth â diwylliant gwerin un ardal benodol yn golygu fod angen trafod prosesau safonol a chyfarwydd sy'n nodweddu'r byd gwerinol yn gyffredinol. Hynny yw, bydd astudiaeth o hanes llên gwerin un ardal arbennig yn rhwym o godi cwestiynau sy'n berthnasol mewn cyd-destunau ehangach yn rhyngdaleithiol neu'n rhyngwladol. O ganlyniad, bydd yr hyn a draethir am ddiwylliant gwerin Morgannwg yn arddangos nifer o'r agweddau a'r prosesau hynny fu'n hybu ac yn bygwth datblygiadau tebyg ledled Cymru a thu hwnt. Gellir awgrymu, felly, o'r cychwyn cyntaf, nad yw'r pwnc yn un sy'n ei fenthyg ei hun i ddulliau cyfoes o ddosbarthu a diffinio, a bod natur y deunydd sy'n mynnu trosgynnu amser a lle yn her i bob croniclydd cydwybodol. I fyd diawdur a di-ffin, felly, y perthyn diwylliant gwerin, fel bod nifer o wahanol gymunedau yn hawlio cyfran o'r clod am gynnal a hyrwyddo rhaglen gyfoethog o weithgareddau gwerinol ac am ddiogelu cronfa dda o benillion, caneuon a chwedlau llafar gwlad.

Bu amaethwyr yn ymwybodol o hynt y tymhorau ac o bwysigrwydd ymateb i batrymau cynhenid eu cynefin naturiol ar hyd y cenedlaethau. Wedi cyfnod o segurdod gaeafol, byddid yn dechrau rhagweld gwyrth y gwanwyn drwy gyfrwng cyfres o ddefodau penodol a fwriedid i atgyfnerthu pwerau'r byd naturiol er mwyn sicrhau, gydag amser, gynhaeaf bras a llwyddiannus. Rhan o'r broses oedd sicrhau fod y tir yn cael ei ailffrwythloni'n flynyddol, ac mewn cymdeithas gyntefig y peth naturiol oedd troi at y pwerau uwchnaturiol hynny y credid eu bod yn dylanwadu ar batrymau'r flwyddyn ac ar lwyddiant cynhaeaf a fyddai'n gwaredu'r gwerinwr rhag prinder a newyn, ystyriaeth hollbresennol mewn cymunedau llai blaengar. Naturiol, hefyd, oedd ceisio sicrhau math llesol o ymyrraeth uwchnaturiol drwy gyfrwng dawns neu ddefod fel bod arferion neu draddodiadau tymhorol yn adlewyrchu deisyfiadau'r amaethwr. Gydag amser, byddai'r sefyllfa'n rhwym o newid wrth i gymdeithas fynd yn llai ofergoelus ei natur ac wrth i bob cenhedlaeth yn ei thro addasu'r amrywiaeth o weithgareddau i gydymffurfio â ffasiynau'r oes ac amgylchiadau lleol. O ganlyniad, etifeddwyd rhaglen a oedd yn graddol newid nid yn unig gyda'r oes ond hefyd o ardal i ardal ac o dalaith i dalaith. Ond gan fod y byd gwerinol hwnnw mor gyfoethog o ddi-ffin, etifeddwyd yn y pen draw, gasgliad o arferion, penillion ac alawon a oedd yn gyfuniad rhyfedd o elfennau cymysg eu ffynhonnell a'u tras a luniwyd ac a addaswyd dros gyfnod hir ac o fewn cyfres hir o fframweithiau cymunedol. Ar yr un pryd, rhaid derbyn mai ffenomen ddiweddar iawn yw'r pwyslais ar gasglu a chofnodi deunydd gwerinol yn gydwybodol wyddonol. O ganlyniad, gan fod tystiolaeth mor brin mewn maes a ystyrid gan lawer yn amheus iawn ei natur a'i ddelwedd, byddai creu arolwg hanesyddol a chyflawn yn amhosibl. Pan ddechreuwyd cofnodi deunydd gwerinol, a hynny yn hwyr iawn yn y dydd, roedd yr arferion a'r penillion eisoes wedi'u diogelu am genedlaethau lawer mewn cymunedau gwledig fel bod llu o addasiadau wedi diflannu'n ddigofnod. Ni ellir, felly, ond creu cronicl digon anghyflawn ar sail y dystiolaeth honno a berthyn i gyfnodau diweddar iawn yn hanes datblygiad y gwahanol benillion ac arferion.

Gyda dyfodiad y chwyldro diwydiannol heriwyd hen batrymau oesol o weithio ac o hamddena. Yn achos Morgannwg, roedd y newid yn un hynod ddramatig a chyffrous wrth i etifeddion cynifer o'r hen grefftau amaethyddol dorri ar linach y cenedlaethau a throi tua'r Blaenau lle gellid hawlio cyflogau uwch wrth feithrin sgiliau newydd o fewn cyd-destunau diwydiannol arloesol. Gwyddom rywfaint am galendr o weithgareddau ac arferion tymhorol a fu'n gefndir i fyd yr amaethwr ac a oroesodd tan ddiwedd y ddeunawfed ganrif yn achos rhai, ac am flynyddoedd wedi hynny yn achos eraill; llawer mwy anodd yw olrhain tras y cyfryw weithgareddau yn ôl i unrhyw batrymau hynafol mewn canrifoedd cynharach am fod prinder tystiolaeth yn gwahardd y math hwnnw o astudiaeth. O ganlyniad, yn absenoldeb tystiolaeth a fyddai'n caniatáu arolwg amseryddol a chyflawn, rhaid edrych ar y cymunedau a'r prosesau a allai fod wedi cynnal y fath raglen, dadansoddi'r elfennau a oroesodd, a cheisio dyfalu natur y dylanwadau a fu'n llunio cyfres o arferion amrywiol iawn eu fframwaith a'u cynnwys. Gellir bod yn hyderus ddigon wrth awgrymu fod yr arfer o ddathlu yn un bur hynafol. Mewn cymdeithasau cyntefig byddai'n rhaid sicrhau cefnogaeth amryfal bwerau byd natur, ac erbyn cyfnod y Groegiaid a'r Rhufeiniaid daethpwyd i gydnabod a dathlu cyfres o wyliau arbennig a gysylltid â'r gwahanol dduwiau a duwiesau yn ôl eu swyddogaethau a'u cyfrifoldebau. Gwyddom, er enghraifft, sut y bu i'r eglwys etifeddu nifer o draddodiadau a gysylltid ar un adeg â'r cynfyd paganaidd, megis yn achos y Saturnalia a ddethlid gynt tua'r un adeg â'r Nadolig Cristnogol. Roedd i wahanol anifeiliaid a phlanhigion eu cysylltiadau penodol, cysylltiadau y byddid yn eu cydnabod mewn dawnsfeydd ac arferion defodol ac a fyddai'n rhan o batrwm arbennig o ddathliadau mewn cymuned arbennig ar adeg arbennig. Gyda threigl amser, gellir dyfalu na fyddai cynulleidfaoedd newydd a drigai dan amodau cymdeithasol pur wahanol yn deall pob ergyd neu gyfeiriad defodol. Gallai'r arfer ei hun barhau, ond dros gyfnod maith mae'n siŵr y byddai rhai elfennau arbennig yn cael eu haddasu neu eu disodli wrth i'r chwarae adlewyrchu sefyllfaoedd neu safonau newydd. Wrth reswm, pan luniodd Iolo Morganwg ei restr bersonol o arferion traddodiadol Morgannwg ar ddiwedd y ddeunawfed ganrif, gellid disgwyl i'r casgliad gynnwys arferion amrywiol iawn eu dechreuadau a'u tras, arferion a fyddai hefyd yn cynnwys elfennau hynafol na fyddai modd i neb bellach lwyr ddeall eu harwyddocâd a'u cyfraniad gwreiddiol mewn oes bur wahanol ei strwythur a'i gwerthoedd. Proses o newid ac ymaddasu fu'n amod parhad i'r cyfryw arferion, ond nid oes gennym, ysywaeth, y math o dystiolaeth a allai arwain at gronicl cyflawn o'r broses honno, fel bod unrhyw arolwg gwyddonol neu gronolegol yn amhosibl.

Yn absenoldeb tystiolaeth reolaidd a allai fod yn sail i arolwg safonol fesul ardal neu gyfnod, rhaid dibynnu ar gyfeiriadau achlysurol a ddiogelwyd yng ngwaith nifer helaeth o groniclwyr neu lenorion arbennig a drodd eu sylw am wahanol resymau at yr arferion a'r traddodiadau hynny a fu'n addurn ar fywyd cymunedol eu cyfnod. Mae Gerallt Gymro, er enghraifft, yn cynnwys rhai sylwadau digon diddorol wrth iddo gofnodi hanes gŵyl y Santes Eluned mewn plwyf yng nghyffiniau Aberhonddu. Nodir mai ar y cyntaf o Awst y dethlid dygwyl y santes, ac yn ôl tystiolaeth y croniclwr, roedd y dathliadau blynyddol yn cynnwys cyfuniad rhyfedd o weithgareddau seciwlar a chrefyddol. Yn y lle cyntaf, nodir bod torf sylweddol yn ymgynnull o bell ac agos a bod rhai i'w gweld 'yn awr yn yr eglwys, yn awr yn y fynwent, yn awr yn y ddawns a arweinir o gylch y fynwent gyda chân'.[1] Eithr nid y wedd grefyddol sy'n sail i'r holl weithgareddau am fod sôn fod rhai o'r dawnswyr yn canu caneuon traddodiadol cyn syrthio i'r llawr, tra bo eraill 'fel petaent wedi eu dwyn i berlewyg ac yn llonydd, yna yn neidio i fyny'n sydyn, fel petaent wedi eu gyrru i orffwylledd'. O flaen y dorf i gyd, roedd y perfformwyr yn dynwared drwy gyfrwng cyfres o ystumiau, y gwaith a wnaed ar y Sul yn groes i orchymyn yr ysgrythurau. Gellid gweld un dyn, meddir, 'yn cymhwyso'i law i'r aradr, hwnacw fel petai'n annog yr ychen â'r irai, a'r naill a'r llall, fel petai i leddfu'r gwaith, yn cynhyrchu seiniau arferol eu canu gwladaidd'. Ceir llun pellach o'r crwynwr wrth ei waith ac un arall o wraig yn symud ei gwennol ac yn rhoi'r argraff ei bod yn 'gwau'r we drefnedig'. Mae'n ddiddorol nodi fod yr arfer o ganu i'r en, hefyd, yn denu sylw'r gohebydd mewn cronicl sy'n perthyn i'r ddeuddegfed ganrif, arfer a fu, ganrifoedd yn ddiweddarach, yn sail i gymaint o weithgarwch hynafiaethol y bedwaredd ganrif ar bymtheg. O ystyried gweithgareddau gŵyl y Santes Eluned, hyd yn oed os oedd gwreiddiau'r dawnsfeydd a'r meim gwerinol yn perthyn i gyd-destun digon cyntefig, roedd y gohebydd yn awyddus i nodi fod y dathliadau yn gorffen yn yr eglwys fel bod maddeuant i'w gael i'r sawl a droseddodd drwy dorri'r Sabboth am fod yna 'drugaredd ddwyfol, sydd yn gorfoleddu'n fwy yn nhroedigaeth nag yn nymcheledigaeth pechaduriaid'.

Erbyn dechrau'r bedwaredd ganrif ar bymtheg, roedd patrwm bywyd, hyd yn oed yn y cymunedau amaethyddol, wedi newid yn ddirfawr er bod Iolo Morganwg yn gallu cyfeirio at nifer o arferion a fu'n rhan o'i fagwraeth yn ei fro enedigol. Ond yr hyn sy'n ddiddorol yw bod y math o gyferbyniad a nodwyd gan Gerallt Gymro yn dal i fod yn ystyriaeth o bwys wrth olrhain hanes arferion gwerin cyfnod Iolo. Profiad Gerallt oedd bod y byd a'r betws yn barod i gyfaddawdu a chymodi â'i gilydd er mwyn sicrhau cytgord cymunedol. Gyda thwf Anghydffurfiaeth, fodd bynnag, dechreuwyd amau tarddiad a phatrwm rhai hen arferion gwledig fel na welir y math o gydymdeimlad cymunedol a nodweddai eglwyswyr cyfnod Gerallt. O ganlyniad, gellir casglu fod tuedd i rai o'r arferion gael eu neilltuo i gyrion cymdeithas lle gellid eu cynnal heb sêl bendith y cyhoedd a heb i'r cyfranwyr orfod herio parchusrwydd swyddogol unrhyw garfan a fyddai'n dueddol o ladd ar draddodiadau cyntefig eu tras a'u cysylltiadau. Bu Iolo'n feirniadol iawn o'r Methodistiaid, ac o ystyried tystiolaeth Daniel Owen yn *Gwen Tomos*, yr awgrym yw ei fod yntau yn gyfarwydd â dosbarth cymdeithasol arbennig a oedd yn bur ofergoelus ei natur, carfan y byddai pobl grefyddol barchus y gymuned yn ymbellhau oddi wrth ei haelodau. Cawn gipolwg drwy gyfrwng cymeriad Nansi'r Nant, er enghraifft, ar fyd digon dieithr ac ymylol ei natur, byd lle y gallai hen dueddiadau ac ofergoelion o hyd ddylanwadu ar ymarweddiad cymdeithasol a byd na fyddai pawb, o bell ffordd, yn hapus i'w arddel. Dyma gyfnod, wrth gwrs, pan fyddid yn dal i ymladd ceiliogod, cyn bod agwedd ddiwygiadol yn torri ar draws hen arferion llai parchus eu patrwm a'u llinach. Erbyn dechrau'r bedwaredd ganrif ar bymtheg, felly, gellir derbyn nad oedd y math o gyfaddawd y soniodd Gerallt Gymro amdano rhwng gŵyl ac eglwys, bellach yn bosibl o dan amgylchiadau cymdeithasol gwahanol. Lledu a wnaeth y bwlch wrth i rai hen arferion gynnig llwyfan i gymeriadau anystywallt eu tueddiadau ac wrth i rai carfanau o fewn cymdeithas o'r herwydd ladd ar arferion o bob math. Oherwydd, er i broses o blismona ddechrau drwy ddileu arferion digon amheus megis ymladd ceiliogod a chyfarth teirw, ni fu'n hir cyn i amrediad pellach o arferion gael eu peryglu gan ymgyrch ddiwygiadol ei phwyslais.

O droi at hanes Morgannwg, mae llawysgrifau Iolo Morganwg yn cynnig gwybodaeth hynod werthfawr ar bob math o bynciau gwerinol, a hynny mewn cyfnod pan na châi y math hwnnw o ddiwylliant ryw lawer o sylw. Bwysiced, felly, yw cofnod Iolo o benillion llafar gwlad, o alawon gwerin ac o bob math o fanylion am hen wyliau a thraddodiadau. Ond perthynai'r gweithgarwch hwnnw, ysywaeth, i gyfnod pan oedd y math hwnnw o ddiwylliant eisoes yn cael ei fygwth gan amodau cymdeithasol chwyldroadol a chan ragfarn rhai dosbarthiadau anwerinol eu pwyslais. 'North Wales', meddai Iolo un tro yn ei ddull uniongyrchol diflewyn-ar-dafod, 'is now as Methodistical as South Wales, and South Wales as Hell'.[2] Yn sgil newidiadau cymdeithasol ac ymosodiadau enwadol, erbyn diwedd y ddeunawfed ganrif ymddengys fod nifer o hen arferion naill ai wedi peidio â bod neu wedi'u haddasu gyda threigl amser fel na ellir, mewn rhai achosion, gynnig unrhyw wybodaeth atodol i ddisgrifio'r arferion a'r traddodiadau a restrir yn llawysgrifau Iolo. Yn absenoldeb unrhyw adroddiadau cynnar ar gynifer o'r hen draddodiadau, rhaid chwilota drwy wahanol ddogfennau a llyfrau a berthyn i'r bedwaredd ganrif ar bymtheg er mwyn cael rhyw fath o gipolwg pellach ar y gymdeithas a ddarlunnir gan Iolo ac a ddethlir mewn dull mor unigryw yn ei lawysgrifau. Y duedd, wrth droi at dystiolaeth Iolo, yw troedio'n bur ofalus wrth geisio pwyso a mesur yr hyn a groniclir, ond hyd yn oed pe gellid amau ambell atodiad apocryffaidd yr olwg, ni ellir amau'r darlun cyffredinol o fyd amaethyddol a lywiwyd gan hynt y tymhorau ac a gyfoethogwyd gan raglen o wyliau a thraddodiadau lleol.

Dadleuodd G. J. Williams mai darlun Iolo Morganwg o'i dalaith enedigol oedd un o greadigaethau llenyddol mwyaf y ddeunawfed ganrif yng Nghymru. Roedd y darlun, wrth reswm, yn un amlweddog, ac un elfen yn unig mewn maniffesto pur eang oedd yr ymdriniaeth â'r hyn a elwir erbyn hyn yn ddiwylliant gwerin. Ceir cyfeiriadau lu at amrywiaeth o weithgareddau a gwyliau a gysylltid â Bro Morgannwg, a chofnodir enwau nifer o arferion traddodiadol ynghyd â chopïau o ganeuon gwerin yn eiriau ac yn alawon. Gwelodd Iolo fod gwir angen am raglen o gofnodi trefnus ac am amgueddfa werin a allai fod yn gartref i bob math o ddogfennau a chreiriau pwysig ac a allai dderbyn y cyfrifoldeb am ymchwil a chasglu pellach. Bu raid aros am ganrif a mwy wedi amser Iolo cyn gweld gwireddu'r freuddwyd honno ac, o ganlyniad, prosesau digon anwyddonol a mympwyol a fu'n sail i ymdrechion cenedlaethau lawer i greu cofnod o'r gweithgareddau hynny a oedd yn sail i ddull o fyw yn y Fro a oedd yn cyflym newid yn ystod cyfnod Iolo ei hun. Dan gyfundrefn cofnodi hap a damwain o'r fath, y syndod yw bod cymaint o dystiolaeth allweddol wedi goroesi. Rhaid cofio nad oedd yna sefydliad o unrhyw fath a allai hybu casglu a diogelu'r deunydd a gesglid. Ond ni ddangosid, ychwaith, y math o frwdfrydedd Ioloaidd yr oedd ei angen mewn cyfnod a nodweddid gan agwedd wrthwerinol carfanau penodol a oedd yn dechrau ymbellhau oddi wrth unrhyw olion o'r dull o fyw hwnnw a ystyrid yn gyntefig neu'n lled baganaidd ei natur. Dan amodau anodd o'r fath, ac yn absenoldeb sefydliadau cenedlaethol a allai fod wedi llywio proses o gasglu a diogelu deunydd hynafiaethol, llinach ddethol o groniclwyr a fu'n gyfrifol am y gwaith casglu am gyfran dda o'r bedwaredd ganrif ar bymtheg tan i ddiddordeb hynafiaethol yr wythdegau gynhyrchu cenhedlaeth o haneswyr lleyg hynod weithgar a chydwybodol a fu'n cydweithio'n agos er mwyn ail-greu darlun o'r hen Forgannwg fesul testun a chwmwd. Priodol, felly, yw cydnabod cyfraniad y casglwyr diweddarach hynny a fu'n dilyn yn ôl troed Iolo ac yn cynnal ei ddarlun ef o 'fwynder Morgannwg' drwy gofnodi amrywiaeth o ddefnyddiau a adlewyrchai natur bywyd yr hen gymunedau amaethyddol. Yn rhagluniaethol, wedi cyfnod o amau'r cynfyd gwerinol, daethpwyd mewn cyfnodau diweddarach i gydnabod gwerth y math hwnnw o ddiwylliant, ac yn sgil y newid pwyslais esgorwyd ar gylchoedd o gofnodwyr selog a ddangosai'r un parch at fro ag a ddarluniwyd mewn ffordd mor ymarferol eglur yn llawysgrifau Iolo Morganwg. Yr hyn sy'n ddiddorol yw bod cynifer o'r cofnodwyr yn perthyn i gyfnod llawer diweddarach pan ddiflanasai nifer o'r traddodiadau hynny a ystyrid yn werinol eu naws. Oherwydd erbyn diwedd y bedwaredd ganrif ar bymtheg, y prif ysgogiad oedd diogelu'r hyn a gollasid drwy ail-greu cyfres o ddarluniau traddodiadol a gysylltid â'r cyfnod pell hwnnw pan oedd Bro Morgannwg dipyn yn wahanol, pan oedd ychen dan yr iau a phan oedd cyfres o wyliau tymhorol a thaplasau haf yn addurn ar fywyd gwerinwyr y Fro.

Cyfres o ddarluniau a gyflwynir, felly; darluniau sy'n croniclo agweddau ar hanes ardal arbennig ar adeg arbennig yn ei hanes. Gan fod hynafiaethwyr yr wythdegau yn rhoi cymaint o bwys ar natur y cymunedau amaethyddol hynny a fu'n cynnal diwylliant gwerin Bro Morgannwg am gynifer o flynyddoedd, peth amlwg yw troi at yr hen arfer o aredig ag ychen ac at y traddodiadau atodol a dyfodd allan o'r gweithgarwch hwnnw. Yn ychwanegol at hynny, ceir cyfres o ddogfennau yn olrhain y gwyliau a'r arferion tymhorol a fyddai'n cyfoethogi oriau hamdden trigolion y gwahanol gymunedau ac yn cynnig llwyfan ar gyfer meithrin doniau creadigol o bob math. Gan mai drwy gyfrwng y traddodiad llafar y diogelwyd deunydd am genedlaethau lawer, weithiau ochr yn ochr â rhai fersiynau printiedig, ceisiwyd diffinio natur y broses honno gan ganolbwyntio ar natur organig a chreadigol y dull hwnnw o ddiogelu penillion a chaneuon llafar gwlad. Gydag amser, dan ddylanwad amodau cymdeithasol newydd, daeth cyfnod y trosglwyddo llafar i ben a derbyniwyd yr her o gofnodi deunydd traddodiadol gan linach o gofnodwyr cydwybodol a fynnai ddiogelu etifeddiaeth ddiwylliannol eu gwahanol ardaloedd. Yn achos Morgannwg, bu T. C. Evans (Cadrawd), brodor o Langynwyd ger Maesteg, yn gyfrifol am gasglu a chyhoeddi cyfran dda o'r deunydd taleithiol a oedd o hyd ar gael erbyn ei gyfnod ef, ac am ddenu eraill i rannu'r gwaith drwy gyfrwng colofnau hynafiaethol mewn amrywiaeth o bapurau a chylchgronau. Nid ef oedd yr unig enghraifft, ond dengys ei gyfraniad yn eglur ddigon pa mor awyddus oedd aelodau'r genhedlaeth honno i ymchwilio i hanes eu talaith cyn i olion nifer o hen draddodiadau ddiflannu am byth. Cafodd gefnogaeth ymarferol gan nifer o'i gyfoedion, a cheisir dangos natur y cymorth hwnnw drwy ddadansoddi enghreifftiau perthnasol o'r ohebiaeth a dderbyniodd gan rai cymwynaswyr diwylliedig a gweithgar a rannai'r un weledigaeth ag ef. Mae'r ohebiaeth honno yn amlinellu'r gefnogaeth a dderbyniwyd ar y naill law gan garfan o gyd-hynafiaethwyr lleol, ac ar y llaw arall gan gynrychiolwyr o'r to newydd o ysgolheigion a oedd yn ymwybodol o bwysigrwydd maes ymchwil o'r fath.

Mae llawysgrifau Cadrawd yn cynnwys amrywiaeth ryfeddol o ddeunydd ar bob math o bynciau hynafiaethol gan gynnwys casgliadau hynod ddifyr o dribannau traddodiadol a nodiadau eglurhaol ar bob math o draddodiadau. Ceir ymhlith ei bapurau, hefyd, fwy nag un ymgais i ddadansoddi natur tafodiaith y dalaith, yr hen Wenhwyseg, a rhoir sylw i'r casgliadau hynny gan nodi rhai tueddiadau diddorol a rhai hen ffurfiau ac ymadroddion sydd bellach wedi hen ddiflannu. Wrth ystyried y fath weithgarwch, gellir pwyso a mesur cyfraniad Cadrawd i'r gwaith o ail-greu darlun o'r hen Forgannwg, nod cynifer o hynafiaethwyr ei gyfnod a ddewisodd ddilyn esiampl Iolo ac a oedd yn ymwybodol iawn ar yr un pryd fod cynifer o'r symbolau traddodiadol yn cyflym ddiflannu.

Yn y pen draw, ni ellir gwir werthfawrogi ansawdd ac arwyddocâd y cronicl heb ymchwilio i gefndir a chyd-destun y croniclwr. Felly, wrth olrhain y gwahanol agweddau ar fyd amaethyddol gwerinwyr y Fro, ceisiwyd dangos hefyd fod natur y darlun yn dibynnu ar dystiolaeth a ddiogelwyd mewn cyfres o ddogfennau hynod werthfawr eu cenadwri ond cyfyng eu nifer a'u terfynau. Oherwydd, o ganlyniad i ragfarnau cymdeithasol a chrefyddol, ni chafodd diwylliant gwerin y math o sylw a fyddai wedi arwain at gyfres o astudiaethau safonol ar amrywiaeth o agweddau perthnasol. Mae'n wir fod Iolo Morganwg wedi gosod yr agenda hynafiaethol werinol mewn dull hynod effeithiol, ond wedi ei gyfnod ef, lleiafrif bychan a ddewisodd ymroi i ddilyn y cyfryw raglen o chwilota a chofnodi gyda'r un brwdfrydedd a gweledigaeth. Ceir ambell gyfrol ac ambell gofnod sy'n ddadlennol werthfawr ond, at ei gilydd, rhaid aros tan wythdegau'r bedwaredd ganrif ar bymtheg cyn gweld unrhyw ymgais gydunol i weithredu'r math o raglen ymchwil a amlinellwyd ac a ddilynwyd gan Iolo ei hun. Ceir yma ymgais, felly, i ddarlunio'r math o gymdeithas werinol a adwaenai'r Iolo ifanc yn ei ardal enedigol ac a ddethlir mewn dull mor effeithiol yn ei lawysgrifau. Mae'n siŵr fod hynafiaethwyr yr wythdegau yn ymwybodol iawn o'r patrwm arbennig a osodwyd ar eu cyfer a'u bod yn hapus i arddel cysylltiad â'r weledigaeth Ioloaidd er bod rhaid cofio bod diddordeb yn yr un maes wedi datblygu mewn gwledydd eraill hefyd gydag amser. Erbyn y cyfnod hwnnw, ysywaeth, diflanasai cynifer o'r hen wyliau a'r hen draddodiadau a gydnabyddid gyda chymaint o falchder brodorol yn llawysgrifau Iolo. O ganlyniad, rhaid ystyried ail agenda, yr agenda hynafiaethol a osodwyd gan groniclwyr yr oes newydd wrth drafod yr amserau a fu. Rhwng y ddau agenda mae bwlch o hanner canrif a mwy, a rhaglen o newidiadau cymdeithasol a demograffig sy'n nodweddu cyfnod o gynnydd chwyldroadol ym myd diwydiant. Ac eto, yr hyn sy'n seicolegol ddifyr yw bod hynafiaethwyr diwedd y ganrif yn tueddu i drafod eu deunydd yn union fel pe baent yn darlunio math o gymdeithas a oedd o hyd o fewn cyrraedd. Tua'r un pryd, mae'n ddiddorol nodi fod cenhedlaeth o feirdd a drigai yng nghanol y berw diwydiannol cyfoes wedi dewis anwybyddu'r byd hwnnw ac wedi dianc rhag realiti cras eu cynefin i froydd tawelach y byd cynddiwydiannol neu i fyd o haniaethau athronyddol neu grefyddol. Yn achos yr hynafiaethwyr, roedd awydd i greu cronicl o fyd a oedd yn cyflym newid, yn sbardun digon dilys a phriodol, ond drwy gyfrwng y diddordeb hwnnw, llwyddasant hwythau i gefnu ar fyd diwydiannol a anwybyddwyd mewn dull mor amlwg gan feirdd eu cyfnod. Mae braidd yn eironig, serch hynny, fod brwdfrydedd y cofnodwyr, wedi blynyddoedd hesb ganol y ganrif, yn ei amlygu ei hun ar adeg pan oedd nifer o'r hen arferion yn gwanychu neu wedi diflannu'n barod. O ganlyniad bu raid manteisio ar dystiolaeth cynifer o'r genhedlaeth hŷn, tystiolaeth yn ymdrin â hen ddulliau o amaethu ym Mro Morgannwg a gwybodaeth werthfawr am hen arferion y dalaith. Er mwyn ychwanegu at yr wybodaeth hon, roedd rhaid troi at gyfres o ffynonellau printiedig ac at y llawysgrifau personol hynny a oedd yn cynnwys unrhyw wybodaeth am hanes diwylliant y dalaith. Hynny yw, wrth olrhain hanes yr hen Forgannwg, rhaid cydnabod ar yr un pryd bwysigrwydd y gwaith o gasglu a phrosesu'r deunydd fu'n sail i bob ymgais ddiweddarach i ddisgrifio a dehongli dull o fyw a rhaglen o weithgareddau sydd wedi diflannu bellach ers cenedlaethau lawer. Oherwydd wrth ailfeddiannu'r cyfnod cynharach, nod y croniclwyr oedd dal gafael mewn cyfres o ddarluniau a oedd yn cynrychioli gwerthoedd ac arwahanrwydd yr oes honno, ac a oedd, o ganlyniad, yn ddull o ddiogelu'r gymdeithas honno rhag diflannu'n ddigofnod.

CYFEIRIADAU

[1] Gerallt Gymro, *Hanes y Daith Trwy Gymru: Disgrifiad o Gymru* (wedi eu cyfieithu o'r Lladin gan Thomas Jones gyda Rhagarweiniad gan y Prifathro J. F. Rees), (Caerdydd, 1938), 30-1.

[2] Prys Morgan, *The Eighteenth Century Renaissance* (Llandybïe, 1981), 146.

BYD YR YCH

Pan oedd yn arferiad yn Morganwg i aredig ag ychain, cyn bod cyffylau wedi cael eu neullduo at y gorchwyl hwnw, dywedir nad oedd yr ychain byth mor hapus pan yn gweithio a phan y byddai y llanciau fyddai yn eu gyru yn canu iddynt. . . . Pan y buasai mwy nag un adgor (team) yn aredig ar yr un maes, byddai y cyfryw yn canu ar yn ail ac yn ymdrechu maeddu eu gilydd. Byddent hefyd yn cyfarfod a'u gilydd ar hirnos gauaf, a thyna fyddai eu gwaith yn gyffredin adrodd am y mwyaf o dribanau, a'u dysgu y naill i'r llall.

(T. C. Evans (Cadrawd), *Central Glamorgan Gazette*, 2 Rhagfyr 1881,
'Y Bwrdd Cymreig'.)

Byddai'n demtasiwn i geisio sôn am y newidiadau a ddaeth yn sgil y chwyldro diwydiannol fel pe bai pob dim yn digwydd yn daclus resymegol yn ôl rhyw gamau cymdeithasol a chronolegol hollol amlwg a phendant. Braf fyddai cyfeirio'n benodol gyfleus at ddyddiadau arwyddocaol; yr ych yn ildio i'r ceffyl, a'r tractor ymhen amser yn disodli'r ceffyl. Pan aeth David Kerr Cameron ati i wneud arolwg o hanes ffermdai neu 'farmtouns' yr Alban a'u gosod yn eu priod gyd-destun hanesyddol, rhaid edmygu pendantrwydd ei gyflwyniad, y pendantrwydd a adlewyrchir yn y geiriau agoriadol i'w ragair:

> By the mid-1800s Scotland stood at a pivotal point in her history: she was swinging confidently away from a turbulent past and a rural-based economy into the headier rôle of industrial nation.[1]

Ond a yw pennu ffin o'r fath mewn dull mor gadarn unplyg yn gweddu i'r math hwnnw o drafodaeth? A fydd pob math o newid yn

ymddosbarthu'n gronolegol gyfleus fel bod modd cyffredinoli ynglŷn
â natur pob cam yn yr hanes? Mae trafodaeth gynhwysfawr yr awdur
yn dangos, wrth gwrs, fod y sefyllfa ei hun yn yr Alban yn llawer
mwy cymhleth na'r hyn a draethir yn y rhagair, a'r agenda cychwynnol
ond yn rhoi awgrym o'r newidiadau sylfaenol a oedd yn rhwym o
ddatblygu gyda phroses chwyldroadol o fecaneiddio. Codi'i destun y
mae'r awdur yn ei ragair, a'r drafodaeth sy'n dilyn yn gyfuniad o bob
math o dystiolaeth gan nifer helaeth o amaethwyr a chrefftwyr a fu'n
rhan o'r gymdeithas a groniclir ac a welodd ben draw'r datblygiadau a
nodir yn y cyflwyniad i'r pwnc. Cofnodi a choffáu ar yr un pryd a
wneir, a thrwy arfer y term 'folk-history' ceir awgrym gan yr awdur pa
mor eang ac amlweddog fyddai natur ei gronicl.

Wrth droi at hanes y diwylliant gwerin hwnnw a gysylltir â siroedd
de Cymru, deuir wyneb yn wyneb yn syth â phroblemau dyddio,
dosbarthu a phennu ffiniau. Ac eto, rhaid cydnabod mai ystyriaethau
modern a phur anwerinol yw'r rhain, ystyriaethau sy'n hollol
amherthnasol yng nghyd-destun y traddodiad llafar a phenillion cefn
gwlad. Ond wrth geisio llunio arolwg o'r amryfal agweddau hynny
sy'n cael eu hystyried yn elfennau pwysig yn hanes y gwerinwr a'i
gymuned, bydd rhai cwestiynau digon penodol a hanesyddol eu
pwyslais yn rhwym o godi. Y nod yw ceisio rhoi trefn ar y dystiolaeth
sydd ar gael, er bod rhaid derbyn ar yr un pryd fod toreth o ddeunydd
wedi diflannu'n llwyr am nad oedd, y pryd hynny, unrhyw ddull
cydnabyddedig o gasglu a chofnodi. Diogelu ar lafar y byddai'r
gwerinwr, a'r cof oedd ei lyfrgell. Byddid yn dethol ac yn addasu
deunydd yn ôl yr achlysur, a'r cwmni ei hun yn cyfrannu at y broses o
addasu a diweddaru yn ôl y galw. Yn absenoldeb unrhyw fersiynau
ysgrifenedig safonol, felly, gallai proses o newid ac addasu ar lafar
greu cyfoeth o amrywebau diddorol ar un ffurf ddechreuol wrth i
bennill grwydro o ardal i ardal. Dyna brofiad Cameron yntau yng
nghyd-destun cymunedau amaethyddol yr Alban:

> Even farmers' and workers' names were often correct in the originals;
> they got changed only when the bothy-song travelled out of its own
> region – being *localized* to heighten interest for another district's
> gathering – or were distorted by cautious sub-editing at a later stage
> before being committed to the immortality of hard, libellous print.[2]

Sonnir yma am y penillion crwydrol hynny a fyddai, gyda mân addasiadau testunol, yn cael eu mabwysiadu o fewn rhaglen werinol gwahanol gymunedau a fyddai'n adnabod ac yn amgyffred profiadau oesol yr amaethwr a'i fyd. Wrth gwrs, darfu am y broses organig hon wrth i olygyddion diweddarach gyhoeddi ffrwyth eu hymchwil ac aberthu yn aml naws arbennig yr amrywebau gwerinol drwy greu fersiynau printiedig safonol a thrwy saniteiddio'r deunydd ar gyfer cynulleidfa ehangach. Ond ar wahân i ymyrraeth olygyddol ddiweddarach, yn ystod cyfnod y casglu byddai swildod ac annibyniaeth gynhenid y gwerinwr cyffredin wedi herio ymroddiad a dyfeisgarwch unrhyw gasglydd cydwybodol. Oherwydd ni ellid fod wedi disgwyl i'r gwladwr berfformio o flaen dieithryn o gasglydd, a hynny o bosib dan amodau digon rhyfedd, i ffwrdd o un o'r gweithgareddau gwledig hynny a fyddai wedi cynnig llwyfan reolaidd i ddatganiadau byrfyfyr traddodiadol a chyfle i ychwanegu at stôr o ganeuon lleol drwy ymateb i ddigwyddiadau a helyntion newydd. Y duedd, felly, yw cydnabod fod yna gyfoeth o ddeunydd wedi'i golli dan yr amodau a nodwyd ond, yn rhagluniaethol, fod nifer o benillion a chaneuon wedi'u diogelu. Ar waethaf cyfnodau o gofnodi damweiniol ac anwyddonol, ar waethaf swildod cynhenid a dealladwy'r gwerinwr, ac ar waethaf parchusrwydd difaol cyfres o olygyddion cydwybodol, rhaid synnu at y casgliadau cyfoethog a luniwyd mewn gwahanol gyd-destunau o gyfnod Iolo Morganwg hyd at flynyddoedd olaf y bedwaredd ganrif ar bymtheg. Bwysiced, felly, yw gwaith y llinach casglwyr a fu'n diwyd groniclo pob math o bennill ac arfer a fu'n rhan o gyfnod a dull o fyw a ddiflannodd yn raddol gyda dyfodiad y chwyldro diwydiannol.

Bu'r fen a leolwyd gyda'r blynyddoedd ymhlith creiriau amaethyddol Sain Ffagan yn symbol i Iorwerth Peate y bardd o gyfnod arbennig iawn yn hanes Bro Morgannwg, cyfnod yr aredig ag ychen, cyfnod y tribannau a'r 'heddwch huawdl' hwnnw a heriwyd gan brysurdeb cras y chwyldro diwydiannol. Yn aml, bydd rhyw anesmwythyd pleserus ymhlyg yn y syniad o unrhyw baradwys goll, a thuedd i'r hyn a gollwyd ymddangos, gyda threigl y blynyddoedd, yn fwy afallonaidd byth. Ymhellach, bydd ymgais i ail-greu darluniau a phrofiadau coll y gorffennol yn gwahodd cyffredinoli hiraethus ar sail rhyw ddetholiad hafaidd o atgofion a chyfres safonol o symbolau arwyddocaol a chyfleus. Pa ryfedd, felly, fod hynafiaethwyr ddiwedd y bedwaredd ganrif ar bymtheg, wrth ddarlunio'r hen gymdeithas amaethyddol, wedi penderfynu canolbwyntio ar y weithred o aredig, ac ar weithgarwch cyson a ffyddlon yr ych.

Yr oedd y symbol honno'n hynafol berthnasol, yn ymestyn yn ôl dros genedlaethau lawer i'r cynfyd cynddiwydiannol ac yn ffenomen a oedd wedi prysur ddiflannu mewn llawer ardal wrth i broses o fecaneiddio weddnewid pwyslais a naws y byd amaethyddol. Afraid dweud nad oedd y byd hwnnw mor ddedwydd a dibrofedigaeth ag a awgrymir weithiau, ond mae'r darlun a grëir gan hynafiaethwyr diweddarach nid yn unig yn gronicl diddorol ond yn gwahodd ymchwil bellach i natur eu ffynonellau ac i'r defnydd a wnaed ohonynt. Nid natur y darlun yn unig sy'n denu sylw, ond hefyd y seicoleg sy'n sail i'r croniclo. Ar waethaf pob newid a ddigwyddasai, yn gymdeithasol ac yn ddiwylliannol, gwelir yr ych yn mwynhau, ym meddyliau'r croniclwyr, ryw statws ac urddas arbennig. Oherwydd wrth droi o'r newydd at y cymunedau gwledig hynny a weddnewidiwyd gan ddatblygiadau'r oes newydd, daeth aredig â'r ychen yn hoff symbol gan genhedlaeth o hynafiaethwyr i gynrychioli'r bywyd breiniol hwnnw a ddelfrydir mewn dull mor atgofus gyffrous. Rhoddwyd cryn bwyslais ar y cathreiwr[3] neu'r 'ploughboy' a'r ych; y cathreiwr yn difyrru'r ych â'i dribannau wrth aredig, a'r anifail ei hun yn ennill lle anrhydeddus mewn nifer o arferion tymhorol.

Gyda'r chwyldro diwydiannol, daeth tro ar fyd yn hanes yr amaethwr wrth i ddulliau newydd o drin y tir adlewyrchu'r dechnoleg wyddonol newydd. Ac eto, mewn rhai achosion bu'r ffermwr yn gyndyn iawn i ffarwelio â'r hen draddodiadau oesol fel bod y darlun yn amrywio o sir i sir, ac ar brydiau fesul cwmwd o fewn yr un sir. Os oedd y gymuned amaethyddol yn geidwadol ei natur, ymddengys, yn ôl tystiolaeth un gohebydd, fod hynny'n fwyfwy gwir am y sefyllfa yng Nghymru. Ym mhedwardegau'r bedwaredd ganrif ar bymtheg, roedd y 'Rotherham and other improved ploughs' yn dod yn ffasiynol fel bod 'a gentleman, a naval officer in Cardiganshire' yn mynnu bod ei aradrwyr yn eu defnyddio yn lle'r hen aradr Gymreig, 'one of the most awkward, unmeaning tools to be found in any civilized country'.[4] Ond weithiau bydd traddodiad yn drech na thechnoleg, ac ar waethaf unrhyw fanteision amlwg a welai'r ffermwr ei hun, arall oedd agwedd ei weithwyr:

One day, in a rage, he committed the old ploughs to the flames, and set the new ones a-going. Afterwards, taking a ride to cool himself, and returning, he found the new ploughs in the ditch, and old ploughs, borrowed from the neighbours, at work: the master then thinking it useless to persevere, gave up the contest.[5]

Ei ddyfarniad oedd na welid unrhyw garfan arall 'so obstinately bent on old usages as Wales', er bod modd ystyried hyn oll yn agwedd ddigon cyffredin ar y natur ddynol sy'n gyndyn i gydnabod y newydd a disodli'r cyfarwydd. Ar waethaf agwedd ddilornus y gohebydd, mae cydnabod a deall ceidwadaeth gynhenid yr amaethwr yn ystyriaeth bwysig wrth olrhain hanes amaethyddiaeth y Fro yn y bedwaredd ganrif ar bymtheg. Yn raddol y bu'r newid, ac anodd iawn yw cyffredinoli'n genedlaethol fel pe bai pob datblygiad yn dilyn rhyw batrwm amseryddol unffurf. I'r gwrthwyneb, o droi at yr arfer o aredig, er enghraifft, ymddengys nad oedd Bro Morgannwg yn nodweddiadol o gwbl o'r hyn oedd yn digwydd yn genedlaethol. Yn y cyswllt hwn, ar wahân i'r dystiolaeth a gyflwynir mewn cyfres o erthyglau hynafiaethol ar ddiwedd y ganrif, gellir troi at ymdriniaeth arbenigol Francis Payne yn y gyfrol *Yr Aradr Gymreig* (1975). Dyry dystiolaeth i ddangos fod 'gweddoedd ychen digymysg' wedi diflannu 'yn gynharach yn siroedd eraill Cymru' nag ym Morgannwg, a dywed ymhellach 'mai eithriadol oedd gwedd o ychen heb geffylau tu allan i Forgannwg ar ôl 1830-40'.[6] Er bod Cymdeithas Amaethyddol y sir wedi ceisio dylanwadu ar y ffermwyr i ailystyried hen batrymau o aredig, 'i leihau'r nifer yn y wedd i bedwar' ar ddiwedd y ddeunawfed ganrif ac erbyn y ganrif nesaf 'i ymwrthod â phedwar ych mewn coleri ac aredig â dau geffyl heb eilwad',[7] nid oedd y ffermwyr eu hunain mor hapus i droi eu cefnau ar y dull traddodiadol o aredig. Ar waethaf pob dadl i'r gwrthwyneb, meddir, arhosodd y ffermwyr yn ffyddlon i'r ych, a phan fyddai cystadlaethau aredig rhwng 1819 ac 1832, y duedd oedd cynnig gwobrau am aredig â dau ych hefyd. Ar ôl 1832, newidiodd y sefyllfa a gwrthodwyd cydnabod 'aredig ag ychen' yn gyhoeddus wrth i'r gymdeithas argymell defnyddio dau geffyl i gyflawni'r gwaith.

Ond nid felly y bu. Hyd yn oed yn sgil yr holl bwyso swyddogol, yn ôl tystiolaeth Payne, 'fe barheid i droi erwau Morgannwg ag ychen mewn ieuau' ac nid tan ar ôl 1850 y dechreuodd y sefyllfa newid yn y

Fro. Ac eto, ceir tystiolaeth sy'n awgrymu i'r hen arfer barhau, o leiaf mewn rhai ffermydd, am flynyddoedd lawer ar ôl hynny, fel bod cyfeiriadau penodol at arddwyr ychen yn perthyn i wythdegau'r ganrif. 'Sonia gohebydd yn y Western Mail (30:9:1949)', medd Payne ymhellach, 'am yr olaf o'r arddwyr ychen yn Llanilltud Fawr yn 1884 ac am ychen yn aredig yn Ogwr yn 1889'. Mae amrywiaeth bellach o dystiolaeth yn dangos fod yr arfer wedi goroesi yn y Fro am flynyddoedd lawer wedi i'r wedd ychen ddiflannu i bob pwrpas mewn siroedd eraill. Byrdwn y neges gan amlaf yw bod arddwyr y Fro yn awyddus i arddel hen ddull traddodiadol a chlasurol o amaethu a bod ganddynt gryn barch at yr ych fel cymar ffyddlon ac fel gwir aelod o'r gymuned amaethyddol. Wele eiriau'r gohebydd D.J. i'r cylchgrawn *Bye-gones* yn 1882, cyfraniad sy'n pwysleisio hynafiaeth ac arwyddocâd yr arfer:

> Ploughing with oxen, which is the oldest and most classical mode of tilling the ground, has been quite discontinued in this country. The ox has become far too valuable for the flesh formed on him for his strength to be utilized; and for the last fifty years or so he has had an idle time of it – at least in the British Isles. Yet it should not be forgotten that in the thousand years in which he had played so important a part in our rural economy, an immense amount of traditional lore had gathered round this strong, patient, meek-eyed animal as to his likes and dislikes, how he should be managed, and, last of all, the songs he liked to have sung to him when yoked to the plough, and without which it was believed he would not sweetly work. This traditional knowledge is still in the keeping of the plough-swains who drove straight furrows fifty years ago and are now the grey-headed elders of our rural hamlets. Let me suggest to those who take an interest in *Bye-gones* that there is here virgin ground in the field of folk-lore enquiry which will repay them to turn over and cultivate.[8]

Ceir awgrym pendant gan D. J. (sef David Jones, Wallington) i'r arfer ddechrau gwanychu ryw hanner canrif ynghynt, sef yn y tridegau, ac ychwanegir at y dystiolaeth honno gan gyfeiriad pellach at 'a Cardiganshire friend' sy'n cofio clywed caneuon yr ychen yn ei sir enedigol 'fifty years ago' er nad yw'n cofio bellach y penillion a arferid yn y meysydd agored. Ond unwaith eto, ceir her i'r math o gyffredinoli sy'n awgrymu patrwm unffurf wrth i un o ddarllenwyr y

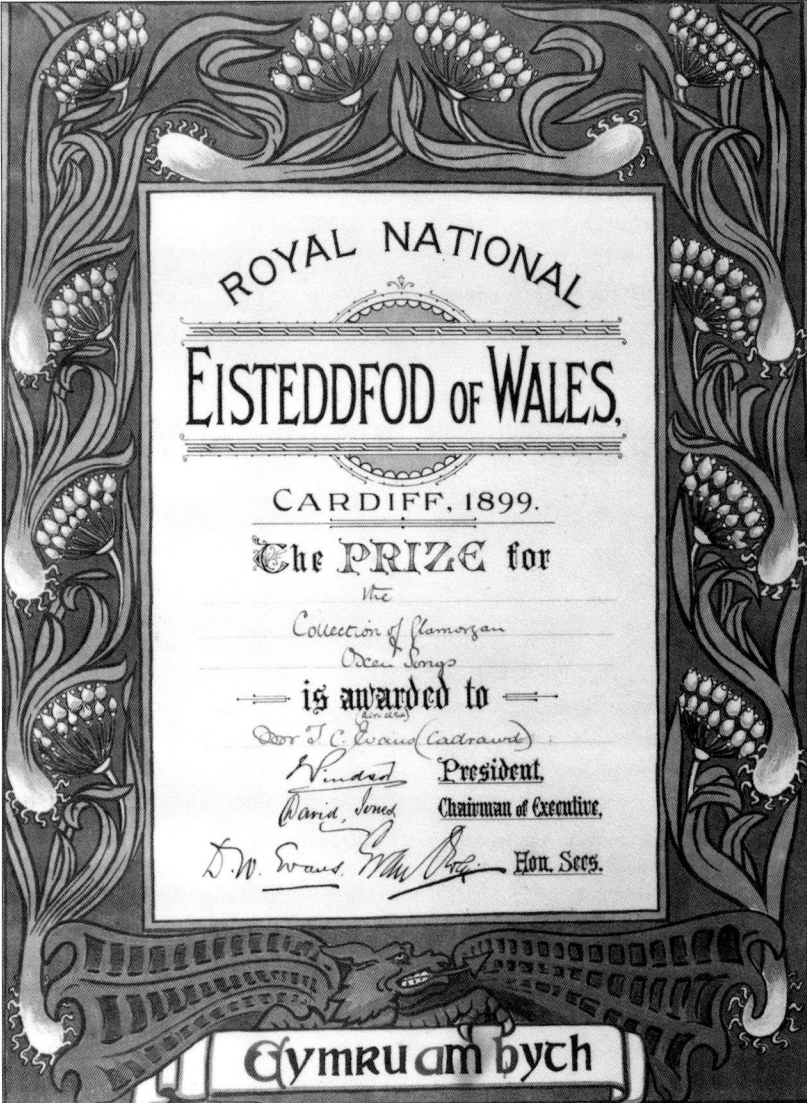

Tystysgrif Cadrawd a fu'n fuddugol yn Eisteddfod Genedlaethol Caerdydd am ei 'Casgliad o Ganeuon Ychen Morgannwg'.

cyfnodolyn *Bye-gones* ymateb yn ddi-oed yn y rhifyn nesaf oll, ei fod yn ymwrthod â datganiad D.J. am iddo weld â'i lygaid ei hun olion o'r hen draddodiad wedi goroesi a hynny flwyddyn ynghynt yn nhymor y gwanwyn 1881. Mae D.J., medd ef, yn cyfeiliorni, 'as I myself at Easter last saw a team of oxen at work in a field between Upton-on-Severn and Tewkesbury'.[9] Fel yn hanes y Fro, mae eithriadau amlwg i'r drefn yn gyffredinol, oherwydd pa mor rymus bynnag y bydd y dadleuon dros newid gyda'r oes a thros elwa ar declynnau a phrosesau newydd, bydd ymlyniad greddfol wrth yr hen a'r cyfarwydd yn aml iawn yn drech na'r ysfa i newid. Mae'n amlwg fod ceidwadaeth werinol o'r fath yn gyfrifol am y darlun amrywiol a geir yn ail hanner y ganrif; un garfan yn ymroi i fanteisio ar y dechnoleg newydd a charfan arall yn dal yn gyndyn ffyddlon am rai blynyddoedd eto i'r hen drefn, i hen ddulliau amaethu eu cyndeidiau. Ac nid yr anifail ei hun yn unig sy'n cael sylw, oherwydd gwelwyd eisoes fod natur yr aradr hithau ar adegau wedi bod yn destun gwrthdaro rhwng y rhai mwy technolegol eu hagwedd a'r sawl a fynnai gynnal patrymau cyfarwydd y gorffennol.

Tua'r un cyfnod, roedd T. C. Evans (Cadrawd) yntau yn dechrau casglu defnyddiau hynafiaethol o bob math, a cheir ganddo ddwy erthygl, 'Ploughing with Oxen in Glamorgan', a gyhoeddwyd yn y cylchgrawn *Red Dragon*. Yr un yw byrdwn ei neges yntau, gyda'r pwyslais ar natur hynafol yr arfer a'r parch arbennig a enillasai'r ych dros y blynyddoedd:

> For many hundreds of years it was part of the rural economy of England and Wales that ploughing should be done by oxen. Many traditionary maxims accumulated in all those ages, and were handed down to each successive generation of husbandmen. This traditional lore contained rules as to the management of the ox: how the animal should be treated; when first put under the yoke; how fed and managed while working; . . . and many other matters relating to the same subject. The gentle disposition and willing obedience of the animal caused him to be looked upon with fondness. Superstition credited him with a kind of occult intelligence, something like that which is attributed to bees.[10]

Yna, yn gyffredin i nifer o groniclwyr eraill, ceir gan Cadrawd ymgais i osod yr arfer o aredig mewn cyd-destun hanesyddol. Myn yntau fod yr arfer wedi dechrau diflannu tua'r flwyddyn 1830 ond, fel yr awgrymwyd eisoes, fod cyfnod yr ych wedi parhau am rai blynyddoedd wedi hynny:

> When the last yoke was unfastened cannot be determined to a year, but it would not be much later than 1845. The custom had been slowly dying out ever since 1830. And now, in 1883, the traditions, songs, and all the memories of the centuries which terminated fifty-two years ago, are nowhere to be found but in the perishable keeping of the few gray headed men who were the plough swains of the palmy days of ox driving.[11]

Rhaid diolch i Huw Walters am dynnu sylw at un adroddiad pellach sy'n disgrifio'r cathreiwr wrth ei waith, adroddiad a luniwyd gan Dewi Haran, sef gŵr o'r enw David Evans a fu'n byw ym Mhontypridd ar un adeg ond a fu hefyd yn ffermio tir fferm Coedbychan yn Llanharan am gyfnod. Cyhoeddwyd ei lythyr yn *Y Gwladgarwr* (13 Tachwedd 1869), sef papur wythnosol a gyhoeddid yn Aberdâr. 'Y mae'n gofus

Dewi Haran.

genyf yn awr', medd y gohebydd, 'weled y Parch. Wm Evans, Tonyrefail, 34 o flynyddoedd yn ôl, yn gyru yr ychain, a'i fab hynaf, Mr David Evans, o *Docks* Caerdydd, yn dal yr aradr'.[12] Eir ymlaen i sôn am y 'cyfnewid sydd wedi cymeryd lle ar y byd er y peth oedd 45 mlynedd yn ôl, pan oedd y maesydd yn un *harmony* fawr gan leisiau'r cythreuwyr' ac am 'ollwng yr ychain yn rhydd am 11 y boreu gan boethder yr haul, a'u dal am 4 yn y prydnawn, ac aredig nes y byddai'r haul wedi soddi yn môr y gorllewin'. Hynny yw, ceir darlun o'r cathreiwr wrth ei waith, ond dangosir hefyd fod y cyd-destun hwnnw yn esgor ar gyfresi o dribannau wrth i'r cathreiwr roi mynegiant i'w brofiadau a'i ddyheadau personol, 'fel os dygwydd i un ohonynt wedi ei wrthod gan ei gariad nos Sabboth, byddai ynteu ddydd Llun yn tywallt ei ddigofaint arni yn ei benillion wrth yr ychain'. Ac eto, yn sgil cyfnod o newidiadau diwydiannol, mae'r gohebydd yn tristáu mai arall yw'r pwyslais bellach. 'Ond yn awr', meddai, 'i grombil y ddaear â hwy cyn gynted ag y delont i oed' fel bod llawer un a fagwyd mewn cymuned amaethyddol 'wedi   myned   yn   aberth   i'r   danchwa ofnadwy'.[13]

Bu cryn drafod ar yr arfer yn ystod yr wythdegau gan Cadrawd a'i gyd-hynafiaethwyr gan gofio fod yna rai unigolion o hyd yn fyw a allai hel atgofion am oes yr ych ac am y cathreiwr a'i driban. Ond rhyfedd meddwl bod y BBC mor ddiweddar â 1938 wedi llwyddo i gasglu ynghyd gylch dethol o hen drigolion y Fro a allai o hyd ail-greu drwy gyfrwng y cof, ddarlun traddodiadol o ddull o fyw a oedd erbyn hynny wedi hen ddiflannu. Ar y degfed o Fai 1938, darlledwyd rhaglen radio yn dwyn y teitl *Where the Oxen Ploughed*, rhaglen a seiliwyd ar gyfres o gyfweliadau â hen gymeriadau'r Fro. 'Old timers broadcast' oedd y pennawd a ymddangosodd yn y *Daily Express*, a'r gohebydd yn mynnu pwysleisio pa mor hynafol ddilys oedd yr atgofion hynny a gyflwynwyd gan y pum siaradwr oedrannus. 'Five natives of the Vale of Glamorgan', meddid, 'whose ages total 390 years, will broadcast a feature programme on Tuesday called, 'When [sic] the Oxen Ploughed'.[14] Cyfeirir yn benodol at y cyfranwyr, sef William Brewer (81) a'i wraig (75, Llanilltud Fawr), Ben Maddy (75, Ystradowen), Jerry Driscoll (75, Y Wig) a Richard Thomas (Sain Nicolas), yr hynaf, a oedd yn bedwar ugain a thair. Yn naturiol ddigon, roedd gan bob un ei stori bersonol ei hun, y gwŷr yn cyflwyno gwahanol agweddau ar hen orchwylion traddodiadol amaethwyr y Fro, a Mrs Brewer yn trafod hen ddulliau o deithio a bwrlwm diwrnod ffair yn Llanilltud Fawr ryw hanner canrif ynghynt. Yn ôl y disgwyl, tynnir sylw at yr hen arfer o aredig â'r ychen, y gorchwyl hwnnw a gysylltir yn ddieithriad â thrin meysydd breision hen gymunedau amaethyddol y Fro. A dyma rym a chyfaredd y cof yn caniatáu i'r gwrandawyr hwythau rannu peth o ramant a chyffro'r gorffennol:

> MR RICHARD THOMAS, Homri Farm, St. Nicholas, sprightly veteran of eighty-three, is one of the few living agriculturists who ploughed the Vale's broad acres with a team of yoked oxen. In his talk he gives interesting peeps of a farmer's life some sixty years ago, and bravely sings a 'triban', or oxen song, which was an essential feature of ox-ploughing in the olden days.[15]

Yn anffodus, ymddengys nad yw'r rhaglen yn un o'r rhai a ddiogelwyd gan adran archifau'r Gorfforaeth Ddarlledu Brydeinig yng Nghaerdydd, ond o chwilio dalennau'r *Radio Times*, ceir mai Llewellyn Evans a T. Rowland Hughes a ddyfeisiodd y rhaglen ar sail cyfres o recordiau a baratowyd gan yr uned allanol. Mab Cadrawd oedd Llewellyn Evans, a'r hyn sydd o ddiddordeb yma yw bod rhai o bapurau Llewellyn wedi'u diogelu gyda chasgliad ei dad yn yr Amgueddfa Werin Genedlaethol yn Sain Ffagan, ac yn eu plith, ddarnau helaeth o'r casgliad o dribannau a anfonwyd gan y mab i gystadleuaeth yn Eisteddfod Genedlaethol Pen-y-bont ar Ogwr (1948) dan y ffugenw 'Cristor'. Yn ei ragair i'r casgliad, 'Scwibs Mewn Tribannau', ceir ymdrech i osod yr arfer o ganu tribannau yn ei phriod gyd-destun, a diddorol yw'r cyfeiriad pellach at Richard Thomas o Sain Nicolas, y gŵr a gyfrannodd at y rhaglen 'nôl yn 1938:

> Yn yr hanner cyntaf o'r ganrif ddiweddaf yr oedd etto yn ddigon cyfredin i wel'd ychain yn tynu yr eryd ar Fryn a Bro ym Morgannwg. Dim ond saith blynedd yn ol fu farw y diweddaf o'r aredwyr a oedd wedi arfer canu tribannau wrth aredig gyda'r ychain, sef Mr. Richard Thomas, Homri, St. Nicholas, gerllaw Caerdydd. Darlledoedd rhai o'i dribannau o swyddfa y B.B.C. yn Gaerdydd, ac mewn erthygl yn y *Western Mail* yn 1935 ceir ddisgrifiad o'r hen wr a'i ganu, gan Will Ifan, yr Archdderwydd.[16]

Cyhoeddwyd erthygl Wil Ifan ddydd Mawrth, 8 Ionawr 1935, o dan y teitl 'Chwilio am Diwn ym Mro Morgannwg', a chanfod ffermdy Homri, cartref Richard Thomas, oedd nod y daith a ddisgrifir. Cydnebydd yr ysgrifwr bwysigrwydd cofnodi'r penillion a'r alawon a ganesid gynt yn y Fro, ond ceir hefyd dystiolaeth benodol o enau Richard Thomas ei hun am yr arfer o ganu i'r ychen 'nad oedd modd i'w cadw i weithio'n ddiddig heb ddal ati i ganu iddynt', gan nodi ar yr un pryd y cyngor a gawsai gan ei dad. 'Ambell waith', yn ôl yr hanes, 'pan fyddai ei lais bachgennaidd wedi crygu wrth ganu yn awel lem y gwanwyn, ac yntau wedi distewi am dipyn', byddai llais y tad i'w glywed ar draws y cwysi: 'Gwed rwpath wrthi nw, fachan!'

Ar sail tystiolaeth y rhaglen, pwysleisir unwaith yn rhagor fod yr arfer wedi goroesi mewn rhai mannau unigol yn y Fro am flynyddoedd lawer ar ôl iddi ddiflannu i bob pwrpas yn y rhan fwyaf o gymunedau amaethyddol ledled Cymru. Os derbynnir i Richard Thomas gael ei eni tua 1855 a'i fod yn cynnig 'interesting peeps of a farmer's life some sixty years ago', awgrymir fod olion o'r hen arfer i'w gweld yn y Fro mor hwyr ag wythdegau'r bedwaredd ganrif ar bymtheg pan fyddai Richard Thomas tua 25 mlwydd oed. Byddai hyn yn ategu'r hyn a ddengys Francis Payne am fod ganddo yntau gyfeiriadau tebyg at barhad yr arfer yn Llanilltud Fawr (1884) ac Ogwr (1889). Rhaid cydnabod, felly, fod y sefyllfa yn y Fro yn groes i'r patrwm a welir yn gyffredinol yng Nghymru a thu hwnt.

O dderbyn fod i'r ych ryw statws symbolaidd arbennig o fewn y gymuned amaethyddol, y cam nesaf oedd ceisio diffinio natur ei gyfraniad unigryw a chynnig eglurhad am y parch anghyffredin a ddangosid tuag ato. Roedd yn weithiwr ffyddlon ac yn anifail a gynysgaeddwyd, ym marn y gwladwr, â rhyw allu greddfol tra arbennig. Byddid, o ganlyniad, yn cyfathrebu'n gyson â'r ych ac yn ei drin fel un a ddylai rannu cyfrinachau'r teulu. Wele D.J. yn ei gyfraniad i'r *Bye-gones* yn crynhoi'r hyn a ystyrid 'as traditionary about the ox':

1. There was an approved traditional mode for his being broken-in to work, which ensured his becoming a useful animal.
2. He was to be fed and treated according to some traditional usage, without which he would not thrive.
3. He required the encouragement of song to induce him to put forth his strength willingly into the work; . . .

4. He was credited with the possession of a kind of occult intelligence somewhat resembling that which old villagers ascribe to bees. He had to be informed of the death of his master, and of any important event in the family of his owner – such as a marriage – with some small form and ceremony before all would be well; else would he 'grieve', pine, lose flesh, and perhaps die. There is a trace of this superstition in the wassailing customs of Herefordshire and some other English counties.[17]

Dyma'r cyd-destun gwerinol, felly, y llwyfan galwedigaethol a esgorodd ar gynifer o ganeuon ychen a'r rheswm am yr holl sylw a gâi'r cyfryw weithgaredd yng nghylchgronau'r dalaith ddiwedd y ganrif ddiwethaf. Yn naturiol, felly, wedi iddo olrhain hanes yr ych o fewn y gymdeithas, try D.J. ei sylw at ffynhonnell y caneuon eu hunain ac at fyd y cathreiwr a'i ddoniau cerddorol:

The first essential of a boy ox-driver in the past was that he should possess a good voice and have his memory stored with many of the songs which had been composed in times past for his use and tradition had handed down. If he were gifted with the poetical awen he might compose a few tribanau himself – but it was well understood that it was not any song which would please the fastidious ears of his cattle.[18]

Hynny yw, ceir yma y cyfeiriad cyfarwydd at yr arfer o ganu i'r ychen, pwnc y bu Phyllis Kinney a Meredydd Evans yn ymdrin ag ef mewn astudiaeth gynhwysfawr sy'n olrhain cyfres o gyd-destunau hanesyddol ynghyd â dadansoddiad o natur y canu ei hun.[19] Dyma'r arfer a fu'n gyfrwng creu cynifer o dribannau a ymddangosodd mewn cyfresi o ddogfennau yn ymwneud â llên gwerin y rhanbarth. Wrth gwrs, roedd cynsail amlwg i'r fath bwyslais oherwydd cydnabu Iolo Morganwg werth arbennig y penillion a'r tribannau 'galwedigaethol' hyn ac o ganlyniad cofnodwyd casgliad helaeth ohonynt yn ei lawysgrifau.[20] Cofiwn, hefyd, mai byrdwn cyflwyniad Iolo ar fwy nag un achlysur oedd bod penillion o'r fath yn rhan o *repertoire* cerddorol y 'cathreiwr', sef y 'ploughboy' a ofalai am yr ychen, penillion a fyddai'n difyrru'r dydd drwy esmwytháu gwaith y cantor o gathreiwr a'r ych fel ei gilydd. Hynny yw, roedd i'r cyfryw benillion gyd-destun a phwrpas dilys mewn cymuned amaethyddol a ddibynnai ar gydweithrediad dyn ac anifail. Diddorol yma yw'r hyn a ddywed Iolo mewn llythyr at William Owen ym mis Rhagfyr 1802, wrth gyflwyno pennill sy'n amrywiad ar fersiwn arall a geir yn un o'i lawysgrifau:

> You want Pennillion – i'w canu *efo'r* delyn – here is one for you that I picked out of the mouth of a ploughboy a few days ago.

Yna dyry gopi o 'Gainc y Cathreiwr' gyda'r pennill hwn:

> Fe gwyn yr haul er machlud heno,
> Fe gwyn y lloer yn ddisglair eto,
> Cwyn blodau'r haf o'r ddaear dirion,
> Ond byth, O! byth ni chwyn fy nghalon,
> Ho da machgen i ho dere, dere, dere, dere ho o ho.

> This *cainc y Cathreiwr*, or cainc yr *Ychain*, a kind of chant that is often altered so as to adapt it to all metres whatever. I know not how to time it well. there are several Ploughboy chants besides this in Glamorgan. the milkmaids have also their chants. I wish we could procure the *Rants de[s] vaches* of Italy, more particularly of Savoy and Switzerland, where, I am told they are always sung to the Oxen and Cows.[21]

Sonnir ymhellach fod i'r cyfryw benillion ail gyd-destun am eu bod yn gweithredu drachefn fel hwiangerddi: 'these chants are often tuned with the words, huw huw by nurses, to lull infants asleep'.[22] Dyma Iolo nid yn unig yn cofnodi pennill ac yn ei osod yn ei briod gynefin gwerinol, ond yn gweld arwyddocâd a phwysigrwydd astudiaeth gymharol nes bod ffiniau'r maes ymchwil yn cael eu hymestyn i gymunedau tebyg mewn gwledydd eraill. Cyn tewi, ceir bod Iolo yn dychwelyd at thema arall a oedd yn bur agos at ei galon, wrth iddo ganmol rhinweddau cerddorol gweithwyr y Fro a hynny ar draul eu cymheiriaid mewn siroedd cyfagos:

> the Glocestershire farmers and dairymen, who are fond of the Glamorgan Cattle, often curse the Ploughboys and Milkmaids of Glamorgan, for Oxen will, frequently, neither work, nor Cows stand to be milked, without their accustomed Music, and there is but little music in the Glocestershire *Varmers*.[23]

Dyn ei dalaith sy'n siarad yma yn hytrach na sylwedydd diduedd rhan gyntaf y llythyr.

Ymhen blynyddoedd, ceir bod Cadrawd, fel ei gyfoeswr David Jones (Wallington), yn dilyn y trywydd Ioloaidd hwn ac yn esbonio'r cefndir i'r cannoedd o dribannau a ymddangosodd yng nghyfnodolion wythdegau'r ganrif o'r blaen:

> Although the ox likes being sung to at his labour, to keep him from chafing under the indignity of the yoke, yet it was not every, or any kind of song pleased him. There was a set measure, and a time to the driver's song which it was known his animal loved. The strains were gentle and soothing, with a prolonged note or two in each cadence; but the words also, it was thought, must be such as pleased his intelligence.[24]

Bellach, daethai oes y cathreiwr i ben, a chyfrifoldeb yr hynafiaethwr oedd diogelu'r caneuon hynny a fu'n gyfeiliant i waith y dydd ar feysydd y Fro. 'The boy ox-driver', medd Cadrawd ymhellach, 'has become a being of the past, and there is no one now whose duty it is to commit these songs to memory'. Yn rhagluniaethol, penderfynodd pwyllgor Eisteddfod Genedlaethol Aberdâr 1885 gynnig gwobr o ddeg punt am 'Original Collection of the Folklore of Glamorgan (English or Welsh)'. Ym meirniadaeth yr Athro John Rhŷs ceir awgrym pendant pwy oedd Crofton Croker, y casglydd llwyddiannus:

> I have had the pleasure of visiting the Vale this summer, and a most interesting country it is. I have nowhere heard better or prettier Welsh than that of Bro Morganwg. But I found among other things that the *tribanau* referred to were published not long ago in a local newspaper, called the *Central Glamorgan Gazette*, and I should think by the same collector, who calls himself *Crofton Croker* in this competition.[25]

Ar wahân i'w fuddugoliaeth bersonol, llwyddasai Cadrawd i fynnu llwyfan eisteddfodol i'r math hwn o weithgarwch a chafwyd cystadlaethau tebyg mewn gwahanol eisteddfodau cenedlaethol ym mlynyddoedd olaf y ganrif. Yn ei feirniadaeth, manteisia'r Athro Rhŷs ar y cyfle i bledio achos astudiaethau gwerin ac i bwysleisio bwysiced oedd cofnodi manwl fel sail i unrhyw waith ymchwil cymharol:

> Lastly, I would take this opportunity of appealing to the newspapers of South Wales to encourage the collecting of Welsh Folklore before it is

altogether too late ... What is wanted is to have the stories and superstitions faithfully reported in a lasting form. We do not want much in the shape of comment. Leave that to the student of anthropology, who is acquainted with the same order of facts all over the world, and he may be relied upon to interpret ours, and to point out their bearings on the history of our ancestors and the Celtic race.[26]

O droi at gasgliad buddugol Cadrawd, ceir yn y rhagair i'w ddetholiad o dribannau, grynodeb o'r elfennau cymdeithasol hynny a fu'n gefndir i'r caneuon galwedigaethol hyn. Dyma gyflwyniad felly i'r byd hwnnw a ddenodd sylw cynifer o ohebwyr brwd yr wythdegau, a pha mor anrhydeddus bynnag yw cynhysgaeth werinol siroedd eraill Cymru ynghyd â barddoniaeth wledig Lloegr, 'Morganwg', medd Cadrawd, 'is notably the home of the *tribanau* (triplets), which the rural bards of the past prepared for the use of the plough-boy and the driver of the plough-oxen'.[27] O edrych yn fanwl ar y casgliad ei hun, gwelir yn glir fod yma ffrwyth llafur nifer o flynyddoedd, ac yn naturiol ddigon, felly, ceir yma ddeunydd a gyhoeddwyd eisoes mewn gwahanol bapurau a chyfnodolion fel y sylwodd Syr John Rhŷs. Yn rhinwedd ei gyfrifoldeb fel golygydd, byddai Cadrawd wedi derbyn a phrosesu cronfa helaeth o dribannau gan gyfoeswyr diwylliedig a oedd yn rhannu'r un diddordeb â'r hanesydd o Langynwyd. O ganlyniad, mae'r casglydd yn amlwg wedi elwa ar waith ymchwil ei gyfoeswyr, arfer a oedd yn ddigon cyffredin mewn cyfnod lle nad oedd yr un pwyslais ar gydnabod yn academaidd bropor, fenthyciadau cyfleus gan gyd-hynafiaethwyr. Rhaid cofio, hefyd, fod cydweithrediad pur agos rhwng y gwahanol ohebwyr a weithiai yn yr un maes a bod David Jones (Wallington) a John Howells (Sain Tathan), er enghraifft, wedi dweud wrth Cadrawd bod croeso iddo ddefnyddio unrhyw ddeunydd o'u heiddo.

Er bod nifer o'r haneswyr a fu wrthi'n cofnodi caneuon ychen yn sôn bod yr anifail yn gweithio'n well o glywed sŵn canu'r cathreiwr, nid ydynt, fel arfer, yn manylu ar wir natur y gwaith nac ar ddyletswyddau penodol. Ond afraid dweud bod i'r alwedigaeth hon ei theithi arbennig a chanddi ei threfn bendant o weithredu. Ac eto, mewn erthygl i'r *Gweithiwr Cymreig*, y mae gohebydd o'r enw Thomas Thomas a fu'n dyst yn ei blentyndod i'r cyfryw weithgaredd,

yn manylu ar y weithred o aredig. Dyma drafodaeth sy'n cofnodi rhai
o nodweddion ymarferol y broses mewn dull sy'n ddifyr ddadlennol.

> Pan oeddwn tua chwech neu saith mlwydd oed, yr wyf yn cofio fod gan
> fy nhad ddau ych gwineu o liw – gwineu tywyll (brown, nearly black),
> 'breed' Morganwg – nid y 'Castle Martin Black'. Yr oeddynt wedi eu
> cadw hyd nes oeddynt yn saith mlwydd oed, i'r dyben o aredig.
> Gosodai ddau geffyl i'w blaenori: ac nid oedd braidd un math o dir nad
> allasent dynu yr aradr drwyddo, a hyny yn bur esmwyth. Weithiau,
> buasai pedwar neu chwech o ychain wrth yr aradr. Rhoddid y iau ar
> ysgwyddau yr ych, a'r dolau am ei wddf, yna buasid yn eu 'tidio' wrth
> yr aradr – 'tidiau haiarn hirion rhwng pob dau, a cheisid gosod yr ych
> cryfaf y[n] nesaf at yr aradr. Yr oedd pob dolen can braffed a hirfys llaw
> dyn, a thua chwech neu saith modfedd o dryfesur. Y mae un o honynt
> yn fy meddiant yn bresenol. ('Tidiau', chains. 'Trybylau', hooks to
> fasten the long chains. The 'trybylau' were fastened in the centre of the
> yoke.) Buasai un o'r ychain yn cerdded lle'r gwys a'r llall y glasdir, bid
> sicr. Wrth gychwyn, buasai'r aradrwr yn dweyd wrth y cathreor ('the
> boy that driveth the oxen'), 'Gyr i dalar, fachgen, hô (keep off) yr ych
> olaf.' 'Prŵir (towards me)', wrth ych arall. 'Hob i nol i le'r gwys.'[28]

Yna, yn ôl tystiolaeth y llythyr, dechreuid wedyn ganu yn y dull
traddodiadol. Dyfynnir saith pennill i gyd ond dyma ddau o'r gyfres
sy'n ymdrin yn benodol â'r weithred o aredig:

> Dewch, yr ychain gwirion,
> Gyrnau hirion, garnau tewion,
> Chwalwch y tir yn yfflon,
> Ac ni gawn lafur ddigon.
>
> Tri pheth sydd gas a lledchwith
> Yw hwch a 'ioc' mewn gwenith,
> Hen 'atgor' wan yn 'rhedeg ton',
> A thri o gryddion [llaw] llaw-whith.[29]

Er bod eraill yn cyfeirio at yr arfer o ganu wrth aredig, nid yw'r
sylwadau fel arfer mor gyflawn ac mor fanwl â rhai Thomas Thomas
uchod. Bu Cadrawd, fodd bynnag, yn gwneud gwaith ymchwil awyr
agored ac yn sgwrsio â gŵyr a gofiai'r ychen dan yr iau. Er enghraifft,
wrth drafod triban a glywsai yn y Fro, mae'r brodor o Langynwyd yn
cofnodi bod y datgeiniad 'Mr. John, of Ynysawdre in the parish of St.

Bride's Minor', yn cofio aredig gydag ychen yn y Fro 'and when a boy he had been handling the goad to drive them and had sung the tribanau to his own content, and that of the beasts then accustomed to the yoke'.[30] O ganlyniad i'r ymchwil a wnaethai Cadrawd ymhlith trigolion y Fro, byddai byth a beunydd yn ychwanegu at ei stôr caneuon ac at nodweddion y darlun hwnnw a gynrychiolid gan yr hen dribannau traddodiadol. Gallai sôn, er enghraifft, am y 'pwnco' cystadleuol a ddigwyddai adeg hau oherwydd 'pan y buasai mwy nag un adgor (team) yn aredig ar yr un maes, byddai y cyfryw yn canu ar yn ail ac yn ymdrechu maeddu eu gilydd'.[31] Ceir tystiolaeth bellach yn un o lawysgrifau Lewis Davies, y Cymer, lle y gwelir y cofnod canlynol ar ffurf llythyr:

Mr. Gol. – Yr oedd caneuon yr ychain[32] yn bur gyffredin ym Mro Morgannwg rhwng 60 a 70 mlynedd yn ol (h.y. tua 1850). Yr oedd un aradrwr Twm Ropert yn arfer boddhau yr ychain (1850) yn anghyffredin gydag un gan, wrth swn yr hon yr agorent eu geneuau gan estyn eu tafodau allan a chodi eu llygaid mewn dull hynod. Dyma'r gan

> Mae byd, mae bad, mae bedwen
> Mae dir, mae da'r mae derwen
> Mae clai mewn clawdd
>   Mae clyw mewn clust
> Mae ffon, mae ffust, mae phalan
>   A ow! A ow! A ow! Un o'r Fro.[33]

O droi at y tribannau ychen hyn, ymddengys fod gan wahanol ardaloedd eu ffefryn o ych y byddid yn ei gyfarch gyda chryn barch ac edmygedd. Un prawf o'r anwylo hwn, wrth gwrs, oedd bod yr aradrwr wrth foli'r anifail yn ei gyfarch wrth ei enw:

> Dau ych yw *Silk* a *Sowin*,
> Un coch a'r llall yn felyn;
> Pan yn aredig yn eu chwys,
> Hwy doran' gwys i'r blewyn.[34]

I'r dosbarth hwn y perthyn y gân a gofnodir gan D. Rhys Phillips sy'n dwyn y teitl 'Cân o Glod i "Mwynyn" Penrhiw'menyn',[35] a'r gyfres o benillion a gofnodwyd gan Cadrawd i ychen y Sela:

Mae sôn drwy'r Fro a'r Blaena',
Am ychin mawr y Sela,
Y nhw o Fargam i Golhuw,[36]
O lawer yw y gora.[37]

Ond ar wahân i'r cyfresi hyn, ceir nifer o dribannau tebyg ar wasgar
mewn casgliadau eraill, ac er nad enwir yr ych bob tro, mae ymffrost y
perchennog a'r gymuned yng ngallu'r anifail yn cael ei adlewyrchu yn
naws y penillion. Mewn cyd-destun o drosglwyddo llafar, nid
annisgwyl ychwaith yw canfod amrywiadau ar rai o'r tribannau
traddodiadol, y tribannau hynny a ddiogelwyd yn y lle cyntaf ar lafar
gwlad cyn cael eu corlannu'n ddiogel mewn casgliadau printiedig.
Gellid dyfynnu enghreifftiau megis:

Mae geni bedwar bwlyn
Yn pori brig yr eithin;
Hwy doran' gwys o'r mwya' gwych
Hwy gerdda'n rhych i'r blewyn[38]

Mae gen i bedwar bwlin (bulls)
Syn byw ar ddail yr erfin
Fe redant ton mor syth or bron
Ru'n trwch a gwrych y mochyn.[39]

Mae geni chwech o ych'in
Yn well na chant o fechgyn;
Os caf gadw rhai'n yn fyw,
Mi reda' rhiw Penderyn.[40]

Mae geni chwech o ychen
Syn well na chant o fechgyn
Os os cael cadw rhain yn fyw
Fe warddant Rhiw Pen Robin.[41]

Dim gwell chwech ych ac arad
Nis gellir byth mo'u gwelad,
Na ffeinach arddwr ar y ma's
Na Morgan gwas y Sichad.[42]

Dim gwell chwech ych ac arad
Nis gellir byth mo'i gwelad
Na ffeinach garddwr ar y ma's
Na mockin gwas y ffeirad.[43]

Mae'r rhai a fu wrthi'n cyfansoddi ac yn canu'r tribannau hyn yn
awyddus iawn i gydnabod cymwynasgarwch yr ych, a'r tribannau
hynny yn ddiweddarach yn datblygu'n rhan naturiol o'r darlun
rhamantaidd ei naws a grëwyd gan genhedlaeth o hynafiaethwyr y
dalaith. Peth naturiol oedd i dribannau o'r fath adlewyrchu'r parch a
ddangosid gan y cathreiwr a'r ych, y naill at y llall, a'r berthynas
honno yn elfen bwysig yn yr amryfal ddisgrifiadau a gynhyrchwyd. O
ganlyniad, gwelir y tribannau'n adlewyrchu'r cydweithrediad parod a
welid ar feysydd y Fro wrth aredig, a hynafiaethwyr megis John
Howells yn dathlu arwyddocâd y berthynas ystyrlon a fu'n elfen mor
amlwg yn eu hadroddiadau hiraethlon:

To his beloved oxen the swain poured forth his hopes, his fears, his experiences, and his aspirations; and they – patient and gentle in turn, seemed to recognise the confidence reposed in them, sweetly yielded to the fascination of song, which lightened the burden of the yoke, beguiled the time's haste, and shortened the ways length.[44]

Dylid ychwanegu fod gofyn i'r cathreiwr yntau fod yn feistr ar ei grefft am mai'r sawl a ddefnyddiai'r og 'yn drefnus' fyddai'n mwynhau cynhaeaf ffrwythlon:

> Mae'n rhaid cael dyn deallus
> I drin yr âr yn drefnus
> Cyn dyco'r ddaear fyth ei ffrwyth
> I dalu'r pwyth yn felus. (Pennill Cathreiwr)[45]

Wrth gwrs, er mor ddiddorol yw'r tribannau 'ychenaidd' hyn i'r sawl a fyn ail-greu darlun o'r gorffennol, ni ellid disgwyl i bob pennill adlewyrchu natur y gorchwylion hynny a oedd yn sail i raglen dymhorol o amaethu am fod i fyd y cathreiwr amgenach agweddau a diddordebau. Er mai fel 'caneuon ychen' yr adwaenid y penillion hyn, ac er mai'r arfer o aredig oedd wedi cynnig fframwaith cychwynnol i'r cyfryw ganeuon, gydag amser peth naturiol ddigon oedd i'r cantor o arddwr gwmpasu pob math o destun wrth iddo ychwanegu at y stôr o benillion galwedigaethol a fyddai'n ymdrin ar gân ag amrywiaeth ddiddorol o brofiadau gwledig. Er bod John Howells, er enghraifft, yn dewis sôn mai peth naturiol oedd 'that a youth's chief thoughts should dwell upon the delights of the table', nid yw pob triban yn adlewyrchu'r safbwynt a gyflwynir ganddo, sef bod y cathreiwr yn mwynhau 'recollection and anticipation of gastronomic luxuries'.[46] Llawer mwy diddorol yw cael beirniadu'r ymborth a gynigid, a'r cwyno yn cael ei gyplysu â rhyw hiwmor chwareus sy'n awgrymu na ddylid rhoi gormod o sylw i'r hyn a ddywedir bob tro. Mae un triban digon poblogaidd yn awgrymu i un gael ei wala o gawl:

> Mi gefais gawl i ginio,
> Caf gawl i swper heno;
> Fe gaiff y feistres fyn'd i ddiawl
> Cyn yfai chawl hi eto.[47]

Ceir mai gwahanol iawn yw tystiolaeth gohebydd arall ac yntau'n mynnu mai cawl yw 'un o hoff fwydydd y gwladwr, ac yn enwedig yr aradwr, sef cawl a digon o frasder yndo fa nes fod a'n cytsho wrth ych asenna chi'.[48] Dyfynnir triban i ategu'r gosodiad:

> Cawl sydd yn frasder drwyddo
> A sêr yn nofio arno,
> A'i flas yn tynnu dyn ymla'n
> A'r calla'n ei fendithio.[49]

Afraid dweud fod y tribannau hyn yn cynnig cyfres o ddarluniau difyr a dadlennol sy'n cyflwyno'r darllenydd i gyfnod a chymdeithas hollol ddieithr, ac i ddull o fyw ac athroniaeth gymunedol a heriwyd yn y pen draw gan ddatblygiadau'r oes ddiwydiannol.

Byddai Iolo Morganwg o bryd i'w gilydd yn paratoi rhestr o'r hen draddodiadau ac o'r hen wyliau sy'n dangos yn eglur pa mor amrywiol oedd y gweithgareddau gwerinol hynny a gysylltid â'r hen Forgannwg. Mewn rhestr a baratowyd ganddo tua 1810 ac a ddyfynnir gan G. J. Williams, ceir ymhlith nifer o gyfeiriadau hynod ddifyr yr hyn a ganlyn:

> 17 Chware bando . . . canu tribanau etc.
> 19 Canu gyda'r ychen, ag wrth odro
> 28 Crwth a Thelyn, canu tribanau gyda'r crwth.[50]

Dyma nodi'r arferion o ganu gyda'r ychen ac o ganu tribannau i gyfeiliant crwth a thelyn. Er na chyplysir y gân ychen a'r triban yn uniongyrchol yma, gellir bod yn ddigon hyderus mai'r triban oedd un o hoff fesurau'r cathreiwr ac mai yn y cymunedau amaethyddol y buwyd yn creu ac yn diogelu nifer helaeth o'r enghreifftiau cynnar a oedd i ymddangos mewn casgliadau diweddarach ac a oedd i osod patrwm a fformiwlâu ar gyfer llu o amrywebau pellach. Ac eto, ar waethaf pwyslais Iolo ar y cyd-destun amaethyddol gwerinol, arall oedd byrdwn nodyn Maria Jane Williams ar yr alaw yn dwyn y teitl 'Triban Morganwg' yn ei chasgliad cyhoeddedig hi:

> This air is commonly sung in Glamorganshire, with a variety of words, to the Harp, which has from time immemorial been a favourite instrument of the Celtic race.[51]

Mae'r gwyntoedd yn gostegu
  Fal lal &c.
Mae pawb yn myn'd i gysgu;
Mae mab yn d'aros yn y llwyn
  Fal lal &c.
Y Feinir fwyn lygeittu.

'This air is commonly sung in Glamorganshire, with a variety of words, to the Harp.': *Ancient National Airs of Gwent and Morganwg* (1844) sef casgliad Maria Jane Williams.

Gellid, wrth reswm, faddau i'r casglydd am ymbellhau oddi wrth fyd y cathreiwr di-nod o gofio am natur y gynulleidfa barchus Fictoraidd a fyddai'n tanysgrifio i'r gyfrol. Mwy perthnasol ganddi oedd nodi fod y delyn yn ôl y trioedd 'is specified as one of the three possessions indispensable to a Prince or a man of noble birth' a manteisio ar y cyfle i ddiolch am gymwynasgarwch cylch Llanofer 'where many triple Harps have of late years been awarded, as prizes to the most skilful performers' fel bod modd gobeithio 'that this fine national instrument will once more be heard in every village in the Principality'.[52] Er mor deyrngar oedd nifer o'r boneddigion llengar i'r diwylliant Cymraeg, roedd rhaid cydnabod fod cryn bellter yn gymdeithasol rhwng ffermdai a bythynnod Llancarfan a Llanfair a phlasty ysblennydd Llanofer, rhwng datgeiniaid gwerinol y Fro a'r dosbarth breiniol a fu wrthi'n casglu ac yn diogelu'r etifeddiaeth werthfawr honno. Wedi i gyfrol Maria Jane Williams ymddangos, bu raid aros am flynyddoedd lawer cyn i genhedlaeth newydd ymroi o ddifrif i gasglu a diogelu llên gwerin y dalaith. Oherwydd go brin y gellid disgwyl i barchusrwydd cyhoeddus oes Fictoria ddarparu llwyfan swyddogol er mwyn cyflwyno'r deunydd gwerinol hwnnw a gysylltid â chymunedau gwledig y cyfnod cynddiwydiannol. Yn rhagluniaethol daeth tro ar fyd, ac erbyn wythdegau'r ganrif roedd cylch newydd o hynafiaethwyr diwyd yn ceisio ailddarganfod ac ail-greu gorffennol y dalaith. Roedd denu cefnogaeth rhai ysgolheigion amlwg yn ddatblygiad pwysig, gyda'r canlyniad bod astudiaethau gwerin yn ennill bri a statws newydd. Aethpwyd ati gyda brwdfrydedd anghyffredin i gasglu a chofnodi gwybodaeth, a bu gohebu â phapurau lleol a chyfnodolion arbennig yn gyfrwng diogelu a dehongli amrywiaeth o gyfraniadau gan amryw o haneswyr lleol. Synhwyrwyd bod angen gweithredu ar fyrder am fod y brodorion oedrannus hynny a allai siarad o brofiad personol am hen ddull o fyw, yn cyflym brinhau. Yna, wrth hel atgofion tueddid i droi at safle'r ych yn y gymdeithas amaethyddol honno; ystyrid yr anifail nid yn unig yn symbol amlwg a chyfleus o fyd di-stŵr a di-frys a ddiflanasai ers tro, ond yn ddelwedd, hefyd, a allai gynnig ffocws a chyd-destun i gynifer o benillion traddodiadol y byddid yn cyfeirio atynt fel 'caneuon ychen'. Yn ychwanegol at hynny, drwy ddenu parch ac edmygedd y gymuned, enillasai'r anifail le amlwg mewn cyfres o arferion traddodiadol tymhorol.

CYFEIRIADAU

[1] David Kerr Cameron, *The Ballad and the Plough* (A folk-history of the Scottish farmtouns), (London, 1990), 11. Codwyd y dyfyniad o'r rhagair, 'Stone Lime and Legend'.

[2] Ibid., 225-6.

[3] Bôn y gair yw'r enw 'cethr', yr hoelen ar flaen y darn pren a roddai wthiad i'r ychen – y swmbwl yn y cnawd, fel petai. Yna cafwyd y ferf cethru, cethrain. Dyry GPC amryw ffurfiau ar yr enw am y gŵr a yrrai'r ychen wrth eu picellu: cethrenwr, cethreinwr, cathreinwr, cethrenydd, cethreinydd, cathrenydd, cethreor, cythreor, cethreuwr.

[4] *Bye-gones*, Feb. 1882, 17. Ceir cyfraniad yn dwyn y teitl 'The Old Welsh Plough' a'r enw 'North' wrtho.

[5] Ibid.

[6] F. G. Payne, *Yr Aradr Gymreig* (Caerdydd, 1975), 186.

[7] Ibid., 185.

[8] *Bye-gones*, Feb. 1882, 8. Y llythrennau D. J. sydd wrth y cyfraniad. Nid oes unrhyw amheuaeth nad David Jones (Wallington) yw'r gohebydd y trafodir ei weithgarwch mewn pennod arall.

[9] Ibid., 17. Y llythrennau A.G.P. sydd wrth y sylwadau.

[10] T. C. Evans (Cadrawd), 'Ploughing with Oxen in Glamorgan', *Red Dragon* (ed. Charles Wilkins), Vol. 3 (Jan.-June 1883), 137.

[11] Ibid., 139.

[12] Huw Walters, 'Rhagor am ganu i'r ychen: Tystiolaeth Dewi Haran', *Canu Gwerin*, 22 (1999), 55.

[13] Ibid., 57.

[14] Darn o'r *Daily Express* yn hysbysebu'r rhaglen. Tynnodd Arwyn Lloyd Hughes fy sylw at y llungopi sydd wedi ei ddiogelu yn Amgueddfa Werin Cymru yn Sain Ffagan (AWC 1468/22)

[15] Ibid.

[16] Llawysgrifau Cadrawd, AWC 1409/1.

[17] *Bye-gones*, Feb. 1882, 9.

[18] Ibid.

[19] Phyllis Kinney a Meredydd Evans, 'Canu'r ychen', *Trafodion Anrhydeddus Gymdeithas y Cymmrodorion*, 1986, 99-113.

[20] Gw. G. J. Williams, *Iolo Morganwg* (Caerdydd, 1956), 60.

[21] G. J. Williams, op. cit., 61. Cofnodwyd fersiwn debyg gan Ifor Ceri. Gw. NLW MS 1940 A (Melus Seiniau Cymru), 1, 63.

[22] Ibid., 62.

[23] Ibid.

[24] T. C. Evans (Cadrawd), op. cit., 139.

[25] T. C. Evans (Cadrawd), 'The Folklore of Glamorgan', *Transactions of the National Eisteddfod of Wales* (Aberdare, 1885) (Cardiff, 1887), 184. O hyn ymlaen 'Cadrawd, Aberdâr 1885'.

[26] Ibid., 184-5.

[27] Ibid., 186.

[28] *Y Gweithiwr Cymreig*, 13 Awst 1885. Y cyfeiriad a roddir gan y gohebydd yw 'Cefn Pennar Uchaf, Aberdar', a dyddiad y llythyr i'r wasg, '24 Mehefin 1885'.

[29] Ibid. Dewiswyd dau o gyfres o saith am eu bod yn cynnwys cyfeiriadau pendant at y weithred o aredig. Dywed y gohebydd mewn nodyn mai ystyr 'atgor' yw 'a team or yoke of oxen' ac mai ystyr 'ioc' yw 'a yoke'.

[30] *Cardiff Times*, 9 Medi 1911. Teitl y cyfraniad oedd 'An Old Glamorganshire Triban'.

[31] Caerdydd Llsgr. 4.312 (Cadrawd 55 gynt). Ar glawr y llawysgrif (Colofn 1) gwelir erthygl a dorrwyd o'r *Central Glamorgan Gazette* (Rhifyn 2, Rhagfyr 1881, 4, col. 5). O'r fan honno y codwyd y sylwadau. Y llythrennau 'T.C.E.', sef Cadrawd, sydd wrth yr erthygl.

[32] Dylid nodi er mai 'ychen' yw'r ffurf luosog, fod tuedd yn y bedwaredd ganrif ar bymtheg i newid hyn yn 'ychain', o gredu mai ffurf dafodieithol oedd 'ychen'. Y sain yn y dafodiaith oedd 'ychin' fel yn y llinell 'Wrth hela'r ych'in weithia' (Cadrawd, Aberdâr 1885, 198).

[33] Cefais fenthyg rhai o lawysgrifau Lewis Davies gan Mr Brinley Richards (Brinli), cyfreithiwr ym Maesteg. Gwelais y drafodaeth uchod mewn llawysgrif sy'n cynnwys traethawd Lewis Davies ar Blwyf Penderyn a fu'n gyd-fuddugol yn Eisteddfod Genedlaethol Aberystwyth, 1916. Ceir tudalen o'r traethawd a thudalen o nodiadau cyffredinol mewn pensil am yn ail. Digwydd y dyfyniad uchod ymhlith y nodiadau cyffredinol.

[34] Cadrawd, Aberdâr 1885, 199. 'Silk' a 'Sowin', fel y cofir, yw'r ddau ych a anfarwolir yn 'Men Ychen', soned enwog I.C. Peate.

[35] D. Rhys Phillips, *The History of the Vale of Neath* (1925), 593.

[36] Cofiaf i'r athro T. J. Morgan ddweud wrthyf ei fod yn gyfarwydd â'r gair 'Go-liw', fel petai'n golygu 'lle pell iawn' neu 'ben draw'r byd'.

[37] Caerdydd Llsgr. 2.330 (Cadrawd 63). Mae yna 12 cyfrol yn dwyn yr un rhif. Digwydd y dyfyniad yng nghyfrol 4, 30. Teitl y gyfres penillion yw 'Ychin mawr y Sela'.

[38] Cadrawd, Aberdâr 1885, 197.

[39] Ceir dau gopi o deipysgrif Richard Thomas, 'Caneuon A Genid Pen Un Arddig Gydar Ychen', yn Amgueddfa Werin Cymru yn Sain Ffagan. Cyflwynwyd y cyntaf tua diwedd y pumdegau (AWC 378) a'r ail yn 1978 (AWC 2662). Dyma rif 14 yn y gyfres.

[40] Cadrawd, Aberdâr 1885, 199. Mae'r triban fel y'i gwelir yn Caerdydd Llsgr. 4.313, 54, yn cadw'r ffurfiau tafodieithol 'whech', 'ciaf giatw' a 'rheta'.

[41] Teipysgrif Richard Thomas (AWC 378), rhif 15.

[42] Cadrawd, Aberdâr 1885, 202. Camgymeriad yw 'Sichad' am 'Litchad', sef pentref yng nghyffiniau Pen-y-bont ar Ogwr.

[43] Llyfr nodiadau Samuel Davies (Sam y Delyn) o Bont-rhyd-y-fen. Cefais fenthyg y llyfr gan ei fab, Herbert Davies.

[44] Caerdydd Llsgr. 4.312 (Cadrawd 55), 78. Erthygl a dorrwyd allan o'r *Central Glamorgan Gazette*, 27 Ionawr 1882, 3, col. 4.

[45] LlGC Llsgr 13,146 A, 202.

[46] Caerdydd Llsgr. 4.312, 78. Gw. Nodyn 44 uchod.

[47] Cadrawd, Aberdâr 1885, 193. Ceir copi tebyg o'r pennill yn llyfr nodiadau Sam y Delyn (Pont-rhyd-y-fen), 135.

[48] *Y Darian* (Aberdâr), 2 Awst 1928. (Colofn Tom Jones (Trealaw), 'Llên Gwerin Morgannwg')

[49] Ibid. Tybed ai 'cylla' a fwriedid yn wreiddiol? Byddai'r darlleniad 'A'r cylla'n ei fendithio' yn taro i'r dim yma o gofio'r cyd-destun.

[50] G. J. Williams, *Iolo Morganwg* (Caerdydd, 1956), 39.

[51] *Ancient National Airs of Gwent and Morganwg* (Landovery, 1844), 77.

[52] Ibid.

Y TRADDODIAD LLAFAR

Ar y llaw arall, pwy yw awdur pennill telyn? Nid 'y werin', bid sicr – ni chyfansoddodd 'y werin' bennill erioed. Ond rhywun o'r werin, serch hynny – rhyw wladwr, na bu erioed ar gyfyl Coleg y Drindod ac na chlybu erioed am Vergil na Horas, nac on odid am Ddafydd ap Gwilym chwaith.

(R.T. Jenkins, 'Bardd a'i Gefndir', *Trafodion Anrhydeddus Gymdeithas y Cymmrodorion* (1946-7), 104.)

Inevitably, when we commit an oral tradition to print, we kill something. A printed collection of ballads is necessarily something of a literary museum.

(James Reeves, *The Idiom of the People* (London, 1958), 25.)

TARDDIAD

Y mae haneswyr llên gwerin erbyn hyn yn unfarn mai gorchwyl hollol ddifudd yw chwilio am darddiad penillion a chaneuon gwerin ac mai elwach nod yw astudio'r modd y trosglwyddir hwy o genhedlaeth i genhedlaeth:

The solution of the mystery of the origin of the folk song is to be found not by seeking for an original – that is a vain quest – but by examining the method by which it has been preserved and handed down from one generation to another. In other words, the method of oral transmission is not merely one by which the folk song lives; it is a process by which it grows and by which it is created.[1]

Ac eto, er bod y gân werin fel petai yn perthyn i'r gymdeithas gyfan am mai aelodau cymdeithas a'i lluniodd hi drwy gynnig amrywiadau a gwelliannau, mae'n rhaid derbyn fod i'r gân werin darddiad ac mai unigolyn sy'n gyfrifol am y tarddiad hwnnw. Fodd bynnag, go brin y gellir galw'r unigolyn hwnnw yn awdur am fod dylanwad aelodau eraill cymdeithas yn peri newid y gân honno nes creu ffurf newydd a all fod yn bur wahanol i'r hyn a ddaeth o enau'r 'awdur unigol' yn y lle cyntaf. Nid edrych am 'ffurf wreiddiol', felly, yw'r peth pwysicaf wrth astudio cân werin, eithr olrhain yr amryfal fersiynau o'r gân a groniclwyd mewn gwahanol gyfnodau. Wedi i unigolyn greu'r 'ffurf wreiddiol', mae aelodau cymdeithas yn gyfrifol am ei datblygiad; mae cymdeithas yn sicrhau parhad iddi, yn creu amrywiadau arni ac yn dethol o'r amrywiadau hynny fel y bydd ffurf y deunydd gwerinol yn adlewyrchu chwaeth ac arbenigrwydd pob cenhedlaeth yn ei thro. Mae'n rhaid wrth barhad cyn y gall cân werin ddatblygu, ond gan mai'r traddodiad llafar sy'n gyfrifol am y parhad hwn, esgorir ar nifer o amrywiadau ar y gwreiddiol. James Reeves sydd yma'n pwysleisio pa mor anhepgor yw'r broses hon:

> The literary 'faults' of folk poetry, its inconsistencies, its ignorance of some of the taboos of polite intercourse, as well as its verbal variation, and what might be called its fluidity as between one locality and another, one singer and another, one period and another – all this is inseparable from its peculiar virtues and attractions, and cannot be eliminated without loss to its unique character.[2]

Wrth greu amrywiadau, mae aelodau cymdeithas yn llunio'r deunydd sy'n caniatáu datblygiad. 'The community plays a part, it is true', medd Sharp, 'but it is at a later stage, after and not before the individual has done his work and manufactured the material'.[3] Wedi i'r unigolyn gyflawni swyddogaeth yr awdur neu'r crëwr, y gymuned ei hun sy'n dewis o blith yr amrywiadau y fersiynau hynny sy'n adlewyrchu chwaeth y gymdeithas, 'those which most accurately express the popular taste and popular ideal'. Yn absenoldeb unrhyw ffurf safonol, gydnabyddedig, felly, byddai'n bosibl i nifer o amrywiadau ddatblygu, amrywiadau a fyddai'n dangos mân wahaniaethau yn y dewis o eiriau neu gystrawen, yn yr iaith neu yn y dafodiaith.

Mae trosglwyddo ar lafar yn rhwym o esgor ar gyfres o newidiadau testunol sy'n gyfrifol am gynhyrchu cyfres o amrywiadau cytras ar un patrwm cynhenid, ac wrth rannu â ni syniadau damcaniaethol ynglŷn â chreu a throsglwyddo cân werin, mae A. L. Lloyd yn ein galluogi i ddechrau amgyffred natur proses a fu'n gyfrifol am sicrhau cynifer o amrywebau tebyg dan amodau a fyddai'n hybu ac yn croesawu y math hwnnw o ddatblygiad:

> We will suppose a man is ploughing a field. The work is dull, and he is upset over his girl's behaviour. For diversion and comfort he begins to make a song. He may take a ready-made tune just as it is, or he may adapt it; . . . To this tune he sets his poem, probably likewise made up of old elements redeployed, with additions from his own experience.[4]

Mae'n bosibl, wrth gwrs, na fydd y gân ar ei newydd wedd yn apelio at gynulleidfa ehangach, ac o'r herwydd yn cael ei diystyru. 'On the other hand', medd Lloyd ymhellach, 'it may be an apt statement of a common emotional experience and may correspond nicely to the climate of the time, and at least one of the listeners likes the song well enough to want to take it into his own repertory'. Ac eto, pan fydd y person hwnnw ymhen tipyn yn mynd ati i ail-greu'r gân, gall ambell ymadrodd neu linell fod yn drech na'i gof tra bo rhyw gymal arall yn annerbyniol ganddo. Hynny yw, bydd y gân eisoes wedi magu ffurf sydd braidd yn wahanol i'r un a apeliodd at y gwerinwr yn y lle cyntaf er bod y fframwaith gwreiddiol yn aros.

Wrth edrych yn ôl ar wahanol fersiynau o bennill arbennig sydd wedi denu sylw nifer dda o gofnodwyr, peth anodd iawn bellach yw pennu union ffynhonnell a thras yr amrywiadau. Gellir, i raddau, osod yr amrywiadau mewn rhyw fath o drefn amseryddol ddigon amrwd ei natur, ond bod y math hwnnw o ddosbarthiad yn adlewyrchu dyddiad y cofnodi; mater arall yw ceisio dilyn y llwybrau gwerinol cymhleth hynny a fu'n cynnal y pennill ar lafar gwlad ac yn peri bod y pennill wrth grwydro o gymuned i gymuned dros nifer o flynyddoedd yn mabwysiadu amrywiaeth o ffurfiau sy'n adlewyrchu natur a chwaeth y gwahanol gyd-destunau cymdeithasol neu'r gwahanol dafodieithoedd. Erbyn hyn, rhaid edrych yn ofalus ar y cyfeiriadau penodol a geir o fewn y testun ei hun sydd ar brydiau yn gymorth i leoli'r pennill mewn rhyw gwmwd neu'i gilydd. Ond eto, hyd yn oed pan fydd modd olrhain cysylltiadau daearyddol y pennill, mater arall yw ceisio gosod y pennill o fewn unrhyw fframwaith amseryddol. Mae'n rhesymol casglu, fodd bynnag, fod amlder amrywiadau ar un patrwm yn ạwgrymu i'r pennill hwnnw ennill gryn sylw mewn gwahanol gymunedau. Bydd penillion poblogaidd, felly, yn parhau ar lafar gwlad ac yn ymaddasu yn ôl y sefyllfa a'r cynefin, ac at y ffefrynnau gwerinol hyn y dylid troi er mwyn astudio gwahanol dueddiadau proses o drosglwyddo llafar.

Er mai camp amhosibl yw olrhain cân werin yn ôl i'r 'awdur' gwreiddiol gellir, yn achos rhai caneuon astudio'r amryfal amrywiadau a gofnodwyd mewn gwahanol gyfnodau. Afraid dweud fod corff o amrywiadau ar gael mewn nifer o gyd-destunau, ond pan gyfeirir at leoedd penodol yn y testun ei hun gellir bod yn fwy hyderus parthed ffynhonnell neu gynefin y gwahanol fersiynau. Dyma driban sy'n dangos natur y broses, triban a gofnodwyd yn y lle cyntaf gan Iolo Morganwg:

> Yn Saint-y-Brid mae 'nghariad,
> Yn Saint-y-Brid mae 'mwriad,
> Yn Saint-y-Brid mae merch fach lân,
> Os caf hi o flân y 'ffeirad.[5]

Eithr mewn cyfnod diweddarach sonnir nid am ferch o Saint-y-Brid ger Pen-y-bont ar Ogwr ond am ferch o Bontypridd, ac felly 'Ym Mhontypridd mae 'mwriad' yw byrdwn y gân.[6] Ond mabwysiadwyd y gân hefyd yng ngorllewin y sir fel bod fersiwn a gofnodwyd yn llyfr nodiadau Sam y Delyn (Samuel Davies, Pont-rhyd-y-fen) yn clymu'r gân wrth gynefin newydd:

> Yn Rhydyfen mae nghariad,
> Yn Rhydyfen mae mwriad.[7]

Gellir dyfalu y byddai darogan y tywydd, er enghraifft, yn ffactor o bwys ym mywyd yr amaethwr, fel bod dywediadau a phenillion yn ymwneud â'r pwnc yn rhan naturiol o'r *repertoire* gwerinol. Nid annisgwyl, o ganlyniad, yw gweld y math hwnnw o bwyslais yn cael ei adlewyrchu mewn casgliadau o benillion. Ystyrier, er enghraifft, y pennill canlynol a godwyd yn wreiddiol gan Iolo Morganwg:

> Pan welir Pen Morgeilau
> Yn gwisgo'i glog y borau
> Odid fawr cyn canol dydd
> Bydd ar ei rudd y deigrau.[8]

Gydag amser, mae'n ddigon tebyg nad oedd cynifer o'r trigolion yn arddel yr hen enw, 'Morgeiliau', ar fynydd sydd yn ôl y dystiolaeth a gyflwynir gan Gomer M. Roberts, i'w weld yng nghyffiniau'r Betws, Cwm Llynfi. Oherwydd wrth drafod pentref y Betws, dywedir ei fod 'yn y darn gwlad rhwng Llynfi a Garw, ar lethr Moelgiliau'.[9] A dyna'r enw a ddiogelir gan Cadrawd mewn dwy fersiwn o'r triban a gofnodwyd ganddo ar wahanol adegau tua throad y bedwaredd ganrif ar bymtheg er ei fod yn amrywio'r orgraff:

> Pan welir pen Moelgeiliau
> Yn gwisgo cap y borau,
> Odid fawr cyn haner dydd
> Ceir ar ei grudd hi ddagrau.[10]

> Man welir Moel y Gilia
> A'i gap yn cuddio'i gopa,
> Odid fawr cyn haner dydd
> Bydd ar ei grudd hi ddagra'.[11]

Mae'n anodd dyfalu pa mor gyfarwydd fyddai'r trigolion lleol â'r hen enw erbyn dechrau'r ugeinfed ganrif pan argraffwyd fersiynau Cadrawd, a pha bryd yn union y dechreuodd yr enw golli tir ar lafar. Ond hyd yn oed yng nghyfnod Cadrawd, roedd i'r pennill fersiynau eraill. Gwyddai pawb, er enghraifft, am ardal y Caerau ym mhen uchaf Cwm Llynfi i'r gogledd o Faesteg ac wrth odre'r mynydd a rannai'r un enw. Peth hawdd a chyffredin fyddai amrywio'r enw o fewn y pennill, ac os oedd 'Moelgeiliau' yn air dieithr bellach i rai o'r trigolion, byddai'r ffurf 'Caerau' yn ddi-os yn ddigon cyfarwydd i'r mwyafrif. Ceir o ganlyniad y ddwy fersiwn ganlynol yng nghasgliad eisteddfodol Cadrawd a wobrwywyd yn 1885:

> Pan welir pen Moel Caera
> Yn gwisgo cap y bora',
> Odid fawr cyn haner dydd
> Fydd ar ei grudd hi ddagra.[12]

> Pan welir Moel y Caera'
> A'i gap yn cuddio'i gopa,
> Odid fawr cyn haner dydd
> Bydd ar ei grudd hi ddagra'.[13]

Er bod y fersiynau a nodwyd yn cyfeirio'n benodol at lecynnau yng Nghwm Llynfi, ceir amrywiad pellach sy'n fwy cyffredinol ei chyddestun:

> A phan fo'r Foel fynydda
> Yn gwisgo'i chap yn fora
> 'Drychwch arni ddiwedd dydd
> Bydd ar ei grudd hi ddagra.[14]

Â Chwm Afan y cysylltir y fersiwn hon, a thuedd naturiol fyddai i gofnodwr o'r ardal honno ddileu'r cyfeiriad testunol sy'n cysylltu'r pennill yn benodol â phlwyf cyfagos. Hynny yw, wrth fabwysiadu deunydd gwerinol, byddai creu delwedd blwyfol yn golygu addasu'r testun i adleisio amodau lleol neu hyd yn oed ddileu cyfeiriadau dieithr neu anghyfleus.

Dylid ychwanegu fod y math hwn o ymadrodd sy'n sail i gynifer o amrywiadau, mewn gwirionedd yn werinol ddi-ffin am fod defnydd trosiadol o iaith yn elfen mor amlwg yn y penillion hynny a gysylltir â byd y gwerinwr wrth iddo geisio ymateb i helyntion beunyddiol ei amgylchfyd. Peth naturiol, felly, yw bod Cadrawd, mewn erthygl i'r *Cardiff Times*, yn ehangu maes y drafodaeth drwy gofnodi cwpledi cytras a gysylltir â Swydd Efrog:

> When Inglebro' wears a hat,
> Ribblesdale 'll hear o' that.
>
> When Oliver's Mount puts on his hat,
> Scarbro' town will pay for that.[15]

I'r un dosbarth y perthyn y cwpled a gofnodwyd yn *Cymru Fu* ac sy'n perthyn nid i Swydd Efrog y tro hwn ond i Sir Benfro:

> The next will remind natives of Pembrokeshire of their own proverb:-
>
> > When Preselly weareth a hat,
> > All Pembrokeshire shall wrete of that.[16]

Yr elfen gyffredin i'r holl benillion, yn y naill iaith a'r llall, yw'r syniad fod mynydd a orchuddir gan niwl megis yn 'gwisgo cap'; yr hyn sy'n drawiadol yw'r defnydd cyffredinol o'r ymadrodd a natur gosmopolitan a di-ffin yr amrywiadau.

Wrth ystyried y gwahanol benillion a'r amrywiadau arnynt, gellid dyfalu fod gan bob ardal a phob cenhedlaeth eu stôr o ffefrynnau fel bod nifer yr amrywiadau i raddau yn dyst i boblogrwydd y pennill. Yn aml iawn, ni fydd y newidiadau yn effeithio ryw lawer ar yr ystyr neu'r ergyd ond yn adlewyrchu rhyw fân addasiadau testunol y byddai trosglwyddo llafar yn gyfrifol amdanynt. Bydd yr amrywiadau eu hunain fel arfer yn arddangos yn eglur ddigon natur y broses, ac yma, fel enghraifft, rhestrir tair fersiwn o driban arbennig, y gyntaf wedi'i chofnodi gan Iolo Morganwg, yr ail gan Cadrawd (1885) a'r drydedd yn digwydd mewn casgliad yn dwyn y teitl *Llên Gwerin Blaenau Rhymni* a gyhoeddwyd yn 1912:

> (1) Mae'r ceiliog coch yn canu
> Mae'r serchog fyth heb gysgu,
> Mae'r bechgyn bach yn myn'd tua'r glo,
> Mae'r fuwch ar llo yn brefu.[17]

> (2) Mae'r ceiliog coch yn canu,
> Mae'n bryd i'r merched gwnu;
> Mae'r bachgan bach yn myn'd t'a'r glo,
> A'r fuwch a'r llo yn brefu.[18]

> (3) Mae'r cilog coch yn canu'
> Ma'n bryd i minnê godi,
> Ma'r bechgyn drwg yn mela'r glo
> A'r fuwch a'r llo yn brefu.[19]

Un dosbarth poblogaidd a difyr yw'r penillion hynny sy'n trafod 'rhyfeddodau', penillion sydd weithiau yn cael eu cynnwys dan y pennawd 'Hwiangerddi'. Wele fersiwn Cadrawd o un ohonynt:

> Mi wela's beth na welws pawb
> Y cwd a'r blawd yn cerad;
> Brân yn toi ar ben y tŷ'
> A'r pia'n dala'r arad'.[20]

Ceir copi pellach o'r fersiwn hon yn un o lawysgrifau Cadrawd ac ar y tudalen gyferbyn ceir yr hyn a elwir yn 'Dull Dyfed':

> Mi weles i na welodd pawb
> Y cŵd a'r blawd yn cered
> Yr hen frân ddu yn toi y tŷ,
> A'r ci'n bigila'r defed.[21]

Ond diddorol nodi fod yna fersiwn arall a gysylltir â Sir Gâr ac a gofnodwyd yn *Y Gweithiwr Cymreig*:

> Mi welais beth na welodd pawb,
> Y cwd a'r blawd yn cerdded,
> A'r hen frân ddu ar ben ty'n toi,
> A'r wylan yn troi defed.[22]

Ar ben hynny, ceir tystiolaeth sy'n dangos i'r pennill grwydro ymhellach fyth am fod fersiwn bellach ar gael sy'n cynnwys dwy linell ychwanegol ac sydd wedi'i chofnodi mewn casgliad o lên gwerin Meirion. Digwydd y pennill mewn casgliad o Hwiangerddi a'r ddwy linell atodol yn awgrymu perthynas â thyfiant y gwanwyn wrth i'r tymor ymestyn tua Chalan Mai:

> Mi welais i beth na welodd pawb,
> Y cwd a'r blawd yn cerdded;
> Y frân yn toi ar ben y tŷ,
> A'r malwod yn gwau melfed,
> Cywion gwyddau ac ebol bach,
> Fe ddaw C'lamai bellach.[23]

Amrywiadau Testunol

Wrth ystyried y gwahanol gasgliadau o dribannau a etifeddwyd gennym, daw'n weddol amlwg fod nifer ohonynt yn dilyn patrymau arbennig ac o ganlyniad yn ymrannu'n gyfresi sy'n gyffredin o ran fformiwla neu strwythur. Byddai patrymau o'r fath, wrth gwrs, yn ganllaw digon derbyniol pan fyddai'r gwerinwr unigol yn awyddus i wneud cyfraniad ar ryw achlysur neu'i gilydd; y fantais, fel y dywed Tegwyn Jones, 'fyddai galluogi pawb yn y cwmni, boed yn dribannwr

profiadol neu beidio, i ymdaflu i'r chwarae mewn gŵyl mabsant neu
wrth aredig neu ryw achlysur arall, a pharhau'r gamp cyhyd ag y
gellid'.[24] Ar adegau felly, gellid dyfalu y byddai cryn dipyn o dynnu
coes ac o gystadlu diniwed rhwng gwahanol gymunedau, a'r tribannau
yn cyflwyno'u neges yn eglur ddigon ac yn adlewyrchu natur y
gymdeithas yn ei holl amrywiaeth. Er bod golygyddion ar brydiau
wedi addasu'r testun drwy safoni'r orgraff a'r ieithwedd, erys y
darluniau gwerinol a'r ffraethineb iach hwnnw sy'n caniatáu i ni
ddirnad yn well, nodweddion dull o fyw sydd bellach wedi hen beidio
â bod.

Ceir, er enghraifft, gyfresi diddorol o drioedd sy'n cynnig cipolwg
diddorol iawn ar hoff a chas bethau'r gwerinwr ac ar ei ymateb i
dreialon bywyd. Wrth reswm, mae'n gyfle hefyd i ddiwygio patrwm
cyfarwydd er mwyn plwyfoli'r deunydd ac o bosib er mwyn dwyn sen
ar unigolion lleol mewn dull sy'n bryfoclyd o chwareus. Yr hyn y
ceisir ei bwysleisio yma yw bod arddel patrymau o'r fath yn caniatáu,
os nad yn gwahodd, cyfres o amrywiadau fel bod y pennill yn y pen
draw yn un hollol gymunedol. Oherwydd natur y berchnogaeth
gymunedol honno, llwyddwyd i ddiogelu enghreifftiau gwerthfawr o'r
ieithwedd werinol ac o wahanol ffurfiau tafodieithol a fu unwaith yn
rhan mor naturiol o iaith y dalaith. Ystyrier, er enghraifft, y triban
canlynol lle defnyddir y gair 'aros' yn yr ystyr o 'dioddef'. Cadrawd
sy'n gyfrifol am gofnodi'r tair fersiwn:

> Tri peth ni allai aros
> Yw enwyn tri pythefnos
> Bara haidd yn llawn o fran
> A menyn Shiwan Domos.[25]

> Tri peth ni alla i aros
> Ci rheto heb ei anos
> Byw heb fara yn fy nghell
> A chrefydd bell Shon Thomas.[26]

> Tri pheth ni allai aros,
> Ci rheto heb 'i anos;
> Byw heb fara yn fy nghell
> A shwrna bell ddechreunos.[27]

Ar wahân i gyfresi o drioedd, ceir nifer helaeth o dribannau sy'n trafod merched y gwahanol gymunedau a nifer ohonynt yn ffug ddilornus yn unol â'r pwyslais a ddisgwylid yn y math hwnnw o bennill. Gellid tybied mai'r nod fyddai tynnu sylw at wendidau cymdogion cymunedau cyfagos a'r amrywiaeth enghreifftiau sy'n aros yn awgrymu fod cryn ddiddordeb yn y math hwnnw o bennill. Ni wneir ond nodi rhai o'r enghreifftiau ac amrywiadau pan ystyrir hynny'n berthnasol:

MAE MERCHED BACH/BALCH —

Mae merched balch y Coety
A'u bwriad ar briodi,
Heb flanced gwely yn y byd
A'u gyna'i gyd heb dalu.[28]

Mae merched balch y Coity,
Yn chwanog i briodi,
Heb flanced gwely yn y byd,
A'u gyna 'i gyd heb dalu.[29]

Mae merched bach y Llwyni
Yn wlua am brioti,
Heb na blancad yn y ty,
A'r siop i gyd heb dalu.[30]

Ma' plant bach y Pentra
Yn wilia (chwedleua) am brioti,
Heb gennyn' nhw flancad gwely,
Na chin'og goch i dalu.[31]

Mae merched yn y Llwyni,
Yn ynfyd gwyllt am garu;
A dodi'r galwad yn y Llan,
Gael yn y man briodi.[33]

Mae merched bach y Blaena
Yn gwisgo cap a lasa,
Mytrw our ar ben bob bys
A chwt eu crys yn llapra.[33]

MAE NGHARIAD I ELENI

Mae nghariad y 'leni,
Yn byw gerllaw i'r Weni,
A'r ei thafod does dim ffael,
O eisiau cael priodi.[34]

Mae 'nghariad i eleni
Yn byw yn mhentre'r Coety;
'Rwy'n meddwl gofyn idd ei mam
A gâ'r ddinam briodi.[35]

Mae nghariad i eleni,
Yn byw yn South Cornelly,
Yn fain ei gwast, yn net ei phleth,
Yn wynach peth na'r lili.[36]

Mae nghariad i eleni
Yn Lloegr, nid yn Nghymry,
Yn mysg y Saeson duon dig,
A fi sy'n unig hebddi.[37]

(C) MI FUO'N CARU'N GYN(N)ES

Mi fuo'n caru'n gynes
A merch o weinidyddes,
Rhwng Bontfaen a glan y mor,
Mae cartref le y ddynes.[38]

Mi fuo'n caru'n gynes
A merch o wniadyddes;
Rhwng Bontfaen a blaen Col-huw,
Mae'r lle mae'n byw'r angyles.[39]

(ch)

Mae nghariad inau beunydd,
Fel llyn o ddw'r fa'i'n llonydd;
Mae'n promis cwrdd, os ceidw'i gair,
Ar dwynyn Ffair y mynydd.[40]

Mi godais gariad newydd,
Mi ro'es yr hen i fynydd;
Mae'n *promis* cwrdd, os ceidw'i gair,
Wrth Eglwys Fair, y Mynydd.[41]

(d)

Mae merched bach St. Athan,
Yn methu troi cramwythan,
O eisiau help rhyw wr neu was,
I'w thoso yn y ffrimpan.[42]

Mae merched bach Sant Athan,
Yn ffaelu troi cramwythan,
Heb ofyn cymorth gwr ne was,
I'w thoso ma's o'r ffrimpan.[43]

AMRYWIADAU GOLYGYDDOL

Bu cyfnod hir o drosglwyddo llafar, felly, yn gyfrwng diogelu cyfoeth o ganeuon a phenillion gwerinol o genhedlaeth i genhedlaeth. Ac eto, camgymeriad mawr fyddai tybio y byddai proses o argraffu o anghenraid wedi tanseilio'r hen gyfundrefn dros nos oherwydd go brin bod hynny'n wir. Er enghraifft, cafwyd copïau cynnar iawn o rai hen ganeuon, ac yn enwedig felly y baledi a fyddai'n cylchredeg yn ystod y Canol Oesoedd. Fel y dywed Lloyd:

> In any case, some emphasis is forced on us because writers in the past have stressed so heavily that whatever the folk song is or is not, it is essentially an oral affair whose intrinsic character derives from the peculiarities of mouth-to-ear-to-mouth transmission. Well, that is only true in part. We see that in thousands, indeed millions, of instances the words of folk songs reached their singers by way of print. And not only the words. The existence of manuscript tune-books shows that the melodies too had a certain written currency from quite early days, especially among tune-swapping fiddlers . . . Though orality cannot be considered an *essential* condition of musical folklore, it remains of great importance because by whatever means the songs were learnt, once

acquired they began to lead a life quite independent of ink and paper and to receive the buffets and benefits that are a natural consequence of the transit from one forgetful or fanciful singer to another.[44]

Ond mewn cyfnodau mwy diweddar, gwnaethpwyd ymdrech fwriadol i gasglu a chyhoeddi deunydd gwerinol fel bod fersiynau safonol o fewn cyrraedd i ganran uwch o'r boblogaeth. Hyd yn oed wedyn, byddai carfannau penodol na fyddai copïau argraffedig, safonol yn eu cyrraedd, fel bod hen brosesau llafar yn dal i ddiogelu etifeddiaeth ddiwylliannol y gwahanol gymunedau. Dan amodau felly, byddai cyferbyniad amlwg yn bosibl rhwng y deunydd traddodiadol a fyddai o hyd ar wefusau'r gwerinwr a'r hyn y byddai'r casglydd cydwybodol yn hapus i'w arddel mewn cyfrol gyhoeddus. Yn oes Fictoria, mewn cyfnod pan roddid cymaint o bwys ar barchusrwydd allanol, gellid disgwyl i'r golygydd fod yn bur sensitif i chwaeth arbennig ei gynulleidfa fel bod ymyrraeth olygyddol yn anochel. O ganlyniad, byddai chwynnu gofalus yn digwydd cyn gosod penillion a chaneuon o flaen y cyhoedd mewn casgliadau safonol fel bod rhaid edrych ymhellach i ganfod y math o benillion gwerinol a fyddai'n debygol o fod wedi dod o enau'r gwladwr yn y lle cyntaf. Wrth reswm, mae tystiolaeth yn brin. Ac eto, pan lwyddir i ddarganfod enghreifftiau achlysurol, mae cymhariaeth â'r fersiynau cyhoeddedig yn gallu cynnig rhyw fath o syniad o natur y golygu a ystyrid yn berthnasol gyfoes er mwyn i'r penillion gael eu cymhwyso ar gyfer cyfnodolion neu gasgliadau parchus yr oes. A derbyn, felly, fod deunydd gwerinol ddilys yn brin, afraid dweud fod yr enghreifftiau prin hynny a ddiogelwyd yn arbennig o werthfawr a diddorol i'r sawl a fyn olrhain hanes y cyfryw ganu. Yn y cyd-destun hwn, gellir sôn am gyfres o amrywiadau gwahanol iawn eu tarddiad am nad ydynt yn adlewyrchu chwaeth y gymdeithas werinol na phwyslais arbennig y gwahanol gymunedau a fu'n rhan o'r gadwyn lafar, ond chwaeth golygydd wedi'i gyflyru gan dueddiadau'r oes i gyflwyno casgliad a fyddai'n boddhau chwaeth a disgwyliadau ei gynulleidfa.

Mewn rhagair i gasgliad o dribannau o'i eiddo a ddiogelir yn yr Amgueddfa Werin Genedlaethol, cyfeiria Llewellyn Evans (mab Cadrawd) at un o'r to olaf a fu'n aredig gydag ychen ym Mro Morgannwg. 'Yn yr hanner cyntaf o'r ganrif ddiweddaf', meddid, 'yr oedd etto yn ddigon cyfredin i wel'd ychain yn tynu yr eryd ar Fryn a Bro ym Morgannwg'.[45] Eir ymlaen i gofnodi mai 'dim ond saith blynedd yn ol fu farw y diweddaf o'r aredwyr a oedd wedi arfer canu tribannau wrth aredig gyda'r ychain, sef Mr. Richard Thomas, Homri, St. Nicholas, gerllaw Caerdydd'. Yr hyn sydd o ddiddordeb yma yw bod merch Richard Thomas tua diwedd pumdegau'r ugeinfed ganrif, wedi cyflwyno i Sain Ffagan deipysgrif o rai o'r penillion a ganai'r tad pan oedd ychen dan yr iau, teipysgrif sy'n cynnwys detholiad o dribannau sydd heb eu cywiro na'u diwygio ar gyfer eu cyhoeddi. Afraid pwysleisio bwysiced yw tystiolaeth o'r fath am fod yma dribannau gwerinol iawn eu ffurf a'u hieithwedd a fersiynau gwahanol o rai hen ffefrynnau na fyddai golygyddion cydwybodol oes Fictoria wedi gallu eu derbyn. Y cofnodi diolygydd hwn sy'n ychwanegu'n ddirfawr at werth y casgliad ac sy'n caniatáu astudiaeth gymharol ar sail y fersiynau gwerinol eu mynegiant.

O'r cychwyn cyntaf bu rhaid i gasglwyr a golygyddion caneuon gwerin ymgyfarwyddo â math gwahanol o arddull ac ieithwedd ac â dull o ddehongli a dathlu prosesau naturiol bywyd a allai ymddangos yn ddi-chwaeth i'r byd y tu allan:

> It had long been know to editors of songs from the 'peasantry', as they had formerly been called, that while the tunes were often of rare beauty and purity, the words were far from acceptable to the taste of the polite world . . . Despite the efforts of puritans to suppress all this, it had persisted; and the evangelical churches in the nineteenth century had combated, or at least frowned on, the public expression of anything unfit for a choir supper.[46]

Wrth gwrs, geiriau yn hytrach na syniadau a fyddai'n her i'r sensor o olygydd. Ystyrier, er enghraifft, y triban canlynol, ac i ddechrau, fersiwn 'eisteddfodol' Cadrawd:

> Tri pheth ni saif heb siglo,
> Yw llong ar fôr yn nofio;
> Dail yr aethnen yn yr haf,
> A thair merch fraf yn dawnsio.[47]

Nid peth annisgwyl, wrth gwrs, yw gweld cofnodi fersiwn gytras mewn ardal arall sy'n dilyn yr un fformiwla agoriadol ond sydd yn creu darluniau newydd:

> Tri pheth ni saif heb shiglo
> Yw llong ar fôr yn hwylio,
> A dalen cyll ar ben y pren
> A dwylo Gwen yn gotro.[48]

Perthyn y math hwn o bennill i ddosbarth arbennig o dribannau a restrai drioedd o bob math, a pheth digon naturiol fyddai i'r datgeiniad amrywio'r testun yn ôl yr amgylchiadau a'r gynulleidfa. Mae'n debyg, hefyd, y byddai ambell gynulliad llai ffurfiol na'i gilydd wedi hawlio a mwynhau penillion llawer mwy gwerinol uniongyrchol eu naws na'r rhai a fyddai wedi derbyn sêl bendith cynulleidfa gyhoeddus. Yn un peth, fel y sylwodd Tegwyn Jones, gwelid tuedd reolaidd i chwynnu ffurfiau llafar oherwydd er bod 'digon o enghreifftiau o gofnodi tribannau yn nhafodiaith Morgannwg', ei ddyfarniad ef oedd fod 'cymaint os nad mwy wedi eu safoni'.[49] Eithr nid safoni ieithyddol oedd unig swyddogaeth y golygydd a fyddai hefyd, bid siŵr, yn ymdeimlo â chyfrifoldeb moesol i chwynnu neu gymhwyso unrhyw ymadrodd neu bennill a ystyrid yn anweddus neu'n ddi-chwaeth. Ond mae casgliad Richard Thomas yn eithriad i'r rheol. Am iddo osgoi unrhyw ymyrraeth olygyddol, ceir llinell i gloi'r triban nad yw'n digwydd mewn unrhyw gasgliad cyhoeddedig:

> Tri-peth ni saif heb siglo
> Yw llong ar mor yn selio
> Dail yr aethnen un yr haf
> A thin merch braf wrth ddawnsio.[50]

Gellir dadlau fod stamp y gwerinwr i'w ganfod yma, y gwerinwr a fyddai'n hapus iawn i arfer gair benthyg megis 'selio' ac i gyfeirio'n naturiol ddi-hid at ystumiau'r ferch sy'n dawnsio. Ond cofiwn mai dileu'r defnydd hwn o eiriau a ystyrid yn annerbyniol ddi-chwaeth oedd wrth wraidd sensora golygyddol. 'Mater ieithyddol yw sensoriaeth foesol', medd Dafydd Johnston wrth ymdrin â llenyddiaeth Gymraeg yn y cyd-destun hwn, a daw un agwedd bwysig i'r amlwg wrth drafod hanes llên y bedwaredd ganrif ar bymtheg 'sef mai osgoi *geiriau* anweddus oedd y peth mawr.'[51] Pa mor ddiniwed bynnag y byddid yn ystyried y gair 'tin' erbyn heddiw, rhaid derbyn fod golygyddion y bedwaredd ganrif ar bymtheg wedi'u cyflyru gan ledneisrwydd oes Fictoria i fod yn gyhoeddus barchus ac i amau pob dim a oedd yn 'unfit for a choir supper'. Yn ddiddorol ddigon, mewn triban a gofnodir ar ddalen rydd yn un o lawysgrifau Cadrawd, digwydd cyfeiriad pellach at yr un pechadur o air, cyfeiriad sydd yn adlewyrchu ymhellach barchusrwydd cymdeithasol y cyfnod ac sydd hefyd yn ategu'r hyn a ddywedwyd eisoes am natur sensoriaeth:

> Colloquial Welsh but very vulgar. Perhaps not fit for printing. I heard this about 30 years ago
>
>> Fi gwnas acha bora –
>> Fi wnetho fargan ddecha, –
>> Fi brynas fochyn gan ryw ddyn-
>> A thwll ei din yn isha.[52]

Ymddengys i Cadrawd dderbyn awgrym y casglydd oherwydd, hyd y gwelaf, ni ddigwydd y triban yn yr un o amryfal gasgliadau cyhoeddedig y gŵr o Langynwyd. Ond fel y pwysleisiwyd eisoes, llwyddodd casgliad Richard Thomas i osgoi sensoriaeth olygyddol ac yno gwelwn amrywiad ar y triban na ddewisodd Cadrawd ei gyhoeddi:

> Fe gwnes (codi) ach a bore
> Fe wneuthum jobyn deche
> Fe brynais fochyn gas ryw ddyn
> A thwll ei'n din un eisie. [*sic*][53]

Yr hyn y ceisir ei awgrymu yw bod yna ddosbarth arbennig o benillion gwerin na fyddai golygyddion wedi mentro eu cyhoeddi rhag tramgwyddo'r canonau moesol hynny y disgwylid iddynt eu cydnabod a'u parchu. Gellid dadlau mai pwysau i newid geiriau neu ymadroddion annerbyniol sy'n egluro paham y gallai Llewellyn Evans gofnodi flynyddoedd yn ddiweddarach, ddau amrywiad gwahanol ar y triban a fu ym meddiant ei dad ac y dyfarnwyd ei fod yn 'not fit for printing'. Y tro hwn, nid yr un nam corfforol sy'n denu sylw'r datgeiniad, a'r fersiynau o'r herwydd yn fiolegol barchusach:

> Fi godais ar rhyw fora',
> Fi nitho fargan ddecha,
> Fi brynas ych a gwddwg brith,
> A'i lygad chwith yn eisa'.

> Fi gwnas acha bora',
> Fi nitho fargan ddecha,
> Fi brynas fochyn yn Brynwhith
> A'i lycad with yn isha'.[54]

O bryd i'w gilydd, felly, gellir canfod arddull ac ieithwedd sydd yn awgrymu fod yna is-ddosbarth o benillion nad ydynt i'w gweld mewn casgliadau swyddogol, o leiaf heb broses olygyddol o ddiwygio a 'chywiro'. Byddai ambell bennill a oedd yn hollol dderbyniol mewn cynulliad o werinwyr yn mwynhau awr o ddifyrrwch wedi llafur y dydd, yn creu cryn broblem i hynafiaethydd a'i fryd ar ddehongli'r math hwnnw o gymdeithas i gynulleidfa ddigon anwerinol ei chefndir a'i phwyslais.

Peth naturiol ddigon, felly, yw gweld cyfres o amrywiadau ar un pennill, rhai yn adlewyrchu gwahaniaethau tafodieithol, eraill yn cynnwys mân newidiadau testunol, ac eraill eto yn arddangos amrywiadau yn y gyfeiriadaeth wrth i benillion grwydro a datblygu. Hynny a ddisgwylir pan fydd pennill yn goroesi ar lafar gwlad a'r amrywiadau geiriol yn adlewyrchu pwyslais ac amodau'r gwahanol gymunedau. Ond bydd unigolion weithiau yn anghofio llinellau neu yn dileu, ar brydiau, ryw ymadrodd neu linell sy'n annerbyniol ganddynt neu sy'n annealladwy. Dan amodau felly ceir cyfres bellach o amrywiadau diddorol. Ystyrier, er enghraifft, y triban canlynol a ddigwydd yng nghasgliad eisteddfodol Cadrawd:

> Tri pheth ni saif yn llonydd,
> Yw'r niwl ar ben y mynydd;
> A malwoden mewn lle llwm,
> A thafod Twm Felinydd.[55]

Yn un o lawysgrifau Cadrawd ceir cyfresi o dribannau wedi'u torri o golofnau'r *Central Glamorgan Gazette* gan gynnwys copi o'r triban uchod ynghyd ag amrywiad pellach dan enw E. Llewelyn. Yma, er bod y ddwy linell agoriadol yn aros, ceir i ddiweddu:

> Dwr yr afon yn y cwm
> A thafod Twm Shon Dafydd.[56]

Yn yr un llawysgrif cofnodir y fersiwn ganlynol hefyd:

> Tri pheth ni saif yn llonydd
> Yw'r niwl ar [ben] y mynydd
> Cae o bolon heb un clwm,
> A thafod Twm Sion Dafydd.[57]

Gyda chynifer o dribannau yn dilyn yr un fformiwla gychwynnol, nid annisgwyl gweld amrywio trefn y llinellau, yn enwedig pan fo patrwm pob pennill yn dibynnu ar effeithiolrwydd y cof, a hynny yn absenoldeb unrhyw ffurf safonol gydnabyddedig. Roedd cysondeb trefn yn amherthnasol, ac am nad oedd rhaid arddel unrhyw ffurf safonol, ceir enghraifft o amrywiad ar y ddwy linell derfynol a ddyfynnwyd uchod, yn dilyn agoriad hollol wahanol:

> Tri pheth wy'n wel'd yn lled-chwith –
> Hwch a iwc mewn gwenith;
> Côl o bolon heb un c'lwm
> A Thwm y llipryn llaw-with.[58]

Eithr ceir amrywiad pellach eto ymhlith y caneuon a ganai Richard Thomas, amrywiad sy'n defnyddio un o'r fformiwlâu traddodiadol, sy'n awgrymu fod y drydedd linell wedi creu trafferth i'r datgeiniad ond sy'n mentro ar linell derfynol na fyddai unrhyw sensor o olygydd wedi'i chymeradwyo:

> Tri peth ni saif un llonydd
> Yw niwl ar ben y mynydd
> Col o fangor heb un cl[wm]
> A chala Twm Sion Dafydd.[59]

Y nod yw ceisio dangos fod yna ddosbarth o benillion mwy gwerinol eu naws a oroesodd ar lafar ochr yn ochr â'r fersiynau a dacluswyd ar gyfer eu cyhoeddi. Ac eto, ni cheisir awgrymu mai ffenomen Gymreig oedd hon am fod proses debyg o ddiwygio a sensro yn rhan o hanes llên gwerin ar hyd a lled Prydain:

> The early and mid-nineteenth century was almost as innocent in its suppression of what it considered 'rude' or 'gross' as the peasantry were in clinging to it. There were taboos – and that was that. No printer would undertake to reproduce certain verses verbatim, and no publisher

of repute would issue them, so the editor had no alternative but to omit or alter the offending verses.[60]

Byddai rhai o'r canueon a ddigwydd yn repertoire Richard Thomas yn sicr o gael eu hystyried yn 'offending verses' ac, yn ôl y disgwyl, ni ddigwyddant mewn casgliadau cyhoeddedig. Yr hyn y ceisir ei ddadlau, felly, yw bod dosbarth o ganeuon a phenillion ar lafar gwlad na fyddai unrhyw gasglydd na golygydd wedi mentro eu hatgynhyrchu yn eu ffurf werinol. Rhaid cydnabod y byddai nifer o benillion yn cynnwys geiriau neu ymadroddion a ystyrid yn gymdeithasol waharddedig, yn enwedig o gofio lledneisrwydd y cyfnod Fictoraidd a fu'n ddylanwad mor rymus ledled Prydain, ac effaith y meddylfryd Anghydffurfiol Cymreig a fyddai'n amau unrhyw orbwyslais ar y difyr anseiadaidd. Wrth reswm, er mor gyfleus yw'r duedd i gyffredinoli a damcaniaethu, yr her yw egluro'r egwyddorion cyffredinol drwy gyfeirio at enghreifftiau penodol ac arwyddocaol. Afraid pwysleisio yn y cyd-destun arbennig hwn na ellir disgwyl dewis eang o ffynonellau priodol a chyfleus.

I'r gwrthwyneb, caneuon yr ymylon fyddai'r caneuon hyn, caneuon y meysydd agored, caneuon y noson lawen ddiraglen a'r perfformiadau byrfyfyr a fyddai'n codi hwyl a sbri mewn cymunedau digyngerdd a dieisteddfod. Hap a damwain fyddai i ganeuon cymunedol ac amserol y cyfryw nosweithiau oroesi hyd yn oed mewn casgliadau personol, ac ofer hollol fyddai chwilota colofnau unrhyw gylchgrawn cydnabyddedig am ddeunydd crai o'r fath. Byddai'r act o olygu bob amser yn drech na'r ysfa i gofnodi'n wyddonol gywir. Bwysiced, o ganlyniad, yw'r enghreifftiau prin sy'n aros mewn llawysgrifau, y fersiynau hynny sy'n dadlennu rhai o gyfrinachau'r traddodiad llafar ac sy'n cadarnhau'r ddamcaniaeth na wêl y gwerinwr unrhyw reswm dros gymhwyso ei ddull unigryw ei hun o drafod y byd hyd yn oed pe bai angen i ryw hanesyn neu brofiad gael ei goffáu'n gyhoeddus mewn pennill neu gân. Problem i olygyddion oedd hon; i'r gwerinwr, y peth naturiol fyddai arddel iaith ei gymuned ym mhob sefyllfa. Dyna gydnabod y gagendor a ddatblygasai rhwng dau fath o fyd gyda'r canlyniad nad oedd cymdeithas bellach yn gallu gwerthfawrogi'r symlrwydd uniongyrchol hwnnw a ystyrid yn rhan annatod o briod-ddull y werin:

> Musicians, antiquarians, folk song collectors and educational administrators had been extolling the beauty, the purity, the directness

and the simplicity of the popular idiom, only to have to admit that the people were now too refined to be allowed to know it.[61]

Er bod deunydd 'answyddogol', felly, yn anodd ei leoli, ceir enghraifft brin ym mhapurau Llewellyn Evans sy'n ategu tystiolaeth teipysgrif Richard Thomas fod yna is-ddosbarth o benillion na fu golygyddion yr oes yn awyddus i'w harddel:

> Fi welais ferch eleni
> Yn pisio'n llond y baili,
> Petwar march yn croesi'r dwr,
> A petwar gwr i foddi.[62]

Afraid dweud na chynhwyswyd y triban uchod mewn unrhyw gasgliad swyddogol a welais, nac ychwaith yng nghasgliad eisteddfodol ei dad. Ond er mai i'r ugeinfed ganrif y perthyn copi mab Cadrawd, gellir dangos fod i'r pennill linach hynafol yn ymestyn yn ôl i gyfnod Iolo Morganwg. Y llinell gyntaf yn ôl fersiwn Iolo oedd 'Mi welais merch liw'r lili', a chyda dechreuad mor swynol delynegol hawdd fyddai dychmygu ymateb y gynulleidfa werinol i'r llinellau sy'n dilyn wrth i'r cywair newid mewn dull mor ddramatig o ddoniol:

> Mi welais merch liw'r lili
> Yn piso yn y baili,
> ag wrth ei gwaith yn gollwng dwr,
> Bu deunaw gwr ar foddi.[63]

Byddai penillion o'r fath a ystyrid yn dderbyniol ddifyr gan gynulleidfa o werinwyr yn mwynhau perfformiad llafar gyda'r hwyr, yn rhwym o ddenu ymateb pur wahanol gan olygyddion diweddarach a fyddai'n gyfrifol am eu tacluso a'u dosbarthu ar gyfer eu cyhoeddi. Wrth reswm, byddai difyrrwch gwerinol y perfformiad gwreiddiol ac asbri arbennig yr ieithwedd lafar wedi hen ddiflannu cyn i'r pennill gyrraedd colofn wythnosol un o gylchgronau'r dydd yn ddiweddarach yn y ganrif. Mewn cyd-destun o'r fath, mae teipysgrif sydd heb ei golygu yn ffynhonnell werthfawr i'r sawl a fyn olrhain hanes y gân a'r pennill gwerin. Mae'r fersiynau prin a gofnodir dan amodau felly yn gallu adlewyrchu yn agosach o lawer yr hyn a oedd ar lafar gwlad cyn i unrhyw broses o olygu atgynhyrchu'r deunydd yn ôl confensiynau a chwaeth yr oes. Yn achos teipysgrif Richard Thomas, ceir copïau o dribannau sy'n orgraffyddol anghyson ac sy'n cynnwys amrediad o fân wallau iaith ond sydd, ar waethaf pob gwendid, yn cyfleu naws werinol y penillion traddodiadol hynny a ddiogelwyd gan rym y traddodiad llafar.

CAMDDEALL

Mae'r broses o drosglwyddo cân drwy gyfrwng y traddodiad llafar yn rhwym o gynhyrchu nifer o enghreifftiau o gamddeall, ac o greu, o ganlyniad, fersiynau llwgr, annealladwy. Nid bod hyn yn peri syndod gan fod parhad y gân werin wedi dibynnu ar drosglwyddo fersiwn o gân, yn alaw ac yn eiriau, mewn dull pur ddamweiniol, a'r act o ganu yn hollol ddifyfyr a digymell. Cofir, yn ogystal, nad oedd cywirdeb yn nod a bod cofnodi gwyddonol nid yn unig yn anodd ond yn gwbl amherthnasol mewn cyd-destun gwerinol. Y broses o drosglwyddo oedd yn bwysig, a'r mân newidiadau a adlewyrchai chwaeth bersonol y cantorion gwerinol, yn elfen naturiol yn y datblygiad ac yn rhywbeth i'w chwennych, nid i'w osgoi. Peth naturiol ddigon, wrth gwrs, yw pwysleisio wedd greadigol y traddodiad llafar. 'In all parts of the world', medd Lloyd, 'it is generally agreed that in its natural state folk song is transmitted by word of mouth; in consequence a song does not circulate in a fixed form but undergoes changes from place to place, singer to singer, performance to performance even, and these changes are the signs of its folkish-ness and, some would say, the source of its virtues'.[64] Dyma gydnabod yn eglur ddigon fendithion y broses lafar honno, ac eto bydd arbenigwyr yn awyddus i ychwanegu fod yna elfennau eraill y dylid eu hystyried ac ymchwilio iddynt. Er enghraifft, sonnir pa mor naturiol oedd i gantorion gofnodi'r hyn a fyddai'n rhan o'u rhaglen werinol fel bod amrywiaeth o lawysgrifau neu lyfrau nodiadau wedi'u diogelu o fewn teuluoedd am genedlaethau lawer, llawysgrifau yn cynnwys detholiad personol o alawon neu benillion a fyddai'n adlewyrchu pwyslais diwylliannol yr ardal ond a fyddai hefyd yn gymorth i'r cof.[65] Ond cyfleia Lloyd hefyd at y 'ballad sheets and broadsides' a fu'n cylchredeg am ganrifoedd, ac mewn cyd-destun Cymreig, gwyddom am nifer dda o ganeuon gwerin a gyhoeddwyd gan faledwyr pen ffair i'w perfformio ochr yn ochr â'r baledi cyfoes hynny a fyddai'n debygol o ddenu cynulleidfaoedd teilwng a digon o brynwyr i sicrhau incwm digonol i'r perfformiwr. Ar ben hynny, mae'n anodd derbyn na chafodd cyfrolau printiedig rywfaint o ddylanwad ar y sefyllfa, a defnyddio geiriau Lloyd, 'that our traditional singers have not remained entirely untouched by the effect of printed folk song collections prepared by educated men'.[66] Yr hyn a awgrymir yw bod canran o'r penillion amrywiol hynny a oedd yn gyfeiliant i orchwylion y dydd yn ogystal â bod yn gyfrwng adloniant gyda'r hwyr, wedi'u diogelu mewn casgliadau printiedig cyn bod cyfnod y trosglwyddo llafar wedi dod i ben. Ni ellir ond dyfalu beth fyddai effaith y caneuon neu'r penillion printiedig ar fersiynau'r gwerinwr, gan gofio, wrth gwrs, nad pob gwerinwr a fyddai naill ai'n ymwybodol o'r fersiynau 'safonol' hyn neu yn hapus bob tro i arddel yr hyn a oedd yn amrywiad ar a gofiai ef ac felly'n wahanol i'r hyn a ystyrid gan y gymuned ei hun yn draddodiadol ddilys. Gellid dadlau, felly, na fyddai copi printiedig o anghenraid yn llesteirio parhad y broses o drosglwyddo llafar am fod prosesau creadigol y trosglwyddo hwnnw wedi llwyddo i gynhyrchu amrywiadau newydd yn wyneb yr awydd greddfol i gofnodi ac argraffu. Mae'n rhesymol awgrymu ymhellach mai'r cyd-destunau hynny a fyddai'n esgor ar yr amrywiaeth helaethaf o amrywebau testunol ac ieithyddol a fyddai'n debygol hefyd o greu enghreifftiau o'r math o gamddeall a gynhyrchir drwy ddynwared sain yn hytrach nag adlewyrchu ystyr. Digwyddai hynny, wrth gwrs, yn absenoldeb fersiynau printiedig pan fyddai'r broses yn dibynnu ar gyfres o ffactorau hap a damwain eu natur.

O gofio am y cyfoeth penillion a fu'n eiddo i wahanol gwmnïau'r Fari Lwyd, gellid disgwyl i'r cyfryw gyfresi arddangos rhai o brif deithi proses o drosglwyddo llafar a nodweddai ymdrechion cymunedau cefn gwlad i ddiogelu'r etifeddiaeth ddiwylliannol a drosglwyddid i ofal pob cenhedlaeth yn ei thro. Yn achos y penillion hynny a genid gan barti'r Fari Lwyd, gellid synhwyro fod yma'r math o sefyllfa a amlinellwyd gan Lloyd, yn gymaint â bod yma gyfuniad o'r hyn a ddiogelwyd yn lleol ar lafar gwlad ynghyd â'r hyn a ystyrid yn elfen safonol gydnabyddedig yn y chwarae. Hynny yw, ymddengys fod yna benillion safonol y byddid yn eu harddel ledled y sir, beth bynnag oedd natur eu ffynhonnell, ynghyd â phenillion lleol eu pwyslais a'u harwyddocâd yn adlewyrchu cymeriadau neu amodau penodol. Ai ar lafar gwlad, ynteu drwy lunio a rhannu rhyw fframweithiau cydnabyddedig, ysgrifenedig y daethpwyd i gytuno ar gnewyllyn cyffredin o benillion safonol, ni ellir dweud. Ac eto, ni ellir gwadu ychwaith fod yna rai penillion sy'n draddodiadol boblogaidd, yn hawlio lle mewn nifer fawr o gyfresi rhanbarthol. Er enghraifft, mae cysondeb amlwg yn y penillion hynny a arferid i gyhoeddi dyfodiad y Fari Lwyd ac i ffarwelio â'r teulu wedi i'r chwarae orffen. Ond a derbyn bod yna duedd i arddel yr un math o batrwm penillion, a hwnnw'n batrwm sirol neu ranbarthol, byddai o hyd yn her i'r cof i atgynhyrchu'r penillion yn fanwl gywir ganol gaeaf a hynny'n ddi-ganllaw a di-sgript mewn ffermdai a thyddynnod diarffordd. Rhaid cofio, hefyd, mai'n flynyddol y chwaraeid y Fari Lwyd a bod hwnnw'n her bellach i'r cof. O dan y fath amgylchiadau, onid naturiol fyddai creu cyfres o fân amrywiadau testunol, ac onid anochel hefyd fyddai creu enghreifftiau o gamddynwared ac o gamddehongli?

Cofnododd Craigfryn Hughes rai penillion a genid gynt gan barti'r Fari Lwyd ac yn eu plith mae'r pennill canlynol a genid wrth i'r cantorion nesáu at yr aelwyd:

> Wel dyma'r hen wr a'i feinwen
> Sy'n codi gyda'r seren
> Dyma'r wessen oreu i chlod
> Sy'n caru bod yn llawen.[67]

Amrywiad yw hwn ar bennill a gyhoeddwyd gyntaf gan Maria Jane Williams yn y gyfrol *Ancient National Airs of Gwent and Morganwg* (1844) gyda'r teitl 'Y Washael':

> O dyma enw'r feinwen
> Sydd yn codi gyda'r seren
> A hon yw'r washael fawr ei chlod
> Sy'n caru bod yn llawen.[68]

Gwelir y newid mwyaf diddorol yn y drydedd linell lle digwydd y gair 'wessen' yn fersiwn Hughes yn lle'r ffurf 'washael' a geir gan Maria Jane Williams. Dylid cofio yn y fan hon mai un o ddeithi sylfaenol y traddodiad llafar yw bod dyn yn newid gair neu ymadrodd sydd naill ai'n ddieithr iddo neu'n atgas ganddo. Mae'n hawdd derbyn, felly, fod un o'r werin, na wyddai ystyr y gair 'washael', wedi newid y gair ar ryw adeg neu'i gilydd a rhoi'r gair 'wessen' yn ei le. Ymddengys fod y gair 'wessen' yn ffurf fenywaidd dreigledig ar y gair gwrywaidd 'gwesyn' neu 'gwas', ac efallai mai ymgais i greu odl gyrch a barodd y newid yn y lle cyntaf, er nad yw'r mesur triban yn galw am y fath odl rhwng yr ail a'r drydedd linell. Mae geiriau James Reeves yn arbennig o briodol yn y cyswllt hwn:

> What is clear is that the singers of any period are inclined to replace what they do not understand by something they do understand, which approximates in sound, but not necessarily in meaning, to the earlier form.[69]

Yn achos y ffurfiau 'gwassail/gwassaila' neu 'gwashael/gwashaela', mae'n hawdd deall ffynhonnell yr amwysedd, yn enwedig o gofio pa mor gyfyng a thymhorol oedd cyd-destun cymdeithasol y gair ac o gofio hefyd i'r arfer raddol wanychu yn ystod y bedwaredd ganrif ar bymtheg. Nid hollol annisgwyl, o ganlyniad, yw darganfod enghraifft arall o gamddynwared o gydnabod i'r arfer gael ei galw yn y pen draw yn 'cwnseila, neu cwrseila – cyfnewid term y gwyddid amdano i ddynodi'r peth a gollodd ei ystyr'.[70] Cynigia Tom Jones dystiolaeth fod y gair 'gwasael' wedi'i ddisodli yn y pen draw gan amrywiadau ar y gair 'cwnsela'. Er bod y gair yn ei hanfod yn perthyn, gellid tybied, i'r ffurf Saesneg 'counsel', mae'n amlwg i'r ffurf Gymraeg ddatblygu ystyr arbennig yng nghyd-destun defod y Fari Lwyd pan sonnir am 'Canu Cwnseila'. Wele'r nodyn priodol:

> Canu Cwnseila. Y Wasael.
> Un rhan o'r gwaith ynglŷn â chware'r Feri Lwyd oedd 'Canu Cwnseila' (neu 'cwseila' a 'cyseila'), neu yng ngeiriad Nefydd 'consellau'.
>
>> 'Mae ffasiwn consellau
>> Er's mil o flynyddau,
>> A hyny mewn ffurfiau – gwna
>> brofi (? mi brwfa).'
>> Yr un yn ol pob tebig, oedd 'cwnseila' a'r 'wasael'.[71]

Yr awgrym, unwaith eto, yw bod yma enghraifft o ddisodli gair a fyddai'n ddieithr i gynulleidfa newydd gan un sy'n debyg o ran sain i'r gwreiddiol, er bod y newid wedi golygu cynysgaeddu'r ffurf newydd ag ystyr arbennig o fewn cyd-destun sy'n esoterig ei natur. Dynwared sain a wneir, felly, yn hytrach na throsglwyddo ystyr.

Gwelir, felly, fod y math hwn o drosglwyddo llafar sy'n dibynnu ar ddynwared sain geiriau, yn gallu esgor ar gamddeall ac amwysedd. Er enghraifft, gwelir mai anwybodaeth o nodweddion yr iaith lafar, neu gamgopïo o bosib, sydd yn gyfrifol am newid y ffurf dafodieithol 'cwnnu' yn 'cwmni' yn un o benillion parti'r Fari Lwyd:

> Dyw gwiw i chwi'n scwto
> A *chwnu'r* 'latch' heno, ——.[72]
>
> Peidiwch chi a scwto,
> A *chwmni'r* bollt heno, ——[73]

Fel y gellir gweld, er bod y gair 'cwmni' yn debyg o ran sain i'r ffurf gynharach 'cwnu', y mae'r newid orgraffyddol wedi peri i'r llinellau ymddangos yn hollol ddiystyr.

Mewn penillion o'r fath byddai tuePd i ddefnyddio ffurfiau tafodieithol, ac wrth i'r cyfryw fersiynau grwydro o ardal i ardal gallai'r ffurfiau hynny greu trafferth i gynulleidfa newydd a fyddai'n dibynnu'n gyfan gwbl ar glywed y sain yn ystod perfformiad llafar heb weld unrhyw gopi ysgrifenedig, fel bod llwyddiant y broses o drosglwyddo yn dibynnu ar allu'r perfformiwr i feistroli ei ddeunydd ac i gyflwyno'r pennill mewn dull sy'n adlewyrchu'n deg yr hyn a glywyd ganddo yntau yn y lle cyntaf. Ar ben hynny, gallai hen ffurfiau penodol ymddangos yn ddieithr i'r genhedlaeth newydd fel bod ffynhonnell bellach i'r math o gamddeall a allai effeithio ar batrwm cyfarwydd ambell hen bennill gwerinol. Ystyrier, er enghraifft, yr ail bennill a gofnodwyd gan Maria Jane Williams yn ei chyfrol *Ancient National Airs of Gwent and Morganwg* dan y teitl 'Hyd Yma Bu'n Cerdded' (tud. 31):

> Os eithoch yn gynnar
> I'r gwely'n ddialar,
> O codwch i'n hawddgar roesawi;

Er bod y term 'yn ddialar' (ll.2) yn eiriadurol ddilys, nid yw'n cyfrannu rhyw lawer at rediad y pennill nac at gyd-destun y deisyfiad. Ond

mewn fersiwn arall a gofnodwyd flynyddoedd yn ddiweddarach gan
Cadrawd, ceir yr ymadrodd 'yn ddialgar' sy'n newid holl bwyslais y
pennill ac sydd mewn gwirionedd yn creu darlun llawer mwy priodol:

> Os aethoch rhy gynar,
> I'r gwely'n ddialgar,
> O codwch i'n hawddgar – roesawu.[74]

Dyma ddatganiad llawer mwy beiddgar ac ymosodol yn unol â'r math
o gyfarchiad a ddisgwylid gan grŵp a fyddai'n herio'r drws caeedig.
Yr ensyniad, wrth gwrs, yw bod y teulu, o synhwyro fod y Fari Lwyd
ar gerdded, wedi penderfynu osgoi'r rhialtwch drwy noswylio'n
gynnar ac felly 'yn ddialgar' drwy warafun i'r cwmni lwyfan ar eu
haelwyd. Ceir cyferbyniad hwylus, hefyd, rhwng ymddygiad
cychwynnol a 'dialgar' y teulu a'r deisyfiad ar iddynt bellach fod yn
'hawddgar' drwy ateb y drws. Perthynas ddigon agos sydd rhwng
'dialar' a 'dialgar' o ran sain, ac o gofio pa mor ysbeidiol y defnyddid
y penillion tymhorol hyn a pha mor ddamweiniol y byddai'r dulliau o
ddiogelu deunydd gwerinol, go brin bod y math hwn o gamddynwared
yn anodd ei ddirnad a'i dderbyn.

Yn un o benillion eraill y Fari Lwyd defnyddir y term 'yn ddi-ath',
gan gofio mai ystyr y gair 'aeth' neu 'a'th' ym Morgannwg oedd
'arswyd' neu 'ofn' megis yn yr ymadrodd fod rhywbeth 'yn ddigon i
ala a'th ar ddyn'. Wele'r pennill:

> Y tylwyth teg o'r teulu,
> A ddewch chwi i'r goleu heb gelu,
> A gwel'd y Wasael yn ddi a'th
> Nid oes ei bath yn Nghymru.[75]

Hynny yw, mae'n ymddangos fod gweld 'y Wasael' neu'r Fari yng
ngolau'r aelwyd yn dileu'r 'a'th' neu'r 'shiver of terror' a gysylltid â'r
'pwnco' pen drws pan fyddai'r cwmni'n nesáu at y tŷ yn nhywyllwch
y nos. Wrth reswm, gallai ymadrodd tafodieithol megis 'yn ddi a'th'
esgor ar rywfaint o gamddealltwriaeth ac amwysedd fel nad hollol
annisgwyl, o ganlyniad, yw canfod copi lle adlewyrchir sain yr
ymadrodd gwreiddiol ond sydd eto'n creu fersiwn lwgr drwy
gamrannu geiriau. Dyma a gofnodwyd mewn erthygl gan Tom Jones
yn *Y Darian* flynyddoedd yn ddiweddarach:

> Y tylwyth têg o'r teulu,
> A ddewch chwi'r goleu heb gelu,
> I wel'd y Wasael ynddi aeth,
> Nid oes ei bath hi'n Nghymru.[76]

Afraid dweud fod yma fersiwn o'r drydedd linell sy'n adlewyrchu sain y gwreiddiol ond sydd bellach yn gystrawennol ddiystyr oherwydd i'r gohebydd neu'r argraffydd gamrannu'r geiriau.

Mewn traethawd sy'n ymdrin ag arferion traddodiadol ardal Cydweli, ceir trafodaeth sy'n cyfeirio at arfer a gysylltid yn wreiddiol â Mawrth Ynyd ond a gysylltid wedi hynny â chyfnod Calan Gaeaf. 'Calangauaf', meddir, 'is the Hallowmas, and one of the Welsh names for Hallowmas is *Dygwyl yr eneidiau*'.[77] Gelwid y 'dydd cyn Ffair Clangaua' yn '*Diwarnod Rhana*', a byddai gwragedd y gwahanol ffermdai yn paratoi at yr achlysur 'with the baking of large flat cakes'. 'Early next day', yn ôl yr hanes, 'both women and children of the labouring class came to the kitchen door reciting in monotone –

> Rhana! Rhana! Dwgwl aneide,
> Rhan i nhad am gywiro scidie,
> Rhan i mam am gywiro sane,
> Rhan i'r plant sy'n aros gartre.'[78]

Byddid wedyn yn dosbarthu'r teisennod yn ôl maint y gwahanol deuluoedd. Ond o droi at y rhigwm ei hun, mae'n hawdd deall sut y gallai term megis 'dwgwl aneide' beri trafferth i'r sawl a fyddai'n arfer y pennill yn dymhorol draddodiadol o gofio mai ar lafar y byddid yn diogelu'r cyfryw benillion. Nid hawdd o beth fyddai i'r gwerinwr atgynhyrchu'r pennill yn fanwl gywir ar sail yr hyn a glywid, a hynny heb gymorth unrhyw fersiwn safonol ysgrifenedig. 'It is most fortunate', meddir ymhellach, 'that the first line of the rhigwm has been preserved in its entirety' am mai'r awgrym yw na fyddai adroddwyr diweddarach yn debygol o ddeall arwyddocâd y gwreiddiol: 'Not one of those who glibly recited the words knew the meaning of Dwgwl aneide'. Dan amodau felly nid annisgwyl yw gweld fersiynau llwgr yn cael eu creu wrth i ymdrech gael ei gwneud i ddynwared y sain a chreu yn yr achos hwn y term 'Dwbwl dameide, which was supposed to be "Old Welsh" for "a double portion" '.[79] Syn meddwl bod cam glywed yn gallu newid arwyddocâd yr ymadrodd mewn dull mor ddramatig. Gwelwyd eraill yn osgoi'r ymadrodd astrus 'Dwgwl aneide' yn gyfan gwbl drwy gynnwys geiriau llanw yn ei le fel bod trigolion Llangyndeyrn wedi dewis cefnu ar 'the unintelligible words for the homely *hwnt ac yma* – there and here'. Am fod y pennill yn amrywiad diddorol ar y fersiwn a ddyfynnwyd eisoes mae'n werth ei gofnodi'n llawn:

> Rhana, rhana, hwnt ac yma,
> Rhan i fi a rhan i'r ffon,
> Rhan i fyta ar y ffordd,
> Rhan i mam ar ol mynd adre,
> Rhan i nhad am dappo scidie.[80]

Mae Evans yn cyfeirio at y berthynas destunol amlwg sydd rhwng y penillion hyn a'r rhigwm a genid gynt ar fore'r Calan gan grwpiau o fechgyn a fyddai'n crwydro'r gwahanol gymunedau yn ceisio 'calennig' neu rodd. Dyma'i fersiwn ef:

> Calenig i fi, calenig i'r ffon,
> Calenig i fyta'r noson hon,
> Calenig i nhad am dappo'm scidie
> Calenig i mam am gywiro'm sane.[81]

Nid annisgwyl, wrth gwrs, yw canfod amrywiadau ar y patrwm hwn sy'n arddangos newidiadau yn y testun ac yn yr ieithwedd. Wele fersiwn a gofnodwyd yn *Y Gweithiwr Cymreig* ymhlith 'Penillion Calenica' ardal Llandysul:

> Rho'wch galenig yn galonog
> I ddyn gwan sydd heb un geiniog;
> Calenig i fi, calenig i'r ffon,
> Calenig i fwyta ar hyd y ffordd,
> Calenig i mam am gweiro 'macse,
> Calenig i 'nhad am aros gartre'.[82]

O gofio am yr amrywiadau ar 'Dwgwl aneide', rhaid cydnabod fod diogelu ar lafar wedi bod yn gyfrifol am herio dyfeisgarwch y gwerinwr a hynny yn ei dro yn gyfrifol am greu amrywebau diddorol ar hen gynsail traddodiadol. Wrth gwrs, mewn corff o benillion y byddid yn eu cysylltu ag arferion poblogaidd, gellid disgwyl cyfres o amrywiadau testunol a thafodieithol. A derbyn, hefyd, mai'n flynyddol fesul tymor yr arferid y deunydd, byddai atgynhyrchu'r penillion yn fanwl drefnus o dymor i dymor neu o flwyddyn i flwyddyn yn wir her i gof y gwerinwr. Mewn cyd-destun gwerinol o'r fath gellid dadlau fod creu ambell fersiwn amwys neu ddieithr yn hollol anhepgor. Gogoniant y math hwn o ddiogelu ar lafar yw'r wedd organig a chreadigol fel bod casgliadau printiedig diweddarach, er eu bod yn cynnwys enghreifftiau o'r math o lithriad a drafodwyd uchod, yn adlewyrchu, ar yr un pryd, yr amrywiaeth gyfoethog o amrywebau a grëwyd ac a ddiogelwyd gan y traddodiad llafar.

O bryd i'w gilydd, bydd rhyw ymadrodd neu bennill hollol ddi-nod yr olwg yn ei gynnig ei hun yn enghraifft berthnasol o ryw duedd arbennig yn hanes datblygiad defnyddiau llafar gwlad. Yng nghasgliad eisteddfodol Cadrawd (Aberdâr, 1885), er enghraifft, yn yr adran sy'n trafod 'Weather Prognostications: Daroganau am y Tywydd', gwelir y cwpled canlynol:

> Niwl y gaua', arwydd eira;
> Niwl y gwanwyn, gwaeth na gwenwyn.[83]

Fel yr awgrymwyd yn yr adran sy'n trafod amrywiadau testunol ac ieithyddol, roedd daroganau tywydd yn rhan naturiol o fywyd beunyddiol y gwerinwr o gofio ei fod byth a beunydd ar drugaredd newidiadau tymhorol a fyddai'n penderfynu maint ac ansawdd ei gynhaeaf. Ni raid synnu, felly, o weld cymaint o bwyslais ar y tywydd ac ar nodi pob arwydd naturiol a allai fod o gymorth i'r amaethwr, ac nid annisgwyl, ychwaith, yw canfod amrywiadau ar y math o gwpled a nodir uchod. Mewn cyfraniad gan y Parchedig Howit Kirkhouse o Gyfarthfa i *Cymru Fu* ceir yr wybodaeth ganlynol:

> The common opinion of misty weather prevailing in each of the four seasons is thus expressed:-
>
> > Niwl gauav gwasar{n} eira,
> > Niwl gwanwyn gwasarn gwynt;
> > Niwl haf gwasarn tes,
> > Niwl Hydrev gwasarn gwlaw.[84]

Ymddengys, felly, fod yna ddau amrywiad ar yr un ymadrodd daroganol fel bod 'arwydd eira' a 'gwasarn eira' yn digwydd mewn gwahanol fersiynau. Flynyddoedd yn ddiweddarach ceir sôn am amrywiad arall eto, sy'n cynnig enghraifft bellach o newid gair a fu'n drech na rhyw werinwr neu'i gilydd drwy osod yn ei le air sy'n debyg o ran sain i'r ffurf gynharach. Ni ellid fod wedi cael eglurhad mwy diogel ei resymeg na chyfoethocach ei fynegiant nag un J. G. Williams sydd yma'n adrodd yr hanes yn ei gyfrol hunangofiannol *Maes Mihangel*:

> Yr oedd yn niwl trwchus, ac yn anodd i chi fedru gweld ymhellach nag ychydig lathenni.
>
> > 'Niwl y gaeaf, gwas yr eira,' meddwn i wrth William Williams Tyngors . . .
> > 'Gwasarn. Niwl gaea – gwasarn eira. Dyna sy'n gywir.'[85]

Yn dilyn y sgwrs uchod, ceir eglurhad o enau William Williams, eglurhad sy'n gosod y gair 'gwasarn' yn ei briod gyd-destun:

> Pan fyddwn ni yn Felin Bencoed efo'n gilydd y tro nesa mi ddangosa i iti, gwesyn. Cofia di, rŵan, fy atgoffa i. Mae'r odyn yno mewn cyflwr perffaith o hyd. Pan oeddan nhw'n arfer gosod yr ŷd ar lawr yr odyn, ers talwm, 'roeddan nhw bob amser yn gosod gwasarn o ys yn gynta ar y llawr o flaen yr ŷd, ac wedi sgintio digon o'r gwasarn ar y llawr mi fydda'r lle wedyn yn barod i dderbyn yr ŷd.[86]

Ymddengys, felly, mai ystyr yr ymadrodd yn wreiddiol oedd bod niwl gaeaf yn darogan haenen o eira ac mai ymgais i ddynwared sain y gair 'gwasarn' ar lafar gwlad a fu'n gyfrifol am greu'r fersiwn 'gwas yr eira'. Er bod gan Cadrawd fersiwn arall sy'n cyfeirio at 'arwydd eira', mae'r pennill a gofnodwyd gan Kirkhouse yn *Cymru Fu* fel pe bai yn ategu dadl J. G. Williams dros y darlleniad 'gwasarn eira'. Rhaid derbyn mai ystyr 'gwasarn' yng nghyd-destun y tymhorau eraill yw rhyw fath o ragbaratoad ar gyfer newid yn y tywydd fel y byddid yn gosod gwasarn o ys yn rhagbaratoad i dderbyn yr ŷd.

PENILLION CRWYDROL

Ond y mae i ddatblygiad y gân werin agweddau diddorol eraill. Y mae'n bur sicr fod nifer o benillion a chaneuon traddodiadol ar gof a chadw gan bob cenhedlaeth, ac fel y gellid disgwyl yr oedd yr hyn a drosglwyddwyd ac a ddiogelwyd drwy gyfrwng y traddodiad llafar gymaint yn fwy cyn i ddulliau modern o gofnodi a chyhoeddi gael eu datblygu. Ac wrth fod y gynhysgaeth lenyddol a cherddorol hon yn cael ei throsglwyddo o genhedlaeth i genhedlaeth gellir bod yn bur hyderus fod rhywfaint o gymysgu ac anghofio, o ychwanegu a newid, yn rhan o'r broses. Cynhyrchwyd nifer o amrywiadau, felly, ond esgorwyd hefyd ar ganlyniad diddorol pellach. Yr oedd gan bob cyfnod ac ardal eu caneuon poblogaidd, ac nid amhosibl oedd cysylltu rhai o'r stôr penillion traddodiadol a oedd megis yn eiddo i'r werin, â gwahanol ganeuon mewn gwahanol gyfnodau. Hynny yw, ceisir awgrymu mai tuedd y werin oedd ychwanegu rhai penillion traddodiadol at gân boblogaidd, gyfoes, a'u derbyn am y tro yn rhan naturiol o'r gân honno. Ac eto, nid oedd dim i rwystro'r werin rhag ychwanegu'r un pennill neu benillion at gân arall mewn cyfnod diweddarach os byddai galw am eiriau ychwanegol. Er enghraifft, gwelir y pennill canlynol mewn casgliad o lên gwerin Sir Gaerfyrddin mewn cyfres o benillion serch:

> Llawn yw'r môr o 'sand' a chregyn,
> Llawn yw'r wy o wyn a melyn,
> Llawn yw'r co'd o ddail a blode,
> Llawn o gariad merch wyf inne.[87]

Ond mae'r pennill yn ailymddangos mewn gwahanol ganeuon eraill. Yn y lle cyntaf, cynhwysir y geiriau uchod mewn cyfres penillion a osodwyd ar alaw sy'n amrywiad ar 'Lisa Lân'.[88] Gwelir yr un pennill drachefn ymhlith geiriau'r gân 'Y Deryn Du a'i Blyfyn Sidan',[89] ac unwaith eto yn y gyfres sy'n dwyn y teitl 'Mynwent Eglwys'.[90] Yr hyn sy'n arwyddocaol yw'r modd y derbyniwyd y pennill uchod yn rhan naturiol o'r gwahanol ganeuon gan gofio ar yr un pryd y gallai nifer o benillion tebyg fod wedi 'crwydro' o gân i gân yn yr un modd dan ddylanwad y traddodiad llafar. Gellid awgrymu fod cyfarwydd y Canol Oesoedd yn dilyn yr un egwyddor wrth ddewis defnyddio rhyw gronfa gyfarwydd o ddisgrifiadau cyffredinol eu natur pan fyddai gofyn am greu gwahanol ddarluniau i ddifyrru ei gynulleidfa. Peth naturiol, dan y fath amgylchiadau, fyddai i wahanol ddisgrifiadau safonol 'grwydro' o stori i stori fel y gwelid penillion penodol yn ailymddangos mewn gwahanol ganeuon. Yr awgrym, felly, yw bod yna gronfa ganolog o benillion traddodiadol y gallai'r gwerinwr droi ati pe byddai gofyn am benillion ychwanegol ar gyfer rhyw gân arbennig, neu pe byddai galw am benillion cyfarwydd i'w gosod ar alaw newydd.

Gellir tynnu sylw at un enghraifft ychwanegol lle gwelir yr un geiriau yn cael eu cysylltu mewn gwahanol gyfnodau â gwahanol ganeuon. Fel y gellid disgwyl, pan fyddai unrhyw amheuaeth ynglŷn â'r penillion a ddylai berthyn i gân arbennig, gellid esgor ar gryn anghysondeb ac amwysedd. Ystyrier yn gyntaf y sylwadau canlynol a godwyd o un o lythyrau M. J. Williams:

> I have only written out a part of the song of Cefn Idfa (if it is such) if I get the remainder I will send it again. Please to send me your opinion about the hanes of the Ferch o Cefn Idfa whether you think they relate to her.

Mae'r llythyr yn cynnwys hefyd gopi o dri phennill sy'n dwyn y teitl 'Y Ferch o Gefn Idfa'. Wele'r cyntaf o'r tri:

> rhwy' fel pysgodwr inig
> yn rhodio glan y llyn
> yn gweled y pyscod lawer
> ond ffaili a dala dim
> a felli meddwl inna
> s'yn traethi ymma thraw
> wrth weled y ferch w'yn garru
> ni ddaw hi ddim im llaw.[91]

Yr awgrym, felly, yw bod Maria Jane Williams yn gyfarwydd â thraddodiad a oedd yn cysylltu'r pennill uchod â chân a gysylltid yn ei meddwl hi â'r 'Ferch o Gefn Idfa'. Gwelir fod y pennill, mewn gwirionedd, wedi'i seilio ar hen ddarlun traddodiadol o'r carwr fel pysgotwr aflwyddiannus, y math o ddelwedd a welir yn aml mewn penillion gwerin pan fyddid yn trafod helyntion carwriaethol yn nhermau byd natur. Eithr flynyddoedd yn ddiweddarach ym mis Ebrill

1871, cyhoeddwyd llyfryn yn dwyn y teitl *Geiriadur Lleol o Blwyf Llangynwyd*, gwaith a fu'n fuddugol yn Eisteddfod Maesteg y Nadolig cynt. Mae'r awdur, sef Thomas Morgan (Llyfnwy), yn rhestru tai, ffermdai a thafarndai'r gymdogaeth yn eu tro gan gynnig sylwadau diddorol ar eu lleoliad a'u cysylltiadau hanesyddol neu chwedlonol. Wrth drafod lle o'r enw 'Pont Ar Rhyd y Cyff' sydd yn agos i Langynwyd isaf a'r hen orsaf, cyfeirir at dŷ tafarn yn dwyn yr un enw 'mewn lle tawel a diymffrost iawn, adeilad o'r hen ddull ac o gryn enwogrwydd yn y wlad'.[92] Yna, wrth drafod hanes y dafarn, manteisir ar y cyfle i sôn am y 'Ferch o Gelli Lenor':

> Adeiladwyd y tŷ gan Shon Beran, tua 70 o flynyddau yn ol. Efe oedd awdwr y gân dlos i'r Ferch o'r Gelly Lenor.
>
> > Rwyf fel pysgotwr ieuanc,
> > Yn rhodio glan y llyn,
> > Yn gweled pysgod ddigon,
> > A methu dala dim.
> >
> > Mae'r milgwn goreu weithiau,
> > Yn colli'r pryfyn croes,
> > A chorgan yn ei dala,
> > Yn gyfrwys wedi'r nos. [93]

Gwelir mai'r un yw'r pedair llinell agoriadol uchod â llinellau agoriadol copi M. J. Williams o'r gân i'r 'Ferch o Gefn Idfa'. Hynny yw, cysylltir y geiriau ar wahanol adegau â dwy gân wahanol. Dylid cofio fod y fersiwn safonol gyhoeddedig o'r gân 'Bugeilio'r Gwenith Gwyn' wedi'i mabwysiadu gan baledwyr pen ffair ac wedi ennill cryn boblogrwydd cyn cyfnod cyhoeddi llyfryn Thomas Morgan, fel y gallai cyfoeswyr Llyfnwy fod yn gwbl hyderus nad i gân 'Y Ferch o Gefn Ydfa' y perthynai'r pennill a gofnodwyd yn llythyr Maria Jane Williams ac yn ddiweddarach yn llyfryn Llyfnwy. Yn wir, yn achos Llyfnwy, dyma'r un llinellau ymhen rhyw ddeng mlynedd ar hugain yn cael eu cysylltu bellach â chân i'r 'Ferch o'r Gelly Lenor'.

Ategir safbwynt Llyfnwy gan gopi o'r unrhyw gân a gyhoeddwyd yn y *Cardiff Times* yn 1909. Erbyn hynny, wrth gwrs, cawsai Cadrawd gyfle i ymchwilio i hanes y garwriaeth, a gwyddom i David Jones (Wallington) yntau dwrio drwy hen rifynnau un o'r papurau lleol. 'I have not been able to get at the "Ferch o Gelli Lenor"', meddai, 'although I have searched through several years of the old Bridgend Chronicle'.[94] Fodd bynnag, er bod y copi diweddaraf sydd gennym (gw. *Cardiff Times*, 6 Tachwedd 1909) wedi'i ymestyn i gynnwys deuddeg pennill, gwelir yn eu plith y ddau bennill a gofnodwyd gan Llyfnwy yn 1871 sy'n awgrymu fod y penillion hyn wedi eu derbyn yn y pen draw i fod yn rhan o'r gân a oroesodd.

Mae i'r gân hon arwyddocâd arbennig am ei bod, ar y naill law, yn enghraifft amlwg o addasu cân werin i ateb amgylchiadau'r stori sy'n gefndir iddi, ac ar y llaw arall yn darlunio'r modd y gallai cân werin fenthyg geiriau, neu hyd yn oed, benillion oddi wrth ganeuon eraill a'u cymhwyso a'u haildrefnu i fod yn rhan gynhenid o'r gân newydd. Mae Cadrawd yn ei *History of Llangynwyd Parish* yn adrodd dwy stori sy'n ymwneud â helyntion dwy o ferched Morgan James, perchennog ffermdy'r Gelli Lenor yn ystod y ddeunawfed ganrif. Sonnir yn gyntaf am garwriaeth Sarah James â gŵr o'r enw David Griffith, a dyfynnir y gân y dywedir i'r olaf ei chyfansoddi i Sarah. Ychydig o fanylion storïol a roddir, ac nid oes dim i gysylltu'r penillion â'r garwriaeth hon rhagor nag unrhyw garwriaeth arall. Ond ychwanegir stori arall yn adrodd helyntion Catherine James a gŵr o'r enw John neu Siôn Bivan y mae tebygrwydd agos rhwng ei thema ganolog a'r modd yr ymdrinnir â hanesion y Ferch o Gefn Ydfa a'r Ferch o'r Sgêr. Oherwydd yn ôl yr hanes, roedd yn gas gan rieni'r ferch ei gweld yn cyfathrachu â Siôn Bivan a oedd yn ŵr tlawd; eu dymuniad hwy oedd i Catherine briodi gŵr o'r enw Robert Jenkins o'r Ewenni. Fodd bynnag, ymunodd Siôn â'r fyddin, a thrwy gyfrwng cynllun dichellgar ar ran y rhieni, anfonwyd llythyr at Catherine i ddweud fod ei chariad wedi'i ladd yn y frwydr. Llwyddodd y cynllun a phriodwyd y ferch o'r Gelli Lenor a Robert Jenkins o'r Ewenni yn eglwys Llangynwyd. Yn ôl yr hanes, ailymddangosodd Siôn Bivan ar ddydd y briodas. Dyna fraslun o brif ddigwyddiadau'r stori, y math o stori a oedd yn sail i nifer o faledi pen ffair, er bod enwau'r cymeriadau, fel y gellid disgwyl, yn amrywio yn ôl y cyfnod a'r gymdogaeth. Ac eto, er bod Cadrawd yn cyfeirio at y gân y dywedir i Siôn ei chanu i Catherine, ni roddir unrhyw fanylion amdani na chopi ohoni yn y gyfrol *History of Llangynwyd Parish*. Rhaid aros tan iddo gyhoeddi erthygl ddiweddarach yn y *Cardiff Times* i ddysgu mwy am yr hanes ac i weld copi o'r gân:

The song which he composed may be considered the only means by which he could give vent to his feelings and utterance to his sad disappointment has not been published before. It was written down by me over 30 years ago as it was repeated from the memory of an aged lady and a proud member of the Gelli Lenor family.[95]

Ymddengys mai cymysgedd yw'r gân o eiriau cyfansoddedig a geiriau traddodiadol. Er enghraifft, mae'r penillion hynny sy'n cyfeirio at amgylchiadau'r stori yn ymddangos yn artiffisial ac yn gyfansoddedig. Gellid cynnig y pennill agoriadol yn enghraifft o'r arddull honno:

> Mab wyf fi sy'n caru
> Merch ifanc ffein o'r wlad;
> Mae hi'n fy ngharu ina'
> Pan feiddio gan ei thad.

Tebyg yw naws nifer o'r penillion eraill. Dro arall ceir adlais o linellau a fyddai'n adnabyddus eisoes, megis yn yr wythfed pennill sy'n dwyn i gof y gân 'Ffarwel i Blwy' Llangower'. Fersiwn Cadrawd, a gofnodwyd yn y *Cardiff Times*, sy'n dod yn gyntaf:

> Y nawr rwy'n gorfod madael,
> A'n nghalon fel y plwm;
> Rhaid gadael cwmpni'r eneth,
> A marchio gyda'r drwm.
>
> Rwy'n mynd i wlad y Saeson
> A'm calon fel y plwm,
> I ddawnsio o flaen y delyn
> Ac i chwarae o flaen y drwm.[96]

Ond nid dyma'r unig adlais cyfarwydd. Ceir amrywiad ar y gân 'Ffarwel i Blwy' Llangower' sy'n cychwyn â'r geiriau 'Ffarwel i Aberystwyth', a gwelir fod tebygrwydd amlwg rhwng un o benillion y fersiwn honno a chweched pennill Cadrawd sy'n cyfeirio at Gelli Lenor yn ôl gofynion y stori:

> Ffarwel i Gelli Lenor,
> Lle rhois i droion maith
> I garu'n ol fy ffansi
> Swrnion lawer gwaith.

Ffarwel fo i Lanrhystyd,
Lle bum i lawer gwaith
Yn caru'n ol fy ffansi –
Ond ofer fu y gwaith.[97]

Yn ogystal â'r amrywiadau hyn ar hen batrymau digon cyfarwydd,
gwelir fod penillion naw a deg yng nghopi Cadrawd yn cyfateb i'r
ddau bennill a ddyfynnwyd gan Llyfnwy yn y *Geiriadur Lleol o Blwyf
Llangynwyd*. Yr awgrym, felly, yw mai peth digon hawdd yw i linellau
neu benillion un gân 'grwydro' ac ymddangos drachefn ymhlith
penillion cân arall. Byddai proses o'r fath yn rhan naturiol o
drosglwyddo a diogelu penillion ar lafar gwlad, ond hyd yn oed yn
hanes rhai baledi a argraffwyd ar gyfer eu gwerthu, byddai
enghreifftiau o rai penillion llanw neu gyfleus y gellid eu hystyried yn
benillion 'crwydrol' ac a fyddai, o'r herwydd, yn cael eu cynnwys ar
wahanol adegau o fewn mwy nag un fframwaith storïol. Afraid
pwysleisio fod y 'Gân i'r Ail Ferch o'r Gelli Lenor' yn enghraifft
nodedig o'r duedd hon yn hanes y gân werin Gymreig oherwydd ar
wahân i'r cyffyrddiadau achlysurol sy'n dwyn i gof benillion a berthyn
i ganeuon eraill, mae dau o benillion fersiwn Cadrawd yn atgoffa'r
darllenydd am y pysgotwr ieuanc hwnnw y cyfeiriwyd ato ddeng
mlynedd a thrigain cyn hynny gan Maria Jane Williams mewn cân a
gysylltid ganddi nid â'r Ferch o'r Gelli Lenor eithr â'r Ferch o Gefn
Ydfa.

CYFEIRIADAU

[1] Cecil J. Sharp, *English Folk Song: Some Conclusions* (London, 1965), 12.
Trafodwyd rhai agweddau ar y pwnc eisoes mewn erthygl yn dwyn y teitl 'Y Gân
Werin a'r Traddodiad Llafar', *Cylchgrawn Llyfrgell Genedlaethol Cymru*, Cyf. XX,
Rhifyn 1V, (Gaeaf) 1978. Cyhoeddwyd yr erthygl drachefn yn *Cerdd a Chân* (gol.
Wyn Thomas), (Dinbych, 1982).
[2] James Reeves, *The Idiom of the People* (London, 1958), 24.
[3] Cecil J. Sharp, op. cit., 41.
[4] A. L. Lloyd, *Folk Song in England* (London, 1967), 72.
[5] G. J. Williams, *Iolo Morganwg* (Caerdydd, 1956), 64.
[6] *Cylchgrawn Cymdeithas Alawon Gwerin Cymru*, 1, 26.
[7] Llyfr Sam y Delyn (Samuel Davies), o Bont-rhyd-y-fen, 143. Cefais fenthyg y

llawysgrif gan Herbert Davies ei fab, yntau'n delynor fel ei dad o'i flaen. Y mae newid 'Pontrhydyfen' yn 'Rhydyfen' er mwyn ateb gofynion y mydr yn enghraifft o'r math o dalfyriad a arferid gan y baledwr.

8 LlGC Llsgr. 13,099B, 264.

9 Gomer M. Roberts, *Crwydro Blaenau Morgannwg* (Llandybïe, 1962), 56.

10 *Cardiff Times*, 29 Chwefror 1896. Ceir cyflwyniad i'r pennill: 'In the Vale of Glamorganshire the following is predictive of immediate rain'. Cadrawd sy'n gyfrifol am gofnodi'r pennill.

11 Ibid., 22 Rhagfyr 1900. Ceir adran ar 'Mountain Weather Rhymes' lle dywed Cadrawd: 'Another prognostication, and as good as any barometer ever invented, is the old "triban" ever so familiar in Tir Iarll.'

12 Cadrawd, Aberdâr 1885, 200. Gwelais gopi tebyg yn un o lawysgrifau Lewis Davies (Y Cymer) a oedd ym meddiant Brinley Richards (Maesteg) ac a drosglwyddwyd yn ddiweddarach i Lyfrgell Genedlaethol Cymru. ('Miscellany', 7). Gw. hefyd Martin Phillips, *The Folklore of the Afan and Margam District* (1933), 102.

13 Ibid., 210. ('Daroganau am y Tywydd')

14 Llyfr Nodiadau Samuel Davies (Pont-rhyd-y-fen), 83. Gw. hefyd Martin Phillips, op. cit., 99.

15 *Cardiff Times*, 22 Rhagfyr 1900.

16 *Cymru Fu*, 28 Gorffennaf 1888.

17 LlGC Llsgr 13,152A, 292.

18 Cadrawd, Aberdâr 1885, 195.

19 *Llên Gwerin Blaenau Rhymni o Gasgliad Bechgyn Ysgol Lewis Pengam* (Pengam, 1912), 54. Ceir amrywiad pellach eto ar yr ail linell, sef 'Mae'n bryd i'r teulu gwnu', mewn fersiwn a anfonwyd gan Cadwgan i *Cymru Fu*, Cyf. 1, Rhan 2 (21:1:1888), 62.

20 Cadrawd, Aberdâr 1885, 209.

21 Caerdydd Llsgr. 2.360 (Cadrawd 24 gynt). Digwydd y pennill ar y tudalen cyntaf ar ôl rhestr o'r cynnwys.

22 *Y Gweithiwr Cymreig*, 12 Mawrth 1885. (Mewn cyfres o 'Hwiangerddi')

23 William Davies, 'Casgliad o Len-Gwerin Meirion', *Transactions of the National Eisteddfod of Wales, Blaenau Ffestiniog 1898*, 160. (Yn adran yr Hwian-Gerddi)

24 *Tribannau Morgannwg*, Tegwyn Jones gol., (Llandysul, 1976), 31. (Yn y 'Rhagymadrodd' i'r casgliad o dribannau).

25 LlGC Llsgr. 1163B, 59. (cf. *Tribannau Morgannwg*, Rhif 577; *Central Glamorgan Gazette* (6:1:1882); *Cyfaill yr Aelwyd*, Rhestr XX11, sef casgliad Gwilym Glan Afan, Pont-rhyd-y-fen: Trioedd – Newydd a Hen; *Cyfaill yr Aelwyd*, Hydref 1882 (Cadrawd).)

26 LlGC Llsgr. 1163B, 48. (cf. *Tribannau Morgannwg*, Rhif 576 a'r nodyn ar dudalen 225. Ceir cyfeiriad at hanes y triban yng nghyfrol G.J. Williams, *Iolo Morganwg* (Caerdydd, 1956), 399.

27 AWC Llsgr. 1406/2 (Casgliad Cadrawd)

[28] Cadrawd, Aberdâr 1885, 201.

[29] *Central Glamorgan Gazette*, 16 Rhagfyr 1881 (Cadrawd)

[30] *Y Darian*, 15 Mawrth 1928. (Colofn Tom Jones, Trealaw)

[31] *Y Darian*, 21 Ionawr 1926, Rhif 82 yng nghasgliad Tom Jones, Trealaw

[32] *Central Glamorgan Gazette*, 4 Awst 1882. (Cadrawd)

[33] LlGC Llsgr. 1172, 54. ('The Gwentian Dialect'). cf. *Central Glamorgan Gazette* 16 Rhagfyr 1881; *Tribannau Morgannwg*, Rhif 213.

[34] *Central Glamorgan Gazette*, 17 Chwefror 1882 (St Athan, Glan y Mor). cf. *Cyfaill yr Aelwyd*, Ysgrif V1 (Cadrawd), Rhagfyr 1882; *Tribannau Morgannwg*, Rhif 268.

[35] Cadrawd, Aberdâr 1885, 199. cf. *Tribannau Morgannwg*, Rhif 270; *Central Glamorgan Gazette*, 28 Ebrill 1882.

[36] *Central Glamorgan Gazette*, 24 Chwefror 1882. cf. *Cyfaill yr Aelwyd*, Rhagfyr 1882 (Cadrawd). Ceir fersiwn debyg yn *Y Darian* (21 Chwefror 1929) ac yn *Tribannau Morgannwg*, Rhif 271. Yn y fersiwn honno, ceir amrywiad yn y llinell olaf: 'Mae'n wynnach beth na'r heli'.

[37] *Central Glamorgan Gazette*, 5 Mai 1882.

[38] *Central Glamorgan Gazette*, 17 Chwefror 1882 (St Athan, Glan y Mor). Ymddengys fod yma enghraifft o'r math o gamddynwared a geid pan drosglwyddid pennill ar lafar. Ymdrech i ailgynhyrchu sain y gair 'wniadyddes', mae'n debyg, sy'n gyfrifol am greu'r ffurf lwgr 'weinidyddes' nad yw'n ffurf ddilys.

[39] *Cyfaill yr Aelwyd*, Tachwedd 1882. (Ysgrif V Cadrawd).

[40] *Cyfaill yr Aelwyd*, Rhagfyr 1882 (Cadrawd). c.f. *Central Glamorgan Gazette*, 24 Chwefror 1882.

[41] Cadrawd, Aberdâr 1885, 194. c.f. *Tribannau Morgannwg*, Rhif 291. Yr hyn sy'n gyffredin i'r ddau bennill hyn yw'r ddwy linell olaf. Peth digon naturiol fyddai i linellau felly grwydro o driban i driban pan fyddai'n rhaid i'r gwladwr ddibynnu ar ei gof, ac yntau weithiau yn methu â chofio'r pennill yn ei gyfanrwydd.

[42] *Central Glamorgan Gazette*, 28 Ebrill 1882. (Cadrawd)

[43] *Y Darian*, 19 Tachwedd 1925, 19. (Colofn Tom Jones, Trealaw) cf. *Tribannau Morgannwg*, Rhif 212.

[44] A. L. Lloyd, op.cit., 32-3.

[45] AWC Llsgr. 1409/1.

[46] James Reeves, *The Idiom of the People* (London, 1958), 8.

[47] Cadrawd, Aberdâr 1885, 189.

[48] *Tribannau Morgannwg*, Rhif 580. Codwyd y pennill o *Y Darian*, 30 Ebrill 1931.

[49] Ibid., Rhagair, 33.

[50] AWC 2662 (sef Teipysgrif Richard Thomas), Rhif 7.

[51] Dafydd Johnston, 'Sensoriaeth foesol a llenyddiaeth Gymraeg', *Taliesin*, 84 (1994), 11.

[52] Caerdydd Llsgr. 2.330. (12 cyfrol). Mae'r cyfeiriad yn digwydd yn y bedwaredd gyfrol (63 oedd yr hen rif) mewn darn a ychwanegwyd rhwng tt. 21 a 22. Nid yw'r ychwanegiad yn llaw Cadrawd.

[53] AWC Llsgr. 2662 (Rhif 16). Mae cynnwys y gair 'codi' yn y deipysgrif yn

awgrymu o bosib na ddeallodd y cofnodwr fod y gair 'gwnes' yn ddeusill. Mae digon o dystiolaeth i ddangos fod y ffurf 'cwnnu' ('codi') yn cael ei harfer ar lafar gwlad ym Morgannwg.

[54] AWC Llsgr 1409/1, 76.

[55] Cadrawd, Aberdâr 1885, 189.

[56] Caerdydd Llsgr. 4.312, 90. Dyddiad yr erthygl i'r *Central Glamorgan Gazette* yw 17 Mawrth 1882 (t.4, col.2).

[57] Ibid., 13.

[58] Cadrawd, Aberdâr 1885, 189.

[59] AWC 2662 (Rhif 8).

[60] James Reeves, op. cit., 8-9.

[61] Ibid., 14.

[62] Awc 1409/1, 75. Mae'n werth nodi fod fersiwn arall wedi'i chofnodi gan y casglydd yn dilyn y gyntaf. Ymddengys mai ymdrech a geir i barchuso'r triban drwy gynnwys ail linell newydd, 'A'i lleda'n llond y baili'.

[63] LlGC Llsgr. 13152A, 279.

[64] A. L. Lloyd, op. cit., 25.

[65] Llyfr nodiadau o'r math hwn a ddiogelwyd gan deulu Sam y Delyn (Pont-rhyd-y-fen) ac a drosglwyddwyd i'r mab Herbert Davies, yntau'n delynor fel ei dad ac yn aelod blaenllaw o barti cerdd dant Pont-rhyd-y-fen am flynyddoedd lawer.

[66] A. L. Lloyd, op. cit., 25.

[67] LlGC Llsgr. 1148E (Ysgriflyfr Craigfryn Hughes), 184.

[68] *Ancient National Airs*, 30.

[69] James Reeves, *The Everlasting Circle* (London, 1960), 14.

[70] Rhiannon Ifans, *Sêrs a Rybana: Astudiaeth o'r Canu Gwasael* (Llandysul, 1983), 125.

[71] AWC Llsgr. 273, 77. (Cyfraniad a dorrwyd allan o *Y Darian*, 26 Awst 1926).

[72] W. Roberts (Nefydd), *Crefydd yr Oesoedd Tywyll* (Caerfyrddin, 1852), 16.

[73] *Llên Gwerin Blaenau Rhymni o Gasgliad Bechgyn Ysgol Lewis Pengam* (Pengam, 1912), 77.

[74] T. C. Evans (Cadrawd), *History of Llangynwyd Parish* (Llanelly, 1887), 160.

[75] Caerdydd Llsgr. 2.330, 1. (Cadrawd 63 oedd yr hen rif).

[76] AWC Llsgr. 273, 77. (Gw. *Y Darian*, 26 Awst 1926).

[77] Rev. Gruffydd Evans, 'Carmarthenshire Gleanings (Kidwelly)', *Y Cymmrodor*, Vol. XXV (1915), 112.

[78] Ibid.

[79] Ibid.

[80] Ibid. (Nodyn 2)

[81] Ibid., 113.

[82] *Y Gweithiwr Cymreig*, 19 Ionawr 1888.

[83] Cadrawd, Aberdâr 1885, 210. (cf. *Cymru*, 15 Gorffennaf 1893).

[84] *Cymru Fu*, 28 Gorffennaf 1888, Cyf. I, Rhan 3, 234. Cywirwyd y camargraffu a geir yn y llinell gyntaf gan newid 'gwasaru' yn 'gwasarn' yn ôl patrwm y pennill.

[85] J. G. Williams, *Maes Mihangel* (Dinbych, 1974), 161.

[86] Ibid.

[87] D. G. Williams (Ferndale), 'Casgliad o Lên-Gwerin Sir Gaerfyrddin', *Transactions of the National Eisteddfod of Wales, Llanelly*, 1895 (s.l. 1898), 388.

[88] *Cylchgrawn Cymdeithas Alawon Gwerin Cymru*, I, 184.

[89] Ibid., IV, 18.

[90] Ibid., IV, 52.

[91] LlGC Llythyrau Taliesin ab Iolo (Ab Iolo o hyn allan), 835.

[92] Thomas Morgan (Llyfnwy), *Geiriadur Lleol o Blwyf Llangynwyd* (Maesteg, 1871), 23.

[93] Ibid., 'Shon Bevan/Bivan' ac 'A chorgwn' fyddai'r darlleniadau cywir.

[94] Caerdydd Llsgr. 2.1146 (Gyferbyn â thudalen 77)

[95] *Cardiff Times*, 6 Tachwedd 1909. Teitl yr erthygl yw 'Llangynwyd Parish Place-Names'. Yn ôl y dystiolaeth uchod, yr oedd y copi hwn o'r gân ym meddiant Cadrawd cyn cyfnod cyhoeddi *History of Llangynwyd Parish* (1887), ac eto ni chynhwysir y gân yn y gyfrol honno. Y teitl a roddir ar y gân hon yw 'Song of the Second Maid of Gelli Lenor', er mwyn gwahaniaethu rhyngddi a'r gân a gysylltir â hanes y chwaer arall, Sarah. (Gw. *History of Llangynwyd*, 133-4.)

[96] *Cylchgrawn Cymdeithas Alawon Gwerin Cymru*, I, 43. Dyma ail ran y pennill sy'n dwyn y teitl 'Ffarwel i Blwy' Llangower'.

[97] Ibid., I, 189.

CASGLWYR

Nid ydym yn meddwl, ar yr un pryd, fod nemawr o alawon o
ddim gwerth ag nas gallwn eu troi at wasanaeth rhinwedd a
moesoldeb; ond y mae chwaeth goethedig a barn dda yn
anhebgorol tuag at wneyd hyny. Nid chwaeth dda, dybygem, a
amlygir wrth ganu geiriau crefyddol, yn ein hysgolion Sabbathol
ac yn ein cynulleidfaoedd, ar hen alawon cenedlaethol . . . Y mae
eu lle i'r hen alawon hyn; ac yr ydym yn dysgwyl y cynysgaeddir
ni cyn hir a geiriau ag y gall cenedl foesol, sobr, grefyddol, fel
cenedl y Cymry eu canu heb niweidio eu harchwaeth nac anafu
eu teimladau.

(*Y Cerddor Cymreig*, Chwefror 1866, 17.

Geiriau'r golygydd, Ieuan Gwyllt.)

RHAGAIR

Wrth ystyried natur ac arwyddocâd yr amodau cymdeithasol hynny a
fu'n cynnal ac yn hybu yr hyn a elwir bellach yn ddiwylliant gwerin,
rhaid cydnabod na ellir pennu'r math o ffiniau manwl a chyfleus a
fyddai'n nodweddu mathau eraill o arolwg, ac na thâl, felly, osod yr un
pwyslais ar ffiniau amseryddol ac ar awduraeth. Rhaid derbyn fod y
sawl a fyn drafod deunydd gwerinol ar drugaredd amrywiaeth o
ffactorau digon rhyfedd eu natur y mae'n ofynnol i'r ymchwilydd
ddygymod â hwy. Mewn cyd-destun a nodweddid i raddau helaeth gan
broses o drosglwyddo llafar, peth digon cyffredin fyddai canfod cryn
fwlch amseryddol rhwng cyfnod creu'r deunydd ei hun a'r cofnod
cyntaf a ddiogelwyd mewn print. O ganlyniad, byddai pennu awduraeth
yn anodd, os nad yn amherthnasol yn y fath gyd-destun. Ar ben hynny,
nid doeth na phriodol ystyried y cronicl heb gydnabod y croniclwr; go
brin y gellir llwyr ddirnad natur a phwyslais y deunydd heb ystyried
safbwynt y croniclwr, ynghyd â'r amodau cymdeithasol a fu'n gefndir

Iolo Morganwg.

i'r cofnodi neu'r cyhoeddi. O dderbyn, hefyd, fod cryn fwlch cymdeithasol yn bosibl rhwng statws arbennig y cantor o'i gymharu â safle'r casglydd, gellir dechrau synhwyro pa mor gymhleth y gall y llwybr fod rhwng cyfnod y creu a dyddiad y copi swyddogol cynharaf.

O droi at ddiwylliant gwerin Morgannwg, gellir sôn yn benodol am y gwaith cofnodi pwysig a wnaed gan Iolo Morganwg ac a ddethlir yn y rhan gyntaf o'r cofiant iddo a luniwyd gan G. J. Williams ac a gyhoeddwyd yn 1956. Wedi cyfnod Iolo, ar wahân i'r ymgyrch ddiwylliannol unigryw a gysylltir ag enw Arglwyddes Llanofer a'i chylch yng nghyffiniau'r Fenni, gellid dadlau fod rhaid aros tan wythdegau'r bedwaredd ganrif ar bymtheg cyn canfod unrhyw fudiad o bwys a fyddai'n ymgyrchu i gofnodi llên gwerin y dalaith. Erbyn hynny, wrth reswm, roedd y cofnodwyr yn trafod deunydd, yn arferion ac yn benillion, a oedd yn perthyn i raddau helaeth iawn i'r gorffennol pell, fel bod y dystiolaeth a gesglid wedi'i diogelu ar lafar am flynyddoedd maith cyn cael ei diogelu'n derfynol yn chwarter olaf y ganrif gyda chryn frwdfrydedd ac ymroddiad. Ac eto, afraid dwyd y byddai natur a chwmpas y deunydd a ddiogelwyd yn dibynnu'n gyfan gwbl ar amodau hap a damwain, fel bod y sylw a gâi ambell gymuned yn dibynnu nid o reidrwydd ar fywiogrwydd hen draddodiadau'r ardal ochr yn ochr â gweithgareddau cymunedau cyfagos, ond ar barodrwydd a brwdfrydedd un o'r trigolion lleol i gydnabod a chofnodi'r cyfryw ddigwyddiadau. Bwysiced, felly, yw cyfraniad cenhedlaeth o hynafiaethwyr ymroddedig a fu mor awyddus i gasglu a diogelu pob math o ddeunydd a allai gyfrannu nid yn unig at ddarlun o orffennol eu cymunedau arbennig hwy, ond at ddarlun o orffennol y dalaith ei hun. O gofio, hefyd, na fyddai caneuon ac arferion gwerin wedi derbyn sêl bendith pobl allanol barchus oes Fictoria, gellid bod yn weddol hyderus fod rhywfaint o'r deunydd a etifeddwyd naill ai wedi'i saniteiddio neu wedi'i golli dan ddylanwad cyfundrefn o'r fath. Ofer fyddai ceisio dyfalu beth oedd hyd a lled y golled arbennig honno. Mwy buddiol yw cydnabod fod gennym, ar waethaf pob bygythiad a rhwystr, gasgliad hynod werthfawr o ddefnyddiau, a bod hynny'n dyst i weithgarwch nifer o gofnodwyr pybyr a fu'n ffyddlon i'r patrwm a osodasid gan Iolo Morganwg flynyddoedd ynghynt.

Mae'r darlun sydd gennym o'r byd amaethyddol hwnnw a weddnewidiwyd mewn dull mor ddramatig pan ddechreuodd de

Cymru deimlo effeithiau'r oes ddiwydiannol newydd, yn dibynnu ar gyfres o gyfraniadau amrywiol eu natur a'u cefndir sy'n adlewyrchu amryfal amcanion y gwahanol gofnodwyr. Mewn cyfnod o newid sylfaenol ym mhatrwm byw cynifer o drigolion y de, roedd y cofnodwyr hwythau yn ymwybodol bod disgwyl iddynt adlewyrchu'r agweddau hynny ar ddiwylliant y gymdeithas gyfoes a fyddai'n berthnasol weddus ac a fyddai'n dangos fod newidiadau ar droed a fyddai'n golygu cefnu i raddau ar batrymau cyfarwydd yr hen gyfundrefn. Os oedd olion pendant o hen batrymau cymdeithasol yn bodoli ar droad y ganrif, byddai'r darlun erbyn diwedd y bedwaredd ganrif ar bymtheg yn bur wahanol ei naws wrth i newidiadau demograffig a chynefin diwydiannol newydd ddylanwadu mewn dull pur ddramatig ar natur y bywyd diwylliannol a fu'n gefndir i waith y dydd. Hyd yn oed yn ystod bywyd Iolo Morganwg ei hun roedd newidiadau sylfaenol i'w gweld ym mhatrwm bywyd y dalaith, ac yntau, pan fyddai'n ymweld â'i fab Taliesin ym Merthyr, 'yn cymryd diddordeb mawr a deallus yn y datblygiadau newydd hyn a oedd yn gweddnewid ei Forgannwg ef'.[1] Hynny yw, byddai Iolo'r bardd a'r rhamantydd yn hiraethu am a fu, yn cydfodoli â'r sylwedydd craff a gymerai gymaint o ddiddordeb yn y datblygiadau dramatig a welid yn trawsnewid bywyd ei dalaith. O ganlyniad, ceir yn ei lawysgrifau gyfoeth o wybodaeth ar bob math o bynciau gan gynnwys darlun o'r gymdeithas amaethyddol a fu'n aelwyd i raglen o arferion traddodiadol hynod ddifyr. Ceir disgrifiad manwl o'r gymdeithas honno yng nghyfrol G. J. Williams ac afraid pwysleisio pa mor allweddol gyfoethog yw'r cyflwyniad arbennig hwnnw i hanes diwylliannol y dalaith. O ystyried y prinder tystiolaeth sy'n nodweddu'r cyfnod ôl-Ioloaidd, mae'r darlun a greodd Iolo ac a ddehonglwyd gan G. J. Williams yn y gyfrol *Iolo Morganwg*, yn magu arwyddocâd mwy arbennig byth. Wedi cyfnod Iolo, am wahanol resymau ni ddenwyd y casglwyr a'r croniclwyr a allai fod wedi ychwanegu at ei ddarlun ef y math o wybodaeth a fyddai wedi creu atodiad gwerthfawr a pherthnasol i'r darlun cyfoethog hwnnw.

Yn ddi-os, roedd newidiadau cymdeithasol gyda'r blynyddoedd yn mynd i herio hen batrymau cymunedol o weithio ac o hamddena wrth i galendr newydd o weithgareddau ddatblygu. Y perygl, wrth gwrs, fyddai i'r newid pwyslais hwn olygu colli hen benillion a thraddodiadau ac i hynny ddigwydd heb i neb gofnodi'r hyn a oedd ar fin diflannu. Yn anffodus, dros y blynyddoedd cwynwyd droeon am ddifaterwch y Cymry fel cofnodwyr a dyna, yn wir, oedd byrdwn sylwadau J. Lloyd Williams wrth iddo gyflwyno'r gyfrol gyntaf o *Cylchgrawn Cymdeithas Alawon Gwerin Cymru*. 'It has been shown elsewhere (*Cymmrodorion Transactions*)', meddai, 'that the minstrelsy of Wales has suffered more from the apathy of its recorders than that of any other British nationality'.[2] Ategir hyn gan W. S. Gwynn Williams yntau, wrth iddo gwyno 'that few countries have suffered as much as Wales from the apathy of its musical historians and recorders'.[3] Ac eto, hyd yn oed pan ddarparwyd patrwm mor safonol werthfawr â chyfrol Maria Jane Williams yn 1844, 'this welcome revelation of the wealth of melody still existing, hidden away in the valleys and glens of Wales', ni lwyddwyd i ddenu casglwyr o bwys, 'and those who did collect confined their efforts to merely recording the music, without either words or particulars of origin'.[4] Ni chyfyngid y difaterwch hwn i fyd caneuon gwerin ychwaith os derbyniwn bwyslais penodol y cwynion a nodwyd mewn dull digon uniongyrchol mewn cyfrol o draethodau ar hanes Dyffryn Nedd a gyhoeddwyd yn 1856:

> Er fod cenedl y Cymry wedi bod yn dra enwog o ran eu dysg a'u llenyddiaeth yn yr oesoedd aethant heibio, eto i gyd, mae llaweroedd o'u hynodion a'u coffadwriaethau gwiwglodus wedi suddo i ebargofiant bythol o flaen ysbryd erledigaethus cenedloedd estronol ar un llaw, a *difaterwch gwasaidd* a *diffyg brwdianwch* gwladgar ar eu rhan eu hunain, ar y llaw arall. — Rhaid ydyw boddloni yn rhy aml ar yr hyn a welir ac a glywir o ben i ben, a gwneuthur y goreu o'r gwaethaf.[5]

Gellid dadlau i'r 'difaterwch gwasaidd' hwn effeithio ar brosesau croniclo yn gyffredinol er bod y sefyllfa yn ymddangos braidd yn fwy cymhleth na'r hyn a awgrymir gan y dyfyniad a'r ensyniad cyffredinol hwnnw. Ac eto, ceir bod Tom Jones (Trealaw) mor hwyr â 1922 mewn erthygl i'r *Darian* yn dychwelyd at yr hen gŵyn ac yn adlewyrchu neges a oedd yn gyfarwydd ddigon i haneswyr llên gwerin. Gresynai na fu unrhyw ymgais swyddogol i ddiogelu diwylliant y werin; ar yr un pryd gallai gydnabod fod ymdrechion llinach o hynafiaethwyr ymroddedig, megis ef ei hun, gymaint yn fwy gwerthfawr:

Hyd y gwn i, ychydig a wnaethpwyd ar ôl marw Iolo i gasglu ynghyd eiriaduraeth a diarhebion Morgannwg. Aeth y grefft o gasglu hanes lleol, llên gwerin, a geiriaduraeth y werin tan gwmwl, ac nid yw eto wedi cael y sylw mae'n haeddu oddiwrth awdurdodau addysgol ein gwlad. Onibae am lafur diflino nifer o hynafiaethwyr lleol fel Cadrawd, Gwernyfed, Glanffrwd, Craigfryn Hughes, Marie Trevelyan, Jenkin Howell, ac ychydig eraill buasai corff mawr o'n llên gwlad (rural lore) wedi mynd i ebargofiant. Fel y mae'r gwaethaf modd aeth llawer yn barod.[6]

Mae'n amlwg ddigon fod cryn fwlch rhwng cyfnod Iolo a chyfnod nifer o'r cofnodwyr eraill, bwlch sy'n dangos mor ddiffrwyth yn y cyd-destun hwn oedd canol y ganrif. Y tawelwch digynnyrch hwnnw sy'n ychwanegu'n ddirfawr at bwysigrwydd yr adfywiad hynafiaethol a gysylltir â'r wythdegau.

Os derbynnir fod difaterwch yn elfen gynhenid Gymreig yn y cyd-destun hwn, gellid awgrymu yr un pryd fod yna resymau digon dilys a allai egluro i raddau yr agwedd glaear hon tuag at astudiaethau gwerin. Mae'n wir fod olion gweithgareddau gwerinol yn dal i gynnig llwyfan i weithgareddau traddodiadol yn ail hanner y bedwaredd ganrif ar bymtheg pan nad oedd yr oes ddiwydiannol eto wedi tanseilio'r holl weithgareddau tymhorol a gysylltid gynt â chynifer o blwyfi penodol. Am gyfnod, mabwysiadwyd gwahanol ganeuon gan faledwyr y cyfnod a fyddai'n mynychu'r ffeiriau a'r mabsantau traddodiadol lle gallent fanteisio ar lwyfan a chynulleidfa barod, ac roedd gan yr ardaloedd diwydiannol hwythau gyfraniad i'w wneud drwy sicrhau llwyfannau ychwanegol i'r baledwyr crwydrol hynny. Dylid nodi fod baledi'n dal i gael eu hysgrifennu'n achlysurol tan ddechrau'r ugeinfed ganrif. O ganlyniad, er mor elyniaethus y gallai'r gymdeithas Fictoraidd ymddangos yn ei hagwedd at gerddoriaeth a phenillion gwerin, roedd yna o hyd weithgareddau amrywiol a llwyfannau answyddogol a allai ganiatáu i gorff o ganeuon traddodiadol oroesi. Beth bynnag fyddai natur yr ymateb swyddogol i'r dosbarth hwnnw o gerddoriaeth, roedd o hyd olion o hen draddodiadau ac arferion gwledig a fyddai'n cynnig aelwyd symudol i'r cyfryw ganu er mor gymdeithasol-ymylol fyddai'r aelwyd honno. Ond yr oedd y sefyllfa'n newid a phwyslais newydd yn tanseilio rhai o'r hen draddodiadau poblogaidd. Erbyn ail hanner y ganrif, gwelid llwyfannau newydd yn disodli'r hen oherwydd gyda thwf Anghydffurfiaeth heriwyd statws diwylliannol y dafarn a'r cyd-destunau traddodiadol hynny lle byddai diod gadarn yn rhan anhepgor o'r dathliadau. O ystyried natur answyddogol yr hen lwyfannau gwledig, byddid yn disgwyl i'r gweithwyr alltud ymgartrefu'n iawn yn nhafarndai niferus y cymoedd diwydiannol. Er mor rhesymegol fyddai casgliad o'r fath, ac er i hynny ddigwydd yn achos canran fach o'r mewnfudwyr, rhaid derbyn fod yna ffactorau eraill yn milwrio yn erbyn y math hwnnw o drawsnewid. 'Nonconformity and temperance, naturally,' medd Gareth Williams, 'had little room for the public house, the fair or the ballad'.[7] Yn ei arolwg cynhwysfawr o'r cyffro diwydiannol a diwylliannol a welid yng nghymoedd y De yn ystod y bedwaredd ganrif ar bymtheg, ymdrinnir â'r prif fudiadau a fu'n llywio amryfal weithgareddau diwylliannol y gwahanol gymoedd. Wrth i ddylanwad Anghydffurfiaeth ledu, ychwanegwyd yn ddramatig at nifer y capeli a daeth yr addoldai yn ganolfannau naturiol i amrywiaeth o weithgareddau diwylliannol. Wrth drafod hanes Cwm Cynon, er enghraifft, dywedir i hanner cant o gapeli gael eu hadeiladu rhwng 1840 ac 1870 ac i'r eisteddfod symud o'r dafarn i'r capel ym mhumdegau'r ganrif. 'Henceforth', meddir, 'the singing of ballads to the accompaniment of the harp would be supplanted by choral singing and the harmonium'; yr oedd natur diwylliant gwerin yn newid am byth. Dan ddylanwad fframwaith cymdeithasol newydd ac yn sgil cyhuddiadau awduron y Llyfrau Gleision, ymddengys fod yna ymgais i ymbarchuso'n ddiwylliannol yn ogystal ag yn addysgol; 'by mid century the older, informal, often disorderly entertainment had for the most part yielded to a new musical cuture which was still vocal and instrumental, but now choral and collective, driven by urban imperatives among which temperance was only one'.[8] Bellach, roedd yma fathau newydd o ddifyrrwch diwylliannol i gystadlu â'r hen raglen o wyliau a ffeiriau tymhorol; roedd cyfnod newydd yn gwawrio, cyfnod o eisteddfodau lleol, cymanfaoedd canu (o 1859 ymlaen) a chanu corawl. Effaith hyn oll fyddai gweddnewid 'the older culture and impose a new pattern, a programme of cultural and moral improvement which incorporated the respectable working class as enthusiastic participants in its implementation'.[9] Yng nghanol yr holl ddatblygiadau hyn, pa ryfedd fod rhaglen dymhorol o wyliau a thraddodiadau taleithiol yn cael ei bygwth gan weithgareddau a chonfensiynau newydd. Gellid cyfeirio, er enghraifft, at y duedd mewn rhai ardaloedd erbyn chwarter olaf y ganrif i gynnal eisteddfod ar ddydd Nadolig, adeg o'r flwyddyn a gysylltid gynt â rhaglen amrywiol o arferion traddodiadol.

Effaith yr holl newidiadau cymdeithasol oedd gweld gweithgareddau a ystyrid unwaith yn rhan anhepgor o galendr diwylliannol y gwerinwr yn colli tir wrth i lwyfannau traddodiadol brinhau ac i ddiwylliant ymdrechu'n galed i ymbarchuso yn ôl safonau a disgwyliadau'r oes newydd. Ar waethaf parhad yr hen sefydliadau tymhorol am gyfnod, roedd yn weddol amlwg erbyn ail hanner y ganrif fod dylanwadau newydd ar waith, ac fel y dywed Ben Bowen Thomas, roedd 'gafael y dwrn du ar y Blaenau yn tynhau'.[10] Denodd y pyllau glo weithwyr yn eu cannoedd i'r cymoedd ac 'ysgubwyd y wlad gan gyfres o ddiwygiadau crefyddol a roddodd yr oruchafiaeth i'r capeli a'r eglwysi fel sefydliadau cymdeithasol'. Ar ben hynny, rhoddwyd mwy o bwyslais ar faterion gwleidyddol yr oes newydd a daeth y wasg Saesneg i sylw'r werin bobl. 'Yn wyneb hyn oll', meddir ymhellach, 'nid yw'n rhyfedd i gyfeillach y saint gymryd lle cyfeillach y beirdd, ac i'r mwyn gyfeillach golli ei safonau mewn diwylliant, ac i'r bastai, yr wylmabsant a'r noson lawen golli'r dydd fel y ffynnai'r oedfaon crefyddol, yr Ysgol Sul, y cyfarfodydd llenyddol a'r eisteddfodau'. Wrth i ddiwylliant y ffair a'r wylmabsant wanychu, felly, gellid troi tua'r eisteddfodau lleol, cyfarfodydd y Cymreigyddion ledled y sir, a'r cyfarfodydd llenyddol a drefnid gan yr eglwysi a'r capeli newydd lle roedd galw am englynion, marwnadau a llyfrynnau o gerddi o bob math. Roedd yna gynulleidfa Gymraeg o hyd wrth law i hybu'r diwylliant brodorol ond bod mannau cyfarfod newydd yn cyflym ddatblygu yn y Blaenau dan ddylanwad amodau cymdeithasol yr oes ddiwydiannol.

Roedd y wasg Gymraeg eisoes wedi dechrau amau perthnasedd yr hen wyliau traddodiadol, ac mor gynnar â 1839 ceir erthygl gan Daniel Dafydd Amos yn ymosod ar y Cwrw Bach fel sefydliad. 'Pan edrychwyf ar bechodau yr oes', yw'r man cychwyn a'r cyd-destun, felly, yn amlwg ddigon i ddarllenwyr Y Diwygiwr.[11] O bryd i'w gilydd yn ystod y pedwardegau cafwyd ymosodiadau tebyg ar arferion 'pechadurus' eraill, ar weithgareddau megis 'Pasteiod' ac ar wahanol ddathliadau megis adeg priodas a'r Nadolig. I'r gohebydd arbennig

hwn, ymddengys fod geiriau megis 'pabyddol', 'coelgrefyddol' ac
'annuwiol' yn gyfystyr yn y cyd-destun hwn, a'r gyfres arferion a fu
unwaith mor gymdeithasol dderbyniol bellach yn cael eu hystyried yn
warth cenedlaethol ac yn fygythiad moesol. Roedd cenadwri'r
cylchgrawn yn hyn o beth yn adlewyrchu'r teitl a'r naws yn
bregethwrol ddiwygiadol. Dadleuid yn ffyrnig, felly, dros ymbellhau
oddi wrth yr holl arferion 'coelgrefyddol' a fu unwaith mor amlwg
boblogaidd, a go brin bod agwedd dirprwywyr 'Brad y Llyfrau
Gleision' a'u casgliadau eithafol wedi gwneud dim i adfer y sefyllfa.
Hawdd deall paham y tueddid i amau traddodiadau'r gorffennol wrth
i'r genhedlaeth newydd ymdrechu'n galed i greu'r math o ffiniau a
allai wahaniaethu'n barchus gyfleus rhwng y byd a'r betws, rhwng
gweithgareddau'r cynfyd coelgrefyddol a pharchusrwydd yr oes
newydd. Byddai parhad unrhyw weithgareddau gwerinol, o ganlyniad,
yn digwydd ar gyrion cymdeithas ac yn gorfod goroesi heb sêl bendith
unrhyw sefydliad neu gymdeithas gyhoeddus. Cyn hir byddai mathau
eraill o gynulleidfa yn cynnal ac yn hybu agweddau newydd ar
ddiwylliant gwerin y dalaith wrth i eisteddfodau'r Ymneilltuwyr a
chanu corawl y cymoedd diwydiannol ennill eu plwyf.

Ond yr oedd agweddau eraill ar fyd diwylliannol yr oes a fyddai'n
hawlio sylw ac a fyddai'n rhwym o effeithio ar ymateb y cyhoedd i
ddulliau traddodiadol o ymddifyrru'n gerddorol. Ceir tystiolaeth
amrywiol gan gasglwyr llên gwerin mewn cyfnodau diweddarach sy'n
awgrymu fod yna gryn ragfarn gymdeithasol yn erbyn caneuon a
thraddodiadau'r werin, ac yn sgil adroddiad y dirprwywyr yn 1847,
peth digon naturiol oedd i'r genedl fod yn orofalus ynglŷn â safon
foesol a pharchusrwydd allanol ei gweithgareddau diwylliannol. Yn y
cyd-destun hwn, gellid cynnig gyda chryn hyder fod safbwynt *Y
Cerddor Cymreig* yn adlewyrchu barn a chwaeth y dosbarth arbennig
hwnnw o Gymry cyfrifol, diwylliedig a fyddai'n mynychu
cyngherddau'r oes ac a fyddai'n gwerthfawrogi patrwm a phwyslais
cyfoes y rhaglenni. Mewn erthygl yn dwyn y teitl 'Y Gyngherdd', ceir
cipolwg ar y math o faterion y teimlai'r gohebydd eu bod yn teilyngu
sylw. Rhaid oedd cydnabod i ddechrau 'y daioni union-gyrchol a
gynyrchir trwy ddylanwad cerddoriaeth dda' cyn mynd ati yn adrannol
drefnus i fanylu ar fyd y gyngerdd. Wrth sôn am 'Y personau ddylent
eu cynal', mae'r neges yn nodweddiadol Fictoraidd:

Nid oes dim a all fod yn fwy eglur nag y dylai pawb a wahoddir i
gymeryd rhan yn gyhoeddus mewn cyfarfodydd ag sydd yn dal
cysylltiad agos a chymeriad moesol y wlad fod yn ddynion sobr, o
gymeriad uchel a diargyhoedd; yn gystal ag yn ddynion o dalent. Y mae
mwy o nerth mewn cymeriad nag mewn talent . . . A gwyddom am
ddynion ieuainc a lygrwyd yn ddirfawr, ie, yn wir, a lwyr ddinystriwyd
trwy ddyfod dan ddylanwad cerddorion o gymeriadau llygredig.
Cadwer y cyfryw, gyda'r gofal manylaf rhag cymeryd rhan cyhoeddus
yn nghyngherddau ein gwlad.[12]

Gwelir bod moesoldeb yn ystyriaeth o bwys a bod yna rai
cerddorion na fyddai cymdeithas gyfrifol mewn unrhyw fodd yn
fodlon eu harddel. Ymhellach, wrth sôn am 'Cynwysiad y
Gyngherdd', mae'r cyfarwyddiadau yr un mor bregethwrol bendant y
'dylid gofalu am fod yr holl gerddoriaeth a'r geiriau yn briodol o ran
nodwedd'. Ychwanegwyd na 'ddylai dim ddyfod i'r gyngherdd ag
sydd yn waharddedig gan farn a chwaeth dynion sobr, deallus, a
goleuedig'.[13] Ond rhag ofn nad yw'r neges yn hollol eglur, ceir
awgrym o'r math o gerddoriaeth na fyddid ar un amod yn ei
gymeradwyo:

Nid ydyw fod can neu ddarn yn cael ei ganu ar ol ciniaw yn mhalas y
boneddwr, ar ol swper yn y Castell, yn y *Music Hall* yn Llundain, neu
gan barti o ddynion wedi duo eu hwynebau ac yn galw eu hunain yn
Christy's Minstrels, yn ddigon o gymeradwyaeth i'w ddwyn i'r
gyngherdd . . . Gofaler am gerddoriaeth dda, sylweddol, ar eiriau
iachus, a chwaethus. Y mae eisiau mwy o ofal am ymborth sylweddol
ac iachus i'r byd cerddorol . . . Gormod o redeg sydd yn y dyddiau hyn
ar ol pethau melys, mewn cerddoriaeth; a'r canlyniad ydyw, y mae
archwaeth ein pobl ieuainc yn cael ei anghymwyso i dderbyn pethau
mwy iachus a sylweddol. [14]

Gwelir pa mor amlwg oedd pwyslais y gohebydd ar gerddoriaeth
'sylweddol' ac ar gyflwyno deunydd 'iachus' a 'chwaethus'; diddorol
sylwi, hefyd, nad yw'r difyrrwch a gysylltir â chiniawa mewn palas a
chastell o angenrhaid yn mynd i foddhau sensoriaid moesol byd y
gyngerdd gyhoeddus. Ansawdd y deunydd ei hun oedd yr ystyriaeth
bwysicaf, a hynny yng nghyd-destun rheolau digon pendant cyfnod a
fynnai roi cymaint o bwys ar barchusrwydd cyhoeddus ac ar y

sylweddol foesol. Ond ceir bod un rhybudd pellach yn aros y darllenydd:

> Ein barn ni ydyw na ddylai Cerddoriaeth grefyddol a chyffredinol gael eu cymysgu yn yr un gyngherdd . . . Y mae cerddoriaeth ysgafn yn hollol briodol, yn ei lle, ac mewn cymedroldeb . . . ond y mae eisiau cadw mewn golwg y gwahaniaeth sydd rhwng cerddoriaeth ysgafn a cherddoriaeth wag; . . . Nid ydym yn meddwl fod dynwared diffygion naturiol, na dynwared teimladau drwg a nwydau cynhyrfus gerbron cynulleidfa er peri iddynt chwerthin mewn un modd i'w gymeradwyo. Anfri ar gerddoriaeth ydyw rhoddi iddi wasanaeth annheilwng o'r fath.[15]

Mae'n ddigon amlwg, felly, fod disgwyl i gyngherddau adlewyrchu pwyslais yr oes ar barchusrwydd a difrifoldeb ac ar reoli'r 'nwydau cynhyrfus' hynny a allai arwain cynulleidfa anghyfrifol i chwerthin yn gyhoeddus! Ar ben hynny, arwyddocaol iawn yw'r sylw ynglŷn â chadw gwahanol fathau o gerddoriaeth ar wahân ac mai mewn 'cymedroldeb' yn unig y dylid ymroi i gerddoriaeth ysgafn. Yn wyneb hyn oll, rhaid gofyn pa fath o obaith oedd i ganeuon gwerin gael eu cydnabod yn rhaglenni swyddogol y cyfnod dan y fath amodau gelyniaethus. O ystyried y dystiolaeth sydd wrth law, rhaid amau'n fawr a fyddai'r fath gerddoriaeth draddodiadol wedi llwyddo i ennill unrhyw gydnabyddiaeth gan gynulleidfa o 'ddynion sobr, deallus, a goleuedig' wedi'u cyflyru i feddwl ac ymateb yn Fictoraidd ddiemosiwn. Belled y symudwyd o lwyfannau gwerinol a disensor y gwyliau tymhorol i fyd y gyngerdd lle roedd trefn, ymddygiad a chynnwys y rhaglen yn ystyriaethau mor ddifrifol o bwysig. Erbyn diwedd y chwedegau, felly, mae'n amlwg fod cryn bwyslais ar ansawdd y gerddoriaeth yr oedd yn iawn i drefnwyr cyngherddau ei gosod gerbron cynulleidfaoedd a oedd wedi'u cyflyru i gredu fod sobrwydd a moesoldeb yn rhinweddau hanfodol i genedl iach a chyfrifol eu meithrin.

O ystyried yr amrywiaeth ffactorau a fu'n milwrio yn erbyn parhad yr arferion a'r penillion gwerinol hynny a fu'n rhan mor allweddol o'r byd a ddarluniwyd ac a addurnwyd gan Iolo Morganwg ryw hanner canrif ynghynt, rhaid rhyfeddu fod elfennau amlwg o'r rhaglen werinol honno wedi goroesi yn wyneb pob beirniadaeth foesol a datblygiad cymdeithasol. Ymddengys fod apêl rhai o'r arferion tymhorol wedi profi'n drech na phob ysfa i'w dileu fel bod olion yr hen draddodiadau yn mynnu parhau a'r penillion a fu'n gyfeiliant i'r chwarae yn aros ar lafar gwlad. Ar ôl cyfnod o esgeuluso'r gynhysgaeth werinol honno daeth tro ar fyd, ac ym mlynyddoedd cynnar yr wythdegau gwelwyd ymdrech o'r newydd i ailymweld â'r cyfnod cynddiwydiannol ac i ail-greu darlun Ioloaidd o gyfnod arbennig iawn a ddiflanasai am byth. Nid hawdd o beth fyddai ceisio diffinio'n fanwl yr amryfal ffactorau a fu'n gyfrifol am greu'r ysfa hynafiaethol hon, ond gellid cyfeirio at gyfres o erthyglau a cholofnau penodol a ymddangosodd mewn gwahanol gyfnodolion y cyfnod, ynghyd â chasgliadau personol o ddeunydd gwerinol sy'n tystio i fywiogrwydd y diwygiad rhyfedd hwn yn hanes cofnodi hen draddodiadau'r dalaith. Pa gyfuniad bynnag o ddylanwadau a fu'n gyfrifol am greu'r math hwn o fudiad, mae'n anodd dweud ond yr hyn sy'n hollol amlwg dro ar ôl tro, yw bod y cofnodwyr eu hunain yn ymwybodol iawn fod y darlun Ioloaidd o'r hen Forgannwg wedi peidio â bod, a bod cronicl cyflawn o'r cyfnod hwnnw yn dibynnu ar dystiolaeth cenhedlaeth a oedd yn prysur heneiddio. O'r herwydd roedd yna ymdeimlad cryf fod angen casglu a phrosesu'r deunydd a oedd o hyd ar lafar gwlad cyn ei bod yn rhy hwyr. Yr hyn sy'n ddiddorol yw bod aelodau'r mudiad hwnnw yn ymroi gyda brwdfrydedd eithriadol i ail-greu natur cymdeithas a ddiflanasai ers tro; ail-greu ac ailddehongli cymdeithas Iolo Morganwg yw'r nod, ac wrth ailymweld â'r cyfnod hwnnw er mwyn atgyfodi 'mwynder Morgannwg', ymddengys iddynt anwybyddu'r holl weithgareddau cyfoes a ddatblygasai yn ail hanner y ganrif. Mewn byd o fân eisteddfodau cymunedol ac o ganu corawl a enillasai le amlwg ym mywyd diwylliannol y cymoedd diwydiannol, dewis Cadrawd, er enghraifft, oedd trafod aredig ag ychen ym Mro Morgannwg, trafod hen arferion ei gynefin a nodweddion y Wenhwyseg, ac annog ei gyfoeswyr i gasglu hen draddodiadau a thribannau ei dalaith. Hynny yw, roedd apêl y gorffennol cyn-ddiwydiannol a'r holl weithgarwch a gysylltid â'r ymdrech i ail-greu'r byd hwnnw, yn golygu bod Cadrawd a'i gymheiriaid wedi dewis anwybyddu'r amrywiaeth ddiwylliannol newydd a oedd bellach yn rhan allweddol o fywyd y cymoedd diwydiannol.

Rhagfarn

Wrth geisio canfod a mesur y dylanwadau hynny a fu ar y naill law yn diogelu, neu ar y llaw arall yn peryglu parhad y traddodiadau a'r defnyddiau gwerin amrywiol a lwyddodd i oroesi hyd at flynyddoedd cynnar y bedwaredd ganrif ar bymtheg, rhaid dibynnu ar dystiolaeth sydd at ei gilydd yn ddigon prin. Y demtasiwn a'r perygl, wrth gwrs, yw ceisio cyffredinoli ar sail yr ychydig wybodaeth honno a sôn am dueddiadau a rhagfarnau mewn cyd-destun cymdeithasol a oedd mor chwyldroadol a chymhleth. Wrth i weithwyr gefnu ar orchwylion ac aelwydydd gwledig, cyflwynwyd hen draddodiadau ac arferion cefn gwlad i gymunedau diwydiannol newydd; wrth reswm, byddai elfen o addasu yn rhwym o ddigwydd, ac eto llwyddwyd i ddiogelu amrywiaeth o hen draddodiadau mewn cyd-destunau newydd. Byddai dathlu rhaglen gyfarwydd o wyliau tymhorol fesul cwmwd ym Mro Morgannwg yn amherthnasol bellach i gynifer o'r genhedlaeth newydd, gweithwyr a fyddai wedi symud i'r blaenau diwydiannol lle byddai tafarnau'r cymoedd wedi darparu aelwydydd newydd i nifer o weithgareddau oriau hamdden. Ac eto, am gyfnod o leiaf, gellid sôn fod yna lwyfannau penodol a allai gynnal yr hen draddodiadau. Wrth i rai carfannau dirwestol eu hagwedd ymwrthod â'r dafarn, fodd bynnag, byddai'r darlun, wrth reswm, yn newid drachefn.

Ceir tystiolaeth bendant yn nyddiadur William Thomas[16] sy'n dangos fod cymdeithas eisoes yn ymrannu'n ddosbarthiadau penodol erbyn ei gyfnod ef yn hanner olaf y ddeunawfed ganrif, a bod yna elfen o gollfarnu rhai carfannau ar sail eu hymlyniad wrth amrywiaeth o hen arferion a ystyrid bellach yn amheus iawn eu pwyslais. Hynny yw, ymddengys fod yna adrannau o fewn y gymdeithas a ddewisodd dderbyn y cyfrifoldeb o blismona'u cyd-ddynion fel bod ymgais i ymwerthuso yn hanes rhai yn golygu bod eraill o'u cymharu â hwy, yn cael eu dyfarnu'n brin o'r rhinweddau arbennig hynny a ystyrid yn briodol barchus. Felly, wrth i agendor ddatblygu rhwng yr arfarnwyr a'r sawl a fernid, roedd yn anochel fod nifer o'r arferion a oedd mewn unrhyw fodd yn hybu ymddygiad gwrthgymdeithasol yn mynd i dderbyn beirniadaeth lem y garfan 'gyfrifol'. Ar yr un pryd, er bod lle i ddadlau fod angen addasu rhai arferion a dileu eraill, y perygl oedd gweld collfarnu a dileu rhaglen gyfan o arferion yn ddiwahân, fel bod yna ymgais i amau a thanseilio traddodiadau gwerinol o bob math. Mae'n siŵr fod ymladd ceiliogod, er enghraifft, wedi denu beirniadaeth gyffredinol a bod y feirniadaeth haeddiannol honno wedi arwain at ddileu'r arfer yn gyfan gwbl. Yn achos arferion eraill, awgrymid eu bod ar brydiau yn ddim namyn esgus i ddiota a chreu rhialtwch swnllyd o bob math. Ond gwaetha'r modd, y perygl oedd bod pob arfer a thraddodiad, boed yn dderbyniol neu'n annerbyniol, yn cael eu cynnwys o fewn yr un cyd-destun fel bod carfan o ddiwygwyr cymdeithasol a'u dilynwyr yn dewis ymbellhau oddi wrth unrhyw weithgaredd gwerinol. Roedd yn ddatblygiad naturiol fod enwadau penodol yn ymuno â'r garfan o ddiwygwyr fel bod Iolo Morganwg, er enghraifft, yn gweld agwedd y Methodistiaid yn elyniaethus a phiwritanaidd ei natur am iddynt ladd ar bob math o weithgaredd gwerinol.

Gyda thwf Anghydffurfiaeth yn y bedwaredd ganrif ar bymtheg, mae'n hawdd deall agwedd y trigolion hynny a fyddai wedi dewis arddel safonau arweinwyr crefyddol a chefnu o'r herwydd ar raglen o hen draddodiadau a ystyrid bellach yn ofergoelus a phaganaidd ei natur. Byddai cyd-destunau cymdeithasol-ymylol y cyfryw weithgareddau yn sicr wedi ychwanegu at eu hamheuon a'u gwrthwynebiad. Dan gyfundrefn o'r fath, byddai angen cymeriadau arbennig, pobl o argyhoeddiad a gweledigaeth glir, i fod yn lladmeryddion traddodiadau gwerinol, a hynny yn wyneb pob beirniadaeth a phrotest. Yn achos Iolo, cawsai ei gyflwyno i ddull o fyw a oedd o hyd yn werinol ei naws a'i bwyslais, a pheth naturiol oedd i un a fynnai gyfleu holl gyfoeth diwylliannol ei dalaith enedigol, gofnodi gwybodaeth a oedd yn ymwneud â hen draddodiadau Morgannwg. O ganlyniad, ceir ganddo restri o hen arferion tymhorol sy'n arbennig o werthfawr. Afraid dweud na fyddai unrhyw garfan nac enwad wedi llwyddo i danseilio gweithgarwch Iolo; byddai ei ymlyniad wrth y gwaith o groniclo hanes Morgannwg wedi bod yn drech nag unrhyw bregethu enwadol neu unrhyw ymgyrch arall a fyddai wedi ceisio tanseilio'r traddodiadau cyfoethog hynny a fu'n gymaint rhan o'i fagwraeth. Go brin, felly, y disgwylid i Iolo gydymffurfio ag unrhyw athroniaeth gymdeithasol a olygai ymbellhau oddi wrth y gwyliau tymhorol amrywiol a fu'n gyfrwng difyrrwch i gynifer o genedlaethau ac a fu'n cynnig fframwaith mor gyfoethog i fywyd cymunedol y Fro.

Yn yr un modd, dangosodd Arglwyddes Llanofer hithau ei pharodrwydd i herio'r math newydd hwn o ddeddfu cymdeithasol ddiwylliannol. I Iolo, megis yn achos cyfran helaeth o'r croniclwyr a'i dilynodd, roedd yn fater o ail-greu mwynder Morgannwg yn ei gyfanrwydd. Ni fyddai unrhyw ymgais i danseilio'r gweithgarwch hwnnw yn mennu dim ar y gŵr o Drefflemin, ac yntau gyda'r blynyddoedd wedi ennill cryn enw iddo'i hun ym myd ysgolheictod Cymraeg ac yn dewis arddel ei enw barddol mewn modd arbennig iawn. Gallai Arglwyddes Llanofer fod yr un mor annibynnol ei hagwedd; y tu cefn iddi hi roedd cyfoeth teulu bonheddig a statws gwleidydd o ŵr o gryn ddylanwad a oedd yn hapus i hyrwyddo diddordebau diwylliannol ei wraig. Mae hanes y gweithgarwch hwnnw a arweiniodd at gyfres o eisteddfodau hynod lwyddiannus dan nawdd Cymreigyddion y Fenni yn tystio i weledigaeth a dylanwad eithriadol yr Arglwyddes; wrth gwrs, fel y soniwyd, gallai fanteisio ar gylch eang o gysylltiadau cymdeithasol a gwleidyddol wrth iddi ddilyn agenda hynod chwyldroadol ac arloesol. Yr hyn sy'n gyffredin i'r ddau yw bod yr Arglwyddes, fel Iolo, yn bersonoliaeth anghyffredin, yn eithriadol yng nghyd-destun ei chyfnod, ac fel yn hanes cynifer o weithgareddau sydd wedi sicrhau parhad i ddiwylliant y genedl, bu raid i unigolion dderbyn pob math o gyfrifoldeb yn absenoldeb sefydliadau cenedlaethol.

Mae'r ohebiaeth a fu rhwng Maria Jane Williams, ab Iolo a'r Arglwyddes yn dangos mewn modd dramatig iawn pa mor unigryw wahanol oedd agwedd Arglwyddes Llanofer mewn cyfnod pan fyddai disgwyl iddi fod yn ffasiynol amheus o'r deunydd gwerinol yr oedd cynifer o'i chyfoedion yn cilio rhagddo;[17] oherwydd agwedd gwbl wahanol a adlewyrchir yn y llythyrau, ac os gellir tybio i Maria Jane Williams gael ei dylanwadu gan ffasiynau'r oes a chan gyfrifoldebau'r golygydd cydwybodol, mynnai'r Arglwyddes herio pob ymgais i ddiwerineiddio'r cynnwys. Hawdd deall agwedd Maria Jane Williams ar y llaw arall, am fod tuedd ar ddechrau'r bedwaredd ganrif ar bymtheg i gynnwys geiriau cyfansoddedig ar hen alawon traddodiadol. Dyna fu'r patrwm mewn gwledydd eraill, ac wrth wneud hynny, wrth gwrs, gellid sicrhau na fyddid yn cyhoeddi unrhyw bennill neu ymadrodd a fyddai'n werinaidd annerbyniol i gynulleidfaoedd sidêt y genhedlaeth newydd. Bu honno'n thema gyson yn rhai o'r llythyrau

Arglwyddes Llanofer (Gwenynen Gwent). 1802-1896.

mwyaf dadlennol ymosodol yn y casgliad wrth i'r Arglwyddes brofi'n eglur ddigon fod unrhyw reolau confensiynol gyfleus yn wrthun ganddi. Iddi hi, nid oedd angen ymbellhau oddi wrth unrhyw benillion gwerinol ar sail eu cynnwys, ac er mor awyddus y bu Maria Jane Williams i gloriannu rhai o alawon gwerin y dalaith mewn cyfrol gyhoeddedig, ymddengys nad oedd hi, ar y llaw arall, mor frwd dros gynnwys y geiriau traddodiadol a brisiwyd gan yr Arglwyddes. Gallai alawon traddodiadol apelio at bob math o gynulleidfa gan gynnwys y dosbarth bonheddig hwnnw y perthynai Maria Jane Williams a'i chwaer iddo. Ond nid felly, o bosibl, benillion gwerinol a adlewyrchai gyd-destunau cymdeithasol digon gwahanol eu natur. Lle byddai alawon pur yn cael eu hystyried yn draddodiadol Gymreig ac yn gerddorol dderbyniol ar y mwyafrif o achlysuron, gallai ambell bennill gwerinol greu delweddau digon gwladaidd eu pwyslais a fyddai'n ddieithr ac o bosib yn annerbyniol i rai cynulleidfaoedd. Dyna graidd y ddadl rhwng y casglydd a'r Arglwyddes a welai yn eglur iawn pa mor bwysig oedd croniclo'r cyfryw benillion cyn iddynt ddiflannu am byth ac mae'n rhyfedd meddwl gymaint y cythruddwyd Arglwyddes Llanofer o ganfod nad oedd Maria Jane Williams yn rhannu'r un weledigaeth ynglŷn â phwysigrwydd cyhoeddi'r geiriau traddodiadol a gysylltid â'r gwahanol alawon.

Erbyn cyfnod cyhoeddi *Ancient National Airs*, ar waethaf agwedd arloesol yr Arglwyddes yng nghyd-destun y gwerinwr a'i fyd, roedd yna arwyddion sicr o'r rhagfarn gymdeithasol honno a oedd i filwrio yn erbyn cynnal a chofnodi traddodiadau gwerinol o bob math. Yn 1839, er enghraifft, pan oedd Maria Jane Williams wrthi yn rhoi trefn ar ei chasgliad o alawon ar gyfer eu cyhoeddi, a phan oedd Arglwyddes Llanofer yn cydnabod pwysigrwydd y deunydd gwerinol hwnnw, gellir canfod agwedd bur wahanol yn cael ei harddangos mewn cyfres o gyfraniadau dadlennol a gyhoeddwyd yn *Y Diwygiwr*. Dechreuir gyda'r Cwrw Bach. Wrth reswm, mae pwyslais y gwahanol adroddiadau a gyhoeddwyd o dro i dro, yn adlewyrchu safbwynt y croniclwr, ac er i nifer dros y blynyddoedd weld manteision y Cwrw Bach yn gymaint â bod yr arfer yn cynnig cefnogaeth ariannol i aelodau llai cefnog cymdeithas, gwahanol iawn yw llais swyddogol *Y Diwygiwr* yma. Mae'r geiriau agoriadol yn diffinio'n eglur ddigon farn 'Moesen' ar y pwnc. 'Pan edrychwyf', meddai, 'ar bechodau yr oes, y

Maria Jane Williams *c*. 1815-20.

maent yn lliosog iawn, ac yn eu plith meddyliaf fod y pechod hwn, sef y cwrw bach, neu gwrw cymhorth, fel ei gelwir, cuwch ei ben ag un'.[18] Ceir ganddo adroddiad pregethwrol ei strwythur a'i naws a hynny dan dri phennawd, sef 1. 'Y gwneuthurwr', 2. 'Y dyfodiaid' a 3. 'Ei ganlyniadau'. Gwelir fod nifer o'r gosodiadau yn ystrydebol bregethwrol gyda chryn bwyslais ar y syniad fod yr arfer yn ffynhonnell cyfres o bechodau cymdeithasol a moesol. Er bod ambell adran erbyn hyn yn ymddangos braidd yn biwritanaidd ei phwyslais ac yn frith o gyfeiriadau Beiblaidd yn ôl ffasiwn y cyfnod, tynnir sylw hefyd at y math o ymddygiad anghymdeithasol a gysylltid â'r arfer ac at effaith y ddiod feddwol ar selogion y Cwrw Bach. Ac eto, ni ellir osgoi'r pwyslais arbennig a bwriadol ar y gair 'pechod' neu 'pechu'. Dywedir, er enghraifft, fod y pen-teulu neu'r 'gwneuthurwr' 'yn ymbaratoi i bechu yn fwriadol' am ei fod 'yn llunio y weithred yn ei feddwl cyn ei chyflawni'.[19] Ar ben hynny, condemnir pob pen-teulu am ei fod yn 'tynu ereill i bechu' sy'n cyfiawnhau galw'r Cwrw Bach yn 'bechod trwyadl'. Ceir diweddglo digon dramatig i'r adran hon: 'Yn awr, apelied pob un at ei gydwybod ei hun, os nad yw yn myned ag ereill ganddo i uffern, a chofia mai pa [sic] fwyaf fo ar y tân, mwyaf i gyd y cynneua'. Mewn trydedd is-adran sonnir fod yr arfer 'yn bechod mawr yn ei effeithiau' oherwydd 'ar ol clywed am y gamp, bydd y mab yn lledrata ar ei dad, a'r ferch ar ei mham, y gwas a'r forwyn oddiar eu mheistr, i'r dyben i gael digon o arian i wario'. Trafodir 'Y dyfodiaid, sef dyeithriaid' yn yr un cywair fel rhai a ddenwyd i gyd-bechu gyda'r sawl a fo'n trefnu'r achlysur. 'Gwedi iddynt ddyfod yno', meddir, 'bydd y teulu yn edrych yn llon arnynt, gan ddywedyd, Chwi a ddaethoch; eisteddwch i lawr, mi a'm teulu a wasanaethwn Satan'. O dan y pennawd hwn cyfeirir at effaith y dathlu ar y cefnogwyr eu hunain, sef eu bod, dan ddylanwad y ddiod feddwol, 'yn rhydd i bob gweithred ddrwg' ac 'yn tyngu a rhegu am y goreu'. Ymddygiad anghymdeithasol fydd canlyniad hyn oll 'ac erbyn hyn nid cwrw cymhorth at eu cynnaliaeth fydd, ond cwrw cymhorth i fyned â'u heneidiau i uffern'. Yn yr adran olaf condemnir canlyniadau'r achlysur yn yr un modd gan awgrymu fod ceisio elusen yn llawer mwy derbyniol 'nâ chodi synagog satan yn eu tai'. Yn ddiweddglo i'r drafodaeth mae'r gohebydd yn dymuno 'diwygiad cyffredinol trwy y byd ar hyn'. Er bod modd deall pa mor annerbyniol

Tŷ Aberpergwm sef cartref teulu Maria Jane Williams yng Nglyn Nedd.
Paentiad William Weston Young.

oedd y wedd anghymdeithasol a gysylltid â'r cyfryw arferion, mae lle i
gredu hefyd fod carfan o fewn y gymdeithas wedi manteisio ar yr elfen
afreolus hon er mwyn lladd ar draddodiadau gwerin yn gyffredinol. O
ganlyniad, arferir iaith bulpudaidd y cyfnod i ymosod ar yr hen
draddodiadau mewn termau hynod ddifrifol wrth i'r sefyllfa gael ei
chyflwyno yn nhermau brwydr Satanaidd ei natur a'i phwysigrwydd.

Mewn erthygl ddiweddarach gwelir fod 'Pasteiod' yn derbyn yr un
sylw diwygiadol wrth i Daniel Dafydd Amos olrhain eu hanes a'u
heffaith ar gymdeithas yn gyffredinol. Fel y dangosodd Huw Walters
yn ei erthygl ar Phylip Griffiths, a ysgrifennai dan y ffugenw Daniel
Dafydd Amos, roedd elfen ddyngarol i'r cyfryw arferion 'yn yr ystyr eu
bod yn fodd i leddfu ychydig ar dlodi a chaledi'r trigolion'.[20] Ond
unwaith yn rhagor tynnir sylw at yr elfennau annymunol hynny a oedd
wedi datblygu'n rhan o'r achlysur oherwydd 'ar ol bwyta, eir i yfed a
dawnsio, meddwi, canu, ymladd, a lladd weithiau'. Hynny yw, roedd
cysylltu arferion penodol ag ymddygiad afreolus ac â'r dafarn, wedi

bod yn gyfrifol am greu ymgyrch i ddiwygio neu hyd yn oed ddileu arferion o'r fath. Afraid dweud fod yma ddeunydd a fyddai at wasanaeth unrhyw ddiwygiwr selog, ac aethpwyd ati gyda chryn frwdfrydedd cenhadol i ymosod ar unrhyw draddodiad a ystyrid yn dafarnaidd ei bwyslais neu a fyddai'n tanseilio patrymau crefyddol y dydd. Ceir gan y gohebydd ddarlun cyflawn o drefn y gwahanol basteiod ac o gynefin arferol y cyfryw achlysuron. Sonnir 'am ddiwygiad oddi-wrth arferiad sydd yn ffynu yn rhan orllewinol Morganwg, cwr dwyrain-ddeau sir Gaerfyrddin, yn nghyd â rhan orllewinol Brycheiniog'.[21] Sonnir, hefyd, am ymgyrch cenhadol digon bywiog gan gynnwys trefnu gwahoddwyr arbennig a fyddai'n ymweld â gwahanol blwyfi ynghyd ag 'anfon llythyrau a chenadau at eu perthynasau sydd yn byw o gwmpas ugain, deg-ar-ugain, ac weithiau ddeugain milltir, i'w gwahodd i'r Bastai'. Ceir disgrifiad diddorol o'r Bastai, o natur y bwyd, 'sef cig llwdn a thoes pybur, a halen yn helaeth', a threfn yr achlysur, sef 'derbyn swllt gan bob un am y wledd'. Dilynir y manylion cyffredinol am y Bastai gan yr adrannau pregethwrol wrth i'r gohebydd newid cywair a mabwysiadu cyfrifoldeb y diwygiwr cymdeithasol wrth iddo ddatgan ei ail fwriad, sef 'enwi rhai o lawer o'r niweidiau' a gysylltir â'r arfer. Mae'r paragraff cyntaf yn cynnwys amrywiaeth ddiddorol o'r 'niweidiau' hynny:

> Halogi dydd Duw, gyru ceffylau, teithio afreidiol, meddwi, tyngu, rhegu, masweddu, ymladd, gwastraffu arian, esgeuluso moddion gras, gwanychu yr Ysgol Sul, gwneyd ardal esmwyth, efallai, yn debyg i gwr o uffen, a hyny ar ddydd yr Arglwydd.

Yn ychwanegol at hynny, cwynir fod y Bastai 'yn tlodi teuluoedd gweinion' yn yr ystyr bod nifer o deuluoedd tlawd yn cyfrannu arian na allant eu fforddio adeg y Bastai a bod yr arfer yn ddim namyn 'ffordd foneddigaidd i fegian'. Bydd crefydd hefyd yn dioddef wrth i'r Bastai gystadlu â chyrddau penodol nid yn unig ar y Sul ond ganol wythnos pan welir 'y gwragedd yn myned yn finteioedd, efallai nos y gyfrinach neu'r cwrdd gweddi, i le mor llygredig – cydymffurfio â'r byd, – yn gwastraffu arian Duw – cynnal llygredigaeth yr oes'. Mae'r neges gymdeithasol yn eglur ddigon. Cyn tewi, anercha'r gohebydd yn ei ddarllenwyr mewn dull sy'n rhethregol ymosodol. Cyhuddir y tafarnwyr o droi'r Sabboth 'yn ddydd marchnad' ac erfynnir ar gefnogwyr y Bastai a chrefyddwyr yn gyffredinol i gefnu ar y fath sefydliad er mwyn teithio 'tua byd y tragwyddol sobrwydd'. Mae'r adroddiad, fel y gwelwyd, yn cynnig beirniadaeth lem ar un o draddodiadau poblogaidd y dydd, ac os gellir derbyn fod yr agwedd ddiwygiadol hon yn cynrychioli safbwynt carfan arbennig o'r boblogaeth, gellir derbyn o ganlyniad fod yna wir fygythiad i barhad arferion penodol o'r fath.

Wrth i faner dirwest ennill mwy a mwy o sylw, roedd yn amlwg y byddai arferion megis y Cwrw Bach a'r Bastai yn dechrau denu sylw'r garfan ddiwygiadol o fewn y gymdeithas. Enillasai'r arferion enw drwg oherwydd y meddwi a'r rhialtwch a gysylltid â hwy, a pheth anodd bellach oedd eu hamddiffyn ar sail yr elfen ddyngarol a bwysleisid gynt. Ar y naill law tueddid i ddangos pa mor annerbyniol oedd ymddygiad afreolus dilynwyr yr arferion hyn pan fyddent wedi treulio noson o gyd-yfed, ac ar y llaw arall ceisid hyrwyddo dulliau eraill o gefnogi anffodusion cymdeithas. 'Un ffordd o ddileu'r arferion hyn', fel yr awgrymir gan Huw Walters, 'oedd cael gan drigolion y fro i ymuno â'r cymdeithasau cyfeillgar fel yr Odyddion a'r Iforiaid'.[22] O ddatrys y broblem yn y dull hwn, byddid wrth ddileu'r arferion hyn yn llwyddo i hyrwyddo amcanion y mudiad dirwestol ar yr un pryd. Peth naturiol, felly, oedd i wahanol weinidogion yr efengyl gefnogi'r fath ymgyrch gan annog aelodau i ymuno â'r cymdeithasau newydd hyn ac i ymbellhau oddi wrth y Cwrw Bach a'r Bastai. Mewn cyfnod pan oedd ffeiriau hefyd yn dueddol o ddenu rhai digon garw eu hymddygiad, gallai diwygwyr cymdeithasol ddangos yn ddigon eglur pa mor annerbyniol oedd effeithiau'r ddiod feddwol. Yn y math hwnnw o gyd-destun y gosodwyd yr hen arferion a fu unwaith yn ddyngarol eu pwyslais ond a oedd erbyn hyn yn esgor ar feddwi ac ymryson ac ymladd.

Tueddid yn y cyfnod hwnnw i ymosod ar unrhyw achlysur neu sefydliad a fyddai'n cynnig cyfle i'r trigolion droi tua'r dafarn, ac ar wahân i'r hen arferion a fyddai ar un adeg yn torri ar draws patrwm bywyd digon undonog ei natur, gellid manteisio ar briodasau ac angladdau yn yr un modd. Mewn cyfraniad pellach gan Daniel Dafydd Amos yn dwyn y teitl 'Claddu y Marw', ymosodir yn hallt ar yr arfer o ddiota adeg cynhebrwng. Byddai rhai yn bragu cwrw ac yn paratoi gwledd tra byddai eraill 'a bron pawb na allo wneyd diod, yn gyru i'r *darllawdŷ* am hanner baril, neu faril o ddiod er claddu y marw'.[23] Cwynir drachefn y 'bydd rhaid i berthynasau'r marw roi pum swllt, mwy neu lai, i'w hyfed yn y ddau dŷ tafarn wrth y llan neu'r capel'. Cyfeirir hefyd at y math o anerchiad a ddisgwylid gan y pregethwr, sef anerchiad i foddhau'r teulu ac nid o anghenraid i adlewyrchu personoliaeth yr ymadawedig. 'Gwae i enw da y gweinidog', meddir, 'os na ddod ef y marw yn y nefoedd, heb gofio dim am ei fywyd, na'r dull y byddo wedi marw'. Byrdwn yr holl sylwadau yw'r pwyslais annerbyniol ar y gwledda a'r yfed; 'onid yw hi', meddir, 'yn uchel bryd i ni ddiwygio'.

Mae'r teitl 'Annuwioldeb y Priodasau' yn adlewyrchu'n bendant iawn safbwynt gohebydd arall, sef Ap Gwilym (ewythr Dafydd Daniel Amos). Yma eto ymosodir yn chwyrn ar batrwm yr achlysur am fod cyn lleied o sylw yn cael ei roi i wir bwrpas y seremoni. Y dathlu sy'n cael y sylw, gyda chyfeiriadau penodol at rai o'r gwahoddedigion 'os bydd yn wr mawr yn y byd'; 'rhai a fedro gladdu gwydreidiau lawer o gwrw, gin, brandy, &c, yn eu rhanau mewnol, rhai fyddo â digon o *fanners* ynddynt i yfed iechyd da i'r frenines ac aelodau y *Parliament*, &c; rhai fyddo'n ddigon anghrefyddol i aros yn swn y dawns, y delyn, ac nid yn unig hyny, ond a waeddo Hwra! Gyda swn y magnelau, ac yn ngolwg y *bonfire* o bosibl a fyddo yn agos i'r tŷ'.[24] Digon tebyg yw'r sefyllfa 'os mai un cyffredin yn y wlad fydd yn myned i'r sefyllfa briodasol'. Sonnir pa mor greulon fydd y gwesteion i'w ceffylau ar y ffordd i'r gwasanaeth yn 'pastwyno, sodli, a churo yr anifeiliaid'. Yma eto mae'r darlun a grëir yn awgrymu fod angen diwygio patrwm yr achlysur a'r gohebydd yn gwahodd ei ddarllenwyr i weithredu: 'Mae'n rhaid i rywrai sefyll yn erbyn arferion pechadurus yr oes, a phwy a ddysgwylir sefyll yn erbyn dull annuwiol y byd yn hyn ond y chwi'.

Ryw ddwy flynedd wedi cyhoeddi'r ymosodiad cyntaf ar y 'Pasteiod' yn 1839, teimlai Daniel Dafydd Amos yn ddigon hyderus i ddatgan fod 'diwygiadau oddiwrth arferiadau pechadurus wedi cael eu heffeithio trwy awyr iachus yr efengyl yn yr oes hon'.[25] Mae'r teitl ei hun, 'Pasteiod yn y Darfodedigaeth', yn adlewyrchu hyder y gohebydd yn yr ymgyrch i ddileu rhai hen arferion, oherwydd gwelir fod y Bastai, ynghyd â nifer o arferion eraill, yn cael ei bygwth gan ysfa gymdeithasol i ddiwygio arferion 'pechadurus' yr oes. Gall y gohebydd ymfalchïo bellach fod 'amryw o'r arferion llygredig wedi cael eu clwyfo nes ydynt ar eu tranc, megys Cwrw Bach, Gwyl Mabsant, Neithiorau, yfed mewn angladdau, gwleddoedd wrth fedyddio, ac yn eu plith mae'r Pasteiod'. Mae'r ymdriniaeth ei hun, fodd bynnag, yn codi nifer o gwestiynau digon diddorol ynglŷn â natur y dadleuon a gynigid i danseilio arferion o'r fath. Wrth ystyried yr adroddiadau a etifeddwyd gennym, rhaid ceisio barnu bob amser i ba raddau y mae'r dystiolaeth yn cynrychioli safbwynt y cyfnod, er mwyn osgoi cyffredinoli ar sail rhyw un cronicl a all fod yn gamarweiniol ei bwyslais. O gofio hynny, mae'n ddiddorol yma fod Daniel Dafydd Amos yn dadlau yn y lle cyntaf ar sail y farn gyffredinol. Wrth sôn am ddirywiad y gwahanol arferion dywed fod 'barn y cyhoedd yn eu herbyn', ac yn ôl yr hen ddywediad, 'Trech gwlad nag arglwydd'.26 Ond sonnir hefyd am agweddau mwy ymarferol eu natur oherwydd dechreuir rhestru rhai cwynion cyffredinol yn erbyn y Bastai ei hun. Cwynir am ansawdd y bwyd, 'fod y cig yn wael'; 'fod y crwstyn yn arw iawn'; 'bod partiaeth yn cael ei ddangos i rai yn fwy na'u gilydd —- er talu swllt bob yr un'; a bod y gwasanaeth yn annerbyniol, 'bod y tafarnwyr yn ymofyn yr hen fenywod mwyaf alfish a brwnt ag oedd i'w cael i wneyd a rhanu y Bastai'. Awgrymir fod rhai tafarnwyr bellach yn gorfod ildio i feirniadaeth y gymdeithas ac ailystyried eu sefyllfa, lle clywir eraill yn cwyno 'na chawsant eu traul i mewn' am nad oedd i'r arfer y gefnogaeth a fu ar un adeg. Yn ychwanegol at hynny, awgrymir fod 'dirwest wedi annelu ei bwyall at wreiddyn yr arferiad yma' a bod 'eglwys Dduw wedi penderfynu i'w herbyn yn eu holl gylchoedd'. O ystyried natur amrywiol y bygythiadau, gellir yn hawdd ddirnad hyder y gohebydd fod dydd y Bastai ar ben. Wedi dweud hynny, ymddengys i'r arfer barhau am gyfnod eto mewn rhai ardaloedd penodol. Yr hyn sy'n arwyddocaol yw bod yna garfan o fewn cymdeithas a oedd yn ceisio ymosod ar raglen o hen arferion traddodiadol, yn enwedig pe gellid dangos fod yr arferion hynny yn arwain at nosweithiau o feddwi a rhialtwch.

Mewn trafodaeth ddiweddarach, er bod y cyd-destun yn ymddangos braidd yn ehangach am fod ymgais at greu arolwg cyffredinol o'r 'Gwyliau yn Morganwg', mae neges gyfarwydd i'w chanfod yn yr adran agoriadol wrth i'r gohebyd unwaith eto gyflwyno cenadwri'r diwygiwr cymdeithasol. Agenda dirwestol sydd ganddo, ac yntau'n cwyno adeg y Nadolig fod 'pawb yn cynnyg ar gael cwrw yn y tŷ – a bydd y cymmydogion yn dod heb eu gwahodd i gael profi y *cwrw gwyliau* – gweithwyr yn ymofyn gan eu meistriaid *cwrw gwyliau*, – rhai sydd yn prynu yn y siopau yn cael *cwrw gwyliau*, – pawb (ond y dirwestwyr) yn cael a'r rhan fwyaf yn rhoi cwrw gwyliau'.[27] Nid yw gwasanaeth y plygain wrth ei fodd ychwaith wrth iddo ddychanu'r rhai sydd ar fore'r ŵyl yn cadw 'ystŵr mawr am o gylch tri o'r gloch' ond sydd fel arall yn methu 'myned i le o addoliad nemawr un amser arall trwy y flwyddyn'. Bydd eraill, 'yn ddynion a glas-fechginach, a phlant, a chŵn', yn myned i hela ar y diwrnod mawr cyn troi tua'r dafarn lle bydd 'sŵn nid bychan am y saethu, a'r ysgyfarnogod, cyflogiaid, a'r adar bach, a'r cŵn, a'r fi fawr'. Yn dilyn ceir ymosodiad chwyrn ar y 'bastei' a gynhelid gyda'r hwyr 'er cynnorthwyo y tafarnwr segur, meddw, annuwiol, i gasglu ei rent', a'r un yw ymateb y gohebydd i'r rhai a fyddai'n cynnal gwledd flynyddol eu clwb ar ddydd Nadolig. Oherwydd ochr yn ochr â'r weithred o addoli 'yn y tŷ cwrdd neu'r eglwys', rhoddir cryn sylw i raglen o weithgareddau digon seciwlar eu pwyslais sy'n arwain yn y pen draw at feddwi a dadlau ac ymladd. Go brin, yw awgrym y gohebydd, fod hyn oll yn ddull cymwys a gwaraidd o ddathlu gŵyl eglwysig.

Gwelwyd fod nifer o'r cyfraniadau i'r *Diwygiwr* wrth ymosod ar wahanol arferion traddodiadol, yn tynnu sylw at beryglon y ddiod feddwol. Y duedd oedd cysylltu pob math o ymddygiad afreolus â'r gwahanol arferion hynny, a dangos yr un pryd eu bod yn darparu cyrchfannau amheus a fyddai'n gwahodd ymroi i bob math o weithgareddau pechadurus. Dyna'r math o agenda yr oedd cylchgrawn megis *Y Diwygiwr* am ei hyrwyddo, ac o ganlyniad disgwylir canfod cysondeb thema o gyfraniad i gyfraniad wrth i'r adroddiadau ladd ar gyfres o hen draddodiadau digon amrywiol eu natur. Byddai'r Cwrw Bach a'r Bastai yn dargedau amlwg mewn unrhyw gyd-destun dirwestol ond ymddengys fod yr ymgyrch i ddileu hen draddodiadau wedi lledu i gynnwys rhai eraill llai amheus eu cysylltiadau. Ar adeg pan oedd croeso o hyd i barti'r Fari Lwyd yng nghyffiniau Bro Morgannwg a llawer cymdogaeth arall, ymddengys mai pur wahanol yw ymateb Daniel Dafydd Amos wrth iddo gynnwys yr arfer yn ei raglen ddiwygiadol. Gallai Redwood yn ei ddarlun ef o'r hen arfer yn y Fro,[28] gyfleu difyrrwch a mwynhad yr achlysur; i Daniel Dafydd

Amos roedd yr arfer yn un o lawer y dylid eu dileu. Yr un yw'r
manylion er mai pur wahanol yw'r ymateb. 'Mae y dynion yn gwisgo',
meddir, 'rhai fel menywod eraill fel pe amcanent ddynwared y diafol,
cymmerant esgyrn pen hen geffyl, a rhoddant ef ar benun o honynt, a
lliain wen dros ei gorff, ac un arall yn ei arwain'.[29] Ond nid er
gwybodaeth y cyflwynir yr wybodaeth hon, eithr er mwyn denu
darllenwyr *Y Diwygiwr* i gyfrannu 'lluoedd o ysgrifeniadau erbyn y
Nadolig nesaf, gael cynnyg am ladd yr hen arferiadau disail a
nodwyd'. Cywair diwygiadol sydd i'r diweddglo ar ei hyd ac mae'n
ddiddorol sylwi ar y gyfres o ansoddeiriau a ddefnydir i gondemnio'r
math o weithgareddau a drafodwyd. Oherwydd wrth erfyn ar ei
ddarllenwyr i fod yn gyd-ddiwygwyr cydwybodol, gofynnir iddynt am
eu cefnogaeth 'er tori lawr yr arferiadau pabyddol, a choel-grefyddol,
ac annuwiol, a nodwyd uchod', fel petai'r ffurfiau 'coel-grefyddol' a
'pabyddol' mewn cyd-destun Anghydffurfiol yn gyfystyr.

Yng ngholofnau'r *Diwygiwr* yn 1849, ceir trafodaeth ar ddulliau'r
oes o ddathlu'r Nadolig sy'n adlewyrchu'n bur agos safbwynt Daniel
Dafydd Amos. Yr un yw cywair ymdriniaeth E. ap Ioan (Gwent)
gydag ambell osodiad sy'n dilyn trywydd digon cyfarwydd. 'Amlwg',
meddai, 'yw fod dydd Nadolig o sefydliad Pabaidd, coel-grefyddoldeb
yw ei sylfaen'.[30] Er bod rhai blynyddoedd yn gwahanu'r ddau
adroddiad, mae'r cynnwys a'r pwyslais yn hynod debyg wrth i E. ap
Ioan (Gwent) ddilyn ffasiwn yr oes i greu penawdau arbennig wrth
olrhain tarddiad yr ŵyl, wrth amlinellu dull ei gyfoedion o ddathlu neu
gamddathlu'r ŵyl, ac yn olaf wrth ddadansoddi ei heffeithiau. Mae'r
darlun a grëir yn un hynod feirniadol gyda'r un pwyslais ar
seciwlareiddio'r ŵyl ag a welwyd yn yr adroddiad cynharach. 'Mawr
ac arswydus iawn yw y pechodau a gyflawnir ar y dydd hwn', meddir
yn y cyflwyniad, ac oherwydd 'y gloddest a'r meddwdod a gyflawnir
arno' gellir yn ôl y gohebydd 'ei alw yn brif-ddydd anghymedroldeb y
flwyddyn'. Ni ddangosir fawr o gydymdeimlad â hen ofergoelion
diniwed a gysylltid â'r ŵyl megis 'y ddrainen yn blodeuo, gwenyn yn
canu, ac ychain yn gweddio'; nid ydynt, ym marn y gohebydd, namyn
arwydd o 'benwendid' a 'choel-grefydd'. Wrth reswm, mae'r adran
sy'n trafod gweithgareddau'r ŵyl o ddiddordeb arbennig am fod yma
gronicl o ddigwyddiadau penodol ar waethaf safbwynt diwygiadol y
sylwebydd. Sonnir unwaith yn rhagor am blygeinwyr selog na welir

'Daniel Dafydd Amos': y Parchedig Phylip Griffiths, yr Allt-wen.

mohonynt mewn unrhyw wasanaeth eglwysig arall gydol y flwyddyn. Ar y llaw arall, derbynnir fod canu carolau yn arfer sy'n gweddu i ysbryd yr achlysur; 'arferiad arall sydd mewn bri mawr ar y dydd hwn, yw fod cwmpeini ar ol cwmpeini yn dyfod ac yn anerch ein drysau ar gân, a bydd ambell i grefyddwr yn eu plith'. Dyna'r unig elfen dderbyniol, oherwydd yn sgil y cyfeiriad hwnnw cwynir yn ddieithriad am gyfres o draddodiadau a thueddiadau sy'n tanseilio arwyddocâd yr ŵyl:

> Ceir ereill yn cario rhyw goeg-chwareuaethau yn mlaen, er gwneyd dynwarediad o bethau na fedr Dewin ddim adrodd eu dechreuad, pe bai wedi cael ei dynu ddwywaith trwy drwyth swynyddiaeth gwybodaethol yr Aifft ac Athen; ond er eu bod fel hyn yn amrywio yn eu dulliau, yr un dyben sydd ganddynt mewn golwg – cardota. Nid yw eu celfyddyd ond *genteel way of begging*.[31]

Pa goeg-chwarae a ddenodd sylw'r gohebydd mae'n anodd dweud; gellid dyfalu mai cwmni o chwaraewyr yn cyflwyno rhyw ddramodig traddodiadol tymhorol a ddisgrifir, neu gwmni'r Fari Lwyd ei hun a fyddai'n cynnal rhyw gampau ar yr aelwyd ar ôl sicrhau mynediad i'r tŷ. Y cyhuddiad yn eu herbyn yw eu bod yn cardota; rhaid cofio, yn y cyswllt hwn, fod ceisio lluniaeth a rhoddion o arian yn sail i nifer o hen arferion traddodiadol gŵyl y Nadolig. Yn dilyn hyn, ceir y cyfeiriadau disgwyliedig at ddiota a meddwi gyda'r 'tafarnwr druan dan rwymau i wneyd tipyn o wledd i'r best customers, a llanw pob o gwart i addolwyr gwresocaf y duw Baccus, a'r rhai fu yn gwasanaethu ffyddlonaf trwy'r flwyddyn'. Yr awgrym yw fod niferoedd helaeth yn troi tua'r dafarn yn ystod y dydd i ychwanegu at y rhai sydd yno eisoes, 'er pan ddaethant o'r plygain yn y boreu'. Wedi creu darlun o ddathliadau a oedd yn dibynnu i gymaint graddau ar gymdeithas y dafarn, gellid disgwyl i'r adran olaf, 'Ei effeithiau', fod yn foesol bregethwrol ei naws a'i chynnwys. Collwyd naws grefyddol yr ŵyl, ac o sôn am y byd moesol cafodd 'ei goel-grefyddoli a'i babyddio, a dwyn rhai dynion i roddi mwy o bwys ar ddefodau traddodiadol nag ar orchmynion dwyfol'. Rhaid troi felly at werthoedd y byd crefyddol 'o herwydd dan ddylanwad ac yn ngoleuni hon y mae i ni ddysgwyl y caiff pob peth annheilwng, seremoniol, a thraddodiadol ei ddymchwelyd'. Dan y fath gyfundrefn roedd yna fygythiad amlwg i draddodiadau gwerin o bob math. Wrth feithrin perthynas â'r dafarn, roedd cynifer o arferion wedi denu beirniadaeth crefyddwyr yr oes a oedd, erbyn canol y ganrif, yn dechrau ymgyrchu o ddifrif i ddileu'r hyn a ystyrid ganddynt yn fygythiad i gymdeithas grefyddol wâr.

Roedd y gyfres o gyfraniadau pregethwrol a ymddangosodd yn *Y Diwygiwr* yn ystod y pedwardegau yn creu cronicl hynod ddiddorol ac arwyddocaol a adlewyrchai farn dosbarth arbennig o fewn cymdeithas. Roedd yn bur amlwg fod carfan arbennig yn dymuno ymbellhau oddi wrth arferion traddodiadol eu cynefin; roedd yr un mor amlwg, fodd bynnag, fod yna o hyd wyliau ac aelwydydd gwledig a fyddai'n hapus i arddel y cyfryw weithgareddau. Fel yr awgrymwyd eisoes, rhaid ceisio creu arolwg o'r sefyllfa ar sail yr ychydig dystiolaeth berthnasol a etifeddwyd, ac mae'n anodd penderfynu o ganlyniad pa mor nodweddiadol o'r cyfnod oedd yr athroniaeth arbennig a gyflwynir mewn dull mor ymosodol bregethwrol yn *Y Diwygiwr*. Yn dilyn y gyfres honno, cyhoeddodd Y Parch. W. Roberts (Nefydd) lyfryn yn 1852 sy'n adleisio rhai o brif ofnau Daniel Dafydd Amos a'i gyd-gyfranwyr i'r *Diwygiwr*. Maer teitl a ddewisir, sef *Crefydd yr Oesoedd Tywyll*, yn awgrymu i gyfoeswyr yr awdur ei fod yma yn ymdrin â phwnc, 'Henafiaethau Defodol, Chwareuyddol, a Choelgrefyddol', sydd bellach yn anghydnaws â chyfnod mwy goleuedig ei werthoedd. Ceir yma dair rhan, sef traethawd ar hanes y Fari Lwyd a fu'n fuddugol yn Eisteddfod y Fenni, 'Traethawd Gwobrwyol yn Eisteddfod y Blaenau ar Ddylanwad yr Ysgol Sabothol er Cadwraeth y Gymraeg', ynghyd ag adran sy'n cynnwys 'Sylwadau ar Lawer o Hen Arferion Tebyg i Mari Lwyd'. Yr hyn sydd o ddiddordeb arbennig yng nghyd-destun y drafodaeth bresennol yw 'Rhagymadrodd' yr awdur am fod yma awgrym pendant i'w ymdriniaeth ag arferion traddodiadol ddenu cryn feirniadaeth ymhlith dosbarthiadau 'ffug-santeiddiol' ei gyfnod. O ganlyniad, ymddengys fod gweinidog yr efengyl wrth gyflwyno'r fersiwn gyhoeddedig, yn ystyried fod angen rhyw fath o 'apologia' neu eglurhad, am iddo ddewis ymdrin â phwnc digon seciwlar neu 'goelgrefyddol' ei natur. 'Cyferfydd fy llyfryn', meddai, 'â phedwar math o bobl'.[32] Yn y lle cyntaf cyfeirir at 'rai o duedd wyllt, chwareuol' a fyddai'n ystyried fod unrhyw ymdriniaeth ag arferion traddodiadol yn gyfystyr â chydnabod eu harwyddocâd a'u gwerth. Cânt hwy eu siomi wrth glywed fod y llyfryn 'yn

'Nefydd': y Parchedig William Roberts.

gwrthwynebu y chwareuon a'r gwyliau, trwy ddynoethi eu dyben a'u
dechreuad'. Yr ail garfan sy'n derbyn y sylw mwyaf manwl am mai
hwy sydd wedi condemnio gweinidog yr efengyl 'yn ysgrifenu ar y
fath bethau annuwiol a Mari Lwyd, &c.'

> Mae y dosparth hwn yn dra lluosog; yr wyf wedi cwrdd â rhai o honynt,
> a chael y fraint o fod dan eu dedfryd, ond mae y rhan helaethaf o'r
> dosparth hwn yn fwy tueddol i gondemnio y tu cefn, yn hytrach nag yn
> ngwyneb dyn. Dwy elfen yw prif nodweddion (*characteristics*) y
> dosparth hwn; sef, *hunanoldeb* ac *anwybodaeth*; ac y maent i'w cael yn
> mhlith pob enwad braidd. Ychydig amser yn ol yr oedd ciniaw enwog
> mewn lle yr oedd nifer lluosog o'r dosparth hwn, yn Offeiriaid ac
> Ymneillduwyr; dywedwyd yno mewn hwyl a difyrwch 'fod W.R. o
> Salem, Blaenau, yn gwerthu llyfr ar Mari Lwyd ar ol trochi y bobl ryw
> Sul'. Ffaith sydd yn fwy o ddygwyddiad na dim arall yw, *na
> chrybwyllais i erioed air am fy llyfr wrth gynulleidfa Salem . . .* Ni
> wawdient pe deallent mai yr un peth yw y *Virgin Mary*, *the Blessed
> Mary*, a *Mari Lwyd*.

Sonnir yn drydydd am y bobl enwadol-gyfyng eu gweledigaeth 'na
allant oddef darllen na chlywed dim yn erbyn y *sect* i ba un y
perthynant', cyn cydnabod yn olaf y garfan gall honno sy'n
'ymofyngar am *wybodaeth* a *gwirionedd*'. Daw'n weddol amlwg fod
yna ddosbarth niferus o fewn cymdeithas a oedd yn barod i gondemnio
ymchwiliadau'r gweinidog a bod y gwrthwynebiad i'w waith
eisteddfodol yn ddigon cyhoeddus i ysgogi rhagymadrodd i'r llyfryn
cyhoeddedig sy'n egluro'i safbwynt mewn termau digon
amddiffynnol. Fel y dywed Nefydd yn ei ragymadrodd, ei nod oedd
'dynoethi ffolineb ac ofergoeledd Pabyddiaeth a Phuseyaeth'. Wrth
sôn am darddiad paganaidd cynifer o'r hen draddodiadau, awgrymir ar
yr un pryd mai'r Eglwys Babyddol a fu'n gyfrwng diogelu'r cyfryw
arferion a pheri iddynt oroesi cyhyd. 'Hefyd', medd Nefydd, 'gwelwn
y *llawenydd*, y *chwareuyddiaethau*, y *bwydydd da*, y *boten Nadolig*
(Christmas pudding), y *darllawiad o ddiod gref at y gwyliau*, &c., &c.,
wedi dyfod i ni trwy law yr Eglwys Babaidd, mewn dynwarediad o
wyliau *Bacchus* a *Saturn*, fel y dengys Sir Isaac Newton'.[33] Ceir
trafodaeth hir a chynhwysfawr ar nifer o agweddau sy'n gefndir i
ddatblygiad y Fari Lwyd a'r modd y byddid yn cynnal y chwarae ar y

parth. Ond wedi iddo gyflawni gwaith yr ymchwilydd cydwybodol, disgwylid i Nefydd, cyn tewi, dderbyn cyfrifoldeb y gweinidog cyfrifol a datgan y rhybudd seiadaidd ynglŷn â pheryglon ymlynu wrth y fath weithgareddau ysgafn. Yr unig reswm sy'n egluro eu bodolaeth erbyn hyn yw 'anwybodaeth o'r tarddiad o honynt', a nod yr awdur, felly, yw cyflwyno'r wybodaeth a fydd yn adfer y sefyllfa a thrwy hynny ysbrydoli 'ieuenctyd yr oes i ymddifyru mwy mewn pethau meddyliol a sylweddol, megys darllen a chyfansoddi barddoniaeth, traethodau, canu, &c., fel sydd yn cael eu cefnogi a'u harfer yn ein Heisteddfodau, &c.'[34] Yn rhan olaf y traethawd, gellir synhwyro pa mor awyddus yr oedd dosbarth arbennig o ddiwygwyr cymdeithasol i ddileu arferion paganaidd-babyddol eu tras fel bod modd hybu math newydd o ddiwylliant a fyddai'n fwy 'sylweddol' ei natur:

> Fel hyny, hyderaf na fydd neb mor *ffol* ac *annuwiol* yn Nghymru, ar ol deall o ba le mae yr arferiadau hyn wedi tarddu, ynghyd ag achau ereill perthynol iddynt, o roddi y gefnogaeth leiaf i hen ddefodau Paganaidd a Phabaidd yn gymysgedig â'u gilydd; ac wedi treiglo i ni oddi-wrth yr oesoedd tywyllaf mewn dysg, moes, a chrefydd, a fu er dyddiau Adda hyd yn awr, yn ol pob tebygoliaeth. Dymunaf i'r ffolineb hwn (Mari Lwyd), a phob ffolinebau ereill, na chaffont le yn un man ond yn amgueddfa (*museum*) yr hanesydd a'r henafiaethydd.[35]

Erbyn canol y ganrif roedd gwrthwynebiad cryf i hen draddodiadau'r dalaith. Diflanasai rhai ohonynt megis ymladd ceiliogod a rhai o weithgareddau atodol y Gŵyl Mabsant flynyddoedd ynghynt; bellach, ymosodid ar gasgliad pellach o weithgareddau penodol y gellid dangos fod iddynt gysylltiadau coelgrefyddol neu baganaidd. Ochr yn ochr â'r bygythiad hwn, roedd newidiadau cymdeithasol hefyd yn rhwym o ddylanwadu ar hen raglen o arferion a thraddodiadau a ddibynasai ar aelwydydd gwledig Bro Morgannwg, fel bod her amlwg i'r sawl a fynnai wrthsefyll y dylanwadau gelyniaethus hyn. Dan y fath amodau, roedd yna berygl ar y naill y byddai cymdeithas yn cefnu ar hen draddodiadau digon diniwed eu cysylltiadau er mwyn ymddangos yn grefyddol gyfrifol, ac ar y llaw arall y byddai croniclwyr yn gyndyn i gofnodi hanes hynafiaethau o bob math rhag iddynt ddenu'r math o feirniadaeth y bu Nefydd mor

awyddus i'w hateb. Yn sgil adroddiad dirprwywyr Brad y Llyfrau
Gleision, go brin y byddid wedi denu rhyw lawer o ohebwyr i herio'r
safbwynt a adlewyrchir yng ngholofnau'r *Diwygiwr* ac yn llyfryn
Nefydd.

CYFEIRIADAU

[1] G. J. Williams, *Iolo Morganwg* (Caerdydd, 1956), 5.

[2] *Cylchgrawn Cymdeithas Alawon Gwerin Cymru* (gol. J. Lloyd Williams), 1, 15.

[3] W. S. Gwynn Williams, *Old Welsh Folk Songs* (1927), Introduction, vii.

[4] *Cylchgrawn Cymdeithas Alawon Gwerin Cymru* (gol. J. Lloyd Williams), 1, 15-16
(Rhagymadrodd y golygydd).

[5] Brodor, sef y Parch. William Williams, Nebo, Hirwaun, a Mab yr Hen Bysgotwr,
sef Mr W. Williams (Carw Coch), Heolyfelin, Aberdâr, *Traethodau Hanesyddol ar
Ddyffryn Nedd* (Aberdâr, 1856), 39. Codwyd y dyfyniad o ragymadrodd Carw
Coch i'w draethawd ar ddyffryn Nedd a baratowyd ar gyfer Eisteddfod
Cymreigyddion Glyn Nedd, 1856.

[6] *Y Darian* (Aberdâr), 9 Hydref 1922. (Mewn colofn a olygid gan Tom Jones,
(Trealaw), 'Llên Gwerin Morgannwg'.)

[7] Gareth Williams, *Valleys of Song* (Music and Society in Wales 1840-1914),
(Cardiff, 1998), 36.

[8] Ibid., 37.

[9] Ibid., 39.

[10] Ben Bowen Thomas (gol.), *Baledi Morgannwg* (Caerdydd, 1951), 14.

[11] *Y Diwygiwr*, 1839, 197.

[12] *Y Cerddor Cymreig*, Rhifyn 7, 1 Ionawr 1867, 1 (Colofn 2).

[13] Ibid., 2 (Colofn 1)

[14] Ibid.

[15] Ibid., 2 (Colofnau 1-2).

[16] *The Diary of William Thomas* (1762-1795), ed. R. T. W. Denning, (Llandybïe,
1995).

[17] Gw. Llythyrau Ab Iolo yn Llyfrgell Genedlaethol Cymru, Aberystwyth. Trafodwyd
arwyddocâd yr ohebiaeth mewn pennod yn dwyn y teitl 'Maria Jane Williams',
Nedd a Dulais (gol. Hywel Teifi Edwards), (Llandysul, 1994).

[18] 'Y Cwrw Bach', *Y Diwygiwr* (1839), 197.

[19] Ibid., 198.

[20] Huw Walters, 'Chwifio Baner Dirwest : Cenhadaeth Dafydd Daniel Amos', yn
Geraint H. Jenkins (gol.), *Cof Cenedl V*, (Llandysul, 1990), 93.

[21] Daniel Dafydd Amos, 'Pasteiod', *Y Diwygiwr* (1839), 231. Y Parch. Phylip
Griffiths oedd yn defnyddio'r ffugenw Daniel Dafydd Amos.

[22] Huw Walters, op. cit., 98-9.

[23] Daniel Dafydd Amos, 'Claddu y Marw', *Y Diwygiwr* V (1841), 176.

[24] Ap Dafydd, *Y Diwygiwr* V1 (1840-1), 78. Cyfeirir at Ap Dafydd fel 'Ewythr Daniel Dafydd Amos'.

[25] Daniel Dafydd Amos, 'Pasteiod yn y Darfodedigaeth', *Y Diwygiwr*, VI (1840-1), 146.

[26] Ibid., 146-7.

[27] *Y Diwygiwr* (1845), 51.

[28] Charles Redwood, *The Vale of Glamorgan: Scenes and Tales Among the Welsh* (London, 1839), 149-55.

[29] *Y Diwygiwr* (1845), 51

[30] *Y Diwygiwr* (1849), 45.

[31] Ibid., 46.

[32] W. Roberts (Nefydd), *Crefydd yr Oesoedd Tywyll* (Caerfyrddin, 1852). Gw. 'Rhagymadrodd'.

[33] Ibid., 7.

[34] Ibid., 18.

[35] Ibid.

CASGLU A CHOFNODI

Take my word for it, there is no branch of study so fruitful, in connection with Wales as the collection of Folklore. If you wish to go down to posterity as <u>un or anfarwolion</u> write down from day to day every scrap of Folklore you can find, however vulgar it may be!

(Caerdydd, Llyfrgell y Ddinas, llsgr. 2.364, Cyf. 3, Rhif 25. Llythyr Gwenogvryn Evans at Cadrawd, 10 Awst 1886.)

Ymddengys mai pur fregus oedd sefyllfa nifer o draddodiadau'r dalaith erbyn dechrau ail hanner y bedwaredd ganrif ar bymtheg. O ystyried ymateb crefyddwyr yr oes i gynifer o'r hen wyliau, a chan gofio pa mor awdurdodol oedd llais swyddogol Anghydffurfiaeth erbyn hynny, roedd y bygythiad i'r hen raglen o weithgareddau yn un amlwg a real. Mae'n siŵr y byddai rhai cymunedau unigol mwy annibynnol eu natur wedi ceisio dal yn gyndyn wrth ambell i draddodiad poblogaidd ar waethaf ymosodiadau cyhoeddus dosbarth o gyd-drigolion a fyddai wedi bod yn awyddus i gydymffurfio â'r drefn newydd. Mewn cyfnod pan arferid geiriau megis 'coelgrefyddol', 'paganaidd' a 'phabaidd' yn gyfystyr â'r gair 'traddodiadol', roedd yn demtasiwn dealladwy i drigolion a oedd am gael eu hystyried yn gyfrifol eu hagwedd a'u buchedd, benderfynu cefnu ar hen draddodiadau eu cynefin.

Byddai gweld y gyngerdd yn ennill ei phlwyf yn rheswm arall dros droi oddi wrth yr hen arferion am fod mathau eraill o adloniant yn mynnu sylw cymdeithas, ac yn yr un modd, wrth i eisteddfodau cymunedol ffeirio tafarnau'r Blaenau am aelwydydd newydd Anghydffurfiol, byddai bygythiad ychwanegol i hen gyfundrefn werinol ei phwyslais. Ac eto, ni ellir honni i'r newidiadau cymdeithasol a chrefyddol ddileu pob arwydd o'r hyn a fu ar un adeg

Cadrawd.

yn rhaglen fyrlymus o weithgareddau tymhorol pan fyddai nifer helaeth o blwyfi Bro Morgannwg yn arddel hen galendr o wyliau penodol yn ôl eu trefn cymunedol ac yn unol â phatrwm cyfarwydd o ddigwyddiadau. Ond ar wahân i barhad rhai o'r traddodiadau yn wyneb pob dylanwad croes, gellid cyfeirio hefyd at beth tystiolaeth sy'n awgrymu nad oedd diddordeb mewn astudiaethau gwerin wedi diflannu'n gyfan gwbl o'r tir. Gallai traddodiad ar lefel gymunedol fod yn drech nag unrhyw ymgais i ddileu'r cyfarwydd yn enw safonau neu gonfensiynau cymdeithasol newydd, ond peth arall wrth gwrs fyddai denu sylw a chefnogaeth gyhoeddus. O ganlyniad, mae'n ddiddorol sylwi ar y sylwadau a welir yn rhifyn agoriadol *Y Brython* (1858), sylwadau sy'n awgrymu fod yna o hyd lais swyddogol oedd yn bleidiol i astudiaethau gwerin mewn cyfnod pryd y gellid deall, os nad disgwyl, ymateb pur wahanol:

> Y mae gan y Seison fath o lenoriaeth a alwant *Folk-lore*, yr hyn a ellir ei gyfieithu yn *Llen y Werin*; ac y mae coledd mawr arni yn eu plith er ys llawer blwyddyn bellach. Cynnwys y gangen hon o lên, *draddodiadau, chwedlau gwlad, arferion a defodau neillduol, ofergoelion*, a'r cyffelyb bethau, y rhai oeddynt gynt, ney y sydd y pryd hyn yn gyffredin y'mhlith y werin bobl . . .
>
> A phan gofiom mai chwedlau a traddodiadau gwlad a gwerin Cymru a roddasant fodoliaeth i'r Mabinogion, a dechreu i Ffuglith a Rhamant ar Gyfandir Ewrop, yr ŷm yn barnu nas gallwn wneuthur yn well na neillduo congl o'r Brython, i gofnodi, o bryd i bryd, gymmaint ag a ellir o encilion Llen y Werin Gymreig, yng Ngwynedd a Deheubarth, cyn y traflyncer y cwbl oll gan wanc anniwall coll ac anghof.[1]

Ar wahân i'r pwyslais annisgwyl braidd ar astudiaethau gwerin ynghyd â diffiniad o'r pwnc sy'n galonogol eang ei gysylltiadau, ceir rhybudd ynglŷn â phwysigrwydd cofnodi deunydd gwerinol cyn ei bod yn rhy hwyr, ystyriaeth a oedd i fod mor agos at galon hynafiaethwyr yr wythdegau. O gofio, hefyd, fod yna o leiaf rai enghreifftiau o lyfrynnau 'gwerinol' eu pwyslais wedi'u cyhoeddi yn ystod y chwedegau a'r saithdegau, ymddengys fod yna ymgais i sicrhau na fyddai astudiaethau gwerin yn diflannu'n gyfan gwbl yn wyneb datblygiadau cymdeithasol digon cyffrous. O ganlyniad, hyd yn oed dan amodau digon anffafriol gwelir fod o hyd rai cymwynaswyr penodol a oedd yn fodlon diogelu a hybu 'llên y werin'. Felly, er na fu llawer o weithgarwch ym maes diwylliant gwerin ym mlynyddoedd cynnar ail hanner y ganrif, yn rhagluniaethol gwelodd cenhedlaeth newydd ar gychwyn yr wythdegau, bwysigrwydd y math hwnnw o lenyddiaeth. Erbyn hynny, wrth gwrs, roedd gan Gymru brifysgol a gellid elwa ar arweiniad a chefnogaeth to newydd o ysgolheigion. Yn ychwanegol at hynny, penodwyd Syr John Rhŷs yn Athro Celteg cyntaf Prifysgol Rhydychen yn 1877, a thros y blynyddoedd bu'n ymddiddori mewn pynciau megis archaeoleg, mytholeg a llên gwerin. Bellach enillasai llên gwerin statws newydd, a pheth digon naturiol a derbyniol fyddai i'r genhedlaeth newydd ailgydio yn y gwaith o gasglu a chofnodi deunydd gwerinol o bob math. Roedd yn fantais amlwg fod modd elwa ar awdurdod a chefnogaeth ysgolheigion y dydd; ar y llaw arall synhwyrid ei bod yn unfed awr ar ddeg ar gasglwyr y cyfnod am fod cynrychiolwyr yr hen gymunedau amaethyddol yn heneiddio a thystiolaeth werthfawr cenhedlaeth o lygad-dystion hen ffordd o fyw o'r herwydd yn prinhau. Dyna'r sefyllfa a etifeddwyd gan hynafiaethwyr yr wythdegau ac aethpwyd ati, gyda sêl bendith academyddion yr oes newydd, i gasglu a phrosesu pob mymryn o wybodaeth y gellid dod o hyd iddo. O droi at arferion a thraddodiadau Morgannwg, derbyniwyd yr her gan gylch bychan o gasglwyr selog a

'Great House', Llanfleiddan. Cartref David Jones (Wallington), 1845-63.

aeth ati i gofnodi amrywiaeth gyfoethog o ddefnyddiau ond a fu'n gyfrifol hefyd am ysbrydoli eraill i ymuno â hwy yn y gwaith o gasglu a chyhoeddi.

Bu triawd arbennig iawn a oedd yn ymddiddori yn hanes diwylliannol Morgannwg, yn gohebu â'i gilydd ar bynciau hynafiaethol yn ystod chwarter olaf y bedwaredd ganrif ar bymtheg. Y cyntaf oedd T. C. Evans (Cadrawd) a aned 28/9 Rhagfyr 1846 ym mhentref Llangynwyd ger Maesteg ac a fu farw yno 25 Gorffennaf 1918. Crefftwr oedd yn ôl ei alwedigaeth, a hynny yn ôl y patrwm teuluol, oherwydd saer ac adeiladydd oedd ei dad, Thomas Evans, a Cadrawd yntau'n of y pentref ar adeg pan oedd strwythur cymunedol Llangynwyd gymaint yn wahanol. Fel ei dad o'i flaen, ymgymerodd Cadrawd â'r cyfrifoldeb o fod yn glerc y plwyf ac ymddengys fod gan y tad yntau ddiddordeb mewn pynciau llenyddol. Rhaid pwysleisio, ar yr un pryd, na fyddai'r sefyllfa leol wedi caniatáu i Cadrawd fwynhau bendithion addysg ffurfiol, y math o baratoad, dan amgylchiadau gwahanol, a allai fod wedi arwain at yrfa academaidd. Ac eto, ar waethaf pob anfantais addysgol, datblygodd Cadrawd yn hanesydd lleol go arbennig a ddangosai ddiddordeb ysol yn hanes ei dalaith enedigol. Ef, o bell ffordd, oedd y mwyaf cynhyrchiol o'r tri, yn awdur nifer helaeth o erthyglau ar hanes Morgannwg ac yn olygydd a chasglydd cydwybodol, er bod dylanwad y ddau aelod arall o'r cylch dethol yn bur arwyddocaol.

Yr ail aelod oedd gŵr o'r enw David Jones y cysylltir ei enw bob amser â Wallington yn swydd Surrey lle y bu'n byw o 1875 hyd ei farw yn 1890. Ganed ef yn Llanfleiddan (28 Mai 1834) ym Mro Morgannwg, ac yn wahanol i Cadrawd, derbyniodd addysg mewn ysgol breifat yn y Bont-faen. Dilynodd yrfa mewn gwahanol fannau yn Lloegr cyn ymsefydlu yn derfynol yn Wallington yn 1875 pan dderbyniodd swydd clerc gyda chwmni masnachol Campbell a Shearer yn Llundain. Erbyn diwedd y flwyddyn 1879, roedd yn ddigon cyfforddus ei fyd i allu ymddeol a threulio nifer o flynyddoedd wedi hynny yn ymchwilio i amrywiaeth o bynciau hanesyddol ac yn benodol i hanes Morgannwg yn y cyfnod wedi'r Oesoedd Canol. Gweithiai'n gyson mewn gwahanol ganolfannau yn Llundain gan ymweld yn achlysurol â Morgannwg er mwyn gwneud nodiadau achyddol ar hen deuluoedd y sir a chopïo hen arysgrifau. Datblygodd

yn gryn awdurdod ar hanes Morgannwg ac roedd ei ddull o bwyso a
mesur ffynonellau ac o brosesu deunydd nid yn unig yn arddangos
agwedd broffesiynol a chyfrifol at y gwaith, ond hefyd yn adlewyrchu
dulliau ymchwil cyfnodau diweddarach pan oedd dylanwad y
brifysgol wedi dechrau sicrhau safonau mwy goleuedig a diogel.

Yr olaf o'r triawd oedd John Howells o Sain Tathan, brodor o'r
cyffiniau a fagodd ddiddordeb arbennig mewn pynciau diwylliannol a
hanesyddol ac a ddangosodd yr un diddordeb eithriadol yn hanes ei
dalaith enedigol â'r ddau aelod arall. Bu'n gymar ffyddlon i Cadrawd
gan gynnig iddo gefnogaeth gyson a chymorth ymarferol ar fwy nag
un achlysur. Mae'n wir iddo gyhoeddi ambell erthygl o'i eiddo ef ei
hun ond bu hefyd o gymorth mawr i Cadrawd drwy drosglwyddo
gwybodaeth iddo a thrwy gynnig cyfarwyddyd yn ôl y galw. A
defnyddio gair eu cynefin, buont ill dau yn 'biwr' iawn i Cadrawd,
drwy rannu ffrwyth eu hymchwil bersonol ag ef a thrwy bod yn gefn
iddo ar wahanol adegau.

Ym mis Ionawr 1882, derbyniodd Cadrawd lythyr hollol annisgwyl
gan ŵr o'r enw David Jones, gohebydd dieithr a drigai yng nghyffiniau
Llundain, sef yn Wallington yn swydd Surrey. 'Do not be led by the
distant address that you see at the top of my letter', medd y llythyrwr,
'into supposing, that it is a perfect stranger who is writing to you'.[2]
Roedd rhyw wirionedd eironig iawn yn y cyflwyniad, oherwydd gyda'r
blynyddoedd daeth yn hollol amlwg fod y ddau yn rhannu'r un
diddordebau a'r un weledigaeth. Gwelwyd eu bod ill dau yn ddynion eu
talaith ac yn awyddus i gasglu a threfnu pob manylyn o wybodaeth a
fyddai'n gymorth i lunio darlun cynhwysfawr a diddorol o hanes
diwylliannol Morgannwg. Er i'r gohebydd symud o'i ardal enedigol yn
y Bont-faen yn gynnar yn ei yrfa, ni olygai hynny iddo golli o gwbl yr
ymdeimlad o berthyn i'w fro. I'r gwrthwyneb, daeth yn aelod blaenllaw
o gylch pur dethol a oedd i ohebu'n gyson â'i gilydd er mwyn casglu a
phrosesu pob math o ddeunydd hanesyddol a diwylliannol. Mewn
gwirionedd, mae'r llythyr ar ei hyd yn cyflwyno'r darllenydd mewn
modd hynod arwyddocaol i'r math o ymresymu a oedd yn mynd i lywio
gweithgareddau'r cylch arbennig hwnnw o hynafiaethwyr yn ystod
blynyddoedd o ymchwil ddiflino i agweddau pwysig ar hanes eu talaith.

O'r cychwyn cyntaf ceir tystiolaeth sy'n dangos nid yn unig
bwysigrwydd y cynlluniau a oedd ar y gweill ond hefyd y dull o

weithredu y byddai'r cylch yn ei fabwysiadu. Roedd yn bur amlwg fod David Jones yn awyddus iawn i gefnogi ymdrechion ei gydhynafiaethydd, a hynny yn seicolegol drwy ganmol ei ddiwydrwydd a thrwy gynnig cymorth ymarferol yn ôl y galw. 'Allow me then to say in a private letter, at once', meddai, 'that wh[ich] perhaps it may be months before I can tell you in the columns of the *Gazette*, that you are to be heartily congratulated on the work you have done for the peasant bards of Glamorgan: and I sincerely hope your collections are by no means exhausted'. (Llsgr. Caerdydd 1.194 Cyf. 1 Rhif 2) Roedd yn amlwg o'r dechrau fod casglu tribannau traddodiadol yn mynd i fod yn elfen bwysig yn y maniffesto hynafiaethol, ac wele David Jones yn ddiymdroi am gyflwyno Cadrawd i gymar a allai hyrwyddo'r cynlluniau hynny:

> A friend of mine, Mr Howell, of St. Athan, with whom some weeks ago I had a correspondence on the subject of the 'Tribanau' writes me that you have felt discouraged at the apparent apathy with wh[ich] your collections have been rec[eived] by the public. You must please not suppose that the apathy is general – there are a few readers at least who can appreciate the work you have done and – let me add – who wish to say so in public.

Yn wyneb yr hyn a ystyrid yn ddifaterwch lleol, gwyddai David Jones pa mor bwysig oedd cynnal morâl y cylch drwy argyhoeddi Cadrawd o bwysigrwydd y gwaith o gofnodi, a chynnig cefnogaeth ymarferol yr un pryd. Oherwydd cyn cloi, dywed y gohebydd fod y 'remarks on Oxen written on the blank page of my friend Mr. Howell's MS are by me' a bod croeso i'r brodor o Langynwyd 'to make any use of them you please'. Dyma ddangos yn glir pa mor haelfrydig a chefnogol yr oedd y gŵr o Wallington a pha mor awyddus i greu cylch o ymchwilwyr brwd a oedd i gydweithio'n agos i gofnodi pob math o wybodaeth am hanes diwylliannol y sir. Mewn llythyrau diweddarach, ceir tystiolaeth bendant i David Jones gynnig y math hwn o gefnogaeth droeon ac iddo fod yn gefn i Cadrawd pan oedd y gŵr hwnnw'n paratoi ei gyfrol ar hanes plwyf Llangynwyd. Cyflwynwyd Cadrawd i John Howells gan David Jones felly a bu'r triawd hwnnw rhyngddynt yn gyfrifol am ddangos pa mor bwysig a chyfoethog oedd diwylliant gwerin Morgannwg a pha mor bwysig oedd diogelu'r etifeddiaeth wledig honno a oedd erbyn yr wythdegau yn cael ei bygwth gan amodau cymdeithasol newydd ac yn cael ei hesgeuluso i raddau helaeth gan groniclwyr oes ddigon anwerinol ei phwyslais. Bwysiced mewn cyd-destun o'r fath oedd creu cylch a fyddai'n rhannu'r un athroniaeth ynglŷn â phwysigrwydd creu'r cronicl cyflawnaf posibl o'r gorffennol ac a fyddai'n hapus hefyd i gydweithio er mwyn rhannu gwybodaeth yn ôl yr angen.

Ymddengys i Cadrawd ymateb yn ddiymdroi, oherwydd ceir llythyr pellach gan David Jones o fewn wythnos, dyddiedig 30 Ionawr 1882, yn diolch i'r gŵr o Langynwyd am y copi o *Cyfaill yr Aelwyd* a anfonasai, cyn troi at bwnc a fyddai o gryn bwys wrth ystyried natur y cyfraniad arbennig a gysylltir ag enwau aelodau'r cylch ymroddedig hwn. Mae'n amlwg o'r cychwyn cyntaf fod David Jones yn ymwybodol iawn ei fod dan anfantais fawr o ran ei gefndir ieithyddol a bod y ystyriaeth honno o ganlyniad yn golygu mai Cadrawd fyddai'r dewis amlwg pan fyddai angen paratoi deunydd Cymraeg ar gyfer ei gyhoeddi. Er mor graff oedd y gŵr o Wallington mewn cynifer o ffyrdd, nid oedd magwraeth yn ardal y Bont-faen wedi'i fendithio â'r cymwysterau ieithyddol a fyddai wedi bod mor dyngedfennol werthfawr iddo wrth gasglu a threfnu deunydd hynafiaethol yn yr iaith frodorol:

> My knowledge of Welsh is but small. This confession I ought to make with shame; but if you are acquainted with Cowbridge and neighbourhood you will understand why one born and brought up there sh[oul]d be so deficient. Happily I know enough to read – or at least fairly understand – your excellent article on the 'Predyddwen yr Hen Blwyf'.[3]

Yn y llythyr hwn, drachefn, gellir canfod y math o ymresymu a'r math o bwyslais a fyddai'n rhwym o feithrin cydweithrediad rhwng dau a oedd yn rhannu'r un weledigaeth ynglŷn â phwysigrwydd casglu a diogelu hanes lleol. Yn ôl y disgwyl, ceir sôn am yr hen arfer o aredig ag ychen, a'r gŵr o Wallington ar ymweliad â Llanilltud Fawr rai blynyddoedd ynghynt wedi ceisio casglu rhai o'r hen ganeuon, 'for I had heard fragments of the "ox songs" (as they were called) sung in my childhood'. Yn anffodus, ofer fu'r ymgais, a'r casglydd yn cwyno o ganlyniad. 'No one cd. I meet with', meddai, 'who knew a single tune'. Cyfeirir at ddifaterwch golygydd y 'Bwrdd Cymraeg' yn y

Central Glamorgan Gazette ac am fethiant yr Eisteddfod Genedlaethol; 'How dreadfully the Institution lags behind the spirit of the age!' Ond yma, hefyd, a hynny am y tro cyntaf hyd y gwelaf, y cyflwynir i Cadrawd y syniad o greu hanes un plwyf yn benodol. Hynny yw, yn lle dilyn llwybrau diwylliannol a hanesyddol fesul cyfnod neu agwedd, sonnir am ddull arall o gasglu a chyflwyno gwybodaeth. 'Your collections of the "Predyddwen yr Hen Blwyf" are I think particularly valuable', meddai, 'as part of the history of your most interesting old parish'. Ond roedd gan David Jones awgrym am gynllun mwy uchelgeisiol, 'a bolder step' ys dywed y gŵr o Wallington, ac onid gwell fyddai cynnwys y casgliadau o waith yr hen brydyddion 'in a thoroughly comprehensive history of the parish of Llangynwyd'. Gwelir bod David Jones, o'r cychwyn cyntaf, yn bur effro i'r posibilrwydd o greu cronicl o hanes Llangynwyd, cronicl yn cynnwys amrywiaeth helaeth o ddeunydd a fyddai'n apelio at gynulleidfa eang ledled y sir a thu hwnt 'if well executed'. Roedd yr agenda hynafiaethol yn dechrau ymffurfio gyda phwyslais priodol ar yr her o chwilota am ddeunydd addas, ar bwysigrwydd y cyd-destun, ac ar sicrhau safonau ymchwil diogel a fyddai'n arwain at gyhoeddiadau diddorol a pherthnasol.

Yn ôl tystiolaeth y llythyrau, mae'n amlwg fod David Jones nid yn unig yn gwerthfawrogi pwysigrwydd y deunydd hynafiaethol, ond hefyd yn gweld yn glir fod angen dulliau arbennig o gasglu ac o gyflwyno gwybodaeth. Oherwydd yn sgil y casglu, cydnabu bwysigrwydd trefnu a dosbarthu gofalus; yn yr un modd roedd rhaid sicrhau cyfres o gyhoeddiadau pwrpasol. Hynny yw, ymddengys fod y Cymro alltud yn dangos rhesymeg yr ymchwilydd cydwybodol, a'i fod yn deall yn iawn fod rhaid prosesu deunydd yn feirniadol gall yn ôl safonau cydnabyddedig a derbyn cyfrifoldebau'r gohebydd proffesiynol. Mewn cyd-destun lle gallai'r wedd ramantaidd ar brydiau ddisodli gwrthrychedd yr hynafiaethydd brwd, roedd dylanwad David Jones yn hollol allweddol wrth ddilysu a dehongli casgliad helaeth o ddogfennau a thystiolaeth werthfawr. O fewn ychydig fisoedd i'r llythyr cyntaf gyrraedd Llangynwyd, diflanasai'r ffurfioldeb gwreiddiol a cheir David Jones bellach yn trafod natur y cynlluniau a fyddai'n sail i weithgarwch y cylch ac yn awgrymu dulliau newydd o gyflwyno gwybodaeth. Ar sail y llythyrau, gwelir pa mor glir y meddyliai David Jones a pha mor rhesymegol ac academaidd eu pwyslais oedd yr awgrymiadau a wnaed ganddo. Roedd yn hollol amlwg, hefyd, ei fod eisoes wedi ystyried pa mor werthfawr fyddai creu cyfrol ar hanes Llangynwyd, ac o ystyried cynnwys y llythyrau rhaid derbyn ei fod wedi ysbrydoli Cadrawd i ymgymryd â'r gwaith. Ond nid rhyw ysbrydoli haniaethol a gynigid gan rywun dieithr, eithr ysbrydoliaeth cyd-hynafiaethydd a fynnai gynnig ar yr un pryd y math o gefnogaeth ymarferol a fyddai o werth arbennig i'r sawl a oedd ar fentro i fyd hollol arloesol ei bwyslais.

Rhaid ystyried y posibilrwydd, felly, mai gan David Jones y cafodd Cadrawd y syniad o greu a chyhoeddi hanes Llangynwyd am fod y gŵr o Wallington eisoes yn casglu pob math o wybodaeth ar hanes ei sir enedigol ac yn dosbarthu a dehongli'r deunydd hwnnw cyn cyfnod y gohebu. Mewn llythyr o'i eiddo at Cadrawd, ceir prawf pendant ei fod eisoes wrthi'n llunio braslun o'r gwaith a oedd dan sylw ac yn meddwl o ddifrif am yr agweddau hynny ar hanes y plwyf y dylid eu cynnwys:

> I put off replying to yor kind letter of April 27th. [1882] in the hope that I shd. have been able when I did write to say that the outlined history of Llangynwyd parish was ready to be sent you. Alas! it is only yet not more than begun . . . yet the material at hand was far too scanty to warrant my venturing any further at the moment. So the MS was put aside.[4]

Ond mae'r llythyr arbennig hwn yn cynnwys rhagor o dystiolaeth werthfawr am fod yma gyfeiriadau arwyddocaol iawn at nifer o gynlluniau eraill a fyddai ymhen tipyn yn elfennau allweddol mewn rhaglen hynafiaethol hynod amrywiol a pherthnasol:

> I am much flattered with the enthusiasm with wh. you have taken up the idea of a Glamorganshire Magazine as sketched by me. It is what I have long tried to get established. I have written at various times to people of influence in the county – not quite as fully as to Mr Howells, but quite full enough – suggesting such a thing – and have not had so much as a reply! . . . I can well realize the interest felt in *Bro Morganwg* regarding the Tribanau by what I feel myself: it was quite disappointing last Saturday to find that the Tribanau had been pushed aside to make room for what I thought a very tedious piece of Welsh prose. I hope you are

progressing with the classification of the Tribanau. Mr Howells, will I am sure be a trusty guide to follow or consult with regard to the method wh. shd. be followed thereon. The 'notes' sh[oul]d I think extend a little further than you have carried them. I am not scholar enough fully to grasp the allusion contained in them to local customs and manners: but I suspect that as so many changes have taken place within this century that there must, in so large a body of popular poetry as you have collected, be many passages wh. have become obscure to this generation, and require a gloss to be understood. These allusions shd. be carefully sought out and commented on. Where persons also are mentioned something shd. if possible be said of the individual and the time in wh. he lived fixed as accurately as may be.[5]

Gwelir, felly, fod 'outlined history of Llangynwyd parish' eisoes ar y gweill ond bod llawer mwy o waith eto'n aros i'w gyflawni. Yn ychwanegol at hynny, ceir bod John Howells bellach wedi'i dderbyn yn rhan o'r cylch dethol, aelod yr oedd gan David Jones gryn feddwl ohono. Ac eto, er mor bwysig oedd creu tîm o gasglwyr brwd, cydnabu David Jones, hefyd, bwysigrwydd cyhoeddi'r deunydd a gesglid a hynny mewn dull a fyddai'n hyrwyddo enw da ei dalaith enedigol. Byddai cylchgrawn yn dwyn y teitl 'Glamorganshire Magazine' yn gweddu i'r ddelwedd Ioloaidd hon y dymunid ei hyrwyddo, yn ddull effeithiol o greu cofadail werinol i fwynder yr hen Forgannwg. Roedd colofn Cadrawd yn y *Central Glamorgan Gazette* (Pen-y-bont ar Ogwr) eisoes yn cynnwys cyfraniadau gwerthfawr ar bynciau gwerinol ac amryw gasgliadau o dribannau traddodiadol. Diddorol, hefyd, yw sylwi ar siom y cyfaill o Wallington wrth i'r tribannau orfod ildio gofod ar un achlysur i'r hyn a elwir yn 'tedious piece of Welsh prose'. Ond ar wahân i'r diddordeb amlwg hwn yn hanes diwylliannol ei dalaith, a'r agwedd ymarferol tuag at yr her o gasglu a chyhoeddi, roedd gan David Jones syniadau pendant ynglŷn â'r modd y dylid cyflwyno'r deunydd. Nid mater o gofnodi yn unig oedd y nod, oherwydd yn sgil y cofnodi mynnid dosbarthu'r tribannau a'u gosod mewn cyd-destunau daearyddol ac amseryddol fel bod modd creu cronicl cymdeithasol yn gefndir i'r casgliadau. Hynny yw, mae yma ymgais i fabwysiadu dull llawer mwy gwyddonol o drafod y broses o gofnodi, o osod trefn ar y deunydd ac o leoli pob dim o fewn fframwaith priodol. Dyna gyfrinach cyfraniad David Jones mewn cyfnod pan na fyddid bob amser yn arddel dulliau mor synhwyrol drylwyr o gofnodi a dehongli. Oherwydd, o gydnabod newidiadau cymdeithasol pur sylfaenol wrth i ddatblygiadau diwydiannol gydio, roedd yna berygl y gallai'r penillion a'r caneuon a gesglid gynnwys cyfeiriadau plwyfol ac anghyfarwydd a lwyddodd i oroesi ar lafar, cyfeiriadau a fyddai'n hollol ddieithr i'r genhedlaeth newydd. Synhwyrai David Jones y byddai angen cyfarwyddyd ar y gynulleidfa gyfoes; drwy gynnig eglurhad ar bob cyfeiriad a fyddai'n 'obscure to this generation' ei nod oedd cynnig gwybodaeth testunol fel bod cymeriadau a digwyddiadau'r gorffennol yn cael eu gosod yn eu priod gynefin a'u cyfnod.

Mae'r gyfres o lythyrau a ddiogelwyd gan Cadrawd yn ein galluogi, felly, i olrhain a mesur dylanwad David Jones ar ei weithgarwch ac yn dangos yn eglur pa mor allweddol oedd meithrin, o fewn y cylch dethol, agwedd fwy academaidd gyfrifol at y gwaith o ddethol a dilysu tystiolaeth. O ystyried naws a byrdwn y llythyrau gellir yn hawdd werthfawrogi arwyddocâd yr hyn a ddywed Brynley Roberts am y berthynas rhyngddynt ac, yn benodol, am bwysigrwydd yr arweiniad diogel a gynigiwyd gan y Cymro alltud:

> Os oedd R. Pendrill Llewelyn yn symbylydd i'r gof ifanc, pwysicach erbyn hyn oedd dylanwad David Jones (1834-90), Wallington, arno. Hanesydd lleol ydoedd yntau ond mwy disgybledig ei agwedd. Ef a feithrinodd yn 'Cadrawd' y dull mwy academaidd o drin ei ffynonellau, a thrwy ei lythyrau, ei gopïau o ddogfennau a'i nodiadau ar hanes plwyfi eraill Morgannwg bu'n athro a thywysydd i 'Cadrawd'.[6]

O ystyried paratoadau Cadrawd ar gyfer y gyfrol ar hanes plwyf Llangynwyd, gwelir maint y dylanwad hwnnw yn cael ei adlewyrchu'n glir yn yr ohebiaeth a fu rhyngddynt. Mor gynnar â mis Mehefin 1882, ceir cyfeiriad pendant gan David Jones at y syniad o gyhoeddi hanes Llangynwyd er mai digon annelwig oedd y cynllun ar y pryd. 'The outlines of the History of Llangynwyd', meddir, 'have not made I regret to say any further progress – and I cannot give you any definite idea as to what size it wd. be when all that is interesting connected with the parish is brought together.'[7] Ac eto mae yna dystiolaeth bendant sy'n dangos yn eglur fod syniadau am fframwaith cyffredinol i'r gyfrol yn dechrau ymffurfio oherwydd ceir, yn yr un llythyr, restr ddigon cynhwysfawr o is-adrannau posibl a ddylanwadodd yn y pen draw ar strwythur y gyfrol gyhoeddedig:

> Introduction; General History of the Parish; The Manor; The Church; The living; The Chair of Tir Iarll; Iolo MSS; The Old Castle, old houses and old families of Llangynwyd; Old houses: the home of the Powells; Cefn Ydfa; Ghost Story; Bryn Llywarch; Ferch o Gelly Lenor; Modern History.

Ceir awgrym yn dilyn y dylid adeiladu hefyd ar y papur a gyflwynwyd gan Cadrawd i *Cyfaill yr Aelwyd*, prawf arall fod y broses o gasglu a dosbarthu eisoes ar droed:

> The paper you contributed to *Cyfaill yr Aelwyd* in the number you sent me might also be usefully worked up. It wd. certainly run to 100 perhaps 150 pages unless very closely printed, and small type wd. be a mistake.

O fewn mis, gallai David Jones gyhoeddi iddo wneud cryn gynnydd a'i fod yn anfon ffrwyth ei lafur at Cadrawd, casgliad o ddeunydd hynod werthfawr, bid siŵr, ar gyfer y gyfrol arfaethedig:

> The 'outlines of the History of Llangynwyd' are now completed – as far as I can lay them in and I send you the MS by this post. I shall be glad to hear of its safe arrival. —- It is a lean beast that [is] sent to you, but I think he is healthy, and in my opinion he has a good frame work of bones, whereon [to] carry meat. In your Llangynwyd pastures – and I am told you have [real] grazing land in your valleys – the free run of the autumn will I hope turn him into very creditable Christmas beef![8]

Gellir bod yn weddol hyderus wrth awgrymu mai'r amlinelliad y cyfeirir ato yma yw'r un a ddiogelir ymhlith papurau David Jones yn Llyfrgell y Ddinas, Caerdydd dan y teitl 'Outlines of the History of the Parish of Llangynwyd(d) Glamorganshire: Arranged 1882 by D.J.'[9] Dywed David Jones mai 'lean beast' o grynodeb a anfonwyd at Cadrawd ond, mewn gwirionedd, mae'r cyflwyniad i'r pwnc sy'n dwyn ei enw yn dangos iddo drosglwyddo llawer mwy nag amlinelliad moel i feddiant Cadrawd. Ceir ganddo gynllun penodol a chynhwysfawr a fyddai'n cynnig canllawiau pendant ac ymarferol i'r

awdur pan fyddid yn penderfynu troi o ddifrif at y gwaith o lunio'r
gyfrol arfaethedig ar Langynwyd. Mae'r rhagair yn egluro'r cefndir i'r
sefyllfa mewn termau sy'n ddadlennol anhunanol; yr ymchwilydd
cydwybodol yn dewis trosglwyddo'r wybodaeth i gymar sydd, yn ei
farn ef, yn llawer mwy cymwys i ymgymryd â'r gwaith o baratoi'r
fersiwn derfynol sydd i'w chyhoeddi:

> The writer of the following notes relating to the History of the Parish of
> Llangynwyd(d) labours under the disadvantage of never having visited
> the parish . . . That he shd. attempt a complete history of the parish wd.
> under these circumstances be folly; he professes to do no more than
> arrange such historical material as research in a distant part of the
> kingdom has enabled him to acquire; even in this "arrangement" he
> stands in danger of falling into mistakes wh. will appear ludicrous to
> those who are natives and residents in the parish. The MS therefore is
> now submitted to the perusal of one whose intimate acquaintance with
> "Yr Hen Plwyf" with a view to its receiving those corrections and
> additions of which it stands so much in need.[10]

Mae'r cyflwyniad sy'n dilyn yn cynnwys dros gant o dudalennau yn
llawn awgrymiadau hynod werthfawr ynglŷn â dulliau o gasglu a
phrosesu deunydd ac o ddosbarthu'r deunydd a ddaw i law. Cyfeirir at
gyfres o gwestiynau y dywedir i ryw berson anhysbys eu paratoi 'so
long ago as 1760', ond er eu bod yn hen, 'the lines of enquiry', meddir,
'are still such as may with advantage be followed today'.[11] Gwelir bod
y cwestiynau yn cwmpasu dewis eang o bynciau ond bod David Jones
hefyd yn ychwanegu ei sylwadau personol ar nifer o'r pwyntiau a
godir, gan gynnwys atodiadau sy'n codi o'i waith ymchwil personol ei
hun. Afraid ychwanegu fod y ddogfen hon wedi dylanwadu'n fawr ar y
gyfrol gyhoeddedig ar blwyf Llangynwyd a ymddangosodd ymhen rhai
blynyddoedd yn 1887. Fel y gellid disgwyl mewn cyfnod mor fyr, bu'n
rhaid i David Jones weithio dan bwysau fel bod ail hanner y llawysgrif
wedi'i hysgrifennu ar frys ac yn gofyn am broses o olygu gofalus; 'the
best parts will want much trimming, correcting, and polishing before
they can become fit for the press'. Yn dilyn y sylwadau hyn, ceir neges
sy'n gyfarwydd ddigon yn y llythyrau, sef pa mor fuddiol fyddai ceisio
barn John Howells o Sain Tathan. Pe bai amser wedi caniatáu, 'I wd.
have sent it via St. Athan', meddai David Jones, 'for I shd. like Mr

Howells to have read the "Introduction" and one or two other special bits, so that he might give me an opinion thereon at once'. Am nad oedd hynny'n bosibl, ei awgrym yw y dylai Cadrawd anfon y deunydd i Sain Tathan er mwyn cael sêl bendith y trydydd aelod o'r cylch gweithgar hwn. Dro ar ôl tro, dengys yr ohebiaeth pa mor ddylanwadol oedd David Jones nid yn unig yng nghyd-destun y gyfrol ond yn wir yn hanes gweithgarwch hynafiaethol y cylch dros gyfnod o rai blynyddoedd.

Ar drothwy'r Nadolig yn 1884, wedi diolch i Cadrawd am yr ysgyfarnog a dderbyniwyd ganddo – 'the hare was delicious' – dychwelwyd yn ddiymdroi at yr agenda hynafiaethol arferol sy'n sail i holl bwyslais y llythyrau. Yr Eisteddfod Genedlaethol yw'r pwnc y tro hwn a gellid dyfalu fod Cadrawd wedi tynnu sylw David Jones at gystadleuaeth arbennig a oedd wedi'i chynnwys yn rhaglen swyddogol Eisteddfod Genedlaethol Aberdâr 1885. Hawdd deall pam y byddai Cadrawd wedi sôn wrtho am gystadleuaeth yn gofyn am gasgliad o l'n gwerin Morgannwg a'r pwnc mor agos at galon y ddau fel ei gilydd. Ni ellid, fodd bynnag, fod wedi rhagweld pendantrwydd diflewyn-ar-dafod yr ymateb annisgwyl:

> The newspaper slip relating to the Aberdare Eisteddfod of 1885 I return. I have never competed for anything at any of these gatherings – indeed I have never "competed" for anything anywhere – and I am not to be roused out of this state of quietude by your kind proposal. I do not care about "National Eisteddfodau" – Such a thing, is, to my thinking, a monstrosity: especially on the lines upon wh. it is worked, and does far more harm than good to the literature of Wales.[12]

Nid David Jones oedd yr unig un i weld bai ar weithgareddau ac athroniaeth Eisteddfod Genedlaethol y cyfnod ac mae'n amlwg ei fod o'r farn nad oedd y sefydliad hwnnw yn llwyddo i hybu'r diwylliant Cymraeg fel y dylai. 'The Editor of an English high-class magazine – say the "Nineteenth Century"', meddai, 'does far more work for English literature by the issue of one single number of the publication he edits, than all the Welsh Eisteddfodau put together do for the literature of Wales and the advancement of Welsh thought in Twelve years!!'[13] Er i David Jones gydnabod nad oedd gan Gymru y math o sefydliadau a chanolfannau a fyddai'n debygol o gynnal a hybu

gweithgareddau diwylliannol, ni allai rannu'r weledigaeth Ioloaidd
ynglŷn â phwysigrwydd arbennig yr eisteddfod fel llwyfan a allai
arddangos a dathlu gogoniannau'r gorffennol. 'It is a thing whi[ch]
c[oul]d only have taken its rise', meddai ymhellach, 'in a land where
there were no cities: no great centres of learning', ac eto iddo ef, nid
mantais oedd hyn oll, eithr 'the Institution of a people in a primitive
state of existence'.

Am unwaith, ac yn rhagluniaethol felly, ni chafodd agwedd y
Cymro alltud gwrth-eisteddfod fawr o ddylanwad ar ei gyfaill ac aeth
Cadrawd ati i drefnu a dethol ei ddeunydd ar gyfer Eisteddfod
Aberdâr. Cynhyrchwyd, o ganlyniad, un o gasgliadau llên gwerin
mwyaf gwerthfawr y cyfnod, ac mae braidd yn eironig fod rhagair
Cadrawd i'w gasgliad yn cynnwys sylwadau cefndir ar yr arfer o
aredig ag ychen a luniwyd yn y lle cyntaf gan David Jones ac a
fenthyciwyd, gyda sêl bendith yr awdur, o erthygl a ymddangosodd yn
Bye-gones.[14] Ond ar waethaf ymdrechion y pwyllgor eisteddfodol i
hybu gweithgareddau hynafiaethol, i David Jones nid oedd yr
eisteddfod yn ddim namyn sefydliad a adlewyrchai pobl 'in a primitive
state of existence'. Yn y pen draw, awdurdodau'r eisteddfod fu'n
gyfrifol am gyhoeddi'r casgliad buddugol ac am ddiogelu, o
ganlyniad, ddeunydd hynod werthfawr yn ymwneud â diwylliant
gwerin Morgannwg.

Dengys y llythyrau fod y cylch yn bur awyddus i drafod y deunydd
a gesglid ganddynt mewn dull academaidd a beirniadol ei bwyslais a
bod yr aelodau yn meithrin agwedd hollol gyfrifol at y gwaith o
ddethol a chyflwyno gwybodaeth. Hynny yw, derbyniwyd, mewn
egwyddor, yr agenda academaidd gyfrifol a ddiffiniwyd gan David
Jones yn ei lythyrau. Ar yr un pryd, roedd yn bosibl, wrth gwrs, i
achosion unigol godi a allai herio teyrngarwch y cylch i'r math hwn o
athroniaeth am fod ymroi i broses o archwilio a dilysu pob ffynhonnell
yn golygu bod angen rheoli pob ysfa i liwio neu ramanteiddio'r hyn a
ystyrid yn draddodiadol blwyfol. Yn aml gallai traddodiad fod yn
drech na ffaith, fel bod gwrthdaro rhwng yr ysfa blwyfol i ddiogelu a
hyrwyddo traddodiadau'r gorffennol a phwyslais mwy gwrthrychol ar
broses gyfrifol o groniclo'n wyddonol gywir y cefndir a roes fod i'r
cyfryw draddodiadau.

Yn benodol, felly, er mor awyddus yr oedd Cadrawd i gydymffurfio â'r egwyddorion a oedd yn sail i weledigaeth y cylch, yr oedd hanes Y Ferch o Gefn Ydfa yn mynd i herio'r gwrthrychedd hwnnw a ystyrid bellach yn rhan o ddull ymchwil mwy disgybledig ei natur. Wrth gwrs, yr oedd hanes Wil Hopcyn a'i gariad wedi'i dderbyn gan drigolion y cylch dros y blynyddoedd, y gân wedi'i chofnodi gan Maria Jane Williams yn *Ancient National Airs of Gwent and Morganwg* a Mary Pendrill Llewellyn, gwraig y ficer, ryw flwyddyn yn ddiweddarach wedi cysylltu'r gân â hanes carwriaeth y bardd ag Ann Thomas o Gefn Ydfa. Wedi cyhoeddi'r gân yn 1844, bu'r baledwr, wrth reswm, yn ffigur hynod ddylanwadol, a chyda'r blynyddoedd daeth y stori yn bur adnabyddus, yn ddigon adnabyddus i ddenu sylw Ceiriog a fu'n cynnig ei fersiwn bersonol ei hun o hanes carwriaeth Cefn Ydfa.[15] a Llyfnwy a fu, gyda chymorth Mr. a Mrs. Pendril Llewellyn, yn gyfrifol yn *The Cupid* am ailgyflwyno'r hanesion wedi'u lliwio â'r ymchwil achyddol a wnaed ganddo. Tra bo Ceiriog wedi mynnu'r hawl i ddehongli hen draddodiadau gwerin yn greadigol ffansïol, ceir bod Llyfnwy, ar y llaw arall, wedi haneseiddio chwedlau Cefn Ydfa a Sger gyda brwdfrydedd amlwg yr ymchwilydd plwyf a fynnai alw'r cronicl a grëir ganddo, ar waethaf unrhyw addurniadau apocryffaidd, yn 'histories of our heroines'. Gyda chyhoeddi *The Cupid*, felly, mae'r storïau i bob pwrpas yn gyflawn, a'r fersiynau rhanbarthol hyn wedi'u cofnodi'n achyddol gyflawn i'w cyflwyno drachefn gan hynafiaethwyr y dalaith mewn dogfennau diweddarach. Adroddodd Cadrawd stori'r Ferch o Gefn Ydfa yn ei gyfrol *History of Llangynwyd Parish* (1887) a bu'n gyfrifol hefyd am drafod hanes y Ferch o'r Sger mewn erthyglau a gyfrannwyd i'r *Cardiff Times*.[16] Ond ymhen rhai blynyddoedd, daethpwyd i ystyried deunydd o'r fath o safbwynt llawer mwy gwrthrychol a dadansoddol fel bod yna ymdrech, o ganlyniad, i bennu ffiniau pendant rhwng traddodiadau'r werin a'r hyn y mynnid ei fod yn hanesyddol ddilys. Yr un pryd, hawdd deall sut y daeth Cadrawd i dderbyn y cyfrifoldeb am ddiogelu traddodiadau'r ardal, ac nid annisgwyl ei weld yn adeiladu ar waith Llyfnwy ac yn cynnwys pennod gyflawn yn ei *History of Llangynwyd Parish* ar deulu a hanes y Ferch o Gefn Ydfa.

Wrth gwrs, gyda'r blynyddoedd daeth rhai ymchwilwyr i'r casgliad nad oedd sail hanesyddol i'r chwedl wrth iddynt edrych yn fanylach ar y cefndir ffeithiol ac ar ddilysrwydd y ffynonellau. Ar waethaf pob

ymosodiad, fodd bynnag, bu Cadrawd yn deyrngar i'w filltir sgwâr, a'r
rhamantydd ynddo yn ymwrthod dros dro ag unrhyw ymgais i
chwarae rôl yr eiconoclast diduedd. Ond yr oedd yna amheuon, a'r
amheuon hynny'n codi o ymgais i asesu'r holl wybodaeth a
dderbynnid gynt yn ddiniwed blwyfol, bellach o safbwynt llawer mwy
dadansoddol a gwyddonol. Yr hyn sy'n ddiddorol yn y cyswllt hwn yw
bod David Jones wedi mynegi amheuon rai blynyddoedd cyn
cyhoeddi'r gyfrol ar hanes Llangynwyd, a'i fod yn rhybuddio ei gyd-
hynafiaethydd i fod yn ofalus iawn wrth ymdrin â'r hanes. Mewn
llythyr a anfonwyd 13 Mawrth 1883, dywed iddo amgáu 'a portion of
the History of Llan – that wh. I fancy will be of most use to you'.[17]
Ond yna mae'n troi i drafod chwedl Cefn Ydfa, ac mae'r hyn a
ddywed yn awgrymu ei fod yn perthyn i'r garfan honno a oedd, mor
gynnar â hyn, yn dechrau amau'r holl gefndir hanesyddol a'r
traddodiad a ddatblygasai yn cysylltu'r gân a'r chwedl:

> The "introduction" is kept back, and I wd. have taken out the whole of
> the Story of the Maid of Cefn Ydfa if I cd. have taken it without a
> portion of the matter wh. I believe you will want. You must please not
> use the Story of the Maid from my version of it. The whole affair I find,
> requires thorough and careful sifting . . . I am told that I am under an
> entire misconception as to the social position of the father . . . I am
> careful to point this out to you lest you shd unwittingly commit yourself
> in some way in the matter and be 'called over the coals' for it when it is
> too late to rectify – or qualify your statements.

Afraid dweud na dderbyniwyd cyngor David Jones, ac yn y gyfrol ar
hanes Llangynwyd ceir cronicl o'r holl draddodiadau a oedd erbyn
hynny wedi'u cysylltu â hanes Cefn Ydfa, gan gynnwys cyfres o
dribannau y bwriedid iddynt gynnig tystiolaeth bendant mai Wil
Hopcyn oedd y carwr a siomwyd. Gellir dangos, fodd bynnag, fod rhai
o'r tribannau hynny ar lafar mewn nifer o ardaloedd ond bod Cadrawd
wedi ceisio eu corlannu'n blwyfol gyfleus er mwyn hyrwyddo
dadleuon ynglŷn â dilysrwydd y chwedl. Mae'n siŵr fod y traddodiad
wedi cydio i gymaint graddau erbyn yr wythdegau fel nad hawdd o
beth fyddai i'r brodor o Langynwyd fod wedi arwain ymgyrch
academaidd eiconoclastaidd yn herio seiliau'r hen chwedl. Ar waethaf
pob ysfa i fod yn hynafiaethol gyfrifol drwy archwilio a dilysu pob

Cefn Ydfa.

darn o dystiolaeth a ddaethai i law, nid oedd yn hawdd iddo yn y cyd-destun hwn, danseilio chwedl enwocaf ei ardal ei hun. Nid annisgwyl, felly, oedd canfod mai gweledigaeth y rhamantydd a orfu, a'i fod o ganlyniad yn sefyll yn gadarn y tu ôl i'r plwyfolion lleol wrth amddiffyn y chwedl rhag pob ymosodiad anghyfleus o'r tu allan. O ganlyniad, gallai arddel ymdrechion y llinach cofnodwyr, megis Mrs Pendril Llywelyn a Llyfnwy, a fu'n gyfrifol am ddatblygu'r stori mewn modd a oedd yn ei gosod yn daclus dderbyniol o fewn fframwaith hanesyddol y plwyf.

Ond fel yr awgrymwyd eisoes, roedd David Jones yn amau peth o'r ymresymu a oedd yn sail i'r fersiwn arbennig o'r stori a ddatblygasai yn nwylo rhai cyfranwyr lleol ac a fabwysiadwyd yn ddiweddarach gan Cadrawd. Mae ei safbwynt yn eglur ddigon, sef bod angen proses o 'thorough and careful sifting',[18] ac mewn llythyr diweddarach o'i eiddo mae'n manylu ar rai problemau cyfreithiol a oedd o hyd yn ei boeni ac yntau bellach yn copïo dogfennau perthnasol er mwyn creu

Ann Thomas: Y Ferch o Gefn Ydfa.

darlun cyflawn o'r hanes. Mae'n amlwg fod y gŵr o Wallington yn arddel safonau'r hanesydd cyfrifol fel ei fod yma yn mynnu trafod y deunydd ar hanes Cefn Ydfa gyda'r gofal mwyaf er mwyn paratoi ei ddadleuon yn fanwl gytbwys. 'Plainly', meddai, 'the house of Cefn Ydfa and forty acres around it was Ann Thomas's freehold: did you know this before? Surely somebody at Llangynwyd assured me that the Thomases had but a leasehold interest in the place and that the freehold had always belonged to the lord of the Manor'.[19] Roedd manylion yn ymwneud â pherchnogaeth y fferm a'r stad o bwys i David Jones wrth greu darlun cyflawn o'r cefndir, a'r her yr un mor amlwg yn achos Cadrawd os oedd i gyflwyno fersiwn ddibynadwy yn y gyfrol gyhoeddedig. 'You must', medd David Jones ymhellach, 'try and construct a pedigree of the Maddocks family'. (Ibid.) Ymddengys, felly, fod yr hanesydd alltud yn gallu bod yn hollol gytbwys a diduedd ei agwedd o dan amgylchiadau a oedd, am resymau amlwg, yn her i wrthrychedd y gŵr o Langynwyd. Yng nghyd-destun y cyfnod, rhaid cydnabod a chanmol safbwynt David Jones gyda'i bwyslais cyson ar y gwaith o gasglu a dethol tystiolaeth. Afraid dweud ei fod yn parchu ac yn arfer y dulliau hynny a fabwysiadwyd gan ymchwilwyr cydwybodol cyfnodau diweddarach a'i fod yn dangos yn eglur bwysigrwydd prosesu a dilysu tystiolaeth a threfnu deunydd fesul pwnc yn rhesymegol daclus. Yma, er bod hanes Cefn Ydfa yn tanseilio gwrthrychedd Cadrawd dros dro, arall oedd agwedd a phwyslais y gŵr o Wallington a allai ymryddhau o'r ystyriaethau plwyfol hynny a oedd yn bodoli y tu allan i brosesau academaidd, cydnabyddedig y gwir ymchwilydd.

Felly, o ystyried natur y genadwri a gyflwynwyd mewn dull mor raenus a chadarn gan David Jones, a phwyslais y safonau goleuedig a oedd yn ganolog i weithgarwch y cylch, peth naturiol ddigon fyddai derbyn fod y math hwnnw o agwedd meddwl yn nodweddiadol o'r genhedlaeth newydd o ymchwilwyr a allai fanteisio o'r diwedd ar arweiniad ysgolheigion prifysgol. Ac eto, ni fyddai rhai o fewn cyrraedd i'r cyfryw ddylanwadau, tra byddai eraill yn gyndyn i gyfnewid cyfundrefn gyfarwydd o weithio ar hanes lleol er mwyn cydymffurfio â phrosesau ymchwil trylwyrach y byd academaidd. I'r sawl a fyn flasu natur y gwrthdaro cynnar a fu rhwng cynheiliaid yr hen gyfundrefn ddiwylliannol ac eisteddfodol a'r ysgolheictod newydd, gellir troi at y dadleuon ynghylch Gorsedd y Beirdd a honiadau Iolo Morganwg ynglŷn â llinach hynafol, dderwyddol y sefydliad hwnnw. Adlewyrchir ffyrnigrwydd y gwrthdaro mewn nifer o erthyglau ymosodol eu naws lle gwelir holl rym y sanhedrin eisteddfodol yn ymwrthod yn llwyr â datganiadau herfeiddiol John Morris-Jones, prif gynrychiolydd yr ysgolheictod newydd yn y cyddestun hwn. Ei erthyglau ef yn *Cymru* (1896) fu'n gyfrifol am ddechrau'r ymrafael, ac un ymhlith nifer a fu'n amharod iawn i dderbyn unrhyw fath o ymresymu rhesymegol o du'r brifysgol oedd Morien o ardal Pontypridd a ystyriai fod unrhyw ymosodiad ar hynafiaeth yr eisteddfod yn fradwrus o annerbyniol ac yn sarhad ar urddas y sefydliad. Mae'n ddiddorol, felly, fod Morien wedi cael bwrw prentisiaeth berthnasol yma ar lwyfan blwyfol ei naws fel lladmerydd un o hen chwedlau ei dalaith. Gellir synhwyro, hefyd, na pherthynai iddo y math o wrthrychedd cytbwys a nodweddai agwedd David Jones at bwysigrwydd dethol a phrosesu gwybodaeth. Arall yw pwyslais y gŵr o Bontypridd ac eto ni ellir amau ei frwdfrydedd na gweld bai ar ei awydd i gefnogi ymdrechion ei gyd-hynafiaethydd, ac yntau mor awyddus i hyrwyddo'r diwylliant brodorol. Dyma lais traddodiadol y brodor brwd, felly, yn hytrach na chefnogwr ymchwil broffesiynol y genhedlaeth newydd:

> Daeth eich llythyr i law y boreu hwn, ac oddi ar pan ei darllenais, y mae "tanau euraid tynerwch" fy nghalon wedi bod yn seinio nodau "Y Gwenith Gwyn". Gwnaf, gwnaf; mi a danysgrifiaf at Gôf adail Ann Thomas, y Ferch o Gefn Ydfa. Gosodwch fy enw i lawr am 21/-. "Wil, Wil, Wil" hefyd a ga ei gofnodi mewn llythyrenau oesol, mewn marmor gwyn![20]

Y weithred o ddathlu sy'n mynd â'i fryd ac ni welir yma unrhyw arwydd fod naws academaidd yr oes wedi dylanwadu o gwbl ar natur ei genadwri. Poblogrwydd y stori sy'n denu sylw Morien a'i falchder wrth feddwl fod 'yr hanes am y ddau anwyliaid, wedi suddo i ganol calon cenedl gyfan, ac ar gyfandir mawr America o New York i Chicago a draw yn mhell i St. Francisco'. Wrth droi at y stori ei hun, mae'r pwyslais drachefn ymhell o fod yn rhesymegol ddadansoddol a'r cariadon bellach 'yn cydfwynhau "yn ardal lonydd yr aur delynau", ac yn awr ag yn y man, wrth gofio "taith yr anialwch" yn cydganu can

Morien (Owen Morgan 1836?–1921).

"Y Gwenith Gwyn", a bod Miss Jane Williams, or Ynyslâs, yn eu gwrando'. Byddai cymharu naws y llythyr uchod â rhai David Jones yn dangos mewn modd hynod bendant fod yna ddau ddull hollol wahanol o drafod deunydd hynafiaethol yn y cyfnod dan sylw, yn enwedig pan fyddai cysylltu penillion neu chwedlau arbennig â thraddodiadau neu gyd-destunau lleol yn peryglu gwrthrychedd academaidd. O ystyried natur y sefyllfa a'r tyndra amlwg a oedd yn rhwym o ymddangos, rhaid cydnabod a chanmol cyfraniad rhywun fel David Jones a fynnodd arddel a rhannu dulliau'r ymchwilydd cydwybodol, hyd yn oed pan olygai hynny amau a herio rhai hen dybiaethau poblogaidd a fyddai'n agos at galon rhai o'i gyd-hynafiaethwyr.

Gellir dangos, felly, fod gwrthdaro amlwg rhwng dau ddull o feddwl, rhwng dwy ffordd o ddehongli a phrosesu deunydd. Ar yr un pryd, rhaid cofio nad cyferbyniad neu ddadl rhwng gwahanol unigolion a charfanau a welid bob tro, oherwydd gellid ar brydiau ganfod elfennau o'r un gwrthdaro yn bodoli o fewn rhaglen ymchwil yr un hynafiaethydd. Fel y pwysleisiodd Brynley Roberts yn achos Cadrawd, er enghraifft, ni ellir amgyffred cyfraniad yr hanesydd hwnnw heb gydnabod y ddeuoliaeth ryfedd a gynrychiolid yn ei achos ef gan y llythyrau a ddeuai'n rheolaidd o Wallington ar y naill law ac yn achlysurol o gyffiniau Pontypridd ar y llaw arall. 'I ddeall "Cadrawd"', meddir, 'y mae angen dau lun arnom: yr ymchwilydd yn ei stydi, cyfaill David Jones a Joseph Bradney a lliaws o academyddion; ond hefyd y gŵr â pheithynen y beirdd yn ei law, cyfaill Morien ac amddiffynnydd Coelbren y beirdd. Yr efrydydd a'r rhamantydd; hynafiaethydd, crefftwr, ceidwad hen burdeb, ond cefnogydd cynnydd diwydiannol'.[21] Yn gyffredin i'w gyd-hynafiaethwyr a oedd yn diwyd greu darlun o hen draddodiadau'r gorffennol gwerinol, y mae Cadrawd 'yn gynnyrch dau fyd, y naill ar ddarfod amdano, y llall yn ymagor'. Camp y gŵr o Langynwyd oedd cyfuno'r elfennau hyn mewn rhaglen o weithgarwch diflino a fu'n gyfraniad gwerthfawr iawn at broses o lunio darlun arbennig iawn o hanes diwylliannol Morgannwg.

Ymddengys mai at y *Central Glamorgan Gazette*, papur wythnosol, lleol a gyhoeddid ym Mhen-y-bont ar Ogwr, y trodd Cadrawd yn y lle cyntaf er mwyn cofnodi, a denu eraill i gofnodi, y deunydd hwnnw a oedd o hyd ar lafar gwlad ond a oedd mewn perygl o ddiflannu am fod 'llawer llai o ysbryd prydyddu yn ein dyddiau ni (1880) nag oedd yn amser ein teidiau'.[22] Ei nod oedd gweld y papur yn foddion casglu gwaith hen brydyddion Morgannwg 'am nad oes ond nifer fechan iawn yn ymhyfrydu mewn pethau o'r fath'. Ar ddiwedd y flwyddyn ddilynol, dyma gais pellach i'r papur gyflawni swyddogaeth o'r fath er bod pwyslais y sylwadau erbyn hyn yn llawer mwy penodol. 'Y mae yn bur debyg', medd Cadrawd, 'mai y rheswm fod cynifer o dribanau ar lafar gwlad yn Morganwg ydyw, eu bod wedi cael eu cyfansaddi [*sic*] gan mwyaf, yn gystal a'u canu, ar hyd y meusydd gan y llanciau oeddynt mor hoff o'r gwaith, ac wedi eu cynysgaeddu a dawn at hyny'.[23] Ac ar ben hynny, roedd yna gyd-destun arbennig i'r casglu, nid yn unig yr elfen o ddiogelu (penillion) ond 'y byddai cael casgliad ohonynt yn dra gwerthfawr, oblegid ni byddai yn bosibl dyfod o hyd i iaith a thafodiaeth Morganwg yn well na thrwy y tribanau hyn, ond eu hysgrifenu fel eu siaredir, ac nid fel yr ysgrifenir Cymreig yn ein dyddiau ni'. Byrdwn ei neges yw y gallai'r "Bwrdd Cymreig" gyflawni gwasanaeth gwerthfawr drwy annog darllenwyr i 'ymgymeryd a'r gwaith o loffa ar hyd a lled y wlad am yr hen dribanau a'u danfon i'r "Bwrdd" '. Ceir yn dilyn gasgliad o 'Hen Dribanau Morganwg' a baratowyd gan Cadrawd a'i obaith oedd y byddai nifer o gyfranwyr eraill yn dilyn ei esiampl am fod 'digon eto ar gael o hen dribanau Morganwg i lanw cyfrol ddestless a fyddai yn gymeradwy gan bob Cymro sydd yn caru'r hen iaith, ac yn enwedig gan holl drogolion gwlad Forgan'.

O ystyried yr hyn a gofnodir mewn rhifynnau diweddarach o'r *Central Glamorgan Gazette*, ynghyd â thystiolaeth ei ohebiaeth bersonol, mae'n amlwg na phlesiwyd Cadrawd o gwbl gan ymateb y darllenwyr a'i fod o fewn cyfnod cymharol fyr yn bygwth rhoi'r ffidil yn y to. Mewn argyfwng o'r fath, ac yntau'n teimlo'n hollol rwystredig na rannwyd ei frwdfrydedd gan eraill, y gwelir gwir gyfraniad aelodau eraill y cylch hynafiaethol. Oherwydd o fewn rhai wythnosau, cyrhaeddodd llythyr gan John Howells, ar y naill law yn argyhoeddi Cadrawd o bwysigrwydd ei gyfraniad i'r gwaith o gasglu deunydd hynafiaethol, ac ar y llaw arall yn trosglwyddo ffrwyth ei ymchwil bersonol ef i ddwylo'i gyfaill mewn modd hollol anhunanol er mwyn hyrwyddo'r gwaith a oedd eisoes ar y gweill yn Llangynwyd. 'I regret to see', medd Howells, 'that you propose discontinuing your contribution of "Tribanau" to the Gazette, though I can well understand and appreciate the feeling which induces you to flag'.[24] Gwaith anodd oedd ymgymryd ag ymchwil o'r fath, meddai ei gyfaill, 'without receiving encouragement and recognition', ond bod gwedd arall hollol ymarferol i gefnogaeth y gŵr o Sain Tathan a barodd iddo amgáu casgliad o dribannau i'w hychwanegu at y rhai a oedd eisoes wedi'u diogelu. 'You may do what you please with them', yw ei neges, 'either select from them, print them all or decline them'. Roedd David Jones, 'a friend of mine who lives near London', eisoes wedi cael cyfle i'w harchwilio ac wedi dychwelyd y tribannau, ynghyd â sylwadau perthnasol ar safle'r ych, sef 'the disposition on the Ox which you will find written on the same sheet'.[25]

Ymhen llai na phythefnos, roedd John Howells yn cefnogi achos Cadrawd yn gyhoeddus mewn llythyr agored at olygydd y *Central Glamorgan Gazette* a gyhoeddwyd mewn colofn yn dwyn y teitl 'Our Letter Box'. Mae'r sylwadau yn adlewyrchu'n agos iawn y neges a drosglwyddwyd yn y lle cyntaf ar lefel bersonol, gyda'r un pwyslais ar bwysigrwydd y gwaith o gofnodi a'r un ymgais i gydnabod a chanmol ymdrechion ei gyd-hynafiaethydd:

> In common I will venture to assert with many hundreds of your readers I
> have felt a sort of sorrowful alarm at the threatened discontinuance by
> your excellent correspondent 'T.C.E.' of the weekly supply of the above
> which has of late appeared in your columns . . . If T.C.E. has not met
> with assistance, with expressed sympathy, and even gratitude, it is, I am
> sure, not because a desire to offer him all these does not exist, but from a
> feeling that the thing was being so well done by him that the intrusion of
> others would seem like an interference in his good work, and would look
> like an attempt to deprive him of some portion of a merit all his own.[26]

Ceir llythyr tebyg o gefnogaeth bythefnos yn ddiweddarach, a'r gohebydd hwnnw, Ap Thomas, yn ysgrifennu yn yr un cywair â John Howells:

> Mr Evans, by his frequent contributions to your columns of choice
> morsels of what I venture to call the peasant poetry of Glamorgan, has
> earned for himself the gratitude of all who care for the preservation of
> this sort of traditionary lore. For traditionary it has been from the very
> circumstances of its authorship, and with fast-fading tradition it must

have perished but for such efforts on his part. —- I can only hope that
Mr Evans's example, and his appeal, will stimulate others to collect any
"tribanau" which may be yet lingering unrecorded in the traditions of
"Y Fro Morganwg".[27]

Gydag amser, ceir ambell enghraifft o'r math o gefnogaeth y
breuddwydiai Cadrawd amdani wrth iddo geisio meithrin rhwydwaith
o gysylltiadau ledled y sir a allai hwyluso'r casglu:

> Derbyniais sypyn oddiwrth gyfaill o Bontypridd yn ddiweddar, ac
> maent yn dal perthynas a'r Wig gan mwyaf. Pe buasai rhywun o bob
> ardal yn gwneuthur fel y cyfaill uchod, cawsem cyn hir gasgliad mor
> gryno ac sydd yn bosibl ei gael.[28]

Yn dilyn, ceir cyfarwyddiadau ynglŷn â'r math o benillion y dymunid
eu casglu wrth i Cadrawd atgoffa'i ddarllenwyr 'nad ydym yn mofyn
dim sydd wedi eu cyfansoddi yn ddiweddarach na'r flwyddyn 1840,
gan i'r arferiad o aredig ag ychain lwyr ddarfod tua'r adeg hono', ac
mai 'yr hen dribanau sydd ar gof yr hen bobl ac wedi eu trosglwyddo i
lawr oddiwrth ein teidiau sydd yn eisiau arnom'.

Ar waethaf ymateb claear y golygydd, llwyddwyd i ddenu
casgliadau gwerthfawr o dribannau am fisoedd lawer dan arweiniad
Cadrawd cyn i'r gyfres ddirwyn i ben ym mis Awst 1882. Mae'n
briodol cofio i Cadrawd, fis cyn hynny, ddechrau cyfrannu deunydd
tebyg i'r cylchgrawn *Cyfaill yr Aelwyd* gan gychwyn gyda thair
erthygl ragymadroddol cyn cyflwyno a gwahodd y math o gyfresi o
dribannau a welsid gynt yng ngholofnau'r *Central Glamorgan
Gazette*.[29] Defnyddiwyd yr un fformiwla, gan wahodd cyfraniadau
pellach gan ddarllenwyr *Cyfaill yr Aelwyd*, y tro hwn er mwyn
ychwanegu at y stôr tribannau a oedd eisoes wedi'u casglu a'u
cofnodi. Cyhoeddwyd y casgliad cyntaf ym mis Hydref 1882, ac erbyn
Medi 1884 ymddangosasai pump ar hugain o gyfresi gan gynnwys
amrywiaeth gyfoethog o benillion wedi'u cyfrannu gan nifer o
gymwynaswyr. Cyfrannodd Cadrawd ei hun y casgliadau agoriadol
gan wahodd ar ôl 'Rhestr Seithfed' (Ionawr 1883), gyfraniadau gan
ohebwyr eraill 'er gwneuthur y casgliad mor gyflawn ag sydd modd'.
Erbyn i'r cyfresi orffen (Rhestr XXV, Medi 1884), mae'n siŵr fod
Cadrawd wedi llwyddo i greu cronfa hynod gyfoethog o dribannau,

gan gynnwys y rhai a gasglwyd ganddo ef yn bersonol a'r rhai a dderbyniwyd ganddo yn rhinwedd ei swyddogaeth olygyddol. Byddai'r cyfoeth hwn o benillion, wrth reswm, o werth arbennig iddo wrth baratoi'r casgliad o lên gwerin Morgannwg a oedd i gipio'r wobr yn Eisteddfod Genedlaethol Aberdâr yn 1885.

Pan ddechreuodd Cadrawd ohebu â David Jones yn 1882, roedd cyfnod digon prysur yn wynebu'r gŵr o Langynwyd, cyfnod a welodd gyhoeddi ffrwyth ei waith ymchwil mewn cynifer o feysydd a oedd yn adlewyrchu gwahanol agweddau ar hanes ei dalaith enedigol. Gellir cyfeirio nid yn unig at amrywiaeth o erthyglau diddorol ond hefyd at ei waith golygyddol gwerthfawr a'i awydd i ddenu eraill i gasglu defnyddiau ac i rannu ei ddiddordeb ysol ef mewn astudiaethau gwerinol eu pwyslais. Fel y nodwyd, bu'n cyfrannu erthyglau ac yn golygu colofn yn y *Central Glamorgan Gazette*; bu'n gyfrifol am gyhoeddi cyfresi amrywiol o dribannau yn *Cyfaill yr Aelwyd* drwy gynnwys y deunydd a gasglesid ganddo ef ei hun a thrwy ddenu eraill i gyfrannu; bu'n gyfrifol am golofn Gymreig yn y *Cardiff Times* am ryw chwarter canrif; yn ddiweddarach bu'n anfon deunydd at O.M. Edwards i'w gyhoeddi yn *Cymru*; lluniodd gasgliad gwerthfawr 'The Folk Lore of Glamorgan' a fu'n fuddugol yn Eisteddfod Genedlaethol Aberdâr yn 1885; ceir ganddo gyfraniadau i'r cylchgrawn *Red Dragon*, yn cynnwys erthyglau ar ganu gyda'r ychen; ac yn yr un cyfnod bu'n casglu ac yn dethol y deunydd ar ei blwyf genedigol a fu'n sail i'w gyfrol gyhoeddedig *History of Llangynwyd Parish*.

Roedd yn ddyn go arbennig yn ei gyfnod, yn ddyn ei filltir sgwâr ac eto'n ymchwilydd ac yn gyhoeddwr diwyd a osododd batrwm diogel mewn llawer dull a modd i'r rhai a'i dilynodd. 'Anturiaeth eang dros lawer maes yn niwylliant Cymru', medd Brynley Roberts, 'yw hanes ei fywyd a'r diwylliant hwnnw wedi'i ddaearu'n gadarn yn yr Hen Blwyf, Tir Iarll, plwyf Llangynwyd'.[30] Ond hyd yn oed mewn cyfnod a nodweddwyd gan y fath brysurdeb personol, ac yntau yng nghanol ei lyfrau yn Llangynwyd, ni fu erioed allan o gyrraedd cyfeillion a oedd yn barod i'w gynorthwyo; ceisiwyd dangos eisoes fod elwa ar gyngor a chymorth ei gyd-hynafiaethwyr yn elfen bwysig yn ystod yr holl weithgarwch cynnar. Ar yr un pryd, ymddengys fod David Jones yn ymwybodol iawn o ddiwydrwydd diarhebol Cadrawd ac yn ei rybuddio fel cyfaill i ymbwyllo rhag ofn i'w iechyd wanychu:

How you find time for hammering out all your literary notes I cannot imagine. If you burn the midnight oil over them you will I fear be *shortening your days* by lengthening your nights; and you will do well to be more prudent. Nature will only suffer you to do a reasonable amount of work, and with that I pray you be content.[31]

O ganlyniad, byddid yn cynnig cefnogaeth gall i Cadrawd ac yn ei gynnal pan fyddai eraill braidd yn ddi-hid o'r ymdrech a wnaed ganddo i gasglu a chofnodi. Er enghraifft, yn y llythyr cyntaf oll o'r gyfres, ceir David Jones yn canmol ei weithgarwch yn wyneb 'the apparent apathy with wh[ich] your collections have been rec[eived] by the public', neges a drosglwyddasid iddo, mewn modd cyffelyb, gan ei gyfaill John Howells.[32] Ond ar wahân i'r math hwnnw o gynhaliaeth seicolegol, byddai David Jones a John Howells, ill dau, yn cynnig cymorth hollol ymarferol yn ôl y galw drwy rannu gwybodaeth ac yn aml drwy wahodd Cadrawd i addasu deunydd a gyhoeddasid eisoes ganddynt at ei ddibenion ef ei hun. Er enghraifft, yn y tair erthygl sy'n llunio'r cyflwyniad i'r cyfresi o dribannau a gyhoeddwyd yn *Cyfaill yr Aelwyd*, mae Cadrawd yn cydnabod yn gyhoeddus ddidwyll ei ddyled i'w gyd-hynafiaethwyr. Wrth gyflwyno dwy alaw yn yr erthygl agoriadol i'r *Cyfaill*, dywedir i un gael ei chodi gan y gohebydd ei hun, 'a'r llall a gefais oddiwrth fy nghyfaill, Mr. John Howells, St. Athan, yr hwn sydd lenor a bardd o'r radd flaenaf, ac yn llawn gofal am ddiogelu pobpeth sydd wedi dyfod atom o law ein teidiau'.[33] Am yr ail erthygl o'r gyfres, dywed Cadrawd ei fod 'yn ddyledus am y rhan fwyaf o ddefnyddiau yr ysgrif hon i fy nghyfaill, D. Jones, Ysw., Wallington, Surrey, yr hwn sydd o buredig waed Morganwg'.[34] A phan aethpwyd ati i lunio'r casgliad eisteddfodol o lên gwerin Morgannwg, gallai Cadrawd elwa nid yn unig ar gyngor ei gyfeillion ond hefyd ar y deunydd hwnnw a luniwyd ganddynt ond a drosglwyddwyd yn ddiweddarach i ofal y gŵr o Langynwyd. Yn ychwanegol at hynny, gwelir fod rhan helaeth o'r rhagymadrodd i'r casgliad eisteddfodol wedi'i chodi o lythyr a anfonwyd gan John Howells i'r *Central Glamorgan Gazette* ar 27 Ionawr 1882, llythyr sy'n gosod y tribannau traddodiadol yn eu priod gyd-destun. Yn yr un modd, mae hanes cyhoeddi *History of Llangynwyd Parish* yn enghraifft nodedig o'r cymorth ac yn wir yr arweiniad a gafwyd gan ei gyfaill David Jones.

Gwelir, felly, pa mor ddylanwadol oedd y ddau wrth i Cadrawd ymgymryd â'r gwaith o ymchwilio i hanes diwylliannol y dalaith ac wrth iddo ddethol deunydd a dilysu ffynonellau.

Er bod dylanwad John Howells yn llai amlwg nag un David Jones, mae'r dystiolaeth yn dangos fod ganddo wybodaeth helaeth o hanes ei fro enedigol a chryn ddidordeb yn ymdrechion ei gyd-hynafiaethwyr i greu cronicl cyflawn o'r hanes hwnnw. Bu'n gefnogol iawn i Cadrawd ac yn ymwybodol iawn o'r math o ddifaterwch cyhoeddus a allai danseilio ymdrechion hyd yn oed y gwytnaf ei argyhoeddiad. 'It should be', meddai un tro, 'and it is a pleasure to serve each other'.[35] Mae'n amlwg, hefyd, ei fod yn ddyn o argyhoeddiad ac yn llafurio'n gyson er mwyn creu cronicl o'i sir enedigol; ei gariad at y Fro a'i phethau oedd yr unig sbardun, yn hytrach nag unrhyw ystyriaethau ariannol neu uchelgais personol. Fe'i cythruddwyd un tro pan gynigiwyd tâl iddo am anfon cyfraniad i'r *Red Dragon*, ac roedd ei ymateb yn nodweddiadol ohono. 'I have replied,' meddai, 'that the amount he [hynny yw, Charles Wilkins y golygydd] offers one guinea a paper is not sufficient stimulant but that I shall send him papers occasionally, such as I think may be suitable'.[36] Cwynai drachefn am y modd y cyflwynid nodyn o'i eiddo yn yr un cylchgrawn, sef bod y golygydd wedi rhoi i'r darn 'all that prominence and an unsuitable title', a'i fod bellach yn mynd i ymwrthod ag unrhyw 'alterations or additions without my consent'. (Ibid.) Dyma lais dyn sydd yn cymryd ei waith ymchwil o ddifrif ac yn mynnu cyflwyno'r deunydd yn y dull mwyaf proffesiynol a phriodol. Bu ei golli yn ergyd drom i'w ddau gyfaill, ac roedd teyrnged David Jones iddo yn un hael a haeddiannol. 'We must be thankful', meddai, 'that it has been vouchsafed to us for so short a space as three years to know intimately so rare and fine a character as that of John Howells'. Rhoddir pwyslais amlwg ar ei wybodaeth eang, 'his rich store of knowledge', ac ar y berthynas agos a ddatblygodd rhwng cyfeillion a rannai'r un agenda diwylliannol. 'Never', meddir, 'shall we find one who will throw himself so ardently into the pursuits in wh. we ourselves are severally interested'.[37]

DIWEDDGLO

Ceisiwyd dangos, felly, ym mha ffordd y llwyddodd cylch Cadrawd i gasglu a chofnodi deunydd hynafiaethol gan feithrin yr un pryd brosesau ymchwil a oedd yn dechrau adlewyrchu safonau academaidd ysgolheigion eu cyfnod. Drwy gyfrwng cyfres o lythyrau personol, ceisiwyd olrhain y dylanwadau a fu ar Cadrawd, ac yn arbennig felly ei ddyled i'w ddau gyfaill, David Jones, Wallington, a John Howells. Dengys yr ohebiaeth sut y bu i'r cylch ei hun ddatblygu, sut y llwyddodd yr aelodau i gydweithio'n ddeallus wrth rannu'r un agenda hynafiaethol, a sut yr arweiniodd y gwahanol lythyrau at ddulliau mwy gwyddonol o drafod deunydd. Ond ar wahân i berthynas dylanwadol y tri chyfaill, y mae casgliad Cadrawd o lythyrau yn tystio iddo ohebu â nifer helaeth o gyfeillion a chyd-ymchwilwyr yn ystod blynyddoedd o chwilota i hanes ei dalaith enedigol, a hynny ar amrywiaeth o bynciau hanesyddol a diwylliannol. Y mae arwyddocâd arbennig i'r ohebiaeth hon am fod yma dystiolaeth sy'n atodiad gwerthfawr i'r hyn a wyddom eisoes am natur y diwygiad hynafiaethol yn yr wythdegau ac am rai o'r dylanwadau amlwg a fu'n gyfrifol am gynnal ac ymestyn y gweithgarwch hwnnw. Gellid meddwl y byddai cefnogaeth rhai o ysgolheigion amlycaf y cyfnod yn sbardun nid bychan i leygwr o efrydydd fel Cadrawd ac y byddai llythyrau caredig O. M. Edwards, er enghraifft, yn bur dderbyniol a chalonogol. Llyfr arfaethedig Cadrawd ar Langynwyd sy'n cael sylw yn un o'r llythyrau cynnar o Goleg Balliol, ac O. M. Edwards yn ceisio'i ddarbwyllo i ysgrifennu yn Gymraeg am y gallai felly ddenu 'many more subscribers'.[38] Awgrymir, hefyd, pa mor werthfawr fyddai cynnwys 'some of the traditions of Llangynwyd in the dialect of the district'. 'I shd. very much like', meddai, 'to see specimens of Wil Hopkin's dialect' oherwydd braf fyddai gweld enghraifft o symlrwydd y dafodiaith honno 'in these days of inflated and pompous newspaper Welsh'. Ar wahân i'r cyngor a gyflwynir, ceir mynegiant o barodrwydd O. M. Edwards i fod yn un o danysgrifwyr y gyfrol ,'and hope to get the book early in the New Year'. Ymddangosodd y llyfr yn 1887, ac mae enw O. M. Edwards wedi'i gynnwys yn y rhestr danysgrifwyr. Hynny yw, roedd hanesydd lleol fel Cadrawd yn derbyn cefnogaeth a chyngor gan academyddion fel O. M. Edwards a welai werth arbennig yn ei waith o gofnodi hanes digwyddiadau a chymeriadau lleol. Flynyddoedd yn ddiweddarach, yn 1912, ceir llythyr arall sy'n rhoi sylw penodol i hanes lleol ac sy'n dangos erbyn hyn i O. M. Edwards ymweld â chartref Cadrawd yn Llangynwyd. Sylwer mai Cymraeg yw iaith yr ohebiaeth bellach:

> Maddeuwch i mi am fy hir oediad. Bum mor brysur a phe bawn yn lladd nadroedd byth er pan welais chwi. Nid wyf wedi cael hamdden eto hyd yn oed i brofi'r seigiau i gyd. Yr wyf yn dyheu am egwyl i ddarlunio ychydig o'r hyn welais yn yr Hen Blwy.
>
> Da iawn gennyf eich bod ar fedr dod a hanes Llangynwyd allan yn llyfr ysgol. Mae'n un o'r llyfrau goreu ar hanesiaeth leol; a gwyn fyd na ddysgai'n hysgolion y gangen werthfawr a dyddorol hon. Drwg gennyf na chaf ysgrifenu fy meddwl am dano; mae hynny'n groes i reol bendant y Civil Service. Ond, pan ddaw allan, gwnaf fy ngoreu i'w ddwyn i sylw athrawon. Y mae'r llyfr wedi gwneyd llawer o dda yn barod, pe na buasai yn ddim ond bod yn gynllun i haneswyr lleol eraill.[39]

Mae'n siŵr y byddai derbyn cefnogaeth o'r fath gan unigolyn o statws O. M. Edwards wedi ysbrydoli Cadrawd i barhau â'r gwaith o gasglu a chyhoeddi deunydd a oedd yn ymwneud â hanes lleol. Yn 1914 wele lythyr yn yr un cywair, a'r brawd o Langynwyd yn derbyn diolch gan y golygydd 'am gymryd Cymru'n lle i roi hanes a thraddodiadau Tir Iarll ar gof a chadw' ac am gytuno i dderbyn tâl a oedd 'mor ychydig'.[40] 'Yr wyf yn "erfyn"', meddai wedyn, '– yn y ddau ystyr, – llawer ychwaneg'. Mae'n amlwg fod y gair 'erfyn' wedi denu sylw O. M. Edwards oherwydd mewn ysgrif sy'n disgrifio'i daith i Langynwyd, tynnir sylw at y gair unwaith yn rhagor yn yr adran sy'n adrodd hanes ei ymweliad â chartref Cadrawd:

> Curais y drws. Agorwyd ef gan forwynig siriol; ac fe'm cefais fy hun ym myfyrgell gysurus Cadrawd, yn aros ei ddyfodiad . . . Llyfrau y llenor prysur, nid llyfrau'r segurwr moethus, yw ei lyfrau; – ni allwn beidio gweled hynny, oherwydd siaradai cefnau'r llyfrau ar yr estyll llawn â mi.
>
> Ond dyna Gadrawd yn dod i mewn. "Ddaethoch heb eich erfyn," ebe ef, "ond nid yw'ch croeso'n llai." Esboniodd mai "disgwyl" a ddywedaswn i am "erfyn"; ac adroddodd y llinell, – "'Rym yn dy erfyn, Arglwydd mawr."[41]

Yr hen fynegbost yn Llangynwyd.

Ar wahân i'r sylw a roddir i'r dafodiaith leol, pwyslais a fyddai wedi bod wrth fodd yr hanesydd lleol, manteisir ar y cyfle i dalu teyrnged gynnes iawn i Cadrawd am 'mai i'w ofal goleuedig a charedig ef y mae cadwraeth llawer o bethau mwyaf diddorol yr hen fangre i'w priodoli'. Gwaith Cadrawd, yn ôl O. M. Edwards, 'oedd wedi rhoi . . . ryw hud ar Dir Iarll, a hiraeth hen am weled beddau Llangynwyd'.

Fodd bynnag, mae'r ohebiaeth a ddiogelwyd ym mhapurau Cadrawd yn dangos fod ganddo gysylltiad pellach â'r cylch o Gymry alltud a fwrodd wreiddiau academaidd yn Rhydychen ddiwedd y bedwaredd ganrif ar bymtheg, oherwydd ymhlith ei bapurau personol ceir llythyr gan J. Gwenogvryn Evans sy'n dangos ei fod yntau'n ymwybodol o'r agenda hynafiaethol a oedd yn derbyn sylw Cadrawd a'i gyd-ymchwilwyr. Unwaith eto, gellir synhwyro fod y fath sylw yn hwb i'r cylch hynafiaethol a rhaid cydnabod, hefyd, berthnasedd y cyngor a roddwyd gan Gwenogvryn. 'Take my word for it', meddai yn ei ddull uniongyrchol o draethu, 'there is no branch of study so fruitful, in connection with Wales as the collection of Folklore', ac o ganlyniad ei gyngor yw y dylid cofnodi 'from day to day every scrap of Folklore you can find, however vulgar it may be!'[42] Ar yr un pryd, gellir ymdeimlo ag awydd Gwenogvryn i atgoffa'r lleygwr o ymchwilydd ei fod, ar waethaf pob gweithgaredd diwylliannol, yn perthyn i gylch sydd braidd yn wahanol ei natur a'i statws. 'You would easily understand', meddir ymhellach, 'many things which puzzle you now if you had spent as much time in the study of old Welsh MSS as I have'. Efallai bod gan eraill y fantais o fod o fewn cyrraedd i lyfrgell safonol, ond eto cydnebydd Gwenogvryn 'that you have an immense advantage over every Dic Shon Dafydd in the fact of living in Wales'.

Yr olaf o'r triawd academaidd o Rydychen oedd yn ymwybodol o gyfraniad arbennig Cadrawd ac a fu'n werthfawrogol o'i weithgarwch arloesol a diflino, oedd Syr John Rhŷs. O droi at ei feirniadaeth ar gasgliad buddugol Cadrawd o lên gwerin Morgannwg yn Eisteddfod Genedlaethol Aberdâr (1885), daw'n amlwg ei fod yn gwybod eisoes am waith maes Cadrawd, ei fod wedi ymweld â'r ardal beth amser cyn llunio'r feirniadaeth eisteddfodol, a'i fod yn awyddus i ddarbwyllo eraill pa mor bwysig oedd casglu a chofnodi deunydd gwerinol yn wyddonol drefnus heb unrhyw ragfarnau golygyddol. Y casglu oedd yn bwysig, oherwydd heb y deunydd crai hwnnw ni allai unrhyw ymchwilydd proffesiynol ei agwedd a'i amcanion ddechrau ar y gwaith o lunio arolwg cynhwysfawr nac unrhyw astudiaeth gymharol safonol.

Afraid pwysleisio pa mor wahanol oedd y sefyllfa erbyn dechrau'r wythdegau o'i chymharu â'r math o gynulleidfa y bu raid i Nefydd ei hwynebu 'nôl yn y pumdegau. Nid yw'r ysgrifau a'r casgliadau bellach yn arddangos y math o naws amddiffynnol y bu raid i Nefydd ei meithrin yn ei ragair i *Crefydd yr Oesoedd Tywyll* rhag denu ymosodiadau enwadol o bob math. A derbyn bod yr hinsawdd gymdeithasol erbyn hyn yn llai bygythiol i astudiaethau gwerin, mae'n siŵr y byddai derbyn sêl bendith gwŷr Rhydychen wedi ychwanegu'n fawr at statws y pwnc ac at hyder y casglwyr hynny a oedd yn rhan o linach tra arbennig yn ymestyn yn ôl i gyfnod Iolo Morganwg. Eironi'r sefyllfa, wrth gwrs, oedd bod agwedd iachach at y pwnc yn hwyluso'r casglu a'r cofnodi mewn cyfnod pan oeddid i raddau helaeth yn ffarwelio, neu eisoes wedi ffarwelio â chynifer o'r hen draddodiadau a fyddai wedi bod yn rhan mor allweddol o unrhyw ddarlun o'r gymdeithas gynddiwydiannol. Dyna, er enghraifft, oedd byrdwn sylwadau John Howells yn 1884, yn ei arolwg o hen wyliau'r dalaith mewn erthygl yn dwyn y teitl 'The Glamorgan Revel':

Here in the plain of Glamorgan the shades and spectres of former festivals and revels mock at us on the annual round of the day or days on which they were wont to be observed – those parish festivals that were healthy, spontaneous, and full of heartfelt sense of enjoyment, when all classes had opportunities to meet fraternally their neighbours and friends, and do honour to Evangelist, Apostle, Saint, or Martyr. What is become of those festivals? They are all gone, absorbed into the political economists' "national wealth", to the continued production of which they must be sacrificed . . . Most of the old hospitality, that won for the people the character of being gentle and kind (Mwynder Morganwg), has departed, and innocent amusements, with a character of their own, and a kind of local rural beauty about them, have disappeared.[43]

Dyna'r agwedd a bwysleisir gan David Jones, Wallington, drachefn yn ei ymdriniaeth â hanes y Fari Lwyd, oherwydd erbyn 1888, cyfnod o ddirywiad anhepgor a ddarlunnir ganddo yntau:

The rapid decay and disappearance of old customs which the latter half of the nineteenth century has witnessed is a matter of such common observation that it has become the merest of truisms to speak of it. Many old observances which this century had inherited from a long line of predecessors have now ceased to be found even as "survivals"; if met with at all, I apprehend it would be only as "revivals", produced as something strange and rare for the amusement of the curious. Thus it has come to pass that the special local observances and rural pageantry which in Glamorganshire, on and about Twelfth Night, wound up the festivities of Christmastide, are no longer to be met with as part of the life of the people.[44]

Ar waethaf y newidiadau hyn, ymdeimlai'r hynafiaethwyr â chyfrifoldeb i gasglu a nodi pob mymryn o dystiolaeth a oedd o hyd ar lafar gwlad neu mewn hen ddogfennau a phapurau. Yn y modd hwn, ceisiwyd ail-greu darlun o'r hen gymunedau amaethyddol a oedd wedi darparu'r math o aelwydydd gwledig a fu'n cynnal rhaglen o weithgareddau diwylliannol dros gynifer o flynyddoedd.

Ceisiwyd dangos, felly, nad oedd Cadrawd wedi'i ynysu o gwbl yn ei fyfyrgell yn Llangynwyd am fod yr ohebiaeth sy'n croniclo blynyddoedd o lafur diflino yn tystio iddo elwa ar bob math o gyfarwyddyd a chyngor. Wrth reswm, mae arwyddocâd arbennig i'r gefnogaeth gyffredinol a chyson a dderbyniwyd gan gyfeillion agos a chan rai o academyddion dylanwadol ei ddydd, ond gellir bod yn weddol hyderus wrth awgrymu iddo elwa hefyd ar gyngor a chymorth cylch eang o gymwynaswyr a fyddai wedi cynnig gwybodaeth arbenigol ar bynciau neu agweddau unigol. Gwelir agwedd hynod iach yn dechrau disodli'r hen ragfarnau gwrthwerinol wrth i'r genhedlaeth newydd ddechrau gwerthfawrogi, er enghraifft, arwyddocâd gwybodaeth ddyddiadurol sy'n atodiad cyfoethog i unrhyw astudiaeth hanesyddol ac sy'n rhydd o beryglon ymyrraeth olygyddol. Mae'r llythyr a dderbyniwyd gan E. J. Newell (yn wreiddiol o Borth-cawl ond erbyn Awst 1894 yn ysgrifennu o Ffestiniog), yn adlewyrchu'r newid pwyslais a ganfyddir erbyn cyfnod Cadrawd fel bod modd dadlau dros ddulliau gwyddonol o gasglu a chroniclo o fewn strategaeth briodol. Gwelir bod y llythyr yn canmol gweithgarwch Cadrawd ar y naill law, ac ar y llaw arall yn codi nifer o bwyntiau perthnasol i'r sawl a fyn gasglu a phrosesu deunydd gwerinol:

> I have been much interested too by the colloquial expressions you have collected, often so rich and graphic, and illustrative of the character of the people . . . Unfortunately much of Welsh folk lore and legend bears to me the indication of being dressed up and adorned for publication. Charles Wilkins of Merthyr always seems to me . . . to err in this direction, and Wirt Sikes had some traces of it. Even Lady Charlotte Guest here and there, I believe, touches up the Mabinogion, or at least leaves out little touches offensive to modern taste. Unfortunately if there is too much "improvement" of this kind, the antique flavour is lost, and the story often loses its value. Such plain and exact records as you have given of the old customs and traditions of Llangynwyd, with every local detail carefully and lovingly noted, are therefore, permit me to say, of especial interest and value. It is a pity that there is not more work of the kind done, before the local traditions fade altogether out of the land, or are corrupted by persons of Druidic or other strange proclivities.[45]

Canmolir y cofnodi gwyddonol fanwl sy'n sail i unrhyw ymchwil safonol, ac mae'n ddiddorol sylwi hefyd fod Newell yn amau'r traddodiadau derwyddol a oedd bellach yn mynnu cryn sylw ac a fyddai cyn hir yn ysgogi cynnwrf cyhoeddus rhwng hoelion wyth yr Eisteddfod Genedlaethol a'r genhedlaeth newydd o ysgolheigion a fynnai herio damcaniaethau Iolo Morganwg. Cynigir sylwadau Newell, felly, fel enghraifft o'r modd y gallai'r ohebiaeth achlysurol a dderbyniai Cadrawd o wahanol gyfeiriadau ategu'r cymorth a'r ysbrydoliaeth a gynigid gan gylch tra arbennig o gyfeillion a chan rai o brif ysgolheigion y dydd.

CYFEIRIADAU

[1] *Y Brython*, 25 Mehefin 1858, 3 a 15-16. Dyma rifyn agoriadol y cylchgrawn.

[2] Caerdydd Llsgr. 1.194, Cyf. 1, Rhif 2. (Casgliad Cadrawd) Mae'r llythyr hwn yn un o gasgliad o lythyrau a ddiogelwyd gan Cadrawd dros nifer o flynyddoedd ac sydd bellach ymhlith ei bapurau yn Llyfrgell y Ddinas, Caerdydd. Dyma'r llythyr cyntaf o gyfres hynod werthfawr a anfonwyd ato gan David Jones, Wallington.

[3] Caerdydd Llsgr. 1.193, Cyf. 2, Rhif 1. (Casgliad David Jones, Wallington). Mae'r llythyr arbennig hwn (30:1:1882) yn perthyn i'r un gyfres o lythyrau ag a ddiogelwyd ymhlith papurau Cadrawd. Gw. y cyfeiriad at Caerdydd Llsgr. 1.194 uchod.

[4] Caerdydd Llsgr. 1.194, Cyf. 1, Rhif 3 (22 Mai 1882).

[5] Ibid. Roedd Cadrawd eisoes wedi cymryd y cyfrifoldeb am golofn wythnosol yn y *Central Glamorgan Gazette*, papur yn gwasanaethu Pen-y-bont ar Ogwr, Maesteg a'r cymoedd cyfagos. Cyhoeddwyd cyfresi o dribannau a oedd yn adlewyrchu natur cymdeithas ac yn croniclo troeon bywyd yn y parthau hynny.

[6] Brynley Roberts, *Cadrawd: Arloeswr Llên Gwerin*, (Prifysgol Cymru Abertawe, 1996), 11.

[7] Caerdydd (Casgliad Cadrawd) Llsgr. 1.194, Cyf. 5, Rhif 2.

[8] Ibid., 1.194, Cyf. 1, Rhif 6.

[9] Caerdydd (Casgliad David Jones, Wallingell, 2.1146.

[10] Ibid.,1.

[11] Ibid.

[12] Ibid., 2.364, Cyf. 2, Rhif 52.

[13] Ibid.

[14] *Bye-gone*s, February, 1882.

[15] John Ceiriog Hughes, *Y Bardd a'r Cerddor* (1865).

[16] Gw. *Cardiff Times* 28:1:1893 a 11:2:1893.

[17] Caerdydd Llsgr. 1.194 Cyf. 1, Rhif 13.

[18] Ibid.

[19] Caerdydd Llsgr. 2.364 Cyf. 2, Rhif 52.

[20] Ibid., Cyf. 2, Rhif 45. (26 Mai 1892)

[21] Brynley Roberts, op. cit., 16.

[22] *Central Glamorgan Gazette*, 23:4:1880 (Colofn y 'Bwrdd Cymreig')

[23] Ibid., 2:12:1881.

[24] Caerdydd Llsgr. 2.364, Cyf. 3, Rhif 32 (16:1:1882)

[25] Ibid. Cadarnheir hyn gan sylwadau D.J. ei hun yn un o'i lythyrau at Cadrawd (Caerdydd Llsgr. 1.194, Cyf. 1, Rhif 2) lle dywed: 'The remarks on Oxen written on the blank page of my friend Mr Howell's MS are by me. You are quite welcome to make any use of them you please.'

[26] *Central Glamorgan Gazette*, 27:1:1882. Gwelir copi o'r cyfraniad ymhlith papurau Cadrawd, Caerdydd Llsgr. 4.312, 78.

[27] Ibid., 10:2:1882, t. 3, col. 7. Gw. hefyd Caerdydd Llsgr. 4.312, 76.

[28] Ibid., 7:4:1882, t.4, col.6. Pentref gwledig yw'r Wig (Wick) yn ymyl Pen-y-bont ar Ogwr.

[29] Erbyn hyn gallai Cadrawd elwa ar y gefnogaeth a gawsai gan ei gyd-hynafiaethwyr, ac er mai yn Saesneg y lluniwyd y cyfraniadau hyny, gellir gweld y nodiadau a fu'n sail i'w erthyglau yn *Cyfaill yr Aelwyd* ymhlith ei bapurau personol. Gw. Caerdydd Llsgr. 4.523, 99-102, 'Canu gyda'r Ychain yn Aredig, yn Mro Morganwg'.

[30] Brynley Roberts, op. cit., 1-2.

[31] Caerdydd Llsgr. 2.364, cyf. 2, Rhif 52.

[32] Ibid., 1.194, Cyf. 1, Rhif 2.

[33] *Cyfaill yr Aelwyd*, Cyfres 2, Rhif 10 (Gorffennaf 1882), 314.

[34] Ibid., Cyfres 2, Rhif 11 (Awst 1882), 342.

[35] Caerdydd Llsgr., 1.194, Cyf. 5, Rhif 54.

[36] Ibid., 2.364, Cyf. 2, Rhif 28.

[37] Ibid., 1.193, Cyf. 2, Rhif 6.

[38] Ibid., 1.194, Cyf. 5, Rhif 10.

[39] Ibid., 2.364, Cyf. 7, Rhif 41. Dyddiad y llythyr yw 28 Mai 1912, ac mae'r cyfeiriad 'Yn y Trên' yn symbol, bid siŵr, o brysurdeb bywyd O. M. Edwards.

[40] Ibid., 1.194, Cyf. 6, Rhif 28.

[41] O. M. Edwards, *Cartrefi Cymru ac Ysgrifau Eraill* (gol. Thomas Jones), (Wrecsam, 1962), 123-4. Digwydd yr ysgrif 'Llangynwyd' ymhlith yr atodiad o 'Ysgrifau Eraill'.

[42] Caerdydd Llsgr. 2.364, Cyf. 3, Rhif 25.

[43] John Howells, 'The Glamorgan Revel (Gwyl a Gwledd Mabsant)', *Red Dragon* (ed. Charles Wilkins), Vol. 5 (Jan.-June 1884), 131.

[44] David Jones (Wallington), 'The Mari Lwyd: a Twelfth Night Custom', *Archaeologia Cambrensis*, Vol. 5 (1888), 389.

[45] Caerdydd Llsgr. 1.194, Cyf. 4, Rhif 41.

ARFERION

It has been something of a rearguard action by the Celts to save the remnants of their folk culture that have survived the changing times, the Anglification of the Celtic lands, and the active determination of various Church denominations to rid the Celts of what was seen as pagan heritage . . . It was in the 19th century that these independant rural communities gradually and irreversibly changed. Influences from urban areas increased, as trading for consumables and more advanced equipment, implementation of new laws and administrative arrangements, the spread of alien religion and moral codes by evangelists and philanthropists all had their effect on the highly customised lives of the rural Celts. Ancient traditions were abandoned, remoulded, or forced out, surviving only if they conformed to a new scale of social values . . . The vibrant merry-making which accompanied many pagan celebrations, much of it outpourings of relief at a successful harvest or other activity, were suppressed or banned by law.

(Brian Day, *Chronicle of Celtic Folk Customs*
(London, 2000), Introduction, 11)

Mae ar gof a chadw mewn amrywiaeth o ddogfennau ac erthyglau, gyfoeth o wybodaeth am y gwahanol arferion a gysylltir â phentrefi Bro a Blaenau Morgannwg. Gellir canfod llawer o'r wybodaeth honno yn y casgliadau a baratowyd gan hoelion wyth y mudiad hynafiaethol ddiwedd y bedwaredd ganrif ar bymtheg, ac o'r herwydd buddiol fyddai adleisio rhybudd G. J. Williams wrth iddo gyflwyno darlun personol Iolo Morganwg o'r sir na fynnai 'dresbasu ar faes yr hanesydd'. Nod y cofiannydd oedd creu 'darlun o'r Blaenau a'r Fro fel y portreadir hwy yn llawysgrifau Iolo – y trefi a'r pentrefi gwyngalchog, y ffermydd, "Mwynder Morgannwg" fel y gwelid ef yn y Fro, yr hen arferion a'r hen wyliau a'r chwaraeon, y cerddi a genid gyda'r crwth a'r delyn, y dawnsio a'r corelwi o gwmpas y "fedwen haf", canu'r "cathreiwyr" yn atseinio ar y meysydd llydain, a'r berw diwydiannol yn y Blaenau'.[1] Yn yr un modd, rhaid derbyn fod y cronicl hynafiaethol a grëwyd gan genhedlaeth o ohebwyr brwd yn wythdegau'r ganrif ddiwethaf yn hollol ffyddlon i'r weledigaeth Ioloaidd, am eu bod hwythau yn rhannu'r un diddordeb ysol yn nhraddodiadau eu talaith ac yn awyddus i gynnal y ddelwedd unigryw a gysylltir â gweithiau eu rhagflaenydd enwog. Mynnent greu darlun amlweddog o 'Fwynder Morgannwg', a'u nod oedd casglu a dethol pob math o ddeunydd a fyddai'n cyfoethogi'r cyfryw ddehongliad. Felly, wrth ddathlu helaethrwydd y cyfoeth diwylliannol hwnnw, yr her oedd casglu a chyhoeddi pob pennill traddodiadol, pob cân werin, pob hwiangerdd a chwedl a phob manylyn am hen arferion y dalaith. Gosodasid y patrwm eisoes gan Iolo; drigain mlynedd neu fwy yn ddiweddarach, ymdrechid gyda brwdfrydedd anghyffredin i chwilota am bob darn o wybodaeth a allai ychwanegu at y darlun o'r hen Forgannwg a oedd bellach yn eiddo i neb namyn i gylch dethol o drigolion oedrannus. Dyma'r trigolion a allai ail-greu'r gorffennol drwy lunio cronicl naill ai ar sail yr hyn y gellid ei gofio, neu ar sail yr wybodaeth a etifeddwyd oddi wrth y genhedlaeth hŷn.

Pan aethpwyd ati i gofnodi natur yr hen arferion, roedd y cofnodwyr yn ymwybodol iawn eu bod yn trafod yr hyn a ddiflanasai ers tro, fel bod naws hiraethlon yn nodweddu'r croniclo. Ceir bod John Howells yn cynrychioli safbwynt digon cyffredin ymhlith ei gyd-hynafiaethwyr:

> If the nineteenth century has been a marvellous period for the development of commerce, of manufactures, and of science, it has – as a set-off – been most destructive to many an old custom, to old habits of rural life, to many a harmless and fanciful superstition and belief . . . If we have become richer in material wealth, we are poorer in fancy . . . Changes are like purchases; they must be paid for in some kind of coinage; and the beautifully poetic sentiment, that "nothing dies but something mourns", is perfectly applicable to the uprooting of old and venerable customs.[2]

Daeth tro ar fyd, ac o sylwi ar deitl yr erthygl 'The Glamorgan Revel (Gwyl a Gwledd Mabsant)', gellir synhwyro fod yma awgrym yn y

gair 'revel' nad oedd yr achlysuron yn y pen draw wedi cynnal y
pwyslais eglwysig cychwynnol ar ddathlu dydd gŵyl sant y plwyf. O
gydnabod y newid pwyslais, felly, nid annisgwyl yw canfod fod y
diwygwyr lleol hwythau yn pregethu yn erbyn y fath ddigwyddiadau.
Yn nyddiadur William Thomas, er enghraifft, sy'n cwmpasu'r cyfnod
1762 hyd 1795, mae digon o dystiolaeth i ddangos fod natur y dathlu
yn cynnwys cryn rialtwch a gweithgareddau digon bydol eu naws:

> 1 & 2 October [1764]
> —- This week the Rioting of Revelling in St. Faggans, which is begun
> by one Edward John deceased, father of the present Jenkin John, about
> this 38 years past, and a full week of Noise and Riots I do Remember to
> be kept there, but this year no more than two days and not such
> appearances as usual on them days . . . Also Whitchurch Revel was but
> of small appearance. Fairwater's Riots, as ours of Michaelstone super
> Eley, is gone down, which in time will be the fate of the rest.[3]

Yr ensyniad yw bod y dathlu traddodiadol wedi dirywio'n rhialtwch
barbaraidd ac mai doethach fyddai caniatáu i'r fath weithgaredd
ddiflannu'n llwyr. Digon tebyg yw'r cofnod a geir ar gyfer 28 Mehefin
1768 ynglŷn â dwyn y Fedwen Fai:

> That frolicksome theft, the May pole of Landaff was set up in St.
> Faggans very costly, with much vain pomp and Rejoycing and Watching
> it with guns, being threatned by St. Nicholas's folks. And the next day
> about five a clock at evening, about 50 of St. Nicholas folks and their
> Neighbours entered St. Faggans with clubs, but before they had near
> reached their painted wooden God, St. Faggans and Landaff's folks with
> guns and clubs stroke at them and made them soon to retreat, and abused
> some of them very pitifull and run'd after them to Cae Cwrra Mawr
> behind Michaelstone's Church with great Huzzas, and kept that night in
> continual guard, with shooting of guns here and there all night.[4]

Barn G. J. Williams yw bod y dyddiadurwr 'yn tueddu i orbwysleisio'r
yfed a'r ysbleddach a'r carowsio a'r ymladd'[5] ac adlewyrchir y
pwyslais hwnnw yn y rhagair i'r dyddiadur. 'Fiddlers, story-tellers,
and poets of the lesser sort', meddir, 'along with revels, cock-fighting
and bull-baiting are all castigated, but sexual morality does not seem
to have been a source of great concern'.[6] Er bod plant llwyn a pherth

yn cael eu derbyn fel ffenomen anochel o fewn y gymdeithas, yn enwedig pe byddai'r tad yn ffigur o bwys yn y gymdeithas, manteisir ar bob cyfle i ymosod ar y gweithgareddau a gysylltid gynt â'r mabsantau neu'r 'revels'. Mynnid ymhellach nad oedd rhai o'r gwyliau yn wir fabsantau ond yn ddathliadau a gychwynnwyd yn y ddeunawfed ganrif gan dafarnwyr a oedd yn awyddus i wasanaethu cynulleidfaoedd sychedig o bob math. Yr hyn sy'n ddiddorol yw bod y dathliadau yn cynnwys amrywiaeth o weithgareddau a bod sôn am ddawnsio a chwarae pêl, ynghyd ag arferion llawer llai gwaraidd megis ymladd ceiliogod a chyfarth teirw. Ystyrier, er enghraifft, hanes y gystadleuaeth a drefnwyd ym mis Ionawr 1763:

> 12 & 13 January This two days a great cockmatch was fought by Twylc yr Hwch, 21 cocks a side, for 10s. 6d. the Battle, by Edward William, the Innkeeper at the Twylc, Lewis William the feeder, and others of the one side, and the Innkeeper of Ton Dwylis, Thomas William Water of Caerphilly the feeder of the other side . . . Also the next day they had some prises to fight for. Much noise and swearing and curseing the three days.[7]

Ymladd Ceiliogod.

Llantrisant, pentref y 'Bullring'.

Dysgwn ar yr un pryd nad yw'r fath ymryson wrth fodd y dyddiadurwr. 'Such work', meddai, 'brings but the curse of God upon the generation'. Cyfeirir at 'great cockmatch' pellach (7:4:1763) a gynhaliwyd yng Nghaerdydd 'when Esqr. Jones and Devonshire men had the best of Monmouthshire men, and much Riots and Money lost at the time and place'.[8] Ac eto, ar waethaf unrhyw wrthwynebiad personol, rhaid oedd arddel pechadur o berthynas wrth i'r dyddiadurwr gydnabod fod cefnder ei fam, Howel Mathew, yn 'great cock fighter and lover of all pleasure and vanity' (tud. 87)

Yn y cofnod sy'n ymdrin â helyntion gŵyl Sain Ffagan, cyfeirir at gyfarth teirw yn ogystal ag at ymladd ceiliogod:

> They baited a Bull by Jenkin John's house, which broke the ring and went away, but an old Quiet Bull (owner Richard and Butcher of Eley) was soon taken and Baited by the River again, without damage. (tud. 117)

Mewn cofnod arall, ni allai'r dyddiadurwr orffen ei stori ar nodyn mor galonogol drwy ddatgan na chafodd neb niwed. I'r gwrthwyneb:

> 14 October [1773] Was buried in Cardiff John Thomas, called John y Cribwr. From about Bridgend by Birth, but these years belonging to

Cardiff and now belonged to the Boats. Of 33 years of age, he had his end by looking to overcome John William of Lower Penarth's bull, which broke from the Bullring by Baiting in Cardiff the 4th Instant, which thrust him with his horn thro at his shoulder. Being a great fighter and a contentious, squat, strong sort of a man. (tud. 260)

Ar sail y dystiolaeth a geir yn nyddiadur William Thomas, ymddengys nad oedd cyfarth teirw mor boblogaidd ag ymladd ceiliogod er bod Cadrawd yn awgrymu i'r arfer barhau ym mhentref Llantrisant, ar waethaf pob gwrthwynebiad, tan y bedwaredd ganrif ar bymtheg. Cyfeirir at ganol y pentref hwnnw fel y 'Bullring' o hyd ac mae'n ymddangos fod y term yn ddigon cyfarwydd ar lafar gwlad i Cadrawd allu cyfeirio at ddefnydd trosiadol o'r ymadrodd:

> Bwlring / Bullring: Cyfarthfa teirw – bull baiting "W'th y bwlring o hyd w i, does dim gorffws i gial." (I am continually at the bullring, there is no rest.)

Yn dilyn, ceir sylwadau ar natur yr arfer, ac yn benodol ar 'Bullring' Llantrisant:

> There was a public bullring at Llantrisant, an institution which may be seen a hundred years ago set up in market towns, the one at Llantrisant still to be seen surrounded by houses over twelve in number, which when the last Bull-baiting took place in 1820, there were five of these Public houses.
>
> The Bulls previous to being slaughtered were tethered by a long chain or rope fastened to a ring of Iron inset into a large slab-stone, which latter was strongly secured in the ground. The dogs were then turned upon the bull, which was thus termed baited. There were a special breed of Bull terriers, which were kept for the purpose, they would hold the bull by the nose or even by the tongue, when Tarius soon had to come down. The stone roof of the houses surrounding the bullring was formed to reach almost to the ground, and sloped in such fashion that any one could get into a place of safety, in a moment of danger. The whole place surrounding the bullring resembled an Amphitheatre, and was a coigne of vantage to the onlookers. Bull baiting was abolished by statute in 1826, the stone and ring at Llantrisant were removed from the old site, and taken to the Common, where it s[t]ill remain[s].[9]

Dylid pwysleisio, felly, fod y term 'gwylmabsant' neu 'mabsant', hyd yn oed yn y ddeunawfed ganrif yn cael ei arfer i gynrychioli dathliadau o wahanol fathau, a'r tebyg yw bod natur yr ŵyl neu'r 'revel' yn amrywio o ardal i ardal. Dyna fyrdwn sylwadau G. J. Williams yn ei drafodaeth ar arferion y dalaith yn y cyfnod cyn-ddiwydiannol hwnnw:

> Undoubtedly, the most popular festival in Glamorgan, as in other parts of Wales, was the *gwylmabsant* (or *mabsant*), the 'wakes' or 'revels', once the patronal festival of a parish, when work was suspended, and the inhabitants of all the surrounding districts came together, 'a great concourse of disorderly people, bawling, drinking, singing, dancing, &c'. It often lasted for a week, and everybody kept open house. Originally, it began on the Sunday following the festival of the Patron Saint, but by this time, it had lost its religious character, and people came together to dance and sing, and to witness different kinds of rustic games and contests, bandy play, football, bull-baiting, cock-fighting, etc.[10]

Mae tystiolaeth, hefyd, sy'n awgrymu pa mor boblogaidd oedd y gwyliau hyn yn y Fro, ac mae'r rhaglen o fabsantau yn dilyn trefn amseryddol arbennig. Ceir gan Cadrawd y rhestr ganlynol o ddyddiadau'r tymor:

REVELS

Sundays on which Revels (or Mabsants) were held in the Vale of Glamorgan.

Wick	– Last Sunday in July
Llantryddid	– the same day
Llanblethian	– Sunday after St. Mary Hill Fair
Cowbridge	– Wednesday after St. Mary Hill Fair
Lysworney	– Sunday after Llanblethian
Peterstone	– Sunday after Lysworney
Aberthin	– The same day
St. Hilary	– Sunday after Peterstone
St. Mary Church	– Sunday after St. Hilary
Sigginstone	– Sunday following St. Mary Church, this would make it the Sunday after the 29th Sept.
Llanmihangel	– The same day as Sigginstone

Ogmore   – October 14th.
Llanmaes – Sunday after the 29th. of September.
Tresilian – was sometime in September. Thousands of persons were attracted to it. Quite a modern institution has only being [*sic*] built within this century. It ceased when the license was withdrawn from the house. Apples were ripe when this revel was held.
Lantwit Major – was on Sunday after the Bridgend Fair November 17th
St. Donats – A revel was kept here; it seems to have been devoted chiefly to the sport of cock fighting. There was a regular cock pit before a house in the village once licensed as a Public House.[11]

Mae'r rhestr uchod yn dilyn yr un patrwm â'r un a luniwyd gan David Jones, Wallington, wedi'i seilio ar wybodaeth 'a gawsai gan hen wraig o Lanfleiddan yn 1882' ac a welir yn un o'i lawysgrifau.[12] Ymddengys fod yr hen wraig wedi mynychu'r holl wyliau hyn, a'r awgrym felly yw eu bod yn bur boblogaidd yn ail chwarter y ganrif.

Ceir cyfeiriadau gan William Thomas at gerddorion penodol megis 'William Morgan, an Harper' ac 'Edward the Fidler', (tud. 304) ac mae tystiolaeth sy'n awgrymu fod yna le arbennig i ganu a dawnsio, prif weithgaredd yr hyn a elwid gynt yn 'daplas'.[13] Roedd John Howells, er enghraifft, yn hollol bendant fod i ddawnsio le canolog yn y dathlu:

Every lad and lass danced on holidays and highdays, at fairs and weddings, and especially at the village festival, the Glamorgan Revel, or "Gwyl a Gwledd Mabsant" . . . When sunset approached the sound of violin or harp, sometimes both together, would be heard proceeding from the public rooms of the inns. It was a remarkable fact that these minstrels invariably came down for the occasion from the hilly regions, from Gellygaer or Llanwonno, or some distant place . . . The dances indulged in were the "jig", practised only by males; the "reel", which consisted of two or four couples, and "country dances", of which there was quite a variety. To excel as a jigger or stepper was a point eagerly sought for, and it was quite an exhilarating sight to see two or more famous jiggers competing for the applause and approbation of the onlookers . . . But the country dance was the main attraction, especially to the ladies, the jigs and the reels being as it were, side dishes or

interludes of the great feast, to be indulged in at resting time, or before
the whole of the company had arrived.[14]

Dibynnu ar ei gof y mae'r sylwebydd, 'to describe, as well as I may
from my memory', ac o ganlyniad gall bennu cyfnod y dathliadau a
ddisgrifir ganddo mewn dull pur fanwl gyda'i gyfeiriad at 'the early
part of the second quarter of this century'.[15] Mae'r darlun a grëir, felly,
yn un cynhwysfawr a dadlennol gan ohebydd a wyddai werth arbennig
y math o gronicl personol a gyflwynir ganddo. Cawn wybodaeth fanwl
am gyfnod a lleoliad y dathlu, am gynnwys y rhaglen, am ansawdd y
dawnsio, am ymddygiad gweision a morynion, am natur y lluniaeth, ac
am ddirywiad diweddarach y mabsant a'r dawnsfeydd a gysylltid â'r
achlysur. 'Dancing', medd Howells, 'is now as completely a lost art as
spinning and weaving amongst the Glamorgan peasantry, nor has it
been succeeded by any substitute worthy of mention as an
amusement.'[16] I'r gŵr o Sain Tathan, roedd cofnodi campau ac
arferion y gorffennol yn rhan bwysig o'r agenda hynafiaethol ac felly,
er bod yma ymdeimlad o golled am a fu, mae'r cronicl ei hun yn
ddogfen hynod werthfawr sy'n cynnwys argraffiadau un a fu'n llygad-
dyst i'r dathliadau hynny a gysylltid ag un o sefydliadau mwyaf
poblogaidd y rhanbarth.

Adlewyrchir yr un pwyslais ar ddawnsio mewn adroddiadau eraill,
megis yn ymdriniaeth Charles Redwood â'r Mabsant, a'r dull o
draethu yn gynnyrch cyfnod arbennig am fod tuedd gyffredin i
fawrygu llonyddwch y wlad, yn enwedig yn wyneb datblygiadau
diwydiannol a'r angen am ddygymod â'r 'din that hems in one's
seclusion in a great city'.[17] Ac wrth i Redwood hel atgofion am
arferion Bro Morgannwg, deuir ar draws yr un elfennau ag a
bwysleisiwyd eisoes yng nghyd-destun y mabsant, yr un cyfuniad o
ymlawenhau yn nifyrrwch oesol yr achlysur ochr yn ochr â'r math o
rialtwch gwyllt a fyddai byth a beunydd yn denu beirniadaeth gan
garfanau cymdeithasol mwy sobr eu hagwedd a'u pwyslais:

> Profuse is the finery then displayed by the country maidens, and many
> the arts they practise to captivate the affections of the rustics. The chief
> amusement is dancing; but it is, beside, a time of great carousing, – of
> ball-playing, and sometimes fights and uproar.[18]

Ond yma, gellir synhwyro fod y croniclwr yn llai piwritanaidd ei agwedd ac yn fwy parod i werthfawrogi apêl yr achlysur yn wyneb ymosodiadau cyson rhyw 'dusky Methodist' neu'i gilydd:

> And there, in the dingy old loft, lighted with candles stuck against the walls, were the gay revellers disporting it, with quick music and the sprightly dance. It was like a nosegay of spring flowers smiling in the button-hole of a dusky Methodist.[19]

Cyfeirir ymhellach at y telynor a eisteddai 'on a part of the floor slightly elevated above that where the company danced', a phwysleisir fod yna drefn bendant a 'decorum' yn perthyn i'r achlysur 'for indeed some of "better degree" were there'. Byddai cwrw ar gael ac, wrth reswm, nid anghofid y telynor. I ddiweddu'r adroddiad, cyfeirir at rai hen wragedd a fyddai'n manteisio ar y cyfle i werthu eu cacennau sinsir a'u teisennod eraill. 'These wily crones', meddir, 'passed along from one to the other of them as they sate [*sic*] on the benches, complimenting the vain girls on the prettiness of their dress, or of their persons, and the young men on their good dancing', a hyn oll, wrth gwrs, er mwyn denu'r gwerinwyr diniwed i brynu'r danteithion.[20]

Yn ôl tystiolaeth Marie Trevelyan, cynhelid y mabsant 'so late as the years 1840 to 1850' a sonnir drachefn am bwysigrwydd y ddawns pan fyddid yn dathlu'r mabsant. Byddai gorymdeithio a gwasanaeth cyn troi at ran seciwlar yr achlysur pan fyddai cyfnod o wledda, dawnsio a difyrrwch. Rhoddir pwyslais unwaith yn rhagor ar ansawdd arbennig y dawnsio:

> The dancing in the Mabsant was excellent. Wales was renowned for good dancers in those days. Originally the Mabsant was a pleasant gathering of old and young, when mirth and melody were at their best, and the dancing would have done justice to any mansion.[21]

Yn ychwanegol at yr elfen hon a ganmolir yn gyffredinol gan ohebwyr, ceir cyfeiriad diddorol at y cerddorion a fyddai'n darparu cyfeiliant i weithgareddau'r achlysur:

> In those days musicians went from Mabsant to Mabsant regularly every year, and were in great repute for their skill. My father and many others remembered an old Glamorgan harpist who for sixty years had made

the same circuit. He began his itinerary at the age of twenty-three, and
continued it until he was over eighty-three.[22]

Yr awgrym yw fod yna ddosbarth o gerddorion proffesiynol a fyddai'n
cynnig eu gwasanaeth mewn cyfres o wyliau ac a fyddai'n trefnu eu
cylchdaith yn ôl y rhaglen flynyddol o fabsantau a thaplasau.[23]
Canfyddir newid cywair yn y sylwadau sy'n cloi trafodaeth Trevelyan
ar y mabsant, wrth i'r achlysur ddatblygu, meddir, yn 'rendezvous of
objectionable people, who held orgies of the worst kind'.[24] Y pwyslais
annerbyniol hwnnw a barodd i'r ŵyl, ymhen blynyddoedd, ddiflannu
o'r calendr gwerinol.

Mae'r gwahanol ddisgrifiadau yn dangos pa mor boblogaidd oedd y
mabsantau neu'r 'revels' yn y cymunedau amaethyddol; yr achlysur yn
gyfle i ddianc rhag patrwm undonog o orchwylion beunyddiol ac yn
gyfle hefyd i gymdeithasu ac i gynnal amrywiaeth o weithgareddau
traddodiadol. Ar yr un pryd, ymddengys fod natur y rhaglen wedi'i
gweddnewid dros y blynyddoedd wrth i rai arferion megis ymladd
ceiliogod a chyfarth teirw gael eu beirniadu a'u dileu ac i fathau
newydd o ddifyrrwch ennill eu plwyf. Ac eto, ar waethaf newidiadau
ym mhatrwm y mabsant, mae'n amlwg fod yr arfer o ddawnsio, adeg
gŵyl, wedi aros yn boblogaidd, a bod cryn afael gan y gwerinwyr ar y
gwahanol fathau o ddawnsfeydd. Mae Lemuel Hopkin James, er
enghraifft, yn cyfeirio at boblogrwydd y dawnsio yn y Bont-faen yn ei
gyfrol *Old Cowbridge* (1922). 'Mrs Thomas, late of "The Bear" ' sy'n
adrodd ei stori:

> I am now in my eightieth year and went to Cowbridge School when I
> was seven years old. The revels in Cowbridge I can recollect, the fairs
> also, and in every public house to finish up the fair there was dancing
> held. As a child I saw the young people dancing. They came from most
> of the outlying villages. It was much thought of in those days. (tud. 109)

Yn yr un modd, pwysleisiodd Tom Jones, Trealaw, mewn cyfres o
erthyglau hynod gynhwysfawr yn *Y Darian* pa mor allweddol oedd y
dawnsfeydd traddodiadol yng nghyd-destun nifer o weithgareddau
cymdeithasol cefn gwlad. 'Y ddawns', meddir, 'oedd yr adloniant mwyaf
poblogaidd ym Morgannwg yn y ganrif o'r blaen'.[25] O ganlyniad, deuai
ieuenctid o bell ac agos i gyfranogi o hwyl a rhialtwch yr achlysur:

Cyrchent o eithafon blaenau Morgannwg i bentrefi glannau môr Bro
Morgannwg er mwyn cael difyrrwch y ddawns, ac y mae lle i gredu mai
dawnswyr y mynydd-diroedd oedd y mwyaf dawnus a'r taclusaf o bawb
yno. O flaenau Morgannwg y deuai y telynwyr a'r crythwyr mwyaf
deheuig.

Ond awgrymir ar yr un pryd, fod i'r cyfryw gyfarfodydd amgenach
arwyddocâd am eu bod yn cynnig llwyfan i amrywiaeth o
weithgareddau diwylliannol, 'yn fan cyfarfod gwyr diwylliedig y
werin', yn gyrchfan telynorion, cerddorion, beirdd lleol a baledwyr,
gan gynnwys rhai aelodau a 'oedd mor hoff o dramwy o blwyf i blwyf,
o bentref i bentref ac o un wyl mabsant i un arall'.

Mewn erthygl arall, gwelir fod Tom Jones yn pwyso'n drwm ar
dystiolaeth Richard Warner a fu'n gyfrifol am groniclo hanes ei
deithiau drwy Gymru. Adroddiad sydd ganddo am ddawns a
gynhaliwyd yn yr 'Angel Inn, Pont Nedd Fychan', lle roedd nifer wedi
ymgynnull i ddawnsio i gyfeiliant telynor y pentref, a'r croniclwr nid
yn unig yn gosod y llwyfan ond yn synhwyro fod yr achlysur yn ddull
o ymlacio wedi gorchwylion yr wythnos:

> I cannot express, therefore, the pleasure I felt on entering the room. It
> was not, indeed, very commodious, nor famously illuminated, being
> about fifteen feet square, and having only one solitary candle of sixteen
> to the pound. The party, however, which consisted of twenty-five or
> thirty, made up [for] every defect, animated by the tones of their
> favourite national instrument, and enlivened with the idea of the week's
> labours being terminated (for it was Saturday night) they entered **con
> amore** into the business of the evening, and exhibited a complete
> picture of perfect happiness.

Ond nid llawenydd yr achlysur yn unig a ddenodd sylw Warner, am ei
fod yn adleisio safbwynt digon cyfarwydd wrth ganmol medrusrwydd
y dawnswyr a'u meistrolaeth ar symudiadau cymhleth y gwahanol
ddawnsfeydd:

> As the females were very handsome, it is most probable we should have
> accepted their offers, had there not been a powerful reason to prevent us
> – our complete inability to unravel the mazes of a Welsh dance. 'Tis
> true there is no great variety in the figures of them, but the few they
> perform are so complicated and long, that they would render an

apprenticeship to them necessary in an Englishman. We therefore
contented ourselves with looking on, and were really astonished at the
agility and skill which these rustics displayed.[26]

Sonnir drachefn am gyfraniad arbennig y telynor 'running his fingers
rapidly down the chords of his instrument' a oedd yn arwydd, wedi
toriad yn y dawnsio 'on which every gentleman saluted his partner
three or four times with considerable ardour', i'r symudiadau
ailddechrau. Cyn gorffen gwelwyd dawnsio corfforol gan ddau frawd
'who danced two distinct hornpipes with so much power of muscle,
variety of step, and inflexible appearance, as exceeded every thing of
the kind we had seen'.

Dawns mewn ffair sy'n denu sylw Wirt Sikes, a'i dystiolaeth yntau
yn cael ei chyflwyno drachefn gan Tom Jones yn yr un erthygl. 'The
women clutch their partners firmly', meddai, 'one arm about the man's
waist and the other on his shoulder. The dance is a queer sort of
quadrille, the like of which I have not seen before, in which there is
much of individual and unsupported whirling on the part of the
women, and of solemn leg-lifting (like a serious can-can) on the part
of the men, but of the men only . . . With all this there is great
solemnity of demeanour, as of people with duty to do – a solemnity
more befitting a religious rite than a merry-making – and a vigour
which causes every dancer to sweat profusely, though the day is a cool
one.'[27]

Mae'n amlwg, felly, fod cryn bwyslais yn cael ei roi adeg Gŵyl
Mabsant ar yr arfer o ddawnsio, a'r gwahanol groniclwyr yn cyfeirio at
y bartneriaeth honno. Roedd i orymdeithio a gwledda eu lle yn ystod
dathliadau'r dydd, ond erbyn yr hwyr ceir newid pwyslais a Cadrawd,
er enghraifft, yn cyfeirio at y 'dancing and harmless mirth'[28] a
nodweddai'r achlysur. Nid ar y wedd grefyddol y rhoddid y pwyslais
bellach, a'r ŵyl wedi'i seciwlareiddio gan drigolion a fynnai fanteisio
ar bob cyfle posibl i ymlacio ac ymryddhau oddi wrth batrwm
cyfarwydd o orchwylion. Ymddengys, felly, fod dathlu Gŵyl Mabsant
yn hen arfer a fu'n gyfle i drigolion y gwahanol blwyfi ymroi i
wahanol ddulliau o ddifyrrwch. Ac eto, er i'r ŵyl barhau gan arddel yr
hen deitl traddodiadol, gwelir gydag amser amrywiaeth amlwg yn y
gweithgareddau a gysylltid â hi. Darfu am y wedd farbaraidd i'r dathlu

wrth i drigolion ymbellhau oddi wrth yr arferion hynny – megis ymladd ceiliogod a chyfarth teirw – a ystyrid bellach yn anwaraidd ac yn annerbyniol. O ganlyniad canfuwyd newid pwyslais, a cheir sôn fod yr ŵyl yn cynnig llwyfan i gerddorion o bob math ac yn denu dawnswyr o bell ac agos. Byddid hefyd yn gorymdeithio ac yn gwledda ac mewn rhai mannau yn chwarae pêl. Y weithred o ddathlu oedd yn bwysig, ac o ganlyniad roedd i'r tymor o fabsantau raglen amseryddol bendant ac amrywiaeth gyfoethog o weithgareddau. O fewn y rhaglen draddodiadol honno, roedd yn bosibl i rai ardaloedd penodol ennill clod a statws oherwydd ansawdd arbennig eu dathliadau lleol, fel bod amrywiaeth a phwyslais plwyfol yn goroesi o fewn cyd-destun a oedd yn gyffredinol boblogaidd.

Am Fro Morgannwg y soniai William Thomas yn ei ddyddiadur sy'n perthyn i flynyddoedd olaf y ddeunawfed ganrif, a gwahanol blwyfi'r Fro a ddenodd sylw nifer fach o groniclwyr diwyd dros y blynyddoedd am i'r cymunedau hynny gynnal a diogelu cynifer o'r hen weithgareddau tymhorol. Ond wrth i'r chwyldro diwydiannol yrru llaweroedd o'u cynefin gwledig i gymoedd prysurach y Blaenau, peth digon naturiol oedd i rai o'r hen arferion symud gyda hwy. Roedd cynnal hen ddefodau a thraddodiadau yn gyfrifoldeb y byddai'r gwerinwr yn hollol gyfarwydd ag ef, a'r difyrrwch a gysylltid â'r gweithgareddau yn rhywbeth prin a gwerthfawr yn hanes cymunedau cefn gwlad. O ganlyniad, ni raid synnu gweld bod cynifer o'r traddodiadau wedi'u diogelu a'u cynnal o fewn patrwm cymdeithasol newydd. Seiliau gwerinol yn aml sydd i gynifer o'n harferion traddodiadol, ond bod dylanwad y Blaenau wedi'u gweddnewid fel bod stamp y cymoedd diwydiannol arnynt. Rhaid cydnabod, yr un pryd, mai'r cartref newydd hwnnw fu'n gyfrifol am sicrhau parhad i'r cyfryw arferion mewn cyfnod a welodd gryn newid yn hanes yr hen gymunedau amaethyddol fu'n cynnal rhaglen o weithgareddau diwylliannol am gynifer o flynyddoedd.

DIWEDDGLO : DIOGELU DIWYLLIANT GWERIN

Wrth olrhain y gwahanol fathau o arferion a fyddai'n sail i raglen o
hamddena tymhorol, ceisiwyd cyflwyno'r prif nodweddion drwy
gyfrwng cyfres o adroddiadau perthnasol heb ymhelaethu'n ormodol
ar natur y cefndir defodol nac ar y berthynas gymhleth a ddatblygodd
rhwng y crefyddol a'r seciwlar wrth i rai o'r symbolau mwyaf
cyfarwydd ymddangos mewn amrywiaeth o gyd-destunau pur wahanol
eu fframwaith a'u pwyslais. Y nod, yn hytrach, oedd ail-greu darlun
o'r arferion hynny a gysylltid gynt â Morgannwg gan gynnig
tystiolaeth gymharol yn ôl yr angen pan fyddai galw am ddiffinio'r
cyd-destun yn gronolegol neu'n gymunedol. Wrth greu'r math hwn o
ddarlun, wrth gwrs, gwelir gwir werth ac arwyddocâd y cyfraniad
arbennig a wnaed gan gyfres o groniclwyr diwyd a welodd
bwysigrwydd y deunydd a broseswyd ganddynt, deunydd a
ddiogelwyd am flynyddoedd lawer ar lafar gwlad ond a fyddai wedi
diflannu wrth i hen draddodiadau wanychu dan amodau cymdeithasol
llai cefnogol a chymharus. Fel yn hanes agweddau eraill ar y gwaith o
gofnodi a choffáu, mewn cyfnod o newid y dechreuwyd gweld gwir
werth yr hen arferion, pan allai difaterwch cymdeithasol fod wedi
peryglu parhad yr hyn a berchid gynt. Am wahanol resymau, nid yw
cofnodwyr llên gwerin yn lluosog iawn yn y bedwaredd ganrif ar
bymtheg; ar wahân i ymdeimlad naturiol nad oedd angen cofnodi'r
hyn oedd yn gyffredinol amlwg ac yn rhan o galendr blynyddol o
weithgareddau, mae'n siŵr fod agwedd Biwritanaidd barchus yn
bodoli drwy'r cyfnod a fyddai wedi milwrio yn erbyn cofnodi ac
arddel pob math o ddeunydd gwerinol a ystyrid gan lawer yn gyntefig
ei darddiad a'i naws. Y duedd, felly, fyddai ymbellhau oddi wrth y
cyfryw ddeunydd yn enw chwaeth gymdeithasol a chyfrifoldeb
crefyddol. O ganlyniad, ni cheir ym mlynyddoedd canol y ganrif y
math o adroddiadau a chasgliadau a allai fod wedi cyfoethogi arolwg o
gynnyrch gwerinol y cyfnod. I'r gwrthwyneb, tueddid i ddiystyru
deunydd o'r fath fel bod parhad y gwerinol i raddau helaeth yn
nwylo'r sawl a drigai ar gyrion y gymdeithas neu a oedd wrth symud
o'r wlad i'r dref yn mynnu arddel a diogelu yr hyn a etifeddwyd yn
ddiwylliannol. Afraid dweud, na fyddai pwyslais anwerinol o'r fath yn
debygol o ysbrydoli cenhedlaeth o groniclwyr pybyr oherwydd fod

dangos diddordeb o'r fath yn golygu ymuno â lleiafrif bychan a oedd
yn hapus i herio rhagfarnau cymdeithasol yr oes.

Gydag amser, fodd bynnag, daeth tro ar fyd. Llwyddwyd i oresgyn
her yr hen barchusrwydd cyhoeddus a fu am gynifer o flynyddoedd yn
peryglu parhad cynifer o'r hen draddodiadau, wrth i ddiwylliant
gwerin dderbyn sêl bendith rhai o ysgolheigion y genhedlaeth newydd.
Ac eto, er bod cofnodi a phrosesu gwybodaeth hynafiaethol bellach yn
fwy derbyniol, roedd prinder tystiolaeth yn rhwym o lesteirio
ymdrechion   unrhyw   ymchwilydd   a   fynnai   baratoi   arolwg
cynhwysfawr o hanes diwylliannol y dalaith yn y bedwaredd ganrif ar
bymtheg. Ychydig o gyfrolau llên gwerin perthnasol a oedd at
ddefnydd unrhyw ymchwilydd, ac erbyn yr wythdegau roedd rhaid troi
at gyfranwyr oedrannus a allai ail-fyw profiadau'r oes a fu a manteisio
ar y dystiolaeth werthfawr honno a oedd o hyd ar lafar gwlad cyn i'r
atgofion am ystod eang o sgiliau, traddodiadau ac arferion ddiflannu
am byth. Dyna'r her a dderbyniwyd gan ohebwyr yr wythdegau a'u
dilynwyr wrth iddynt geisio casglu pob mymryn o wybodaeth a fyddai
o gymorth i'r sawl a fynnai ail-greu darlun cyflawn a pherthnasol o'r
hen Forgannwg. Gwnaed defnydd helaeth o gylchgronau penodol, er
enghraifft, gan wahodd cyfraniadau gan ddarllenwyr ledled y dalaith a
ddenwyd i ymateb i wahanol ymholiadau ar bynciau hynafiaethol.
Roedd y dull hwn o gasglu gwybodaeth yn atodiad gwerthfawr a
sylweddol i gyfresi o bytiau cryno ac erthyglau mwy swmpus gan
gyfranwyr ymroddedig yn ymwneud ag ystod eang o bynciau
gwerinol eu natur. O ganlyniad, ceir cyfoeth o wybodaeth mewn
cylchgronau megis *Bye-gones* (Relating to Wales and the Border
Counties), *Cyfaill yr Aelwyd* a *Cymru Fu*, ac mewn nifer o bapurau
lleol. Mewn cyfnod pan oedd nifer o'r arferion yn colli tir, dangosodd
nifer o ohebwyr cyfoes frwdfrydedd arbennig wrth hel gwybodaeth ar
bob math o bynciau cyn i'r etifeddiaeth lafar honno ddiflannu am byth.

Cyfoethogwyd y casgliadau cylchgronol hynny gan wybodaeth a
ddiogelwyd mewn casgliadau personol ac mewn traethodau a
baratowyd ar gyfer gwahanol eisteddfodau. Wedi troad y ganrif
parhaodd nifer o haneswyr lleol i gofnodi ac ailgylchu deunydd
gwerinol, ac unwaith yn rhagor manteisiwyd ar golofnau penodol
mewn nifer o bapurau arbennig megis y *Cardiff Times*, Y *Gweithiwr
Cymreig* a'r *Darian*. Erbyn hyn, ar wahân i'r weithred o ddiogelu drwy

gofnodi, byddid hefyd yn ceisio dosbarthu deunydd a chynnig arolwg
o'r gwaith a gyhoeddasid ar wahanol feysydd. Bu'r Eisteddfod
Genedlaethol hithau yn awyddus i hybu'r gwaith o lunio casgliadau
lleol a bu gwahanol gystadlaethau yn gyfrifol am ychwanegu'n
sylweddol at y stôr o wybodaeth a oedd eisoes ar gael.

Ond hyd yn oed pe llwyddid i argyhoeddi rhyw unigolyn neu'i
gilydd o bwysigrwydd y deunydd gwerinol hwn, ni olygai hynny fod
pob problem wedi'i datrys. Dros y blynyddoedd gwelwyd fod casglwyr
llên gwerin yn rhestru pob math o ffactorau a fyddai'n dueddol o
ddanseilio ymdrechion digon dilys i gofnodi ac argraffu defnyddiau
gwerinol o bob math. Pe llwyddid, er enghraifft, i oresgyn swildod
cynhenid y gwerinwr a'i annog i berfformio, byddai'r cantor neu'r
adroddwr ei hun yn dethol ei ddeunydd yn ofalus o flaen dieithryn o
gasglydd. 'So contact between collector and singer', medd Lloyd,
'tended to be rather less than candid because, however civil, each
approached the other gingerly across a social chasm'.[29] Wedyn,
byddai'r casgliadau gorffenedig yn dioddef proses pellach o olygu er
mwyn i'r fersiwn gyhoeddedig adlewyrchu chwaeth yr oes a
disgwyliadau'r gynulleidfa. Dan y fath amodau, rhaid bod yn bur
ddiolchgar am y deunydd gwerinol a etifeddwyd gennym; ar yr un pryd
rhaid cydnabod bod prosesau o gywiro a saniteiddio wedi digwydd ar
brydiau er mwyn i'r deunydd fod yn gymdeithasol dderbyniol. Byddai
proses o'r fath yn fwy perthnasol yn hanes penillion a chaneuon
gwerinol, ond rhaid derbyn hefyd fod hen ddathliadau tymhorol wedi
goroesi ar waethaf ymosodiadau piwritanaidd eu natur ar gynifer o'r
hen draddodiadau seciwlar a ystyrid yn amheus iawn eu ffynhonnell
a'u tras. Ac eto, mae'r wybodaeth a etifeddwyd gennym yn caniatáu
dehongli gwahanol arferion a thraddodiadau yn ôl patrymau digon
cyntefig eu natur ac yn ôl elfennau defodol a fu unwaith yn rhan mor
ganolog o ddull o fyw a ddibynnai ar hynt y tymhorau. Er bod
arwyddocâd symbolaidd y gwahanol elfennau erbyn hyn yn ddieithr
iawn i gynulleidfa fodern, ceir adleisiau o gynllun gwreiddiol a fyddai
wedi adlewyrchu perthynas agos iawn â byd natur o gofio fod y
gwerinwr yn awyddus iawn i gynnal ac i blesio'r pwerau hynny y
credid eu bod yn llywio rhod y tymhorau.

Ni raid synnu, felly, fod yna gyfoeth o wahanol draddodiadau yn
gysylltiedig â throad y flwyddyn, hen ddefodau paganaidd eu tras yn

gymysg â thraddodiadau eraill a fabwysiadwyd gan y ffydd Gristnogol i ddathlu cyfnod y Nadolig. Mae'r cyfuniad rhyfedd hwn yn nodweddu cynifer o'r traddodiadau a ddatblygodd yn rhan o raglen Nadoligaidd ei hamseriad, a'r arferion eu hunain yn aml yn ymddangos ar eu newydd wedd. Oherwydd pan fyddai'r elfennau paganaidd yn mynnu goroesi, a hynny yn wyneb protestiadau'r eglwys sefydledig, gwelir yr eglwys yn gymodlon hyblyg yn cytuno i 'fedyddio'r hen dduwiau' na ellid eu halltudio. 'To carol', yn ôl Lloyd, 'meant originally to dance in a ring, and it is usually thought that the origins of carolling lie in the pagan round-dances that people performed, especially at midwinter to ensure the re-birth of the sun'.[30] A derbyn fod y ddamcaniaeth yn un ddilys, awgrymir ymhellach fod carolau crefyddol wedi'u creu o ganlyniad i benderfyniad yr Eglwys 'to capture and baptize the old gods and to take over rituals that it could not abolish'. Sonnir fod cadw olion y 'boncyn gwyliau' neu'r 'yule-log' o un flwyddyn i'r nesaf yn dod â lwc, a gall hefyd fod yn symbol o barhad. 'In some families', medd Trevelyan, 'this is done from force of habit', er bod awgrym mai arall oedd gwir ffynhonnell yr arfer ac mai'r nod yn wreiddiol oedd gwarchod y teulu rhag gwrachod, 'and doubtless was a survival of fire worship'.[31] I'r un cyd-destun y perthyn cynnau coelcerthi ganol haf a chanol gaeaf, 'defod sy'n gysylltiedig â ffrwythlonedd ac â pharhad bywyd'.[32] Ystyrid fod y gannwyll, fel y cyff Nadolig, mewn cyd-destun cyntefig yn symbol a gysylltid â diogelu'r teulu rhag anffawd ond gydag amser daeth yn elfen ganolog mewn rhai gwasanaethau eglwysig, yn enwedig gwasanaeth y plygain fore'r Nadolig. Gwelir, felly, fod yna bwyslais ar addasu amrywiaeth o hen draddodiadau yn hytrach na dileu cyfres o weithgareddau tymhorol a dderbyniasai sêl bendith y gymdeithas werinol.

Ar un adeg roedd canu carolau yn golygu rhywbeth hollol wahanol i'r darlun cerdyn-Nadolig a gysylltir â'r arfer erbyn hyn, wrth i drigolion y gwahanol gymunedau, mewn cyd-destun cyn-Gristnogol, drosglwyddo neges amserol fyddai'n erfyn llwyddiant i'r llwyth yn ystod y cylch tymhorol a oedd ar fin cychwyn. Byddai elfen o ymwisgo yn rhan o'r ddefod weithiau, ac awgrym Lloyd yw mai llanciau ifainc, 'roisterers with animal guisers', sy'n cynrychioli'r carolwyr cynharaf 'from a period long before Christianity, when the luck-visitors going the rounds of the village sang – usually in antiphon

– either bracing hero-epics or songs invoking food in plenty and the increase of livestock as a spell against the ox-hunger of ancient winter days'.[33] Ceir awgrym pellach fod y ceffyl, mewn rhai cymdeithasau cyntefig, yn symbol o hybu ffrwythlonedd fel bod yma gyd-destun posibl i ddefod y Fari Lwyd; y pwynt canolog yw bod y carolwyr yn rhith anifeiliaid yn ceisio magu hyder drwy gyfrwng seremoni yn wyneb anawsterau bywyd. Awgrymir fod y gwerinwr cyntefig yn gweld byd natur yn ddirgelwch na ellid ei feistroli drwy rym ac ymroddiad yn unig. 'Magic', medd Lloyd, 'was simply a psychical technique to make up for some of the deficiencies in physical technique'.[34] Er i'r arfer o ddawnsio i gyfeiliant y garol ddiflannu, arhosodd yr arfer o ddymuno'n dda i drigolion yn eu tai, yr hyn a elwid yn 'luck-visits'. 'Even today, here and there', medd Lloyd, 'groups of carollers go their rounds dressed in a travesty of rags, and carrying brooms to sweep away evil spirits'.[35] Wele osod dau o gymeriadau parti'r Fari Lwyd mewn cyd-destun penodol am fod cyfeiriadau lawer at ymddygiad Pwnsh a Shuan ar y parth, Shuan yn ysgubo'r llawr a Pwnsh yn ei herlid. Cysylltir 'Hela'r Dryw' â hen duedd baganaidd i aberthu pennaeth y llwyth er mwyn ailffrwythloni'r tir ac ailgychwyn proses o hau a chynaeafu. Gydag amser aberthwyd ffug-gynrychiolwyr y brenin, yn gyntaf o blith ei ddeiliaid ac yna drwy aberthu aderyn neu bysgodyn. Yn yr un modd, dangoswyd fod i'r arfer o waseila gysylltiadau coelgrefyddol amlwg i gychwyn ond bod yr arfer gyda'r blynyddoedd wedi dirywio'n esgus i godi sbri a chasglu arian. Byrdwn y sylwadau hyn yw bod cyfoeth o arferion digon amrywiol eu ffynhonnell a'u pwyslais wedi'u trawsnewid yn ddramatig dros y blynyddoedd fel mai peth digon naturiol oedd gweld elfennau barbaraidd eu natur yn cael eu haddasu neu eu dileu wrth i'r arferion cyntefig adlewyrchu safonau cymdeithasol gwahanol gyfnodau a chymunedau.

Bu proses o ddiwyllio, felly, yn gyfrifol am drawsnewid aml i ddefod wrth i amodau cymdeithasol newydd ddylanwadu ar batrymau mwy cyntefig eu cyd-destun. Wrth reswm, oherwydd prinder tystiolaeth ni ellir ond dyfalu beth oedd natur y rhaglenni gwerinol hynny a fyddai'n difyrru'r amser ers talwm. Gyda'r blynyddoedd, gellid synhwyro fod cryn wahaniaeth wedi datblygu rhwng natur y defodau cyntefig hynny a gysylltid â ffrwythlonedd byd natur, a'r arferion a oroesodd mewn cyfnodau llai ofergoelus. Rhaid cydnabod ein dyled i Iolo Morganwg a fu'n gyfrifol am restru nifer helaeth o arferion gwerin y dywedir iddynt gael eu cynnal yn y Fro yn ystod ei gyfnod ef, ac ar waethaf unrhyw amheuon sy'n rhwym o godi ym mhob cyd-destun Ioloaidd, dangosodd G. J. Williams fod cymdeithas Bro Morgannwg yn y cyfnod arbennig hwnnw yn un hynod ddiddorol lle gwelid pob math o ddifyrrwch gwerinol yn cyfrannu at gyfres o wyliau a thraddodiadau tymhorol. Ysywaeth, erbyn diwedd y bedwaredd ganrif ar bymtheg, roedd y sefyllfa yn bur wahanol a'r cyfoeth arferion wedi diflannu i raddau helaeth. Mae'n wir fod olion nifer o'r hen draddodiadau i'w canfod yn rhan gyntaf y ganrif honno, ond gweithgareddau tymhorol oeddent i greu adloniant ar gyfer cynulleidfa werinol. Ni fyddid bellach yn gwerthfawrogi arwyddocâd y nodweddion defodol gwreiddiol; mewn cyfnod llai ofergoelus ei natur, pa ddisgwyl i'r genhedlaeth newydd allu uniaethu â gofid cyntefig y gwerinwr a fynnai wneud pob dim o fewn ei allu i foddhau duwiau'r ddaear. Diflanasai'r pwyslais defodol bellach, a'r cysylltiadau lled-baganaidd hynny a fu'n gyfrifol am ddatblygiad y cyfryw arferion. I drigolion y Fro yng nghyfnod Iolo, roedd yr arferion yn rhan o galendr tymhorol o weithgareddau a fyddai'n creu difyrrwch mewn cymunedau lle roedd bywyd o hyd yn ddigon anodd ond yn wahanol iawn i batrwm bywyd y cymunedau cyn-Gristnogol hynny fu'n cynnal ac yn diogelu'r defodau yn eu ffurf wreiddiol. Mae'n wir na wyddom ryw lawer am gynnyrch cerddorol y cathreiwr a fyddai wedi torri ei gŵys yng nghwmni ei ychen yn y canol oesoedd, am na fyddai disgwyl i groniclwyr y cyfnod gydnabod arwyddocâd ei gân. Yn rhagluniaethol, fodd bynnag, diogelwyd rhai enghreifftiau o'r caneuon cynnar hynny sy'n awgrymu pa mor amlweddog oedd byd y gwerinwr. O ganlyniad, gallai Lloyd gyfeirio at ganeuon a oedd yn gyfuniad rhyfedd o'r crefyddol a'r paganaidd, elfen a ocdd i nodwcddu cynifer o'r arferion traddodiadol yn ogystal. Oherwydd, er bod cysylltiad amlwg rhwng rhai arferion ac amodau'r cynfyd paganaidd, ymddangosodd nifer drachefn ymhen rhai blynyddoedd o fewn rhaglen o weithgareddau tymhorol a gysylltid bellach â gwahanol wyliau eglwysig. Canfyddir, felly, ddeuoliaeth ryfedd sy'n cwmpasu'r crefyddol a'r seciwlar. Goroesodd rhai caneuon, 'a handful of sung charms', ac ar sail y dystiolaeth honno, dywed Lloyd eu bod yn dangos 'that Christian though he might be, the ploughman walked his furrow in company of far more ancient gods than the abbot preached'.[36] Gellid dadlau yn yr un modd fod arferion gwerin, fel caneuon y cathreiwr gynt, yn gyfuniad cymhleth o elfennau sy'n adlewyrchu personoliaeth a phwyslais y gwahanol gymunedau fu'n cynnal ac yn dehongli'r cyfryw draddodiadau. Wrth i gymdeithas newid, datblygiad hollol naturiol oedd i'r arferion hwythau gael eu haddasu a'u cyflwyno o'r newydd yn ôl gofynion a gwerthoedd pob ardal a chyfnod.

CYFEIRIADAU

[1] G. J. Williams, *Iolo Morganwg* (Caerdydd, 1956), 2.

[2] John Howells, 'The Glamorgan Revel (Gwyl a Gwledd Mabsant)', *Red Dragon* V (January – June 1884), 130.

[3] *The Diary of William Thomas 1762-1795*, ed. R.T.W. Denning (Cardiff, 1995), 117.

[4] Ibid., 206.

[5] G. J. Williams, op. cit., 41. Gweler hefyd erthygl yr un awdur 'Dyddiadur William Thomas o Lanfihangel-ar-Elái', yn Glanmor Williams a Gwynedd O. Pierce (goln.), *Morgannwg*, Cyf. I (1957), 13-30.

[6] *The Diary of William Thomas 1762-1795*, 24 (Introduction).

[7] Ibid., 61.

[8] Ibid., 67.

[9] AWC Llsgr. 1406/2: 'Bwlring / Bullring'. (Casgliad Cadrawd. Trefnir y cyfraniadau yn ôl yr wyddor.)

[10] G. J. Williams, 'Glamorgan Customs in the Eighteenth Century', *Gwerin* Vol. I (!956-7), 100. Dyfynnir yn yr un adran, o ddyddiadur Charles Wesley (1741) lle ceir awgrym ganddo yntau fod angen diwygio patrwm y dathliadau a ganfu: 'I went to a revel at Lanvase, and dissuaded them from their innocent diversions'.

[11] Caerdydd Llsgr. 4.523, 71. (Casgliad Cadrawd)

[12] Caerdydd Llsgr. 4.877, 65. Gw. G. J. Williams, *Iolo Morganwg* (Caerdydd, 1956), 41 (Nodyn 11)

[13] G. J. Williams, op. cit., 42 (Nodyn 13).

[14] John Howells, op.cit., 131 a 134.

[15] Ibid., 131.

[16] Ibid., 136.

[17] Charles Redwood, *The Vale of Glamorgan: Scenes and Tales Among the Welsh* (London, 1839), 141.

[18] Ibid., 142-3.

[19] Ibid., 145.

[20] Ibid., 145-7.

[21] Marie Trevelyan, *Folk-Lore and Folk-Stories of Wales* (London, 1909), 258.

[22] Ibid.

[23] Gw. G. J. Williams, op. cit., 42-3.

[24] Marie Trevelyan, op. cit., 258.

[25] *Y Darian*, 26 Ionawr 1928. Casglwyd yr erthyglau ynghyd mewn llawysgrif o eiddo Tom Jones a gedwir yn llyfrgell Amgueddfa Werin Genedlaethol Cymru yn Sain Ffagan (AWC 273). Gw. yr erthygl hon ar dudalen 143.

[26] Ibid., 16 Chwefror 1928. (AWC 273, 149)

[27] Ibid. Ceir cyfeiriad at ffynhonnell deunydd Tom Jones, sef: Wirt Sikes, *Rambles and Studies in Old South Wales* (1881), 173-4.

[28] T. C. Evans (Cadrawd), History of Llangynwyd Parish (Llanelly, 1887), 158.

[29] A. L. Lloyd, *Folk Song in England* (London, 1967), 18-19.

[30] Ibid., 118

[31] Marie Trevelyan, op. cit., 28.

[32] Rhiannon Ifans, op. cit., 37.

[33] A. L. Lloyd, op. cit., 98.

[34] Ibid., 99.

[35] Ibid., 118.

[36] Ibid., 91.

MARI LWYD

Twelfth Night, too, has, with us, a peculiar custom. For some time the young men busy themselves in the villages in preparing a *Mary Lwyd*. The skeleton of a horse's head is procured, which they adorn all over with favours of various colours. As it is seldom convenient to the young sparks to expend much money on this finery, they contrive to coax their sweethearts into a loan of the silken fillets, and rosettes, and other ornaments which may be wanted. —- When Twelfth Night comes, they carry about the Mary Lwyd from house to house, making at each a pretty rumpus.

(Charles Redwood, The Vale of Glamorgan: Scenes and Tales
among the Welsh (London, 1839), 151-2)

Cyn y gwyliau Nadolig (fel y gelwir y cyfnod hwnw o'r flwyddyn), y dynion ieuainc ydynt yn chwilio am asgwrn pen *ceffyl*, neu *gaseg, asyn,* neu *asen* . . . Wedi cael yr asgwrn pen, paratoir pren i fod yn lle asgwrn gên iddo, a *spring* wrtho, fel y gellir ei roddi yn y fath fodd ag iddo agor a chau wrth ewyllys y dyn a fydd yn ei ddefnyddio, er cnoi dynion, pori glaswellt, gweryru, &., heblaw ymddyddan . . . Cychwynant nos Nadolig, a pharhant yn y chwarae am fythefnos, tair wythnos, neu fis, rai prydiau, cyn rhoi fyny. Trefn y chwarae sydd fel y canlyn:-

Tybiwn eu gweled yn nesu at dŷ gweddol gyfrifol, sef y chwech, Mari Lwyd, y Tywysydd, y *Sergeant*, y *Merryman*, a Pwnsh a Shuan. Yn awr, dacw hwy yn canu mân benillion i ddeisyf cael myned i mewn, a dyna wr y tŷ, neu ryw un lled ddoniol, yn deall y peth oddifewn, yn ateb, ac yn gwrthod caniatâd . . . Ond yn gyffredin ar ol cyd-ymddyddaniad (*dialogue*) hirfaith, caniatau iddynt ddod i mewn y bydd y sawl a allo eu cadw allan.

(W. Roberts (Nefydd), Crefydd yr Oesoedd Tywyll (Caerfyrddin, 1852), 15)

Dros y blynyddoedd bu cryn drafod ar yr arferion hynny a gysylltid gynt â chyfnod y Nadolig, y toriad hwnnw yn y flwyddyn amaethyddol ganol gaeaf a elwid yn gyfnod 'Y Gwyliau'. Yn ychwanegol at waith safonol Trefor Owen, *Welsh Folk Customs* (Caerdydd 1959), mae gennym bellach astudiaeth gynhwysfawr Rhiannon Ifans o'r canu gwasael[1] sy'n olrhain tarddiad a datblygiad amrywiaeth gyfoethog o arferion traddodiadol, ynghyd â nifer o erthyglau gwerthfawr sy'n ymdrin â gwahanol agweddau ar ddathliadau'r 'Gwyliau'. Mae'r holl ymdriniaethau hyn yn tystio i bwysigrwydd y cyfnod hwn yng nghalendr cymdeithasol y flwyddyn ac yn dangos hefyd pa mor awyddus y bu cenedlaethau o groniclwyr diwyd i arddel cysylltiad plwyfol â'r gwahanol arferion. Ond hyd yn oed ymhlith cyfres o arferion diddorol ac amrywiol eu pwyslais, gellir synhwyro fod i'r Fari Lwyd le anrhydeddus a chanolog yn y dathliadau hynny, ac 'o'r defodau gwaseila i gyd', medd Rhiannon Ifans, 'mae'n debyg mai'r un sy'n creu'r olygfa fwyaf ysblennydd yw defod y Fari Lwyd'.[2] Mae'r arfer honno yn un sy'n gyfrifol am ysbrydoli dosbarth eang ac amrywiol o benillion llafar gwlad, ond er bod i'r arfer le amlwg yn hanes llên gwerin Morgannwg, ni ellir honni mai i'r rhanbarth hwn yn unig y perthyn y Fari Lwyd. 'In Wales' medd Dr Iorweth Peate, 'it has survived to our own times in Glamorganshire; but that it was formerly found in varying forms throughout Wales is a fact which cannot now be disputed'.[3] Ond eto, dengys ymchwiliadau manwl Rhiannon Ifans yn eglur ddigon mai â chymunedau Morgannwg y cysylltir yr arfer yn bennaf, ac mai'r blynyddoedd '1850-1920 oedd cyfnod bywiocaf y Fari o ran nifer y pennau ceffyl ac o ran brwdfrydedd cefnogwyr'.[4]

Gellir yn hawdd ddeall apêl arbennig yr arfer gyda hwyl a sbri'r dadlau neu'r 'pwnco', ymddangosiad y pen ceffyl, y cyfuniad o gyffro ac arswyd yr ymgyfarfod a'r cymdeithasu diweddarach wedi sicrhau mynediad i'r tŷ. Mae poblogrwydd traddodiadol y Fari Lwyd ei hun yn ddiamheuol, felly, ond ymddengys i'r arfer fagu arwyddocâd arbennig ac ehangach gyda'r blynyddoedd drwy ddatblygu'n symbol arbennig o'r oes a fu, yn ddolen gydiol, fel petai, rhwng oes a gefnodd i raddau helaeth iawn ar draddodiadau'r gorffennol yn wyneb patrymau cymdeithasol newydd, a'r cyfnod cynddiwydiannol lle byddai arferion lliwgar yn rhan ganolog o ddathliadau'r 'Gwyliau'. Fel yr ystyrid yr ych

Sianco'r Castell a'r Fari Lwyd yn Llangynwyd.

Sianco'r Castell a pharti'r Fari Lwyd yn Llangynwyd.

yn symbol cyfleus a phriodol o'r hen gyfundrefn amaethyddol ym Mro Morgannwg, ymddengys fod y Fari Lwyd hithau wedi datblygu'n symbol o ymlyniad yr oes fodern wrth ddraddodiadau'r gorffennol, fel pe bai ymddangosiad y pen ceffyl yn ddull o ddiogelu cyfran o rin a rhamant y gorffennol. Er i'r arfer oroesi ym Morgannwg mewn ambell gymuned tan ddechrau'r ugeinfed ganrif, diflannu fu ei hanes ymhell cyn hynny yn y rhan fwyaf o'r ardaloedd a fu'n deyrngar i'r arfer am gynifer o flynyddoedd. Gwnaed ymdrech arbennig i sicrhau parhad yr arfer mewn ambell gwmwd megis Llangynwyd, ond erbyn diwedd yr ugeinfed ganrif bu'n rhaid ailgyfodi'r arfer am fod y traddodiad wedi hen ddiflannu o raglen ddiwylliannol y tymhorau ers tro. Mor ddiweddar ag 1997 ceir awgrym gan Tecwyn Vaughan Jones ein bod 'yn byw mewn cyfnod sy'n amlwg yn dechrau ailasesu rôl a chyfraniad hen ddraddodiadau'.[5] Mae teitl yr erthygl ei hun, 'Y Fari Lwyd a'r Adfywiad', yn arwyddocaol, ac mewn cyfnod a rydd gymaint o bwys ar ddiffinio a diogelu Cymreictod, peth naturiol yw pwyslais yr awdur yntau ar 'gydnabod, adfywio a dyrchafu rhai o'r hen ddelweddau a thraddodiadau diflanedig a ystyrid yn Gymreig fel sumbolau o'n hunaniaeth'.[6] Wele'r Fari Lwyd, felly, yn symbol o'r gorffennol pell, ond yn symbol hefyd i ddynodi ein bod yn awyddus i gofio ac arddel y math o ddiwylliant fu'n gyfrifol am gyfoethogi bywydau gwerinwyr oes a fu.

Cafodd yr arfer hon gryn sylw gan groniclwyr yn gyffredinol dros gyfnod hir, a'r dystiolaeth amrywiol yn tystio i boblogrwydd y traddodiad. Felly, go brin y byddai unrhyw arolwg o hanes llên gwerin Morgannwg yn gyflawn heb gydnabod pwysigrwydd a chyfraniad unigryw yr arfer a elwid gan amlaf yn Fari Lwyd. Ymddengys fod y traddodiad hwn yn cynnwys olion dwy arfer o leiaf a oedd yn y gwraidd yn gwbl annibynnol ar ei gilydd, sef y Fari Lwyd a'r arfer a elwid yn 'ganu gwasel'. Er i rai haneswyr geisio awgrymu fod i hanes y Fari Lwyd gysylltiadau crefyddol, ni ellir gwneud hynny yn hanes y caneuon gwaseila am mai caneuon gwirota oeddent yn y lle cyntaf. Dyfynna T. H. Parry-Williams eiriau Brand yn y cyswllt hwn, cyfraniad sy'n perthyn i ddiwedd y ddeunawfed ganrif:

> There was an ancient Custom (I know not whether it be not yet retained in many Places): Young Women went about with a 'Wassail-bowl', that is a Bowl of Spiced Ale on New Year's Even, with some Sort of Verses that were sung by them in going from Door to Door.[7]

Yr un yw byrdwn sylwadau Cecil Sharp yntau yn ei lyfr safonol ar ganeuon gwerin Lloegr lle pwysleisir drachefn nad cefndir crefyddol sydd i'r cyfryw ganu:

> Wassail song, and carols associated with the May day festival, are pagan survivals, which, although they have since been modified by contact with Christian customs, must be sharply distinguished from the carols connected with the festival of the Church, which latter were the direct outcome of Christian belief.[8]

Gyda'r blynyddoedd ymddengys i'r caneuon hyn ddatblygu cysylltiad arbennig â gwahanol wyliau ac yn enwedig â Dydd Calan:

> But more generally the practice was observed of a crowd of youths and maidens entering their friends' houses in the first hours of New Year's Day, bearing with them the wassail-bowl of spiced ale, and singing verses appropriate to the occasion.[9]

Nid oedd i'r arfer yn y pen draw amgenach arwyddocâd na dymuno iechyd da i drigolion y tai y byddid yn ymweld â hwy, er bod modd damcaniaethu fod i'r weithred o yfed gyd-destun defodol yn wreiddiol.

Er na ellir bod yn hollol bendant ynglŷn â'r ffynhonnell, 'the draught', medd C. A. Miles, 'may have been at first a means of communication with some divinity, and then its consumption may have come to be regarded not only as benefiting the partaker, but as a rite that could be performed for another person'.[10]

Wrth reswm, bu nifer o hynafiaethwyr ac ymchwilwyr yn trafod natur ac arwyddocâd tybiedig y caneuon gwaseila traddodiadol ac mae'r arolwg hanesyddol a welir yng *Nghylchgrawn Cymdeithas Alawon Gwerin Lloegr* yn llwyddo i grynhoi rhai o'r prif agweddau:

> The Wassail Bowl – sometimes in latter days degenerated to a decorated basket – trimmed with greenery and ribbons would appear to serve the double purpose of collecting offerings towards the good cheer, and of being the receptacle of the festive drink when made, or of the 'luck' carried to the house visited. Both as a word[11] and in fact 'wassailing' is closely connected with the drinking of healths and a resemblance to wassail or mummery is frequently to be seen in folk song 'healths' unconnected with the Christmas season to which the wassail belongs.[12]

Gwelir, felly, fod y weithred o yfed yn gyfystyr â dymuno iechyd i'r sawl a gyferchir, ac er i'r ffiol wasael ddiflannu i bob pwrpas erbyn diwedd y bedwaredd ganrif ar bymtheg yng Nghymru, mae'n ddiddorol sylwi fod Cecil Sharp yn awgrymu fod olion yr arfer i'w canfod o hyd yng Nghernyw yn 1913, yn ardal Redruth. Dywedwyd wrth Sharp y byddai partïon bach o ryw chwech neu saith yn gwaseila rhwng y Nadolig a'r flwyddyn newydd. 'They carried', meddai, 'a wooden bowl, from seven to nine inches in diameter, with sprigs of holly and ivy fixed vertically round the edge'.[13] Mae'n bur amlwg, felly, i'r traddodiad hwn oroesi yn Lloegr tan ddechrau'r ugeinfed ganrif, lle bu tuedd yng Nghymru i'r arfer o waseila ddatblygu'n rhan o ddefod y Fari Lwyd, ac wrth i elfennau'r ddwy arfer ymdoddi'n un traddodiad, peth naturiol oedd i'r term 'gwaseila' ddechrau colli ei ystyr. Yn y diwedd, disodlwyd y ffurf yn gyfan gwbl mewn rhai ardaloedd gan arfer geiriau megis 'cwnseila' neu 'cwrseila', sef 'cyfnewid term y gwyddid amdano i ddynodi'r peth a gollodd ei ystyr, a daeth y canu a'r yfed defodol yn achlysur cymdeithasol, diarwyddocâd'.[14]

Ffiol Wasael (Ewenni *c.* 1910).

Ar yr un pryd, dylid nodi fod yna rai adroddiadau sy'n ymdrin â'r arfer o ganu gwaseila cyn i'r traddodiad hwnnw gael ei gyplysu â chwarae'r Fari Lwyd. Ceir gan Nefydd, er enghraifft, ddisgrifiadau o'r Fari Lwyd ac o ddwyn y 'Wasseil' fel arferion cwbl annibynnol ar ei gilydd. Wrth drafod yr ail, dywedir bod 'y "Wasseil-bowl" i'w gweled yn fynych mewn hen dai mawr, yn yr hon y darperid math o "bwnsh" cryf a blasus, yn cael ei ddwyn gan ferched ieuainc, o'r hon yr yfai pob un yn y gwmniaeth fel arwydd fod pob cenfigen a gelyniaeth i gael ei hanghofio mwyach, a dechrau blwyddyn o'r newydd yn llawen'.[15] Y ffiol wasael ei hun sy'n denu sylw Anne Beale hithau mewn trafodaeth sy'n dwyn y teitl 'All Hallow's Eve' ac sy'n perthyn i hanner cyntaf y bedwaredd ganrif ar bymtheg:

> The huge bowl was on the table, brimful of ale. William held a saucepan, into which Polly and Rachel poured the ale, and which he subsequently placed upon the fire. Leaving it to boil, the party seated round the fire began to roast some of the apples that Polly had just put upon the table . . . The tempting beverage went smoking hot into the bowl . . . With a sufficient proportion of spices and sugar, the wassail bowl was finally prepared.[16]

Ymddengys, felly, fod yna baratoadau manwl i'w cwblhau cyn bod y ffiol wasael yn barod, y ffiol oedd yn ffocws defodol i deithiau'r gwaseilwyr pan fyddent yn cwmpasu'r ardal i ddymuno iechyd i'r trigolion ac yn eu difyrru a'u caneuon a'u campau. Erbyn diwedd y ganrif, fodd bynnag, roedd y sefyllfa wedi newid yn ddirfawr a'r arfer o waseila i bob pwrpas bellach yn rhan o raglen ehangach ei gweithgarwch a'i phwyslais. Go brin y gellid disgwyl i'r genhedlaeth newydd werthfawrogi arwyddocâd y cysylltiadau defodol gwreiddiol wrth i'r arfer wanychu a cholli ei chymeriad traddodiadol a'i hannibyniaeth. Er bod awydd greddfol ymhlith aelodau'r gwahanol gymunedau i goffáu'r gorffennol, ni fyddai'n bosibl bellach i gynnal y math o raglen dymhorol a fu unwaith yn addurn ar fywyd digon undonog ei natur mewn ardaloedd gwledig yn y cyfnod cyn-ddiwydiannol. Fel y pwysleisiwyd droeon gan wahanol groniclwyr, roedd datblygiadau cymdeithasol y bedwaredd ganrif ar bymtheg gyda'r pwyslais newydd ar y trefol ar draul y gwledig, wedi peryglu nifer o hen draddodiadau cefn gwlad.

Y Fari Lwyd yn ardal Llangynwyd.

Parti Sianco'r Castell ar eu taith: Llangynwyd.

Mae'r darlun a etifeddwyd gennym o hanes y gwahanol arferion yn eu cyd-destun daearyddol ac amseryddol yn dibynnu, wrth reswm, ar natur y dystiolaeth a ddiogelwyd gan haneswyr lleol, ac yn achos y Fari Lwyd mae amlder y cofnodwyr yn caniatáu llunio arolwg llawer mwy cyflawn nag sy'n bosibl yng nghyd-destun arferion eraill, a'r map a baratowyd gan Rhiannon Ifans yn dyst i hynny.[17] Ar yr un pryd, dylid nodi fod yr amrywiaeth adroddiadau yn dangos nid yn unig pa mor gyffredin oedd yr arfer ledled Morgannwg, ond hefyd natur yr amrywiadau lleol yn nhrefn y chwarae ac yn y penillion traddodiadol a oedd yn sail i'r 'pwnco' neu'r dadlau ar ben drws. Wrth edrych ar ddetholiad o'r cyfryw adroddiadau, gellir olrhain hanes yr arfer dros nifer o flynyddoedd a rhannu rhywfaint o flas a chyffro achlysur a fyddai wedi denu cryn sylw mewn cyfnodau a oedd yn bur wahanol eu pwyslais a'u diddordebau. Afraid dweud fod i'r croniclwyr hwythau le amlwg yn yr hanes wrth iddynt gofnodi a dehongli hanes cyfoethog y dalaith ac arddel, o ganlyniad, y patrwm Ioloaidd hwnnw a fu'n gynsail i waith cynifer o hynafiaethwyr selog y bedwaredd ganrif ar bymtheg.

A derbyn tystiolaeth Iolo Morganwg, roedd yna ddwy arfer wahanol ar un adeg, sef 'Mari Lwyd – a gwashaela – Ffiol Ddeunaw ddolen'.[18] Yr un yw'r awgrym mewn rhestr arall o eiddo Iolo lle sonnir yn gyntaf am 'Mari Lwyd nos wyl ystwyll', ac yn ddiweddarach am 'Gwas-haela, nos wyl ystwyll, mewn Ffiol ddeunaw ddolenol, a'r Gân'.[19] Gwelir fod Maria Jane Williams hithau yn cynnwys dwy alaw dan wahanol deitlau yn *Ancient National Airs of Gwent and Morganwg*, sef 'Hyd yma bu'n cerdded' (tud. 31) a 'Y Washael' (tud. 30), er nad yw'r nodiadau esboniadol a luniwyd ganddi yn llwyddo i wahaniaethu'n benodol gyfleus rhwng y naill arfer a'r llall. Yn ei nodyn ar 'Y Washael', sonnir am wahanol grwpiau 'fantastically dressed with ribbons of various colours' (tud. 80), yn mynd o amgylch y gymdogaeth i ganu a bod un o'r cwmni yn gyfrifol am gario'r pen ceffyl. Ac yna, wrth drafod yr alaw 'Hyd yma bu'n cerdded', er na sonnir am y pen ceffyl, ceir cyfeiriad at y 'pwnco', 'a dialogue between those within and those without', gan gymharu'r achlysur â'r hyn a ddigwyddai adeg priodas 'when the bridegroom's party arrives to conduct her away'(tud. 81). Ni ellir bod yn hollol sicr ai Maria Jane Williams sy'n methu yn ei hymdrech i wahaniaethu'n olygyddol fanwl rhwng y gwahanol agweddau ar y canu gwaseila neu fod y ffin rhyngddynt eisoes yn amhendant a bod y sylwadau'n adlewyrchu'r sefyllfa fel yr oedd, sef bod eisoes elfennau o gymysgu a gorgyffwrdd, a dyfynnu geiriau Rhiannon Ifans, fod 'gormod o elfennau tebyg rhyngddynt, . . . iddynt fod yn gwbl ar wahân – y drws cau, yr anawsterau, y ddiod a'r bwyd, a'r pwyslais ar haelioni'.[20] Tua'r un cyfnod, gwelir fod taith y Fari Lwyd yn rhan o ddathliadau'r Nadolig yng nghyffiniau Llanofer, taith a fyddai'n diweddu yn y plasty nodedig hwnnw yr oedd Maria Jane Williams ei hun yn gyfarwydd â'i naws ddiwylliannol Gymreig o ganlyniad i'w hymweliadau cyson â theulu Llanofer:

> The week before Christmas, they delighted in the Mari Lwyd, providing plenty of refreshments for the participants, who ended their round at Llanover Court.[21]

Bydd llwyddiant unrhyw arolwg o'r byd gwerinol yn dibynnu ar ansawdd y dystiolaeth, a'r hyn sy'n arwyddocaol yn hanes y Fari Lwyd yw bod cynifer o gyfeiriadau wedi goroesi, cyfeiriadau sy'n awgrymu fod i'r arfer le amlwg yn nathliadau'r Nadolig ym

Morgannwg dros y blynyddoedd, fod yr arfer wedi ennill ei phlwyf yn
ail hanner y bedwaredd ganrif ar bymtheg, a'i bod wedi goroesi tan
ugeiniau'r ganrif ganlynol.[22] Fel y crybwyllwyd eisoes, ceir
cyfeiriadau cynharach na'r 1850au ac un cyfeiriad penodol at
fodolaeth yr arfer yn ardal Defynnog (Brycheiniog) sy'n perthyn i
ddiwedd y ddeunawfed ganrif.[23] Yn wyneb y cyfoeth tystiolaeth hwn,
nod y sylwadau sy'n dilyn fydd tynnu sylw at ddetholiad o ffynonellau
perthnasol sy'n ychwanegu at y darlun o'r arfer sydd gennym eisoes;
anelir hefyd at greu cronicl a fydd yn ymdrin â natur y ffiniau
amseryddol a daearyddol sy'n rhan mor ddiddorol o hanes y Fari
Lwyd. O gyfnod Iolo ymlaen, bu nifer o groniclwyr yn cofnodi ac yn
dehongli natur y chwarae fel bod modd gweld yr arfer yn datblygu, yn
ffynnu, ac yn y pen draw yn gwanychu a hynny mewn amrywiaeth o
gyd-destunau cymdeithasol. Diolch i'r cofnodi, etifeddwyd cyfres o
adroddiadau lliwgar yn olrhain hanes yr arfer ac yn cyflwyno
casgliadau niferus o'r penillion fu'n cynnig fframwaith i'r chwarae ac
yn sail i'r holl ddadlau ar ben drws. Byddai'r stoc o benillion
traddodiadol ynghyd â'r amrywiadau lleol yn creu corff o ddeunydd
parod at wasanaeth y gwahanol bartïon ac yn ffynhonnell difyrrwch
plwyfol i genedlaethau lawer.

Ar sail tystiolaeth Charles Redwood, roedd yr arfer wedi ennill ei
phlwyf ym Mro Morgannwg yn hanner cyntaf y bedwaredd ganrif ar
bymtheg, oherwydd mewn cyfrol a gyhoeddwyd yn 1839 gellir casglu
fod yr awdur yn trafod arferion a oedd eisoes yn rhan hanfodol o
galendr gwerinol y flwyddyn. Gosodir yr arfer o fewn cyd-destun
cymdeithasol hollol benodol gan un a fu'n llygad dyst i'r dathliadau
tymhorol yn y Fro. 'A round party of us', meddai, 'were lately
carousing about Ewythr Jenkin's hearth, when a loud singing was
struck up in the porch, outside the front door'.[24] Ceir y cyfeiriadau
cyfarwydd at brif nodweddion y paratoadau a'r chwarae mewn arddull
storïol gan gyfeirio at fodolaeth yr arfer mewn mwy nag un ardal am
mai at 'villages' y sonnir. 'For some time', meddir, 'the young men
busy themselves in the villages in preparing a Mary Lwyd', a
phwysleisir ar yr un pryd fod pob dim yn cael ei gyflawni'n gyllidol
gynnil; gan gariadon y ceir 'a loan of the silken fillets, and rosettes' ac
nid yw llygaid y pen ceffyl yn ddim namyn 'the inverted bottoms of
two broken black bottles'. Gwelir, felly, fod yr adroddiad yn fanwl

ddadlennol, a diddorol yw'r cyfeiriad penodol at iaith yr achlysur, mai yn Gymraeg y cenid, ac at natur y pwnco. 'The plump and fair Gwenllian' sy'n herio'r chwaraewyr y tu allan a hynny gyda chryn lwyddiant am fod y parti o'r diwedd, meddir, yn 'impatient at being so long detained from the expected cheer'. Wedi sicrhau mynediad o'r diwedd, sonnir bod y Fari Lwyd yn creu'r rhialtwch arferol a bu tri aelod o'r parti yn gyfrifol am ddawnsio i difyrru'r cwmni. 'Regaled with no scanty allowance of cake and ale', ffarweliodd y parti ond nid heb ganu pennill ffarwél o ddiolch o'r tu allan.[25] Hynny yw, mor gynnar â chyfnod Redwood ymddengys fod i'r chwarae batrwm pendant, fod y 'pwnco' yn rhan annatod o'r achlysur a bod i'r arfer le amlwg yn nathliadau'r Gwyliau ym mhentrefi Bro Morgannwg.

O aros yng nghyffiniau'r Fro, ceir awgrym pendant gan Lemuel Hopkin James mewn cyfrol a gyhoeddwyd yn 1922, fod yr arfer wedi dechrau dirywio yn ardal y Bont-faen ymhell cyn diwedd y bedwaredd ganrif ar bymtheg:

> Mr. John John, of Cowbridge, who is 80 years of age, the youngest old man in the town, is the last person who has gone round "under the horse's head," as the Mari Lwyd, this old-world Christmas custom, has died out in the Borough. Mr. John has sung his verses to me, and they are set down here phonetically exactly as they came from his mouth in his form of the Glamorgan dialect: –
>
> Wel tyma ni'n dwad cymdogion diniwad
> I ofyn os cewn ganad i ganu nos heno.
>
> Os na chewn i ganad rhewch clywad ar ganiad
> A pwy yw'r [Here his memory failed him][26]

Pe bai John John wedi gorffen dilyn y Fari Lwyd yn ei ugeiniau, gellid casglu y byddai'r arfer i bob pwrpas wedi dechrau diflannu rywbryd tua diwedd y chwedegau, ond ar sail y dystiolaeth a gyflwynir gan James yma ni ellir dweud i sicrwydd. Dylid nodi hefyd fod Cymraeg y penillion yn bur sathredig a bod yr awdur yn cynnwys rhai fersiynau Saesneg yn gymysg â'r rhai Cymraeg, pwyslais a fyddai, mae'n debyg, yn adlewyrchu patrwm lleol yr arfer. A derbyn tystiolaeth David Jones, Wallington, bu magwraeth mewn ardal mor Seisnig â'r Bont-faen yn anfantais fawr iddo; 'you will understand', meddai, 'why one brought up there should be so deficient'.[27] Mae'n debyg mai hyn, felly, sydd i egluro'r addasiadau Saesneg o'r hen benillion traddodiadol ar gyfer cynulleidfa Saesneg ei hiaith. Wele ddau o'r tri (114):

> We've got a fine Mary, she's dressed very pretty
> With ribbons so plenty this Christmas
>
> If you are good nature, go down to the cellar
> And fill a jug over this Christmas.

Mae'n ddiddorol sylwi fod John John wedi gwrthod ailadrodd rhai penillion 'never meant for ears polite' yn unol â thuedd yr oes i ymbellhau oddi wrth unrhyw ddeunydd a ystyrid yn amheus ei natur, er iddo 'fentro' yn achos un cwpled:

> He, however, ventured as far as to repeat:-
>
> O Billy pen bwldog a doi clust scafarnog
> A diawl dwy wynebog a titha.[28]

I gloi, awgrymir i'r Fari Lwyd deithio'r ardal am y tro olaf ryw bymtheng mlynedd ynghynt (hynny yw *circa* 1907), er nad oes awgrym mai traddodiad blynyddol a di-fwlch a arweiniodd at yr achlysur hwnnw. Mae'r dystiolaeth sydd gennym yn awgrymu mai rai blynyddoedd ynghynt y dechreuodd yr arfer colli tir. Mae'n bosibl, felly, mai at ymdrech i ailgyfodi'r arfer y cyfeirir, at 'revival' yn hytrach nag at 'survival', ys dywed David Jones.

Mae ymdriniaeth Jones ei hun a ymddangosodd yn 1888, yn adlewyrchu safbwynt llawer mwy gwrthrychol a dadansoddol. Bellach, ceir ymgais i osod arferion Nos Ystwyll mewn cyd-destun gwerinol llawer ehangach; ni cheir yma adroddiad personol, storïol yr unigolyn yn ei gynefin, eithr arolwg cynhwysfawr yr ymchwilydd a fyn osod pob dim o fewn cyd-destunau priodol. O ystyried y manylion a gyflwynir, ceir adleisiau pendant o'r darlun a grewyd hanner canrif ynghynt gan Redwood; y gwisgoedd amryliw yn dibynnu ar fenthyciadau parod ('cheerfully lent them by the women') a llygaid y Fari Lwyd wedi'u llunio eto 'out of the bottoms of broken beer-bottles'. Yn yr un modd, o droi at iaith yr achlysur, mae'r wybodaeth a gyflwynir yn debyg iawn i'r hyn a gofiai John John am ddilyn y Fari Lwyd yn ardal y Bont-faen, a'r un yw'r pennill a ddyfynnir:

They also sang at each door they went to about three verses of the
Wassail song already given; upon the fourth they changed from Welsh
to English, thus:

> We've got a fine Mary
> She's dressed very pretty
> With ribbons so plenty
>   This Christmas.[29]

Ychwanegir mai yn Gymraeg y byddai partïon gogledd y sir yn
parhau am na fyddai unrhyw alw, mae'n debyg, am droi i'r Saesneg yn
y parthau hynny. Ond mae gan David Jones sylwadau perthnasol eraill
i'w cynnig sy'n creu darlun o gymdeithas werinol sy'n cyflym
ymddatod fel bod yr hen arferion yn cael eu hystyried ganddo nid yn
'survivals' ond yn 'revivals', wedi'u hatgyfodi 'as something strange
and rare for the amusement of the curious' fel na ellir ystyried
dathliadau Nos Ystwyll bellach yn rhan gynhenid naturiol o fywyd y
gwahanol ardaloedd. ' "Canu Gwassaila" and the going about with a
"Mari Lwyd" ', meddai, '– customs common enough in the forties and
fifties of the century – must now, I suspect, be classed with the things
of the past'.[30] Er mai Cymro alltud oedd David Jones byddai'n cymryd
ei waith ymchwil o ddifrif ac yn prosesu ei ddeunydd yn gyfrifol
ofalus fel bod rhaid derbyn yr hyn a awgrymir fel arwydd pendant fod
gafael yr hen draddodiadau yn dechrau llacio. Darlun o ddirywiad a
geir; diflanasai'r ffiol wassail yn llawn cwrw twym ac yn lle hynny
gallai David Jones dystio iddo weld 'a common bucket, or even, it
might be, a tin can!' Yn yr un modd, cesglid bellach mewn dull llawer
llai urddasol drwy gyfrwng 'a battered tin vessel which did duty for a
money–box'.[31] Yn yr amser gorffennol y traethir, ac mae holl naws a
phwyslais yr erthygl yn awgrymu colli bwrlwm a chyffro arfer a fu
unwaith yn rhan mor allweddol o ddathliadau'r Gwyliau. Mewn
gwirionedd, er mor ddiddorol yw'r wybodaeth a gyflwynir, gellir
synhwyro mai geiriau agoriadol yr erthygl gyda'r cyfeiriad
uniongyrchol at 'the rapid decay and disappearance of old customs
which the latter half of the nineteenth century has witnessed', sy'n
crynhoi gwir neges y sylwebydd. Wrth reswm, byddai adroddiadau
unigol yn tueddu i adlewyrchu'r sefyllfa fel yr oedd o fewn cyd-destun
cymunedol benodol fel bod cyffredinoli'n daleithiol yn gofyn am

gasglu a phrosesu gwybodaeth ar raddfa lawer ehangach. Ni ellir gwadu arwyddocâd a phwyslais sylwadau David Jones, ond y tebyg yw fod ei gasgliadau wedi'u seilio ar wybodaeth a drosglwyddasid iddo am y sefyllfa fel yr oedd yn y Fro a'r cyffiniau. Ac eto, gellir tybied fod hen arferion traddodiadol yn dechrau colli tir erbyn yr wythdegau, tybiaeth a gadarnheir gan dystiolaeth o ardaloedd eraill.

Gellid troi, er enghraifft, at Gwm Nedd. O ystyried y ddwy gân wasael a gofnodwyd gan Maria Jane Williams, ynghyd â'r nodiadau cefndir a'r pennill ychwanegol a welir ymhlith ei nodiadau personol, gellid tybied fod yr arfer yn rhan o ddathliadau'r Nadolig yng Nghwm Nedd yn hanner cyntaf y ganrif. Mae'r pennill cyntaf o'r ddau a ymddangosodd yn yr *Ancient National Airs of Gwent and Morganwg* dan y teitl 'Hyd ymma bu'n cerdded', yn dilyn patrwm digon cyfarwydd yn hanes penillion y Mari Lwyd:

> Hyd ymma bu'n cerdded,
> Gyfeillion diniwed, (2)
> A phawb yn ymddiried cael canu.[32]

Ac eto, digwydd geiriau ychwanegol ymhlith papurau personol Maria Jane Williams nad ydynt yn ymddangos yn y gyfrol gyhoeddedig am fod y casglydd yn ôl ei harfer wedi cwtogi ar nifer y penillion a ychwanegwyd at yr alaw:

> Pwy fwstwr, pwy fraban
> Sy o gwmpas fy nghaban?
> 'R un llais a dylluan di-fenydd;
> Rhowch glywed yn ddiau,
> Beth y'ch chwi'n rhoi'ch enwau,
> Gadewch ni'n ein teiau yn llonydd.[33]

Yn ychwanegol at yr wybodaeth hon, ceir gwahanol gyfeiriadau sy'n awgrymu i'r arfer oroesi yng Nghwm Nedd tan ddiwedd y ganrif, er bod tystiolaeth bellach sy'n her i'r ddamcaniaeth honno drwy awgrymu'n bendant mai dirywio fu ei hanes ymhell cyn hynny. 'Y mae 'Gwylied y Cyrff' wedi diflannu', medd Lewis Davies wrth drafod llên gwerin Dyffryn Nedd yn 1907, 'y Mabsantau a'r Cwrw Bach felly yr un modd, ond bod eu hanes a'u traddodiad yn fyw iawn; tra y mae Mari Lwyd heb hollol farw'.[34] Mae'r geiriau 'heb hollol farw' yn awgrymu traddodiad ar drai, ac ategir y dybiaeth honno gan ymchwilwyr eraill. Mae D. Rhys Phillips, er enghraifft, yn cofio gweld cwmni yng Nglyn-nedd yn 1875 a dyry dystiolaeth i ddangos i'r arfer barhau yn y gymdogaeth am flynyddoedd wedi hynny:

> The only one we ever saw was that which came from Pentre Clwyda, headed by the kindly John Harrison, about the year 1875; they performed in our kitchen at Penrhiw, Melin-y-cwrt, the "horse" gnashing its teeth and appearing quite proud of its ribbons. Mr. Philip Thomas tells us of a Pen Ceffyl company at Neath as late as 1883.[35]

Yn ychwanegol at yr wybodaeth a gyflwynir yn *The History of the Vale of Neath*, ceir ymhlith papurau personol D. Rhys Phillips yr hyn a ganlyn o dan y pennawd 'Pen Ceffyl':

> O enau Benjamin Hay o'r Lleina, Aberpergwm, y cafwyd y pennill sy'n rhoi cais y Fari Lwyd pan neshâi at ryw dŷ:
>
> > A gawn ni drwy eich ffafwr
> > Eich cegin neu eich parlwr?
> > Neu ben eich neuadd, os cawn ddod;
> > Nid ym i fod ond chwechgwr. (Rhif 171)
>
> Mog Sion Rhys a gofiai un arall:
>
> > Mae'n ddefod wych o'r gora,
> > A'r ceffyl yn ei lifra;
> > Ond gwelaf hi yn fain ei llun
> > Ai hon yw'r un ddiwetha? (Rhif 172)
>
> Yn ddysbeidiol iawn y cynhaliwyd ers 50 mlynedd. Ffordd Nedd, bugail Misgyn, wrth seinio ffarwel oedd (1875):
>
> > Fe gawsom roeso hyfryd
> > Gan deulu mwyn eu delfryd,
> > Cant ffárwel ferched, glân eich lliw,
> > Hir fyddoch byw mewn hawddfyd. (Rhif 173)
>
> > Os dewn ni yma eto,
> > Â'r ddefod i'ch cysuro,
> > Gobeithio gweld etifedd gwyn
> > A serch yn dynn amdano. (Rhif 174)

Mae'r lleuad wedi codi
A'r tywydd 'nawr yn oeri;
Gwell inni fynd cyn torro'r wawr,
Rhag colli'r awr i ganu. (Rhif 175)[36]

Fodd bynnag, awgrymir gan Phillips fod yr arfer ar drai yn saithdegau'r ganrif er i'r Fari Lwyd ymddangos o dro i dro wedi hynny.

> With the partial decline of the "Pen Ceffyl" ceremony in the Seventies of the last century, consequent on the advance of education and the growth of choral-singing, their place was taken at Christmastide by groups of glee-singers who discoursed sweet music at the farms and larger residences.[37]

Ymddengys fod angen gwahaniaethu'n ofalus wrth ystyried y gwahanol adroddiadau, rhwng arfer a oedd yn rhan ganolog o ddathliadau'r Nadolig, ac arfer y byddid yn ei atgyfodi'n achlysurol fel arwydd fod rhyw gymuned neu'i gilydd yn awyddus i arddel cysylltiad â hen gonfensiynau tymhorol oes a fu. Y mae trafodaeth D. D. Herbert yn ategu'r hyn a ddywedyd uchod gan Phillips, sef mai cyfnod o 'partial decline' oedd y saithdegau:

> Gwelid chwarae'r Fari Lwyd (Pen Ceffyl, fel y byddid yn dweyd, fel rheol, yng Nghwm Nedd) yn weddol gyson yn Resolfen hyd tua 1870, ac yn achlysurol wedi hynny.[38]

Gellid dadlau, felly, fod yr hyn a ddywed D.J. yn ei erthygl yn *Archaeologia Cambrensis* (1888) am ddirywiad yr arfer yng nghyffiniau'r Fro, yn wir hefyd am y sefyllfa a fodolai mewn cymunedau eraill o fewn y sir; roedd amodau cymdeithasol yr oes yn dechrau milwrio yn erbyn y math o weithgareddau traddodiadol a fu unwaith mor boblogaidd, a'r newid pwyslais yn cael ei adlewyrchu yn hanes dirywiad y Fari Lwyd.

Mae adroddiad Morien a ymddangosodd yn *Cymru Fu* yn 1889, wedi'i seilio ar atgofion personol llanc ifanc a gofiai weld y Fari Lwyd yn ymweld â ffermdy anghysbell (yn ardal Pontypridd gellid tybied) er nad enwir y 'Welsh household' yn benodol. Anelir at ail-greu drama'r achlysur oherwydd wedi clywed am ddyfodiad y Fari Lwyd byddid yn prysur ymbaratoi: 'the doors are bolted and barred, and every preparation is made for a state of siege'.[39] Yna dyfynnir penillion agoriadol y cwmni y tu allan:

> Wel, dyma mi'n dwad,
> Gyfeillion diniwed,
> I 'mofyn am Genad – i Ganu.
>
> Mae defod Cwnsela,
> Er's mil o flynydda'
> A hyny mewn ffurfia' – gwna' brofi.

Ymddengys y byddai'r teulu oddi mewn fel arfer yn penodi cynrychiolydd i herio cwmni'r Fari Lwyd ar gân, ac yn yr achos hwn 'Shôn, one of the servant men, who is a bit of a local poet, is the "answerer" inside, and his talent and credit as a rhymester are now put to the test'. Wedi cwblhau'r ornest farddonol ac agor y drws, y cam nesaf, yn ôl Morien, oedd dramodig Pwnsh a Shuan, y cyntaf yn ffugio ei fod am ddiffodd y tân a'r llall yn brwsio'r aelwyd. Hyn sy'n arwain at ymddangosiad y Fari Lwyd oherwydd yn ystod y rhan agoriadol 'the most terrible row is taking place in the entrance'. Mae'r disgrifiad llawn a gyflwynir gan Morien yn dilyn patrwm cyfarwydd ond bod yr ymdriniaeth ddramatig liwgar yn nodweddiadol o ymateb y croniclwr i bynciau hynafiaethol. Ar ôl i'r chwarae orffen ac i bob dim dawelu, byddid yn mwynhau'r lluniaeth a baratoid cyn i'r Fari Lwyd benlinio mewn diolch ac i'r parti ganu o'r tu allan bennill o ffarwel:

> Dymunwn i'ch lawenydd,
> I gynal blwyddyn newydd,
> Tra paro'r gwr i dincian cloch,
> Well, well y boch chwi beunydd.

Mae'n wir bod yma ymgais i osod yr arfer mewn cyd-destun traddodiadol a defodol gan gyfeirio at 'Pwnsh' a 'Shuan' fel gweision y Diafol, y Tywyllwch neu'r 'Avagddu' am fod y weithred o ddiffodd y tân yn eu gwneud yn 'enemies to fire, heat, and light as fosterers of life'. Ond ar waethaf pwyslais damcaniaethol o'r fath, ni cheir gan Morien y math o fanylion a fyddai wedi ychwanegu at ein gwybodaeth o barhad yr arfer yn ardal Pontypridd ac am union gyfnod ei diflaniad. Ymddengys mai at ei 'boyhood's days' [*sic*] y cyfeiria Morien, sy'n awgrymu fod oes y Fari Lwyd wedi dod i ben i bob pwrpas erbyn dyddiad ei gyfraniad i *Cymru Fu* yn 1889. Gan fod gennym dystiolaeth i'r arfer wanychu erbyn yr wythdegau yng ngorllewin y sir hefyd, mae'n bosibl fod cronicl Morien, wrth iddo goffáu arfer a gysylltid â'i lencyndod, yn adlewyrchu'r sefyllfa fel yr oedd yn y rhan fwyaf o gymunedau Morgannwg erbyn degawd olaf y ganrif.

Fel yn achos agweddau eraill ar fywyd diwylliannol y sir, roedd yr awydd i goffáu yr arferion hynny a oedd naill ai wedi, neu ar fin diflannu, yn sbardun nid bychan i genhedlaeth o groniclwyr ymgymryd â'r gwaith o gasglu a chofnodi gwybodaeth. Hynny yw, ar waethaf pob bygythiad cymdeithasol i raglen draddodiadol o weithgareddau, parheid i gofnodi ac i ymfalchïo yn yr hen ddull o fyw. Creu cofadail ddiwylliannol yn ddiau oedd y cymhelliad, fel bod croniclwyr yn dal i brosesu deunydd a oedd yn gysylltiedig â chyfres o arferion traddodiadol a oedd wedi hen wanychu neu ddiflannu.Wrth gwrs, hyd yn oed os oedd poblogrwydd rhyw arfer neu'i gilydd ar drai, ni olygai hynny y byddai brwdfrydedd yr hynafiaethydd fymryn yn llai; i'r gwrthwyneb, byddai'n ymdeimlo â dyletswydd taleithiol i gofnodi pob darn o wybodaeth cyn bod tystiolaeth cenhedlaeth hŷn o lygad-dystion yn cael ei cholli am byth. Ni raid synnu, felly, na thanseiliwyd brwdfrydedd y llinach o gofnodwyr wrth i'r arferion eu hunain golli tir. Yn y cyd-destun hwn, rhaid cofio hefyd na ddarfu am y Fari Lwyd yn gyfan gwbl am flynyddoedd lawer ar ôl i nifer o hynafiaethwyr brwd ddarogan fod arferion cefn gwlad yn wynebu cyfnod o ddirywiad anochel dan ddylanwad patrymau cymdeithasol newydd. Ar un olwg, felly, dangosodd y Fari Lwyd yr un math o ddycnwch cymdeithasol ag a nodweddai gwlt yr ych ym Morgannwg oherwydd er mai am ddirywiad arferion cefn gwlad y sonnir ym mlynyddoedd olaf y ganrif, mynnodd y Fari Lwyd oroesi a hynny'n flynyddol ddi-fwlch mewn rhai cymunedau er bod y rheiny, ysywaeth, yn prinhau.

Dros y blynyddoedd roedd gwahanol bwyllgorau'r Eisteddfod Genedlaethol wedi ceisio hybu diddordeb mewn astudiaethau gwerin drwy wahodd casgliadau o lên gwerin gwahanol ardaloedd. O ganlyniad cafwyd casgliadau sirol gwerthfawr megis un Cadrawd

(Morgannwg, Aberdâr 1885), un D.G. Williams (Caerfyrddin, Llanelli 1895) ac un William Davies (Meirion, Blaenau Ffestiniog 1898) cyn i bwyllgor Eisteddfod Genedlaethol Abertawe (1907) wahodd casgliadau unigol o lên gwerin Dyffryn Nedd a Thawe. 'Gildas' fu'n fuddugol yn y gystadleuaeth i lunio 'Casgliad o L'n Gwerin Dyffryn Tawe, a rhwng Tawe a'r Llwchwr' a cheir fod ei sylwadau ar y Fari Lwyd yn rhai digon diddorol a manwl:

> Canu "Warsel" oedd y term a arferid yn Nghwm Tawe a'r amgylchoedd am yr hyn a elwid "Mari Lwyd". Noson gyffrous oedd y noson "Canu'r Warsel". Byddai chwech o ddynion ieuainc yr ardal yn gwisgo yn wych, wedi "cnotio" eu hunain dros eu hetiau a'u cotiau â rhubanau amryliw. Yr oedd un ohonynt yn dwyn pen ceffyl, wedi ei wisgo a'i addurno yn y modd mwyaf prydferth, a dau lygad gwydr mawr yn serenu yn y pen, fel y gellid haeru ei fod yn fyw.
>
> Yr oedd y person a gariai y "pen" yn orchuddiedig â math o ffroc gynfas wen hyd at ei draed, fel nad oedd dim o hono yn weledig ond ei esgidiau. Yr oedd ganddo yn ei ddwylaw, ond o'r golwg, ddau bren wedi eu hoelio wrth y pen, fel y gallai ei reioli fel y mynai; ei droi i edrych fel hyn neu fel arall, ac ymaflyd a'i ddannedd a brathu yn beryglus.[40]

'Yn amser y Gwyliau', meddir, y trefnid taith y Fari Lwyd, a byddai'r gwahanol deuluoedd yn derbyn rhybudd gan y cwmni eu bod yn bwriadu galw heibio. Dyfynnir nifer o benillion sydd yn debyg o ran patrwm i'r rhai a gofnodwyd flynyddoedd ynghynt yng nghasgliad W. Roberts (Nefydd) ac, wrth reswm, ceir y math o amrywiadau testunol a ddisgwylir o gofio mai ar lafar y diogelwyd y penillion am genedlaethau lawer a'r penillion hynny yn teithio o gwmwd i gwmwd ac yn cael eu dwyn i gof am gyfnod cymharol fyr bob blwyddyn. Byddai parti'r Fari Lwyd yn ei gyflwyno'i hun â'r geiriau cyfarwydd, 'Wel dyma ni'n dwad' cyn ymateb i'r cais a ddeuai o'r tŷ am ragor o wybodaeth. Dyma'r ddau bennill agoriadol fel y'u gwelir yn y ddau gasgliad:

> Y tu mewn Nefydd:
> Rhowch glywed, wŷr doethion,
> Pa faint y'ch o ddynion,
> A pheth yn wych union – yw'ch enwau.[41]

Gildas:
Rhowch glywed, wŷr doethion,
Sawl un yw y dynion,
A d'wedwch yn union eich henwau.[42]

Y tu allan Nefydd:
Chwech o wŷr hawddgar,
Rhai gorau ar y ddaear,
I ganu mewn gwir-air – am gwrw.

Gildas:
Chwech o wŷr hawddgar
Rhai goreu ar y ddaear,
Ganu yn gynnar am gwrw.

Digwydd pob pennill a ddyfynnir gan Gildas yng nghasgliad Nefydd ar wahân i'r olaf a genid gan y parti wedi iddynt sicrhau mynediad i'r tŷ. Dyma Gildas yn rhoi'r pennill yn ei briod gyd-destun:

Wedi bod lawn haner awr yn dadleu, agoryd y drws o'r diwedd, ac elai y "Warsel" i fewn dan ganu:-

O dewch ymlaen â golau,
A 'nynwch beth canwyllau,
I chwi gael gwel'd ein gwarsel wych,
Sydd yma'n ddrych o lifrau.

Byddai y pen ceffyl, neu y "Fari Lwyd", yn cael ei arwain gan un arall wrth linyn fel ffrwyn, a hwnw fyddai yn erchi i wneyd pob peth, neu i beidio. Byddai'r cwmni yn y tŷ am lawn haner awr, yn gwneyd pob ystranciau, gan ddifyru rhai a dychrynu ereill. Wedi eu cyflenwi ag anrhegion, elent allan dan ganu.[43]

Er bod yr awdur yn dangos cryn wybodaeth am yr arfer ei hun, ni cheir ymgais i fanylu ynglŷn â lleoliad arbennig y ddefod rhagor na'r gosodiad cyffredinol 'yn Nghwm Tawe a'r amgylchoedd', nac i roi syniad o'r flwyddyn neu'r blynyddoedd pan ddaeth i ben. Unwaith eto, fel yn achos rhai adroddiadau eraill, priodol nodi mai yn yr amser gorffennol y traethai Gildas yn 1907.

Ceir gan Marie Trevelyan (1909) yr un math o ddarlun o ddefod y Fari Lwyd ag a gafwyd gan nifer o groniclwyr eraill dros y

blynyddoedd. Erbyn troad y ganrif, wrth gwrs, roedd modd cyffredinoli
ar sail y dystiolaeth honno a gofnodwyd mewn cynifer o gyhoeddiadau
a chyfnodolion cynharach ac ar sail y penillion a'r hanesion a oedd o
hyd ar lafar gwlad. Mae'n siŵr fod y darlun yn amrywio o ardal i ardal o
ran manylion a phenillion, ond bod yma gydnabod ar yr un pryd batrwm
cydnabyddedig, rhanbarthol. Naturiol oedd canfod amrywiadau lleol ym
mhatrwm rhai o'r penillion yn destunol ac yn ieithyddol, ond bod yna
fframwaith cyffredinol i'r chwarae y gellid ei adnabod a'i ddiffinio.
Sicrhau mynediad i'r tŷ yn wyneb y drws caeedig oedd y nod er mwyn
mwynhau croeso ar yr aelwyd a chynnal y gyfres draddodiadol o
weithgareddau disgwyliadwy. Ond mae'r cyfeiriad at 'the great bowl of
hot spiced beer'[44] a gynigid i'r parti yn awgrymu unwaith yn rhagor fod
defod y Fari Lwyd wedi etifeddu rhai o nodweddion taith y gwaseilwyr
pur wrth i'r ddwy arfer gyda'r blynyddoedd ymdebygu i'w gilydd.
Sonnir, hefyd, fod y ddefod mewn rhai mannau wedi colli'r apêl a'r
pleser a fu dan ddylanwad dilynwyr llai cyfrifol eu hagwedd. 'In the far
past', meddid, 'the Mari Lwyd was looked forward to with pleasure, but
in later times it was surrounded by a riotous throng, and became so
degenerate in some places that it was regarded with terror'.[45] Fodd
bynnag, er bod yma sôn unwaith yn rhagor am gyfnod o ddirywiad, 'the
genuine wits, the ready rhymesters, and the clever leaders and mummers
of the Mari Lwyd, are no longer to be found', ceir ar yr un pryd
gyfeiriadau penodol sy'n tystio i wytnwch arbennig yr arfer ac sy'n
deyrnged i'r cwmnïau hynny a fynnodd ddiogelu hen arferion tymhorol.
Roedd arwyddion pendant hyd yn oed ar ddechrau'r ugeinfed ganrif nad
oedd yr arfer wedi diflannu'n gyfan gwbl o'r tir :

> The city of Llandaff annually provides the performers for a Mari Lwyd
> kind of Christmas waits, and to this several old Welsh customs are
> attached. Trecynon, Aberdare, had its Mari Lwyd as late as, if not later
> than, 1900. Llantwit Major has its Mari Lwyd which visits several
> places in the Vale of Glamorgan; but here the custom is becoming
> spasmodic, and is not carried out every winter. There are, doubtless,
> other places in the Principality in which the old custom still survives. [46]

Mae tystiolaeth Elfyn Scourfield yn ategu'r hyn a awgrymir gan
Trevelyan, sef i rai hen draddodiadau megis y Fari Lwyd oroesi tan yr
ugeinfed ganrif er bod y sefyllfa'n amrywio o gwmwd i gwmwd:

Despite many changes, some of the old traditions and customs survived, well into the twentieth century. The custom of wassailing, more popularly recognized as the 'Mari Lwyd', continued in many villages in the Vale. Thos. Ewbank describes how the 'Mari Lwyd' was performed in Barry and Cadoxton between 1880 – 1885, but in the Cowbridge and Llanblethian areas it continued until the early years of the present century, and other villages such as Pen-tyrch and St. Fagans became well known for their annual celebrations with the 'Mari Lwyd' until the 1930s.[47]

Ychwanegwyd tystiolaeth sy'n dangos i'r Fari Lwyd ymweld â thrigolion Dinas Powys mor hwyr â 1939 er nad oedd hyn yn nodweddiadol o'r sefyllfa gyffredinol am fod y digwyddiad yn cael ei ystyried yn 'untypical of many rural activities in the Vale of Glamorgan' yn wyneb cystadleuaeth gan ddulliau newydd o hamddena. 'During the 1880s and the early years of the present century', meddir, ' other social activities became more popular, with a strong inclination towards organized leisure'.[48]

Rhaid cydnabod, felly, fod y dystiolaeth sydd gennym yn awgrymu i'r arfer ddechrau diflannu mewn rhai ardaloedd ym Morgannwg cyn neu yn ystod yr wythdegau ac mai ond yn achlysurol y gwelid y Fari Lwyd wedi hynny. Nodwn yn benodol dystiolaeth David Jones (1888), a'r ffaith bod Gildas yn 1907 yn sôn am arfer a oedd bellach wedi peidio â bod. Dan y pennawd 'Wassailing', mae Cadrawd yn ei lyfr ar hanes Llangynwyd, yn trafod trefn y chwarae ac yn dyfynnu rhai o'r penillion lleol a gysylltid â'r 'pwnco' traddodiadol. Yma eto gellir adnabod rhai fformiwlâu cyfarwydd, a'r penillion yn amrywiadau ar fersiynau a gofnodwyd mewn ardaloedd eraill. Unwaith yn rhagor, ni cheisir cyflwyno unrhyw arolwg cyfoes o gyflwr neu boblogrwydd yr arfer yn y pentref arbennig hwnnw a'r cyffiniau. Dywedir, fodd bynnag, fod un o'r hen ffiolau gwasael ynghadw yn y ficerdy, ei bod yn dal galwyn a hanner a bod ganddi yn ôl y disgwyl 'cightccn handles, but some are now knocked off'.[49] Yn anffodus, nid yw'r cyflwyniad i'r penillion, 'sung in the Parish', o gymorth mawr wrth geisio penderfynu a oedd yr arfer yn dal yn fyw ai peidio adeg paratoi'r llyfr a gyhoeddwyd yn 1887, er bod tuedd i roi'r argraff mai disgrifio'r hyn a fu yr oeddid. O ystyried tystiolaeth a godwyd o ffynonellau eraill, ymddengys nad oedd hynny'n hollol wir. Nid dyma air olaf Cadrawd ar y pwnc am iddo barhau i ysgrifennu'n rheolaidd ar

hanes y dalaith i wahanol bapurau a chyfnodolion a thros ddeng
mlynedd wedi cyhoeddi ei lyfr ar Langynwyd, ceir ganddo erthygl a
gyhoeddwyd yn y *Cardiff Times* dan y teitl 'Welsh Customs on New
Year's Day'. 'Wassailing', meddai, 'is still a New Year's Custom in the
village and neighbourhood of Llangynwyd' a bod y 'Mari Lwyd' yn ôl
ei harfer, 'has been paying her visit, and the company, with their
doleful chant, have appealed to our liberality and entreated the mercies
of the season.'[50] Bu plant y pentref, hefyd, meddai Cadrawd, yn
teithio'r ardal yn ôl eu harfer yn dymuno blwyddyn newydd dda i
bawb, a byddai 'calennig' neu rodd iddynt hwythau. Derbynnir, felly,
fod yr arfer yn dal yn fyw yn 1897 a bod y traddodiad wedi parhau yn
ddi-fwlch, yn 'survival', chwedl David Jones. Dychwelai Cadrawd at
yr arfer o dro i dro, megis yn 1908 pan gyfrannodd ddwy erthygl i'r
Cardiff Times gan gynnwys yn y gyntaf 'a few old rhymes I remember
being sung by some of the experts at this performance at Llangynwyd
half a century ago'. (18:1:1908) Yna ceir fersiwn arall o'r ddau bennill
agoriadol a welir yng nghyfres Nefydd ac a ddyfynnwyd eisoes wrth
drafod traethawd Gildas. Yn yr ail erthygl, ceir trafodaeth gyffredinol
ar yr arfer, yn cynnwys rhai penillion traddodiadol yn disgrifio'r Fari.
Erbyn cyfnod y Calan 1916 roedd y sefyllfa wedi newid a'r neges yn
un hollol ddieithr. Gallai Cadrawd gofnodi i'r Fari Lwyd ymweld â'r
pentref yn ôl ei harfer flwyddyn ynghynt yn 1915; 'it is doubtful',
meddai, 'whether it will do so this year, as some of the company are
now on active service'.(1:1:1916) Byddai Cadrawd yn dueddol o
ddychwelyd at y pwnc ar droad y flwyddyn drwy gyfrwng colofnau'r
Cardiff Times (29:12:1917; 5:1:1918) gan sicrhau na fyddid yn
anghofio natur ac arwyddocâd yr hen arferion gwaseila. Er bod y
rhyfel wedi torri ar hen batrwm cyfarwydd dros dro, bu rhai o
drigolion Llangynwyd gydag amser yn cymryd o'r newydd at y gwaith
o gynnal defod y Fari Lwyd yn yr ardal ac yn diogelu'r arfer am
gyfnod wedi hynny. Wrth reswm, roedd sicrhau parhad yr arfer mewn
rhai cymunedau unigol megis Llangynwyd, wedi paratoi'r ffordd ar
gyfer y math o adfywiad y soniodd Tecwyn Vaughan Jones amdano yn
ei erthygl yn *Barn* yn 1997.

Wedi dangos fod i'r arfer gysylltiadau amlwg â phentref
Llangynwyd, priodol nodi fod yna dystiolaeth sy'n dangos fod i'r arfer
ei lle hefyd yn hanes cymdeithasol un o'r cymoedd cyfagos, oherwydd

mewn erthygl a gyhoeddwyd yn 1929, dywed James O'Brien fod y Fari Lwyd i'w gweld yn rheolaidd 'in the avan District down to about 50 years ago, especially in the upper parts, and at least on one occasion during the past fifteen years the custom was revived in Aberavon'.[51] Fel y gellid disgwyl, yr un oedd patrwm y chwarae yn Aberafan a'r cylch ag a welid yn ardaloedd eraill y sir, gyda'r rhai o'r tu mewn yn cwyno 'that they had not the means to supply the demands of the visitors', a pharti'r Fari Lwyd o'r diwedd yn sicrhau mynediad i'r tŷ. Ar ôl dyfynnu rhai penillion a godwyd o gyfrol D. Rhys Phillips, ceir un sylw hynod berthnasol wrth i O'Brien nodi fod yr arfer yn dal i gael ei chynnal yn Llangynwyd yn 1929; 'is still observed', meddai, 'at Llangynwyd a place that is appropriately called the Old Parish'. Gellid yn hawdd greu catalog o'r gwahanol gyfeiriadau at yr arfer ledled y sir gan nodi'r cyfoeth penillion a groniclwyd gan y gwahanol gofnodwyr, ond am fod y dystiolaeth a ddaw o gynifer o gyfeiriadau yn dilyn patrymau cyfarwydd, afraid manylu'n ormodol ar batrwm yr arfer ac ar rediad y penillion ym mhob cwmwd; derbynnir, yn hytrach, fod amrywiaeth o adroddiadau sy'n dilyn yr un trywydd, yn dyst o boblogrwydd arbennig yr arfer ym mhob cwr o'r rhanbarth.[52] Ar y

Tom Jones (Trealaw) yn y canol.

llaw arall, ceir peth tystiolaeth na thâl i unrhyw arolwg taleithiol ei diystyru. Er enghraifft, mae'r gwaith cofnodol a gyflawnodd Tom Jones, brodor o Drealaw yn y Rhondda, yn brawf pellach o boblogrwydd yr arfer ym Morgannwg. Ei awgrym ef yw bod yr arfer yn rhan amlwg o weithgareddau'r Nadolig mewn nifer helaeth o bentrefi'r rhanbarth yng nghanol y bedwaredd ganrif ar bymtheg. 'Yr oedd chwarae y Feri Lwyd', meddai, 'yn gyffredin ddigon ymhob plwyf a phentref bron ym Morgannwg a Gwent hyd tua chanol y bedwaredd-ganrif-ar-bymtheg (o.g. 1850-1875), ac yn achlysurol mewn rhai mannau hyd yn oed ar ol hynny'.[53] Yn ychwanegol at y sylw uchod, rhestra Tom Jones ardaloedd hynny lle bu'r arfer yn boblogaidd hyd yn oed yng nghyfnod y dirywiad:

> Mae hanes hefyd am gwmnioedd eraill oedd yn chwarae hyd yn gymharol ddiweddar. Clywais ddywedyd am y chwarae yn y Dinas (Cwm Rhondda), yn y Pandy Inn (Llwynypia), ac yn Nhafarn y Brics, Tynewydd (Treherbert), ac hefyd ym Mlaenrhondda. Mannau eraill oedd Llangynwyd a St. Nicholas, a Roath Court, ger Caerdydd, lle yr ymwelai cwmni âg ef yn gyson am flynyddoedd.[54]

Mewn erthygl ddiweddarach (12:8:1926), mae'r hanesydd yn ceisio rhannu'r penillion yn gategorïau pendant gan drafod pob pennill yn ôl ei swyddogaeth yn y chwarae. Nodir ganddo dri dosbarth pendant:

1. Y Gofyniad (Lle cyflwynir tri amrywiad: Dull Llangynwyd a Bro Morgannwg; Dull y Blaenau; Dull y Rhondda)[55]
2. Y Sialens a'r Ateb (Lle dyfynnir cyfres Nefydd, ond bod un pennill yn eisiau.
3. Darfod Canu.

Bu eraill yn cynorthwyo Tom Jones gyda'r gwaith casglu o dro i dro ac yn anfon ato benillion o wahanol ardaloedd, megis y gyfres a dderbyniwyd ganddo gan gyfaill o'r enw T. Ayton Jones, Sherwood, Llwynypia. 'Yr wyf yn cofio', meddai, 'am Mari Lwyd yn Nhonypandy flynyddau lawer yn ol, a gwn mai ar gynllun tebig i'r llinellau canlynol yr oedd rhediad y canu'.[56] Dyfynnir chwe phennill lle ceir trigolion y tŷ yn ateb cwmni'r Fari Lwyd sydd y tu allan. Wele ddau bennill o'r gyfres:

O paid bod mor galad
Wrth ddynon diniwad,
Bron trengu gan sychad,
    Nos heno!

Diniwad ne'b'id'o,
Mi wn beth wyt ti'n l'ic'o,
Cael cwrw a bacco,
    Nos heno!

Eithr nid T. Ayton Jones oedd yr unig gymwynaswr y daeth Tom Jones ar ei draws; daeth cymorth un tro o gyfeiriad hollol annisgwyl:

Cofus gennyf un tro adrodd wrth ddosbarth o blant am yr hen arferiad hon, ac adroddais iddynt rai o'r penillion uchod. Yn wir i chwi yn y diwedydd wele un o'r bechgyn yn dod ag agos i ddwsin o benillion tebig i'r rhai a adroddais.[57]

Dilynir y sylwadau hyn gan gyfres bellach o benillion sy'n cychwyn gyda'r pennill:

Mae Mari Lwyd yma,
Yn llawn cnots a rhibana,
Mae'n werth i roi colar
Ar Fari. Nos heno.[58]

Ceir amryw o'r penillion a genid gan y cwmni 'o'r tu faes', penillion sy'n cynnwys y cyfeiriadau arferol at helbulon a blinderau'r daith tuag yno, ynghyd â'r rhybudd disgwyliadwy y byddai'r cwmni yn mynd 'off ar gerad' oni chaniateid iddynt sicrhau mynediad i'r tŷ:

Os na chewn ni gennad,
Ni ewn off ar gerad,
Ni thryblwn chi yma,
    'r nos heno.

Mae'n o'r ar y Beili,
Ar y gasag wyn Fari,
A'i thra'd hi bron rhewi,
    'r nos heno.

Mae'r penillion sy'n adlewyrchu gwahanol agweddau'r chwarae yn amrywio, yn ôl y disgwyl, o ardal i ardal ac yn arddangos mân newidiadau testunol ac ieithyddol. Dyma'r gymwynas a gyflawnir gan y traddodiad llafar oherwydd oni chofnodir penillion llafar gwlad mewn ffurf barhaol a safonol, pery'r broses o greu amrywiadau newydd, o ddethol o'r amrywiadau hynny ac o greu cyfresi neu unedau gwahanol.

Dangoswyd, felly, sut y bu i ddefod y Fari Lwyd ennill lle amlwg iawn yn y gyfres o arferion a gysylltid gynt â chyfnod y Gwyliau, fel bod yr arfer i raddau wedi magu arwyddocâd arbennig gan ddatblygu'n brif gynrychiolydd arferion y Nadolig. Mae'n bosibl fod poblogrwydd y Fari Lwyd o fewn y sir wedi tynnu sylw oddi ar yr arferion eraill a fu unwaith yn rhan o ddathliadau'r Nadolig ond a ddiflanasai flynyddoedd cyn i'r Fari Lwyd ddechrau ildio'i lle i fathau newydd o adloniant. Ac eto, mae'r dystiolaeth am gynifer o arferion traddodiadol eraill yn dangos pa mor amrywiol a lliwgar oedd cyfnod y Nadolig ar un adeg pan fyddai'r trigolion yn mynnu difyrru'r amser drwy gynnal amrywiaeth o weithgareddau a oedd yn dymhorol symbolaidd. Wrth reswm, byddai agweddau ar rai o'r arferion yn cynnwys olion o hen ddefodau ac ofergoelion y gorffennol, tra byddai eraill yn arddangos elfen gref o gydwybod cymdeithasol wrth i'r plwyfolion gydnabod a chynnal yr aelodau difreintiedig hynny a oedd yn byw ar gyrion cymdeithas.

CYFEIRIADAU

[1] Rhiannon Ifans, *Sêrs a Rybana*: *Astudiaeth o'r Canu Gwasael* (Llandysul, 1983).

[2] Rhiannon Ifans, op. cit., 105

[3] I.C. Peate, 'Mari Lwyd: a suggested explanation', *Man*, XLIII (May-June 1943), 53.

[4] Rhiannon Ifans, op. cit., 105. Ceir map defnyddiol iawn yn dilyn tud. 106 sy'n dangos yn eglur 'Lleoliad Defod y Fari Lwyd' ledled Cymru

[5] Tecwyn Vaughan Jones, 'Y Fari Lwyd a'r Adfywiad', *Barn*, 407-8, Rhagfyr – Ionawr 1996-7, 33.

[6] Ibid., 32.

[7] John Brand, *Observations on Popular Antiquities* (Newcastle-on-Tyne, 1777), 195-6. Codwyd y dyfyniad o'r gyfrol *Llawysgrif Richard Morris o Gerddi* (LlRMG) (Caerdydd 1931) gol. T.H. Parry-Williams, Rhagymadrodd XLVIII.

[8] Cecil J. Sharp, *English Folk Songs* (London, 1907), 101. (Gw. LlRMG, LI (Nodyn 1)

[9] John Bickerdyke, *The Curiosities of Ale and Beer* (London, 1886), Pennod IX. (Gw. LlRMG, L)

[10] C. A. Miles, *Christmas in Ritual and Tradition* (London, 1912), 285-6. (Gw. LlRMG, LV)

[11] Ystyr lythrennol 'wassael', neu'n hytrach 'waes heil', yw 'bydd iach'. (Gw. LlRMG, XLVII a Rhiannon Ifans, op. cit., Rhagymadrodd.)

[12] Index of the English Songs in the Folk Song Society Journal (1899-1950), 54 (Nodyn)

[13] *Journal of the Folk Song Society*, V, Number 18 (January 1914), 30 (Nodyn).

[14] Rhiannon Ifans, op. cit., 125. Ceir yn y gyfrol hon drafodaeth gynhwysfawr yn olrhain y gwahanol fathau o ganu gwasael a gysylltir â'r gwahanol ranbarthau fu'n arddel y traddodiad ledled Cymru. Gw. tt. 59-80.

[15] W. Roberts (Nefydd), *Crefydd yr Oesoedd Tywyll* (Caerfyrddin, 1852), 48.

[16] Anne Beale, *The Vale of Towey: or Sketches in South Wales* (London, 1844), 83-7.

[17] Rhiannon Ifans, op. cit., yn dilyn tudalen 106. Dangosir drwy gyfrwng y map pa mor boblogaidd y bu'r arfer ar un adeg mewn cynifer o blwyfi Bro Morgannwg.

[18] G. J. Williams, *Iolo Morganwg* (Caerdydd, 1956), 38.

[19] Ibid., 39 a 40.

[20] Rhiannon Ifans, op. cit., 125.

[21] Maxwell Fraser, 'Benjamin Hall, M.P. for Marylebone', *Cylchgrawn Llyfrgell Genedlaethol Cymru*, XIII, 317.

[22] Rhiannon Ifans, op. cit., 105.

[23] Ibid., 106.

[24] Charles Redwood, *The Vale of Glamorgan: Scenes and Tales Among the Welsh* (London, 1839), 152.

[25] Ibid., 151-4.

[26] Lemuel Hopkin James, *Old Cowbridge* (Cardiff, 1922), 113. Ceir trydydd pennill yn y gyfres ond mae'r testun yn bur wallus.

[27] Caerdydd Llsgr. 1.193, Cyfrol 2, Rhif 1. (Llythyr dyddiedig 30 Ionawr 1882)

[28] Lemuel Hopkin James, op. cit., 114.

[29] David Jones (Wallington), 'The Mari Lwyd: a Twelfth Night Custom', *Archaeologia Cambrensis*, V (1888), 391-2.

[30] Ibid., 389.

[31] Ibid., 391.

[32] *Ancient National Airs*, 31.

[33] LlGC Llsgr. Aberpergwm 1326, Rhif 15.

[34] LlGC 'Casgliad o Lên-Gwerin Dyffryn Nêdd', *Cyfansoddiadau Eisteddfod Genedlaethol Abertawe*, 1907 (Rhif 23). Lewis Davies oedd awdur y traethawd.

[35] D. Rhys Phillips, *The History of the Vale of Neath* (Swansea, 1925), 586.

[36] LlGC Casgliad D. Rhys Phillips, Rhif 137, 36.

[37] D. Rhys Phillips, op. cit., 587.

[38] LlGC Casgliad D.D. Herbert. Hanes Plwyf Resolfen, Pennod XI (Llên Gwerin ac Alawon Gwerin), 49. Traethawd yw hwn a anfonwyd gan D.D. Herbert i Eisteddfod Genedlaethol Dolgellau yn 1949.

[39] *Cymru Fu*, 5 Ionawr 1889, 331.

[40] LlGC 'Casgliad o Lên Gwerin Dyffryn Tawe, a rhwng Tawe a'r Llwchwr, *Cyfansoddiadau Eisteddfod Genedlaethol Abertawe* 1907, Rhif 22, Adran XV, 193-4. Enw 'Gildas' sydd wrth y casgliad.

[41] W. Roberts (Nefydd), op. cit., 16-17. (Gw. hefyd Rhiannon Ifans, op. cit., 129-30 a thrachefn yn *Y Darian*, 12 Awst 1926 ac AWC 273, 73.

[42] LlGC 'Casgliad o Lên Gwerin Dyffryn Tawe, a rhwng Tawe a'r Llwchwr' (Gw. 40 uchod), 194.

[43] Ibid., 195-6.

[44] Marie Trevelyan, *Folk-Lore and Folk-Stories of Wales* (London, 1909), 32.

[45] Ibid., 32-3.

[46] Ibid., 33.

[47] Elfyn Scourfield, 'Rural Society in the Vale of Glamorgan', *Glamorgan County History*, Vol. VI, (ed. Prys Morgan) (Cardiff, 1988), 235.

[48] Ibid., 236

[49] T. C. Evans, *History of Llangynwyd Parish* (Llanelly, 1887), 160.

[50] *Cardiff Times*, 9 Ionawr 1897.

[51] James O'Brien, 'Mari Lwyd', *The Transactions of the Aberafan and Margam District Historical Society*, Vol. II (1929), 85.

[52] Afraid ychwanegu fod Rhiannon Ifans yn ei hastudiaeth fanwl o'r arfer, yn cofnodi tystiolaeth a gasglwyd ganddi gan gynrychiolwyr yr arfer mewn nifer helaeth o gymunedau. Gw. Rhiannon Ifans, op. cit., 105-135.

[53] *Y Darian*, 29 Gorffennaf 1926 ('Mari Lwyd II'). Ceir bod Tom Jones (Trealaw) yn adlewyrchu safbwynt haneswyr eraill ynglŷn â chyfnod poblogaidd yr arfer a'r dirywiad a welwyd ymhen rhai blynyddoedd.

[54] Ibid.

[55] Ychwanegodd yr Athro T. J. Morgan y sylw canlynol pan oedd yn arolygu fy ngwaith ymchwil ganol y chwedegau: 'Y syndod i mi yw nad enwir plwyf Pentyrch; yr oeddwn i'n nabod digon o Gymry yng Ngwaelod-y-Garth a fu'n cynnal Mari Lwyd ac yn gwybod y penillion a'r diwn. Yr oedd fersiwn o'r peth yn dod i Radyr bob Nadolig, o Ffynnon Taf a Thongwynlais (ond heb ganu penillion Cymraeg), a diau mai ymdrech oedd hyn i "ddadeni'r" hen arfer, yn ymwybodol.'

[56] *Y Darian*, 2 Medi 1926 ('Mari Lwyd – Nodiadau Ychwanegol')

[57] Ibid.

[58] Ibid.

CYFNOD Y NADOLIG

The fact that folk customs are followed long after they have
ceased to be of direct practical consequence shows that they also
have a social function that is not related to their age or frequency
but to their value as a binding force within the community.

(Brian Day, *Chronicle of Celtic Folk Customs*
(London, 2000), Introduction, 10)

DYDD GŴYL STEFFAN

Byddid yn defnyddio colofnau rhai cylchgronau arbennig ddiwedd y
bedwaredd ganrif ar bymtheg i drosglwyddo gwybodaeth am wahanol
arferion a thraddodiadau diflanedig, a'r wybodaeth weithiau ar ffurf
atebion i gwestiynau neu ymholiadau penodol. Er bod modd amau, ar
brydiau, wir ffynhonnell yr ymholiadau am fod y cwestiynau mor
olygyddol gyfleus, rhaid cydnabod ar yr un pryd fod i nifer o'r cyfryw
atebion werth ac arwyddocâd arbennig. Ceir ymholiad o'r fath, yn
dwyn y pennawd 'St Stephen's Day in Wales', yn un o rifynnau *Cymru
Fu*. Dyfynnir, meddir, o lyfr Southey, *Commonplace Book* (4th series,
p. 365) a'r traddodiad oedd fod pawb yng Nghymru ar Ddydd Gŵyl
Steffan 'is privileged to whip another person's legs with holly, and this
is often reciprocally done till the blood streams down'.[1]

Yn dilyn y dyfyniad, ceir y cais arferol am wybodaeth ynglŷn â'r
arfer, 'whence this custom arose, and what significance was attached
to it?' Daw'r ateb ryw fis yn ddiweddarach a hynny drwy gyfrwng
dyfyniad o erthygl a gyhoeddwyd yn y *Cambrian Journal* ym mis
Medi 1857 o dan y teitl, 'The Manners and Customs of the People of
Tenby in the Eighteenth Century':

If the eve of Christmas was a season of mirth and good-fellowship, the
day after (St. Stephen's Day) was stained with the recurrence from year

to year, of the barbarous and uncouth practice of 'holly-beating', which consisted in a furious onslought being made by men and boys, armed with large bushes of the prickly holly on the naked and unprotected arms of female domestics, and others of a like class; and as the short-sleeved jackets of the Welsh servants pointed them out as convenient subjects for the flagellation, their bleeding arms soon bore testimony to the unrelenting barbarity of their unmanly tormentors. It is not very clear what object the people of Tenby could have had in view by such a performance.[2]

Yn dilyn, ceir ymgais i egluro'r arfer drwy gyfeirio ar y naill law at ferthyrdod Sain Steffan y coffeir ei farwolaeth drannoeth y Nadolig, ac ar y llaw arall at 'the fashion of drawing blood from horses' ar ddygwyl y sant arbennig hwnnw. Casglwyd rhai dyfyniadau perthnasol ynghyd gan ddyfynnu dau bennill a godwyd, meddir, gan Hone o lyfr Tusser, *Five Hundred Points of Husbandry*:

> Yer Christmas be passed,
> Let horse be lett blood,
> For many a purpose
> It doth him much good.
>
> The day of St. Stephen,
> Old fathers did use,
> If that do mislike thee
> Some other day chuse.

Dros flwyddyn yn ddiweddarach, dychwelir at y pwnc drachefn yn yr un golofn 'Queries'. 'Dr. Owen Pugh in his Dictionary', meddai Tibia, 'defines "crimogiaw" – "to kick shins"; and adds, "it is a diversion of the Pembrokeshire men, who have meetings for the purpose, where they attend properly prepared in thick shoes with nails projecting out at the sides"'.[3] Yna daw'r gwahoddiad cyfarwydd i unrhyw ddarllenydd gyfeirio'r ymholwr 'to any authentic account of this barbarous custom'. Erbyn hyn, ceir gan Trefor Owen dystiolaeth i brofi fod yr arfer i'w chanfod ar un adeg mewn amrywiaeth o ardaloedd ledled Cymru; ar wahân i Sir Benfro, gwelid yr arfer, er enghraifft, yn Llanmadog (Gŵyr), yn Llansanffraid (Sir Drefaldwyn), ac yn yr hen Sir Fflint.[4] Eithr mae Cadrawd yn disgrifio amrywiad ar yr arfer a gysylltid yn benodol ag ardal y Bont-faen (Bro Morgannwg), adroddiad sy'n cynnwys nifer o fanylion diddorol:

> A very old custom at Cowbridge some years ago was probably a national one, but it is now long discontinued. On St. Stephen's day, the day after Christmas, the people took sprigs of holly to whip each other's legs with. Many boys and men took the precaution of putting on an extra pair of stockings, trousers, or gaiters (for in the time the custom was at its height, breeches were most commonly worn), or, better still, thick brown paper under the stockings, next the skin, before they ventured into the street on the morn of St. Stephen. The women kept indoors as much as it was possible for them, although not by that means even keeping their legs unscratched, if they allowed some of their male friends to come near them.[5]

Yn ychwanegol at y cyfeiriadau uchod ceir tystiolaeth ddiddorol a phendant o gwmwd arall, y tro hwn yn Sir Gaerfyrddin, ond sy'n perthyn i'r un cyfnod â sylwadau Cadrawd. Synhwyrir, unwaith yn rhagor, mai at arferion a gollwyd y cyfeirir:

> The observances connected with Dydd Calan do not call for a detailed description, for with the possible exception of *Whipo'r Celyn* they are common enough – *Mari Lwyd*, *Dwr Newydd*, *y Berllan* with the *rhigymau*, a candle to burn out the old year and to light in the new. *Whipo'r Celyn* had degenerated into a barbarous custom. If a girl, or even a married woman, were caught out of doors on the morning of Calan, the boys would set upon her with holly-twigs and thrash her "nes fo'r gwâd yn dod" (until the blood came). Instances were known where the participators in this unholy rite actually entered homes and dragged out their victims.[6]

Er mai'r un oedd natur yr arfer 'farbaraidd' yn y cwmwd hwn drachefn, gwelir mai â bore'r Calan y cysylltid yr arfer yn ardal Cydweli ac nid â Dydd Gŵyl Steffan. Mewn unrhyw gyd-destun gwerinol pan fo'r dystiolaeth yn brin, rhaid cydnabod gwerth arbennig y cyfraniadau lleol hynny sydd gydag amser yn caniatáu ail-greu darlun llawer mwy cyfoethog o'r arferion hynny a fyddai'n sail i weithgareddau'r tymhorau.

Y PLYGAIN

Er na chysylltir y plygain, sef y gwasanaeth arbennig a gynhelid yn gynnar ar fore'r Nadolig, ag unrhyw ranbarth yn benodol, mae digon o dystiolaeth i awgrymu fod i'r arfer le amlwg yng nghalendr y Nadolig ym Morgannwg a Gwent fel ei gilydd, ac i'r arfer oroesi nifer o hen draddodiadau eraill. Yn hanner cyntaf y bedwaredd ganrif ar bymtheg, byddai trigolion Llanofer, er enghraifft, yn cydnabod yr achlysur ac yn noswylio'n gynnar 'in order to be up for the 6 o'clock Plygain service but before going to bed, they all "went to see the potatoes in the cellar"'.[7] Er bod ymweld â'r tatws yn y seler yn rhan o raglen y dathlu, ni chynigir unrhyw esboniad ynglŷn â tharddiad ac arwyddocâd yr arfer. Roedd y gwasanaeth plygain, fodd bynnag, yn denu cynulleidfa gref a'r achlysur yn un cofiadwy:

> Llanover church was always crowded for the Plygain service, and it must have been a memorable sight on a still and frosty Christmas morning to see the congregation converging on the church, each bearing a lighted and decorated candle – but a very difficult matter to keep the candles alight if Christmas morning was a windy one!

Gellir gweld, wrth olrhain hanes y plygain, fod y pwyslais a ganfyddir yma ar olau, ac yn benodol, felly, olau cannwyll, yn thema gyfarwydd iawn. Fodd bynnag, yn wahanol i nifer o arferion eraill, byddai cynnwys y plygain o fewn rhaglen eglwysig yr ŵyl yn diogelu'r gwasanaeth, o leiaf o ran ei harwyddocâd a'i phwyslais, rhag y math o ymosodiad a dueddai i beryglu parhad arferion mwy seciwlar eu pwyslais a fyddai'n arwain at gryn rialtwch a chyffro. Mae'n wir fod gwasanaethau plygain, bellach, wedi dilyn llwybrau gwahanol mewn gwahanol ardaloedd a bod y traddodiad o hyd yn fyw iawn mewn ambell gynefin megis dwyrain Meirionnydd, lle bydd tymor y plygeiniau yn dilyn trefn draddodiadol. Yno bydd y gwasanaethau yn symud o blwyf i blwyf yn ôl rhaglen gydnabyddedig ac yn cael eu cynnal ar wahanol adegau o'r wythnos a'r dydd fel bod cysylltiadau 'plygeiniol' yr arfer wedi'u colli. Ni wneir yma ond cydnabod fod i'r traddodiad ei le yn nathliadau'r Nadolig gynt ym Morgannwg a bod i'r gwasanaeth batrwm cydnabyddedig.

Ceir sôn gan Cadrawd, er enghraifft, am hen draddodiad a gysylltid ar un adeg â'r hen Ddydd Nadolig, 'twelve days later than at present', a hynny mewn eglwysi rhwng pedwar a phump fore'r Nadolig pan fyddid yn cynnal gwasanaeth byr lle cenid gwahanol garolau. 'When this practice was discontinued in the Church,' meddai Cadrawd, 'strange to say, it was taken up by the Nonconformists.'[8] Mor hwyr ag 1865, yn ôl tystiolaeth Cadrawd, 'a real Candle-mass was held at each of the dissenting places of worship at Llangynwyd Village' pan fyddid yn goleuo'r addoldai â chanhwyllau, 'no less than 70 candles were lit', ar gyfer gwasanaeth o weddïo a chanu carolau. Ceir adlais pendant o'r hyn a groniclir gan Cadrawd yng nghyfrol Marie Trevelyan wrth iddi hithau awgrymu mai tua chanol y bedwaredd ganrif ar bymtheg y dechreuodd y plygain traddodiadol wanychu. 'It was continued until about the years 1850-1856', meddai, 'and in some localities a few years later'. Ceir ganddi yr un cyfeiriad at yr arfer o addurno a goleuo'r eglwys, 'the churches were brilliantly illuminated and beautifully decorated', a'r un gosodiad fod yr Anghydffurfwyr wedi mabwysiadu'r gwasanaeth 'when the Established Church discontinued the Plygain'.[9] Er i'r arfer ddechrau gwanychu yn ail hanner y ganrif, ceir cyfeiriadau diweddarach o lawer at y plygain yn ardal Maesteg, megis y gwasanaeth a gynhaliwyd yn 1882, er nad yw'r cofnod a geir, 'the "plygain" (Welsh divine services) were celebrated at 5 a.m.'.[10] yn awgrymu fod i'r gwasanaeth unrhyw batrwm arbennig rhagor ei fod yn wasanaeth Cymraeg a gynhelid yn blygeiniol. Gellid derbyn, felly, i'r gwasanaeth ei hun oroesi, o leiaf mewn enw, am flynyddoedd lawer ym Morgannwg er na ellir cynnig tystiolaeth i'r plygain ddatblygu unrhyw batrwm neu gymeriad taleithiol. Cynnal y gwasanaeth yn fore iawn ar ddydd Nadolig, felly, a fyddai'n cyfiawnhau ei alw'n wasanaeth 'plygain'.

Ac eto, hyd yn oed os bu i'r gwasanaeth golli rhywfaint o'i naws draddodiadol mewn rhai mannau, ystyriai Gildas mewn casgliad eisteddfodol a baratowyd ar gyfer Eisteddfod Genedlaethol Abertawe (1907), fod 'Y Plygain' yn ddigon pwysig i'w gynnwys mewn arolwg o arferion traddodiadol Cwm Tawe. Yma eto, sonnir am amseriad y gwasanaeth ac am y pwyslais ar oleuo'r eglwys â chanhwyllau'r carolwyr:

> Dywedir y byddent yn canu clychau y gwahanol eglwysi yn Nghwm Tawe eto, o bump hyd chwech o'r gloch fore ddydd Nadolig, ac yna dechreuid y gwasanaeth. Yr oedd y gwasanaeth yn gyffredin yn

ddyfyniadau o'r Llyfr Gweddi, yn nghydag anerchiad byr gan yr offeiriad. Yna cenid carolau, ac yr oedd y sawl a ewyllysiai at ei ryddid i arfer ei ddawn yn y ffordd hono. Weithiau, ceid cydgan gan gwmni, a phryd arall unawd; a pharhai'r ganiadaeth fel hyn nes i'r wawr dori, pryd y traddodid y Fendith.

Byddai'r canwyr carolau yn dwyn eu canwyllau gyda hwynt, tra yr oedd yr awdurdodau mewn rhan yn goleuo yr eglwys ar yr amgylchiad.[11]

Yn anffodus, ceir fod y plygain, hefyd, ar drugaredd y math o ymddygiad anghymdeithasol fu'n peryglu parhad nifer o arferion eraill dros y blynyddoedd. Oherwydd er bod y cyd-destun ei hun yn egwyddorol barchus, yn ymarferol gellid tarfu ar naws ac urddas yr achlysur:

> Dywed hen bobl y byddai yn y Plygain lawer iawn o annhrefn, yn cael ei achosi yn benaf gan ddynion meddw yn dyfod i'r gwasanaeth ar ol noson o loddesta. Ymddengys mai peth cyffredin ydoedd i ddynion eistedd i fynu trwy'r nos i yfed, ac yna myned i'r eglwys yn feddw. Hyn a barodd roddi terfyn ar gadw Plygain mewn llawer o fanau.[12]

Yn ei ymdriniaeth â hanes y traddodiad yng Nghwm Afan mewn erthygl a gyhoeddwyd yn 1928, ceir bod O'Brien ar y naill law yn ailadrodd rhywfaint o'r wybodaeth gyffredinol a gyflwynasid eisoes gan Cadrawd a chan ei fab, Frederick Evans yn y gyfrol *Tir Iarll* (1912), ond ar y llaw arall yn ychwanegu at y darlun traddodiadol hwnnw drwy osod y plygain mewn cyd-destun sy'n benodol leol:

> It will surprise many people to hear that this custom was observed in the Afan district even later than at Llangynwyd. Up to about 45 years ago the Plygain was held every year at an early hour on Christmas morning in the Rock Chapel, Pwll-y-gwlaw. The service was well attended, the worshippers having lighted candles whilst singing carols and saying their prayers.[13]

Ymddengys fod patrwm y gwasanaeth yn ei hanfod yn dilyn patrwm arferol plygeiniau Morgannwg o ran ei amseriad a'i gynllun gyda'r pwyslais disgwyliadwy ar oleuo'r eglwys. 'Here the worshippers brought candlesticks', meddir, 'which they decorated with coloured paper to produce a more pleasing effect'. Ond wrth iddo newid cywair o fyd y cronicl ffeithiol i fyd y coffáu hiraethus, ceir ganddo ddarlun Nadoligaidd ramantus o'r bobl yn gadael eu bythynnod gwynion ac yn ymlwybro dros 'snow-clad hills' ar eu ffordd i'r plygain. Ar sail tystiolaeth O'Brien, felly, ymddengys i'r traddodiad barhau yng Nghwm Afan, fel yn ardal Llangynwyd, tan chwarter olaf y bedwaredd ganrif ar bymtheg.

Ymhen rhai blynyddoedd, fodd bynnag, ceir tystiolaeth bellach sy'n awgrymu fod traddodiad y plygain wedi parhau mewn ambell gwmwd deheuol er bod cynifer o'r hen draddodiadau wedi diflannu'n llwyr o'r ardaloedd hynny. Lewis Davies sydd yma'n trafod yn 1916 'Hen Sefydliadau ac Arferion' Plwyf Penderyn a oedd yn yr hen Sir Frycheiniog ac eto'n ffinio â gogledd Sir Forgannwg:

> Y mae eto yn aros un sefydliad hawlia ein sylw sef y Pylgain. Ystradfellte yn unig bellach a'i hanrhydedda yn ei ystyr gysefin sef cael gwasanaeth ar 'ganiad y ceiliog' fore Nadolig. Ond ceir ef yn hwyrach yn y dydd ym Mhenderyn hefyd. Sylwn fel y mae gwerin gwlad ambell waith yn cadw purach iaith na'r ysgolheigion. 'Plygain' mêdd y bobl ddoeth, pylgain medd gwyr Ystradfellte 'Pulli cantus' mêdd y gair a'r dystiolaeth Ladinaidd. Ystradfellte sydd yn iawn onide? Tyrrir i'r pylgain gan Ymneilltuwyr yn ogystal ag Eglwyswyr.[14]

Fodd bynnag, mewn dau draethawd diweddarach o'i eiddo, ceir tystiolaeth sy'n dangos fod y sefyllfa, ysywaeth, wedi dirywio. Yn 1938 rhaid oedd cyfaddef fod hen draddodiadau megis 'y pylgain, yr wylnos, y bregeth angladdol a'r eglwysa' wedi diflannu, a cheir neges debyg yn y traethawd a luniodd Lewis Davies ar 'Bro Morgannwg' ar gyfer Eisteddfod Genedlaethol Llandybïe yn 1944.[15] I bob pwrpas, felly, diflanasai'r gwasanaeth arbennig hwn erbyn ail hanner yr ugeinfed ganrif ym Morgannwg; ailgyfodi'r traddodiad, o leiaf mewn enw, a wnaed o bryd i'w gilydd wedi hynny. I gymunedau mewn rhannau eraill o Gymru y bo'r diolch am warchod traddodiad y 'pylgain' neu'r 'plygain' ac am ddiogelu'r cyfoeth o garolau traddodiadol a gysylltir â'r gwasanaethau hynny.

HEN DRADDODIADAU : YR ELFEN DDEFODOL

Wrth geisio disgrifio a dehongli'r arferion hynny a fu unwaith yn rhan mor annatod o batrwm tymhorol o weithgareddau, o bryd i'w gilydd deuir wyneb yn wyneb â rhai nodweddion unigol a oedd yn ymddangos fel pe baent yn perthyn i raglen o ddefodau hynod gyntefig. Gellid disgwyl iddynt ddiflannu gydag amser wrth i gymunedau gefnu ar yr hyn a ystyrid yn draddodiadau lled-baganaidd ac ar unrhyw weithgaredd a oedd yn nodweddiadol o feddylfryd ofergoelus ei bwyslais. Byddai'n rhaid i bob cenhedlaeth, felly, ymaddasu yn wyneb newidiadau cymdeithasol a than ddylanwad pob chwa ddiwygiadol. Ac eto, er i'r defodau eu hunain ddiflannu, roedd yn bosibl i wahanol elfennau barhau wrth iddynt ennill bodolaeth newydd o fewn arferion eraill a ystyrid yn gymdeithasol dderbyniol. Byddai proses o ymbarchuso cymdeithasol, o ganlyniad, yn gallu sicrhau parhad i nifer o'r elfennau cyntefig hynny a fyddai fel arall wedi'u halltudio i lwyfannau anghysbell y gymuned werinol yn draddodiadau alltud rhyw leiafrif ymylol.

Ymddengys fod yna gysylltiad agos ar un adeg rhwng patrwm y defodau eu hunain a phrosesau cynhenid a thymhorol yr amgylchfyd cyntefig. Byddai'r defodau yn adlewyrchu gorchwylion gwahanol gyfnodau'r flwyddyn amaethyddol ac yn ymgais i hybu'r math o amodau a fyddai'n debygol o sicrhau cynhaeaf llwyddiannus maes o law. Wrth reswm, byddai rhai gwrthrychau neu elfennau cyfarwydd yn magu pwysigrwydd cymunedol a'r pwysigrwydd hwnnw yn esgor ar arwyddocâd symbolaidd iddynt mewn cyfres o gyd-destunau tymhorol. Roedd i elfennau amlwg megis dŵr a thân, anifeiliaid a choed, arwyddocâd defodol mewn cymunedau cynddiwydiannol, arwyddocâd a allai, gydag amser, golli ei rym symbolaidd wrth i'r boblogaeth gefnu ar rai o'r hen ddraddodiadau cyntefig eu naws. Ac eto, ar waethaf newidiadau sylfaenol ym mhatrwm bywyd beunyddiol y gymuned wrth i'r byd amaethyddol ymddatod, tueddai'r gwerinwr, ar wahanol adegau o'r flwyddyn, i barhau i arddel a diogelu'r gyfres o weithgareddau tymhorol a fyddai dros y blynyddoedd wedi torri ar undonedd bywyd digon anhyblyg ei gynllun. Ond ar yr un pryd, datblygiad digon naturiol fyddai i rai o'r hen nodweddion defodol hyn golli eu harwyddocâd wrth i draddodiadau ac arferion ddatblygu a newid dan ddylanwad amodau cymdeithasol newydd a fyddai'n adlewyrchu chwaeth pob cenhedlaeth yn ei thro. Ar waethaf gormes y blynyddoedd, roedd digon o dystiolaeth i ddangos pa mor gyfoethog amrywiol oedd rhaglen dymhorol y gwerinwr er bod grym symbolaidd y cysylltiadau defodol gwreiddiol wedi diflannu'n raddol wrth i werthoedd cymdeithasol newydd ennill eu plwyf.

Roedd yr arfer o losgi canhwyllau adeg y Nadolig yn hen, hen draddodiad ac yn rhan o'r dathliadau mewn amryw wledydd pan fyddid yn ystyried y golau a gynhyrchid yn fendithiol, a'r gweddillion, pe diffoddid y gannwyll yn fwriadol seremonïol, yn arwydd o ffrwythlonedd ac o sicrhau diogelwch i'r teulu am flwyddyn gyfan.[16] Ond afraid dweud fod i ganhwyllau le amlwg yng ngwasanaethau'r eglwys hefyd, yn y gwasanaethau plygain, er enghraifft, pan fyddai iddynt swyddogaeth hollol ymarferol ymhell cyn toriad gwawr, ar wahân i unrhyw arwyddocâd symbolaidd a fyddai'n eiddo iddynt. Mewn cyfraniad i'r *Bye-gones* yn dwyn y teitl 'Christmas Customs in Wales' a'r is-deitl 'Candles offered in Churches', ceir y dystiolaeth ganlynol gan D.J., sef David Jones (Wallington), gellid tybied:

A Glamorganshire newspaper in its notices of the celebration of Christmas throughout the district names one parish where the inhabitants keep up the ancient custom of offering candles in the parish Church, adding further that they were placed on the occasion on the re-table (a recent introduction into the church in question) and lighted at the evening service . . . In the Glamorganshire village in which I resided for many years, the village maidens as regularly as Christmas came round decorated each a candle yearly and presented them to the bell-ringers – for we had no evening service. So on Christmas Eve there was quite a grand illumination in the belfry . . . Thirty years ago the Dissenting chapels in the neighbourhood I am speaking of rivalled each other as to the brilliancy of the illumination which they could put forth at their evening services at Christmas tide, and I have seen from two to three hundred candles distributed through the chapel by being placed in lumps of clay upon the tops of the pews, all lighted in honour of the festival. I thought that this fashion had gone out, but it has not. The newspaper alluded to mentions that in a small village chapel one hundred candles were offered and lighted on the evening of Christmas Day in 1881.[17]

Mae'n ddiddorol sylwi fod i'r arfer le amlwg mewn cymunedau gwledig ganol gaeaf, a pha mor seciwlar bynnag oedd y cysylltiadau gwreiddiol ar adeg pan fyddid wedi rhoi cymaint o bwyslais ar ddefodau ofergoelus eu naws, ymddengys fod y syniad o oleuni symbolaidd, er mor wahanol yw'r cyd-destun, wedi sicrhau i'r canhwyllau le canolog hefyd yng ngwasanaethau'r eglwys. Gellid synhwyro o ganlyniad fod y weithred o losgi canhwyllau yn symbolaidd gymhleth ar adeg pan fyddai'r byd a'r betws yn cydgyfarfod, a'r dathliadau'n gyfuniad cyfoethog o'r crefyddol a'r cyntefig. Ym Morgannwg, mynnai David Jones fod eglwys a chapel bellach wedi etifeddu olion hen draddodiad pabyddol, 'relic of popery', ond bod poblogrwydd tymhorol yr arfer, mae'n amlwg, wedi llwyddo i oresgyn rhagfarnau crefyddol. Mae'r pwyslais hwn ar losgi canhwyllau, felly, nid yn unig yn creu perthynas Nadoligaidd rhwng y gwahanol eglwysi ond ar yr un pryd yn clymu ynghyd draddodiadau pur wahanol eu ffynhonnell a'u pwyslais.

Yn yr un modd, roedd arwyddocâd arbennig i'r arfer o baratoi a llosgi tân adeg y Nadolig. Yma eto, gellir canfod rhwydwaith diddorol o gysylltiadau cyntefig sydd wedi denu sylw cenedlaethau o arbenigwyr ac sydd yn trosgynnu ffiniau daearyddol. 'In many parts of Wales', medd Marie Trevelyan, 'it is still customary to keep part of the Yule-log until the following Christmas Eve "for luck"'.[18] Defnyddir yr hen gyff i gynnau'r tân cyn cyflwyno'r cyff newydd fel bod yr hen a'r newydd yn cyd-losgi, ac er na fydd teuluoedd bellach yn deall arwyddocâd yr arfer, awgrym Trevelyan yw mai'r nod oedd 'to keep witches away, and doubtless was a survival of fire-worship'.[19] Mae Rhiannon Ifans, ar y llaw arall, yn dangos pa mor gyffredinol yr oedd yr arfer ledled Ewrop ac yn cyfeirio at y ddefod fel un 'sy'n gysylltiedig â ffrwythlonedd ac â pharhad bywyd'. 'Bron ym mhobman yn ddiwahân', meddai, 'cedwid gweddill y cyff yn ddiogel, yn un peth er mwyn osgoi tân ac anlwc a hefyd er mwyn sicrhau parhad drwy ei ddefnyddio i gynnau cyff y flwyddyn ganlynol'.[20] Unwaith eto, ceir tystiolaeth benodol ranbarthol sy'n ychwanegu at y sylwadau cyffredinol ac sy'n dangos fod i arfer gytras gysylltiadau arbennig â Morgannwg:

'Boncyn Gwyla.' – This was, and is still in many parts of Wales, one of the old institutions of Christmas. It was customary as the end of the year approached, for the old folks to search for a huge 'boncyn', or stump of wood – the larger the better – to put on the Christmas fire . . . In whatever house the largest 'boncyn' was to be found, thither the bulk of the villagers flocked to witness the blaze and relate Christmas stories and superstitions over their 'cakes and ale'! And to keep this custom to the letter, it was necessary that no stump of abnormal size should be placed on the fire after midsummer; else the following remark, accompanied by a shake of the head (indicative of apprehension of ill-luck) would be immediately called forth:- 'Yr ydych yn llosgi'r Boncyn Gwyla rhi gynar!'[21]

Mae'r gohebydd, 'Beili Glas', sy'n ysgrifennu o 'Resolven', yn ychwanegu hanesyn atodol sy'n cysylltu'r arfer â stad teulu Maria Jane Williams yn Aberpergwm (Cwm Nedd), pan gafodd rhyw weithiwr o'r enw Siôn ei ddal yn cario boncyff hen goeden tuag adref un Nadolig ac iddo weld cyfle i ddadlau ei achos yn dymhorol gyfrwys. 'It being near Christmas', meddir, 'Sion bethought himself of the old custom of preparing the "boncyn Gwyla", and, being anxious to extricate himself from his awkward position, gave that as his excuse for appropriating the timber'.[22]

Fel yn hanes nifer o draddodiadau eraill a addaswyd gyda'r blynyddoedd, roedd yn bosibl i'r arferion eu hunain barhau heb i aelodau'r gymuned lwyr amgyffred arwyddocâd yr holl gyffyrddiadau defodol hynny a oedd wedi goroesi. Hynny yw, ar waethaf pob newid cymdeithasol, roedd yr arferion yn y bôn yn dilyn patrwm oesol fel bod yr elfennau cyntefig yn aros yn rhan o batrwm hynafol y byddai'r gwerinwr yn awyddus i'w arddel a'i ddiogelu'n dymhorol reolaidd. Diogelu a pharchu etifeddiaeth y gymuned oedd y nod ac ni fyddai proses o ddadansoddi a dehongli'r hyn a etifeddwyd yn rhan o'r agenda gwerinol. Swyddogaeth to diweddarach o ymchwilwyr fyddai'r math hwnnw o ddadansoddiad pan fyddai astudiaeth hanesyddol a chymharol yn bosib ar sail y dystiolaeth a gofnodasid dros gyfnod hir.

CYFEIRIADAU

[1] *Cymru Fu*, 2 Chwefror 1889.

[2] Ibid., 23 Mawrth 1889.

[3] Ibid., 17 Mai 1890.

[4] Trefor M. Owen, *Welsh Folk Customs* (Caerdydd, 1959), 39-40.

[5] *Cardiff Times*, 7 Rhagfyr 1912. Teitl y cyfraniad yw 'An Old Cowbridge Custom'. Gwelir yr un drafodaeth drachefn ymhen rhai blynyddoedd (Gw. *Cardiff Times*, 30 Rhagfyr 1916).

[6] Rev. Gruffydd Evans, 'Carmarthenshire Gleanings (Kidwelly)', *Y Cymmrodor* XXV (1915), 114-16.

[7] Maxwell Fraser, 'Benjamin Hall, M.P. for Marylebone', *Cylchgrawn Llyfrgell Genedlaethol Cymru* XIII, 317.

[8] T. C. Evans (Cadrawd), *History of Llangynwyd Parish* (Llanelly, 1887), 159.

[9] Marie Trevelyan, *Folk-Lore and Folk-Stories of Wales* (London, 1909), 28-9.

[10] *Central Glamorgan Gazette*, 29 Rhagfyr 1882.

[11] LlGC 'Casgliad o Lên-Gwerin Dyffryn Tawe, a rhwng Tawe a'r Llwchwr', *Cyfansoddiadau Eisteddfod Genedlaethol Abertawe* 1907, Rhif 22, 182-3.

[12] Ibid., 183. Tystiolaeth debyg a gyflwynir gan Daniel Owen yn *Gwen Tomos* (Caerdydd, 1992), 21-3.

[13] James O'Brien, 'Y Plygain', *Transactions of the Aberafan and District Historical Society*, I, 1928. (Ni rifir y tudalennau.)

[14] LlGC Casgliad Brinli 35(4), sef 'Ymchwiliad i gyflwr gweithfaol a chymdeithasol unrhyw blwyf gwledig yng Nghymru', traethawd a fu'n gyd-fuddugol yn Eisteddfod Genedlaethol Aberystwyth 1916. Plwyf Penderyn a ddewiswyd gan Lewis Davies. Dylid nodi y byddai'r Lladin 'pulli cantus' ('cân y ceiliog') wedi rhoi 'pylgeint' a 'pylgein' yn y lle cyntaf. Drwy broses o drawsosod, lle gwelir cytseiniaid yn newid lle, cafwyd yn ddiweddarach 'plygein' a 'plygain'. Yr un egwyddor a barodd newid 'Dyfnant' yn 'Dunvant' lle gwelir 'f' ac 'n' yn ymgyfnewid.

[15] LlGC Casgliad Brinli, 35(12), 85 a 35(16), 116. Yn 35 (12) ceir 'Hanes unrhyw Blwyf Gwlad yng Nghymru', sef traethawd ar 'Penderyn' a anfonwyd i Eisteddfod Genedlaethol Caerdydd, 1938. Anfonwyd yr ail draethawd ar 'Bro Morgannwg' i Eisteddfod Genedlaethol Llandybïe, 1944.

[16] Rhiannon Ifans, op. cit., 36-7.

[17] *Bye-gones*, January 1882, 8.

[18] Marie Trevelyan, op. cit., 28.

[19] Ibid.

[20] Rhiannon Ifans, op. cit., 37.

[21] *Cymru Fu*, 20 Rhagfyr 1890, 238.

[22] Ibid.

ARFERION Y CALAN

Ond y gweithgarwch cydnabyddedig gysylltiedig â gwaseila adeg y Calan yw'r daith galeniga ei hunan, taith a drefnid ymlaen llaw. Dynion a gynhaliai'r traddodiad yn ei ddyddiau cynnar ond fel y digwyddodd gyda phob un o'r defodau gwaseila, gwanhaodd ei phwrpas wrth i gymdeithas ddod yn fwy soffistigedig, a dirywiodd i fod yn chwarae plant.

(Rhiannon Ifans, Sêrs a Rybana: Astudiaeth o'r Canu Gwasael
(Llandysul, 1983), 87.)

Y mae nifer o ganeuon a fu'n gysylltiedig â'r arferion hynny ar gadw mewn gwahanol ddogfennau. Er enghraifft, yr oedd hel 'calennig' yn bur boblogaidd ymhlith y plant ar un adeg. Cadrawd biau'r disgrifiad canlynol:

The children, as has always been their custom come round early on the morning of New Year's Day wishing us a 'Blwyddyn Newydd dda, a chalenig iddynt hwythau.' An apple or orange is dressed by each child for the occasion. Three sticks in the form of a tripod are thrust into it to serve as a rest, and another for a handle, its sides are smeared with flour and stuck over with oats, and the top covered with thyme and box. The symbolism of this custom is supposed to relate to the offering of the wise men of gold, frankincense, and myrrh to the infant Saviour.[1]

Ychwanegir rhai sylwadau diddorol at y drafodaeth uchod mewn erthygl ddiweddarach:

For these early visits the boys expected to be paid in the coin of the realm, and it was considered most lucky to have new pennies given them, or new small pieces of silver. Comparing the amount at the end of the day, the boy who could produce the most brand-new coins was lucky man for the ensuing year.[2]

Yn ôl tystiolaeth Cadrawd nid 'hel calennig' y byddid yng Nghwm Nedd eithr 'Clenica', ac ymddengys fod yr arfer yn bur boblogaidd yno ar un adeg:

> 'Clenica': This is the word used in Cwm Nedd for the custom with the children, of going about on New Year's morn, with an apple suitably decorated, and mounted, with boxwood, rosemary, oats etc. wishing the inmates at every house a happy New Year, asking with the same breath for a calenig i.e. a New Year's gift, which generally was a penny or halfpenny to each child.[3]

Mae D. Rhys Phillips yntau yn sôn am fodolaeth yr arfer hon yng Nghwm Nedd ac yn dyfynnu rhai enghreifftiau:

> In heralding the New Year, the following lines were sung:-
>
> > Mae Blwyddyn newydd wedi dod (*repeated thrice*)
> > A llwyddiant mawr i'r teulu.
>
> This merely announced the New Year, and wished prosperity to the family addressed; while the next New Year's greeting repeated the announcement, and asked for gifts (1) for the singer, (2) for his mother and father, and (3) for an unnamed "gentleman": . . .
>
> > Blwyddyn Newydd dda i chwi
> > A chalennig i finna';
> > Shâr i mam a shâr i nhad
> > A shâr i'r Gwr Boneddig."[4]

Dyfynnir pennill arall gan D. Rhys Phillips yn y cyswllt hwn ond nid yw'n perthyn yn y fan hon am mai un o benillion y Fari Lwyd ydyw:

> Dymunion i'ch lawenydd
> I gynnal blwyddyn newydd
> Tra paro'r gwr i dincian cloch
> Well, well yr eloch beunydd.[5]

Yr oedd i'r arfer o 'glenica' ei le yn hanes plwyf cyfagos Resolfen hefyd, ac i D. D. Herbert y bo'r diolch am gasglu rhai o'r penillion a genid yn y gymdogaeth honno. Dyma a ddywed mewn traethawd eisteddfodol yn 1949:

Bydd y plant yn hel calennig o hyd ar ddydd Calan, ond ychydig o ganu y byddant yn ei wneuthur. Ond clywsom ganu'r cyntaf o'r rigymau a ganlyn wrth ein drws y llynedd:

1. Mae'r flwyddyn newydd wedi dod
   Y flwyddyn orau fu erio'd,
   Mae'r hen flwyddyn wedi mynd –
   Wedi dwgyd llawer ffrind.

2. Calennig yn galonnog
   I'r hen wraig fach heb un geiniog.

3. O byddwch mor garedig
   Ag agor drws eich tŷ
   Mae'r flwyddyn fwyaf lwcus
   Yn dwad gyda ni.

4. Blwyddyn Newydd dda i chwi,
   Ac i bawb sydd yn y tŷ,
   Dyna yw'n dymuniad ni
   Blwyddyn Newydd dda i chwi.

5. Rwyf innau'n fachgen llawen
   Yn derbyn ceiniog goch
   Rwyf ar fy nhraed yn cerdded
   Drwy'r bore ers chwech o'r gloch.

6. Wel dyma ni 'rôl casglu
   Yn rhannu'r gôd yn llon,
   I bobun yn y pentre
   Ar ddechrau'r flwyddyn hon.[6]

Mewn traethawd ar lên gwerin Dyffryn Tawe a anfonwyd i Eisteddfod Genedlaethol Abertawe yn 1907, ceir casgliad helaeth o ganeuon 'Clenica'. Dywed yr awdur yn yr adran ar 'Arferion Dydd Calan':

I blant tlodion, yr arferiad o fyned o amgylch â 'blwyddyn newydd dda' foreu Dydd Calan, oedd yr un fwyaf poblogaidd a bendithiol o holl arferion y flwyddyn gron.[7]

Yna cyflwynir y casgliad a ganlyn:

1. Calenig yn gyfan
   Bore dydd Calan;
   Unwaith, dwywaith, tair.

2. Calenig wyf yn 'mofyn,
   Ddydd Calan, ddechreu'r flwyddyn;
   A bendith byth fo yn eich tŷ
   Os tycia i mi gael tocyn.

3. Rhowch galenig yn galonog
   I ddyn gwan sydd heb un geiniog,
   Cymaint roddwch, rhowch yn ddiddig;
   Peidiwch grwgnach am ryw 'chydig.

4. Calenig i mi, calenig i'r ffon,
   Calenig i fwyta'r noson hon;
   Calenig i'm tad am glytio'm 'sgidiau,
   Calenig i mam am glytio'm 'sanau.[8]

5. Mi godais heddyw maes o'm tŷ,
   A'm cŵd a'm pastwn gyda mi;
   A dyma'm neges ar eich traws, –
   Sef llanw'm cŵd â bara a chaws.[9]

6. Plant bach sydd yn dyfod a'u dillad yn dyllau
   A'u hewinedd bron codi wrth gydio'n y cydau;
   O byddwch yn serchog, na fyddwch yn syn,
   Mae hen ddafad Seisnig yn byw yn y glyn.

7. Mi godais yn fore
   Mi gerddais yn ffyrnig
   At dy Mr. Jones i 'mofyn calenig;
   Os gwelwch yn dda
   Am swllt a chwe cheiniog,
   Blwyddyn newydd dda
   Am ddimeu neu geiniog,[10]

8. Dydd Calan, cynta'r flwyddyn
   'Rwyn dyfod ar eich traws,
   I 'mofyn am y geiniog
   Neu glwt o fara a chaws.

> Edrychwch arna'i'n siriol –
> Newidiwch ddim o'ch gwedd;
> Cyn daw Dydd Calan nesaf
> Bydd llawer yn y bedd.[11]

Ni chyfyngid y cyfryw benillion i unrhyw un ardal neu sir, ac o ganlyniad, cofnodwyd o dro i dro nifer o amrywiadau lleol. Er enghraifft, cofnodwyd un pennill yn *Y Gweithiwr Cymreig* sydd yn gyfuniad o ddau o'r penillion uchod a welir yng nghasgliad Gildas (Penillion 3 a 4). Dywed y gohebydd mai yn ardal 'Llandyssul' y codwyd y geiriau:

> Rho'wch galenig yn galonog
> I ddyn gwan sydd heb un geiniog;
> Calenig i fi, calenig i'r ffon,
> Calenig i fwyta ar hyd y ffordd,
> Calenig i mam am gweiro 'maese,
> Calenig i 'nhad am aros gartre'.[12]

Dilynir y geiriau hyn gan bennill arall o Landysul sydd yn amrywiad pellach ar y trydydd pennill yng nghyfres Gildas:

> Rho'wch galenig yn galonog
> I ddyn gwan sydd heb un geiniog,
> Hyny ro'wch i'm rho'wch e'n ddiddig,
> Peidiwch grwgnach am ryw 'chydig.[13]

Mae'n ddiddorol sylwi fod amrywiad pellach ar yr un patrwm wedi'i gofnodi yn ardal Cwmaman:

> Rhowch galenig yn galonog
> I blentyn gwan sydd heb un geiniog,
> A thocyn bach o fara 'chaws,
> A pheth o naws y ddiod.[14]

ac ymddengys fod y cwpled agoriadol yn boblogaidd hefyd ymhlith plant Llandeilo:

> Rhowch galennig yn galonnog,
> I blant bach sy heb un geiniog.[15]

Ceir yng ngholofnau'r *Gweithiwr Cymreig* amrywiadau ar ddau o'r penillion eraill a godwyd yng Nghwm Tawe ac a gofnodwyd gan Gildas (Penillion 7 ac 8). Wele'r fersiynau a berthyn i ardal Llandysul:

> Mi godes yn fore,
> Mi gerddais yn ffyrnig,
> I dŷ Meistres Jones
> I 'mofyn calenig,
> Gan feddwl cael ganddi
> Swllt neu chwe' cheiniog
> Ond 'nawr 'rwyf yn foddlon
> Cael dimai neu geiniog.

Ac yn ail:

> Mae heddyw'n ddydd calenig
> I ddyfod am eich traws,
> I 'mofyn am y geiniog
> Neu doc o fara 'chaws;
> Peidiwch a diraenu
> Nac altro dim o'ch gwedd,
> Cyn daw dydd Calan etto,
> Bydd llawer yn y bedd.[16]

Gellir nodi digon o enghreifftiau i brofi fod i'r arfer lwyfan eang yng Nghymru er bod i nifer o'r amryfal benillion gynsail gyffredin. Fodd bynnag, fel yn hanes y caneuon ychen, mae Cadrawd yn gwneud astudiaeth gymharol o'r arfer o 'glenica' drwy sôn am fodolaeth yr arfer mewn gwahanol ardaloedd ledled Prydain. Fe ddigwydd yr arfer yn Swydd Efrog er enghraifft:

> In Yorkshire the people went about on the eve of the New Year singing as follows ..
>
> > Tonight is the New year's night, to-morrow is the day,
> > And we are come for our right, and for our ray,
> > As we used to in old King Henry's day.
> >   Sing, fellows, sing Hagman – heigh.[17]

Gwelid yr un peth yn digwydd, yn ôl tystiolaeth Cadrawd, yn yr Alban ac yn Iwerddon:

Casglu Calennig:
ardal Llangynwyd

The same is the day for gifts in Scotland and in Ireland, except in so far that Christmas boxes have been making inroads from England.[18]

Bellach, fel yn hanes y Fari Lwyd, ymddengys i newid ddod yn natur yr arfer mewn rhai mannau lle y disodlwyd penillion Cymraeg gan rai Saesneg. Wele a ddywed gohebydd i 'Golofn Hynafiaethol' y papur *Y Gweithiwr Cymreig*:

Arferai pob oedran galenica yn yr amser gynt, ac yr oedd ganddynt fynychaf eu rhigymau. Anfynych y clywn ni ddim ond Saesneg tua'r gweithfeydd yma yn awr –

I wish you a merry Christmas,
And a happy New Year,
A pocket full of money,
And a cellar full of beer.

The roads are very dirty,
But my shoes are very clean;
I've got a little pocket
For to put the penny in.

Yr oedd y pennill cyntaf wedi ei gyfansoddi cyn i'r ddiod fyned yn gymaint o 'dyrant', a chyn i'r Good Templars a'r Blue Ribbon wneuthur eu hymddangosiad. Mae yn ddiamheu fod lluaws o hen bennillion ar lafar gwlad. Yr wyf yn cofio darn o un, –

Rho'wch galenig yn galonog
I ddyn gwan sydd heb un geiniog."[19]

Cofnodir nifer o benillion Saesneg gan Cadrawd hefyd, a dyry nifer o sylwadau diddorol ynglŷn â threfn yr arfer gynt. Wele ei sylwadau rhagymadroddol yn gyntaf:

The farm servants and young men in general would go about on Old Year's Day from place to place in quest of beer, cake, pudding and coppers for the sake of merriment and the keeping up of old customs . . . They invariably had welcome, for they were expected and were provided for, for a general belief prevailed among the people that unless they saw the face of a man first on the morning of the New Year there would be death and all manner of ill-luck and misfortune in the family during the year.[20]

Dyma, yn ôl Cadrawd, y penillion a ganent:

> Get up a' New Year's mornin', (2)
> The cocks is all a crowin',
> And you in iwar bed a-snorin'.

> Get up a' New Year's mornin', (2)
> If you think it is too soon,
> Get up at the stars and moon.[21]

> So fine and pleasant blows the air, (2)
> And I'm come 'ere with a free good will;
> Get up and crown this New Year still.

> Raise my own true love here,
> And turn me in with the New Year;
> Behold though cawld I came hither
> To give thee New Year's water.

> Have I got a true love here?
> But I suppose I've none;
> Or she would not leave me here so long,
> To freeze on this cawld stone.

> The roads are very doorty,
> My shoes are very thin;
> I have a little pocket
> To put a penny in.[22]

Agwedd arbennig ar yr arfer o 'glenica' oedd bod y cwmni yn cario dysgl o ddŵr gyda hwy ar eu teithiau. Daw pwrpas y dŵr yn amlwg wrth ystyried trafodaeth Cadrawd ymhellach:

> The leader of the company would always carry a cup of cold water and a small spray of box trimmed in brush fashion. When they were turned in at any place – as they invariably were – this young fellow would dip the box spray in the water and sprinkle the people of the house, beginning with the head of the family, wishing them a happy New Year at the same time.[23]

Dyna neges y cwpled a ddyfynnwyd uchod wrth nodi'r penillion a ganai'r cwmni:

> Behold though cawld I came hither
> To give thee New Year's water.[24]

Ceir fod Cadrawd yn dyfynnu cwpled pellach sy'n cynnwys cyfeiriad at 'ddŵr Calan' wrth drafod amrywiad ar yr arfer a gysylltid â Sir Benfro:

> Another very quaint and interesting custom still prevails in parts of Pembrokeshire – that is, as soon as it is light children provide themselves with a cup of pure well or spring water and go about sprinkling the faces of those they meet, with the aid of a sprig of evergreen, at the same time singing the following lines:
>
> > Here we bring new water from the well so clear,
> > For to worship God with this happy New Year.[25]

Cofnodir amrywiad diddorol ar yr arfer hon yn nhraethawd D.G. Williams ar lên gwerin Sir Gaerfyrddin:

> Ar foreu Dydd Calan y rhoddir *Dwr Newydd*. Tywelltir dwr ffres o'r ffynnon ar ben dyn yn ei wely. Weithiau ag ysbrigyn o gelynnen y byddid yn codi'r dwr o'r llestr i'w dywallt ar ben y cysgadur – os llwyddid i'w ddal ym mreichiau cwsg. Merch fyddai'n rhoddi dwr newydd i fachgen a bachgen i ferch.[26]

Ceir yn ogystal gyfeiriad at y dŵr yn un o'r penillion a groniclir gan D. G. Williams yn sgil y sylwadau uchod:

> Blwyddyn Newydd Dda, – Gwyliau llawen i chi;
> Codwch yn fore, cynnwch y tân,
> Cerwch i'r ffynnon i 'mofyn dwr glân.
> Llencyn bach wrth y drws
> Heb un gînog yn i boced. (Pontyberem)[27]

Cyfeiriwyd, felly, at y defnydd a wnaed o'r dŵr; ond beth am ei arwyddocâd? Cynigia Trevor Owen yr esboniad a ganlyn:

> The features of the custom point to a connection with an early well-cult made acceptable to medieval Christianity by its association with the Virgin and perpetuated both by the desire to wish one's neighbour well the beginning of a new year and by the small monetary payment involved.[28]

Eithr dywed Francis Jones ymhellach:

> It was believed in Wales that water drawn from wells between 11 and
> 12 p.m., on New Year's Eve (and also on Easter Eve) turned into
> wine.[29]

Yn ôl tystiolaeth Cadrawd arferid y gair 'Sawlin' am yr arfer o
'glenica' yn Sir Benfro:

> There was a custom in Pembrokeshire called 'Sawlin' when the young
> lads, farm servants, and young men in general, would go about on Old
> New Year's Day from place to place in quest of beer, cake, pudding, and
> coppers, for the sake of merriment, and keeping up an old custom.[30]

Ymddengys mai menywod, ar y llaw arall, a gysylltir â'r hyn a elwir
yn 'sowling';

> Mason says[31] that while the men went about with the Wren, the women
> were engaged on another custom called 'Souling' or 'Sowling'. They
> went round their wealthy neighbours demanding 'sowl', which
> signified in provincial acceptation any condiment eaten with bread,
> such as meat, fish, etc, but especially cheese.[32]

Ceir trafodaeth bellach o eiddo Cadrawd sy'n ategu sylwadau Llew
Tegid uchod:

> Women of the poorer class, at the same season, were in the habit of
> going about sowling, 'Goppn Enllyn', or asking for cheese, butter, fish,
> or meat; and in days gone by many a poor woman's basket was made
> full, to her joy, and that of her family.[33]

Ni welais esboniad ar y gair 'Sawlin' a arferid yn Sir Benfro, ond
ymddengys mai benthyciad yw o'r term Saesneg 'souling' neu
'sowling' gan fod tebygrwydd mor amlwg nid rhwng y termau eu
hunain yn unig, ond rhwng natur yr arferion yn y naill wlad a'r llall
hefyd.

Amlygir felly mai'r peth arferol yr adeg hon o'r flwyddyn oedd i
drigolion cefnog cymdeithas gynorthwyo'u cymdogion llai
llewyrchus. Ar un adeg, gwelid ffurf arbennig ar y math hwn o
gymwynasgarwch ym Mro Morgannwg, ac mewn trafodaeth sy'n
dwyn y teitl 'Calan Fara', dywed Cadrawd:

It was customary in ancient days in the Vale of Glamorgan for farmers' wives and people well-to-do to give away to the poorer people cakes of wheaten bread on New Year's Day to those who went about to wish them 'A happy New Year', repeating the following rhyme:-

> Rhan, Rhan, Rhan i'r Gwein,
> Seigan fenyn a'r thorth gan;
> Rhan i fi a'r Cwmni llon,
> Am gyfarch gwell y flwyddyn hon.

The poor people at this period had to live on bread made of barley, oats, and rye, and a nice cake made of wheat flour was a rarity, which could be appreciated only by those who had to live under the above conditions.[34]

Mewn erthygl arall, cynigia Cadrawd ddisgrifiad sydd yn bur debyg i'r drafodaeth uchod ond ei fod yn cysylltu'r arfer â diwrnod gwahanol (sef Dydd Gŵyl Tomos),[35] ac yn cofnodi amrywiad ar y pennill a ddyfynnwyd uchod:

> St. Thomas's Day, 29th Dec., women went about farmhouses begging for corn. This day was also called Ranning Day[36] in the Vale, when the men, women and children went about singing, –

> > Rhan, rhan, gorau rhan,
> > Seigen o fenyn a thorth gan;
> > Rhan i fi a'n bendith i chwi.

> In old-fashioned farmhouses a large number of fine wheaten cakes were prepared and distributed, not only to the singers and callers, but also to all the poor old people in the villages.[37]

Ymddengys fod Cadrawd wedi cymysgu ei ffeithiau, oherwydd fe ddywed dro arall am yr arfer:

> On the Rhanning Day, which was the first of the New Year, men, women and children went from farm to farm singing:

> > Rhan rhan cofiwch y gwan,
> > Seigan o fenyn a thorth gan;
> > Rhan i chwi a rhan i fi.[38]

Yr hyn sydd yn hynod o ddidddorol yw bod pennill a gofnodwyd gan D. G. Williams yn ei gasgliad o lên gwerin Caerfyrddin, ac a godwyd yn ardal Cross Hands fel pennill 'clenica', yn cynnwys adlais pendant o'r geiriau a genid yn y Fro. Dyma'r pennill:

> Rhan, rhan o'r bicen gan,
> Rhan i fi a rhan i 'mam;
> Rhan i 'nhad am dapo sgidie,
> A rhan i 'mam am gwyro sane.[39]

Eithr gellir parhau â'r astudiaeth gymharol. Y mae Llew Tegid ar ddiwedd ei sylwadau ar 'Hela'r Dryw' yn nodi'r tebygrwydd sydd rhwng yr arfer honno,a'r arfer a elwid yn 'souling' yn Lloegr, ac arfer tebyg a welid yn yr India. Ond llawer mwy trawiadol yw'r tebygrwydd rhwng yr arferion a welid yn Lloegr ac yn yr India o'u cymharu â'r arfer a welid gynt yn y Fro ar 'Rhanning Day'. Dyma eiriau Llew Tegid:

> It is interesting to find that about the same time of the year that the men of Pembrokeshire go about the houses with the dead 'Wren' soliciting contributions, and at the close of the day bury the body in a corner of the churchyard, and the women of Cheshire go from door to door singing:-
>
> A soul, a soul, a soul cake,
>
> and calling down a blessing on the family that conforms with the custom, the snake tribe in India visit their neighbours in real e(a)rnest, singing:-
>
> God be with you all,
>
> and soliciting:
>
> > A small cake of flour,
> > A little bit of butter;
> > If you obey the snake,
> > You and yours shall thrive.[40]

Gwellir, felly, fod rhai elfennau yn yr arferion hyn yn bur debyg i'r hyn a welid yn y Fro ar 'Rhanning Day', ac afraid pwysleisio agosed yw'r gyfatebiaeth rhwng y llinellau a arferid yn yr India:

> A small cake of flour,
> A little bit of butter;

o'u cymharu â'r geiriau Cymraeg;

> Seigen o fenyn a thorth gan.[41]

Cysylltid arfer bellach â Dydd Gŵyl Tomos, a cheir mynegiant clir a chryno o'r arfer honno gan Cadrawd:

> On St. Thomas's Day, December 29th,[42] women went about farmhouses in the Vale of Galmorgan begging for corn.[43]

Eithr y mae Lewis Davies mewn traethawd ar 'Fro Morgannwg' a baratowyd ar gyfer Eisteddfod Genedlaethol Llandybïe (1944), yn ymhelaethu ar grynodeb Cadrawd. Wele a ddywed:

> Da fyddai gallu credu mai eithriad oedd yr achlysur y danfonasai Twm Ifan Prys yr hen fardd, ei wraig ifanc i gardota yd i'r Fro yn y 16ed ganrif.[44]

Ond dyfynna Lewis Davies o lyfr D. T. Alexander, *Hungry Forties*, lle'r awgrymir fod cardota yn hen arfer.

> Dyma ei eiriau ef, yn ei iaith ei hun – 'Another old custom was for the labourers' wives or daughters to visit the different farmhouses to receive their doles of corn or whatever else might be given them. At most farmhouses there used to be a sack of wheat standing at the door, in which a basin or bowl was placed. All those people who called received a basin full or bowl full of the corn or something else instead of it. On completing the day's round (about St. Thomas's Day) they would have collected at the different farms quite a couple of bushels of corn.[45]

Gwelir felly fod tebygrwydd sylfaenol rhwng yr arfer hon a'r hyn a ddigwyddai yn y Fro ar 'Rhanning Day', a'r hyn a elwid yn 'Souling' yn Lloegr. Yr elfen gyffredin i'r tri oedd cymysnasgarwch rhai o aelodau cymdeithas, yn arbennig y rhai mwyaf cefnog, tuag at eu cymdogion, ac yn enwedig tuag at yr anffodusion.

Ar wahân i'r penillion traddodiadol a oedd yn rhan anhepgor o'r arferion a nodwyd eisoes, ac yn wir a dyfodd allan o'r cyfryw arferion, cofiwn hefyd fod yna raglen o weithgareddau cymunedol a fyddai wedi cynnig llwyfan er mwyn i gantorion y werin allu 'perfformio' a chadw yn fyw benillion traddodiadol a fyddai, fel arall, wedi mynd i ddifancoll. Rhaid cofio fod angen llwyfannau gwerinol cyn y gallai'r traddodiad llafar barhau fel proses fyw a ffrwythlon. Fel y bu meysydd y Fro yn llwyfan i'r 'cathreiwr', bu cyfres o arferion tymhorol yn gyfrwng i'r werin yn gyffredinol ddiogelu nifer o hen benillion traddodiadol.

CYFEIRIADAU

[1] *Cardiff Times*. 9 Ion. 1897, Erthygl Cadrawd 'Welsh Customs on New Year's Day'. Ceir disgrifiad tebyg gan Trefor Owen. (*Welsh Folk Customs*, 44). Fe ddywedir am y disgrifiad hwnnw ar odre'r tudalen: "Refers to west Glamorgan, Gentleman's Magazine, March 1819." (Nodiad 3, 44).

[2] *Cardiff Times*, 30 Rhag., 1916.

[3] *Cardiff Times*, 13 Ion.1912. Ychwanegwyd y sylw canlynol gan yr Athro T. J. Morgan:- 'Goroesodd yr arfer o addurno'r afal â grawn gwenith a'i roi i sefyll ar dair coes yn Ynystawe – mewn ambell deulu. Y mae fy ngwraig yn para i wneud hyn bob Nadolig ac yn rhoi'r "calennig" (yr afal) ar y ford yn addurn.'

[4] D. Rhys Phillips, *History of the Vale of Neath* (Swansea,1925), 587. Tebyg yw'r fersiwn a godwyd yn Llandysul:
> Os gwelwch yn dda ga'i g'lennig? –
> Shâr i 'nhad a shâr i 'mam
> A shâr i'r gwr bonheddig.

(D. G. Williams, 'Casgliad o Lên-Gwerin Sir Gaerfyrddin,' *Transactions of the National Eisteddfod of Wales*, Llanelly, 1895 (s.e. 1896), 297.)

[5] Ibid. Amrywiad yw'r pennill hwn ar un o'r penillion a ddigwydd yng nghyfres Nefydd (*Crefydd yr Oesoedd Tywyll*, 17).

[6] LlGC Casgliad D.D. Herbert, 'Hanes Plwyf Resolven' (Traethawd a anfonwyd i'r Eisteddfod Genedlaethol yn Nolgellau (1949), Pennod XI (Llên Gwerin ac Alawon Gwerin), 56.

[7] LlGC 'Casgliad o Lên Gwerin Dyffryn Tawe' (gan Gildas), 183. Fe welir y casgliad ymhlith cyfansoddiadau Eisteddfod Genedlaethol Abertawe, 1907, (Rhif 22).

[8] Digwydd y penillion 2, 3 a 4 mewn casgliad o lên gwerin Meirion gan William Davies, Talybont, Ceredigion. (*Transactions of the National Eisteddfod of Wales*, Blaenau Ffestiniog (1898), 244.) Ceir amrywiad yn nwy linell olaf pennill 4 yn y fan honno:
> Calenig i'm tad am glytio'm 'sgidia
> Calenig i mam am drwsio'm 'sana.

[9] Dyfynnir fersiwn o'r pennill hwn gan Trefor M. Owen gyda hyn o ragymadrodd: 'Sometimes the gift consisted of food which was collected by the child in a bag carried for that purpose; hence the verse sung by Cardiganshire and Pembrokeshire

children.' (*Welsh Folk Customs*, 45.) Eithr, yn ôl tystiolaeth Gildas, arferid y pennill ym Morgannwg ac felly hefyd yn sir Gaerfyrddin: 'Arferai plant yn y rhannau gwledig gerdded milldiroedd ar Ddydd Calan i 'grynhoi calennig'. Cariai yr hynaf ei fasged ar ei fraich, a chawsai ef ynghyd â phob un o'r plant ieuengach a fyddai gydag ef dorth geirch, haidd neu 'shiprys', ym mhob fferm, a chlwt o gaws gydâ phob torth.' (D. G. Williams, 'Casgliad o Lên-Gwerin Sir Gaerfyrddin', *op cit,* 296.)

[10] Dyfynnir y pennill hwn gan Trefor Owen (*Welsh Folk Customs*, 45). Arferid y pennill, medd ef, yng ngogledd Ceredigion.

[11] LlGC, 'Casgliad o Lên Gwerin Dyffryn Tawe' (1907), gan Gildas, 184.

[12] *Y Gweithiwr Cymreig*, 19 Ion.1888, (Penillion Calenica). Ai macse a ddylai fod yn y pennill? Bacsau = mittens; ond hefyd math o sanau i fynd dros ben sgidiau i gadw'r traed rhag oeri.

[13] *Y Gweithiwr Cymreig*, 19 Ion. 1888.

[14] *Y Gweithiwr Cymreig*, 5 Ion. 1888. Fe roddir y sylwadau rhagymadroddol canlynol: 'Trwy garedigrwydd Mr. David Thomas (77oed) Pwyswr Glofa y Cawdor, yr hwn, yn mlodau ei ddyddiau, a fu yn un o'r dadganwyr goreu, cawsom y llinellau canlynol a arferid er ys tua 70 mlynedd yn ol gan blant Cwmaman, Sir Gaer, a'r ardaloedd cylchynol.'

[15] D. G. Williams, 'Casgliad o Lên Gwerin Sir Gaerfyrddin', *op cit*, 297.

[16] *Y Gweithiwr Cymreig*, 19 Ion. 1888.

[17] *Cardiff Times*, 5 Ion., 1918.

[18] Ibid.

[19] *Y Gweithiwr Cymreig*, 22 Rhag. 1887. Y llythrennau T.L.R. sydd wrth y sylwadau. Fe ychwanegodd yr Athro T. J. Morgan: 'Fe fyddem ni fechgyn y Glais yn canu'r llinellau hyn yn gymysg â chanu Cymraeg; ond ein chweched linell ni oedd 'my shoes are very thin''.'

[20] *Cardiff Times*, 1 Ion. 1916.

[21] Nid yw llinell olaf y pennill hwn yn gwneud synnwyr. Eithr gwelais bennill mewn erthygl ddiweddarach gan Cadrawd sydd yn gyfuniad o ddau bennill agoriadol y gyfres hon. Yn y fan honno newidir y darlleniad drwy ychwanegu at hyd y llinell:

> Get up a' New Year's mornin',
> The cocks are all a crowin',
> And you in your bed a-snorin',
> If you think it's too soon,
> Get up to look at the stars and the moon.   [*Cardiff Times*, 30 Rhag. 1916].

Fe ddywed yr Athro T. J. Morgan:-
Yr oedd pennill yn perthyn i'r 'cylch' yma gyda ni yn y Glais:

> Stars and moon a-lighting
> And we are all a-fighting
> If you think it is too soon,
> Rise-up, rise-up,
> Look at the stars and moon.

[22] *Cardiff Times*, 1 Ion. 1916. Mae'r pennill olaf yn debyg i bennill a gofnodwyd yn *Y Gweithiwr Cymreig*, 22 Rhag. 1887. (Gw. uchod).

[23] Ibid.

[24] Ibid.

[25] *Cardiff Times*, 9 Ion. 1897. 'Welsh Customs on New Year's Day'. Tebyg yw disgrifiad Francis Jones o'r arfer fel y'i gwelid yn Ne Penfro:- 'Children drew the water in cups which they carried to various houses and sprinkled it with sprigs of evergreen or box over the people. These lustrations were said to bring "good luck" during the ensuing year.' [Francis Jones, *The Holy Wells of Wales*, Cardiff 1954, t.91] Yn ôl tystiolaeth Jones fe welid yr arfer hefyd ar y ffin rhwng Sir Benfro a Sir Gaerfyrddin (ym mhlwyf Llanfyrnach ac yn Eglwys-Fair-a-Churig), ac yn ne Caerfyrddin.

[26] D.G. Williams, 'Casgliad o Lên Gwerin Sir Gaerfyrddin', *op cit*, 296.

[27] Ibid., t.297.

[28] Trefor Owen, *Welsh Folk Customs*, 44.

[29] Francis Jones, *The Holy Wells of Wales*, (Cardiff 1954), 90.

[30] *Cardiff Times*, 30 Rhag. 1916.

[31] Cyfeiria Llew Tegid o bryd i'w gilydd at gyfrol Mason, *Tales and Traditions of Tenby*. (1858).

[32] L. D. Jones (Llew Tegid), 'Hunting the Wren', *Cylchgrawn Cymdeithas Alawon Gwerin Cymru* I, 104.

[33] *Cardiff Times*, 9 Ion. 1897. 'Goppn enllyn'. Ai 'Gofyn Enllyn' a olygir? Rhaid casglu mai i dde Penfro y perthyn 'sawlin' gan na cheir y gair yn *Glossary of the Demetian Dialect*.

[34] *Cardiff Times*, 13 Ion. 1912. Mewn rhestr o hen arferion a hen wyliau a luniwyd gan Iolo Morganwg (Llr C 59, 208-9) ac a ddyfynnir gan G. J. Williams (*Iolo Morganwg* (1956), 40), mae'n ddiddorol gweld y cyfeiriadau a ganlyn: 'Bara rhann dydd gwyl eneidiau. Caws rhann dydd gwyl Ieuan. Yd rhann dydd Gŵyl Domas, yr 21fed o Ragfyr.'

[35] Dangosir isod fel y cysylltid arfer arall â'r diwrnod hwnnw. Rhagfyr 21 oedd Dydd Gŵyl Tomos fel yr awgrymir gan Iolo, ac nid 29 Rhagfyr.

[36] Y tebyg yw mai o'r gair Cymraeg 'rhan', a ailadroddir yn y pennill a ddyfynnir, y ffurfiwyd y term 'Ranning Day'.

[37] *Cardiff Times*, 30 Rhag. 1916.

[38] *Cardiff Times*, 7 Rhag. 1912. Er bod Cadrawd yn cyfeirio at ddau ddiwrnod gwahanol fel 'Rhanning' neu 'Ranning Day', cofir fod Iolo Morganwg yn sôn am dri diwrnod gwahanol, un i rannu bara, un i rannu ŷd, a'r olaf i rannu caws. Yn ôl tystiolaeth Cadrawd, rhennid bara ar Ddydd Calan, ac ŷd ar 29 Rhagfyr.

[39] D. G. Williams, 'Casgliad o Lên Gwerin Sir Gaerfyrddin', *op cit*, 297. Amrywiad yw'r cwpled olaf ar y geiriau:

> Calennig i 'mam am gwyro sane,
> Calennig i 'nhad am dapo sgidie [Llandysul]
>
> [Cofnodwyd y cwpled hwn gan Williams hefyd, 297].

[40] Llew Tegid, 'Hunting the Wren', *Cylchgrawn Cymdeithas Alawon Gwerin Cymru* I, 112.

[41] *Cardiff Times*, 30 Rhag.1916.

[42] 21 Rhagfyr oedd Dydd Gŵyl Tomos, ond yn ôl Nefydd fe gysylltid gŵr o'r enw 'Thomas o Gain' â'r dyddiad a nodir gan Cadrawd (sef 29 Rhagfyr). (Gw. W. Roberts, *Crefydd yr Oesoedd Tywyll*, 136).

[43] *Cardiff Times*, 7 Rhag. 1912.

[44] Casgliad Lewis Davies (Y Cymer), 'Bro Morgannwg' (sef traethawd a baratowyd ar gyfer Eisteddfod Gendlaethol Llanybïe 1944), t.115. Cefais fenthyg y traethawd, sydd yn llaw Lewis Davies, gan Mr Brinley Richards, Maesteg. Ganddo ef y cefais fenthyg yr holl draethodau o eiddo Lewis Davies y cyfeirir atynt yn y drafodaeth sy'n dilyn.

[45] Casgliad Lewis Davies (Y Cymer), 'Bro Morgannwg' (sef traethawd a baratowyd ar gyfer Eisteddfod Genedlaethol Llandybïe 1944), 116.

HELA'R DRYW

Even when the working practice ceased the tradition was often maintained because of its social value. Maintaining community spirit was felt to be particularly important through the days of winter, and this led to many winter customs outliving others and outliving the original functions of them.

It has been something of a rearguard action by the Celts to save the remnants of their folk cuture that have survived the changing times, the Anglification of the Celtic lands, and the active determination of various Church denominations to rid the Celts of what was seen as pagan heritage.

(Brian Day, *Chronicle of Celtic Folk Customs* (London, 2000), 11)

Ar un adeg byddid yn hela dryw ar Ddydd Gŵyl Steffan, yn ei gaethiwo ac yna'n gorymdeithio drwy'r dref neu'r pentref gan ganu cyfres o benillion traddodiadol a gysylltid â'r arfer. Mae'n ddiddorol meddwl fod Hela'r Dryw yn ystod y bedwaredd ganrif ar bymtheg, yn rhan o ddathliadau cynifer o wahanol gymunedau ar adeg neilltuol o'r flwyddyn a bod y cymunedau hynny'n gweithredu'n hollol annibynnol ar ei gilydd. Er bod yna dystiolaeth sy'n cysylltu'r arfer â Morgannwg, ni ellir honni fod i'r arfer le blaenllaw yn y rhaglen o arferion a gysylltid gynt â chyfnod y Nadolig yn y dalaith honno. Fodd bynnag, ceir cyfeiriadau perthnasol ati gan Cadrawd, er iddo ei chysylltu yn bennaf â'r hen Sir Benfro, a chan rai cyfranwyr eraill mewn gwahanol gyfnodolion. Go brin, wrth gwrs, fod y gwahanol bartïon yn ymwybodol o union darddiad y chwarae, oherwydd o droi at ymdriniaeth Lloyd â phwnc a gyflwynir ganddo fel 'agricultural magic-making',[1] cyfeirir, mewn cyd-destun cyntefig, at y weithred o ddienyddio pennaeth y llwyth rhag ofn y byddai pwerau cynhaliol byd natur yn gwanychu oni bai bod yna ymgais i'w cynnal a'u noddi drwy gyfrwng rhyw broses o aberth. Dyna bennu cysylltiad penodol rhwng aberthu arweinydd cymunedol ac ailffrwythloni'r tir. Os derbynnir y chwedl a gyflwynir gan Lloyd, fod creu'r byd wedi golygu marwolaeth rhyw gawr y bu ei gorff marw yn fodd i sicrhau bywyd i blanhigion, anifeiliaid a bodau dynol, yna gellid casglu mai nod yr aberth dynol mewn cymunedau cyntefig oedd ailchwarae drama'r creu er mwyn ailsefydlu cylchdro naturiol o hau, tyfu a chynaeafu. Yr awgrym yw i'r chwedl gael ei haddasu wrth gyrraedd Ewrop o wledydd y dwyrain canol, fel bod newidiadau yn rhwym o ddigwydd wrth i gymunedau'r gorllewin dderbyn 'only scraps of the original scenario'.[2] Fel y gellid disgwyl, gydag amser bu raid ailystyried y weithred o aberthu pennaeth y gymuned yn wyneb dulliau mwy gwaraidd o drefnu cymdeithas gan sicrhau fod dirprwy symbolaidd yn cymryd lle'r arweinydd gwreiddiol. Awgrymir mai i'r cyd-destun cyntefig hwnnw y perthyn hanes Hela'r Dryw adeg y Nadolig, sef y cyfnod hwnnw a gysylltid â throad y flwyddyn pan fyddai'r dydd unwaith yn rhagor yn dechrau ymestyn. 'Seemingly, quite early on in Europe', medd Lloyd, 'substitutes were found for the sacrifice – the real king was replaced by a mock-king (prisoner of war or slave) and he in turn was replaced by a symbolic deputy such as the wren "king of the birds" or the herring "king of the sea" '.[3] Hynny yw, gellid bod yn bur ffyddiog fod i'r weithred ddefodol o gaethiwo'r dryw, 'brenin yr adar', tua chyfnod y Nadolig, arwyddocâd arbennig sy'n adleisio hen goel ynglŷn â phwysigrwydd hybu prosesau cynhenid y byd naturiol. O ystyried patrwm o draddodiadau tymhorol, yr awgrym yw bod arferion a oedd yn y pen draw yn gysylltiedig â dyddiadau arbennig, yn perthyn ar un adeg, nid i gyfres reolaidd o wyliau penodol ond i raglen o weithgareddau llawer mwy hyblyg eu hamseriad a benderfynid gan gyfrifoldebau a gofalon amaethwr a fyddai'n atebol i hynt y tymhorau. Dyna fyrdwn dadl Lloyd:

> Behind the conventional folklore calendar of seasons and solstices and
> mystical moments disguised as Christmas, Easter, St. John's Day, All
> Souls, there is the economic reality of the farming year, with its ancient
> customs that fall into two main cycles – one set of rites accompanying
> the preparation (October to February) and augmentation (March to
> June) of the crops, and a second set of rites accompanying the harvest
> (end of summer, beginning of autumn).[4]

Erbyn cyfnodau mwy diweddar, collwyd golwg ar y cyd-destun defodol gwreiddiol wrth i'r arfer ddatblygu'n rhan o ddathliadau'r Nadolig mewn nifer o wahanol fannau. Cysylltid Hela'r Dryw yn aml â Sir Benfro, er enghraifft, ond gwyddom, hefyd, i'r arfer barhau yn Iwerddon mewn gwahanol ffyrdd a bod iddi le yn ogystal yn hanes diwylliant Morgannwg.

Gyda'r blynyddoedd gwelwyd addasu nifer o hen draddodiadau wrth i fanylion y chwarae neu rediad y gwahanol benillion gael eu hamrywio o gwmwd i gwmwd ac o genhedlaeth i genhedlaeth. Wrth reswm, disgwylid y math hwnnw o newid wrth i arferion ymestyn cylch eu dylanwad ac wrth iddynt ddatblygu'n rhan o raglen dymhorol mewn mwy a mwy o gymunedau. Gellir deall fel y bu i rai cyd-destunau cyntefig gael eu creu a'u dylanwadu gan amodau ofergoelus eu pwyslais fel bod addasiadau diweddarach yn rhwym o ddigwydd wrth i gymdeithas gael ei diwyllio mewn gwahanol ffyrdd. Mewn rhai enghreifftiau, ymddengys mai cynnal dathliadau tymhorol oedd y nod yn y pen draw yn hytrach nag unrhyw ymgais i fod yn ffyddlon i strwythur gwreiddiol y chwarae yn ddefodol fanwl. Yn Iwerddon, er enghraifft, ceir mynych gyfeiriad at yr achlysuron a drefnid gan y 'Wren Boys', rhaglen o weithgareddau lliwgar a gynhelid ganol gaeaf mewn amrywiaeth o gymunedau. 'It is an old tradition', medd Julia Kemp mewn trafodaeth ar draddodiadau gwerin cymoedd Coomhola a Borlin, 'for a band of musicians – the Wren Boys – to go around the area entertaining people and collecting money for a party – the Wren Ball'.[5] Ar waethaf pob newid, ymddengys fod yr arfer ar ei newydd wedd yn dal i fod yn rhan o weithgareddau'r cymoedd hyn ar droad y flwyddyn mor ddiweddar â 1998. Mewn mwy nag un adroddiad, ceir cryn sôn am y paratoadau manwl a fyddai'n dal i hawlio amser ac ymroddiad cylch arbennig o drigolion am gyfnod cyn union ddyddiad y dathlu. Ymddengys, hefyd, fod yr arfer wedi mabwysiadu elfennau a gysylltid cyn hynny ag arferion eraill fel bod yna adleisiau o draddodiadau pur gwahanol eu tras. Fel yn hanes y Fari Lwyd, byddai tuedd i ddefnyddio amryfal wisgoedd fel pe bai hynny'n esgus, am y tro, dros ymddwyn mewn dull afreolus a swnllyd. Yn ardal y Dingle byddai creu gwisgoedd o wellt yn rhan o'r traddodiad:

> The role of the strawboys in the Dingle Wren is different. Much of the pleasure of the occasion is in making the straw suits, and on the day

Hela'r Dryw : Tŷ'r Dryw (Marloes, Penfro).

itself they take part in the general parade and collect money. The same
would have been true of the strawboys who took part in mumming in
Ulster and in Wexford. Of course, the element of disguise afforded by
the straw costumes is important and offers opportunities for them to
grab women and girls in ways that would not be attempted on any other
day of the year.[6]

Dechreuid y dathlu ar Ddydd Gŵyl Steffan, diwrnod a fu'n
draddodiadol gysylltiedig â Hela'r Dryw yn ôl hen batrwm arferol y
chwarae. Bu newidiadau yn nhrefn y chwarae wrth i gymdeithas
ddechrau dangos rhywfaint o dosturi tuag at yr aderyn, er mai'r
weithred o gaethiwo neu ladd y dryw a fu'n fan cychwyn i'r ddefod ar
un adeg. Dyry Steve MacDonogh dystiolaeth berthnasol ar y pwnc
wrth ymdrin â hanes yr arfer yn ardal y Dingle yn ei gyfrol *Green and
Gold* (1983) lle dyfynnir cyfraniad yn dwyn y teitl 'With the Wren
Boys in Dingle' a godwyd yn wreiddiol o *The Graphic* (Ionawr 1894):

> The Wren Boys, having killed a wren tie it to a holly bush on a pole.
> Two of them decorate their heads and shoulders with straw and wear
> masks with single eyeholes. These also carry large bladders tied to

sticks with which to clear the way. Two others also masked, dress in petticoats and are supposed to represent dancers; six more carry flags, while one plays a fife and another a drum.[7]

Yn ôl un o dystion MacDonogh a oedd yn ei saithdegau, ni welsai unrhyw un yn lladd dryw er iddo glywed yn ei lencyndod 'from older people that the hunting of the wren had been a feature in the last century', sef y bedwaredd ganrif ar bymtheg. Awgrym MacDonogh, felly, yw bod yr elfen o aberthu'r aderyn wedi diflannu erbyn dechrau'r ugeinfed ganrif er bod Julia Kemp yn mynnu i'r elfen honno oroesi am flynyddoedd lawer wedi hynny yng nghymoedd Coomhola a Borlin. 'While today', meddai Kemp, 'the older generation can recall seeing the Wren atop the Wren pole, this practice has been abandoned since the 1940s or '50s, being seen as cruelty'.[8]

Ond mae'n ymddangos, fodd bynnag, fod yr arfer, drwy gyfrwng proses o addasu ac ailwampio, wedi magu dimensiwn a phatrwm newydd, drwy fabwysiadu elfennau atodol a fu ar un adeg yn rhan o batrwm sylfaenol arferion eraill. Yr ymwisgo, y gorymdeithio, y gwledda a'r cymdeithasu cymunedol yw'r prif elfennau erbyn hyn, ynghyd â'r parodrwydd i addasu yn ôl gofynion yr oes fodern gan fanteisio ar ddulliau hwylusach o deithio o gwmwd i gwmwd. Bellach nid ymlwybro ar droed a wneir, eithr manteisio ar ddulliau cyflymach o deithio a gysylltir â'r 'age of motorisation', sy'n golygu fod y 'Wren Boys' yn gallu ymweld â llawer mwy o gymunedau nag a fu'n bosibl dan yr hen drefn.

Ar yr un pryd, mae i'r arfer gysylltiadau pendant â gwahanol ardaloedd yng Nghymru. Er enghraifft, mewn cân a genid gan y gwaseilwyr ac a gofnodwyd gan H. Hughes fe ddigwydd y cwpled:

> Mae gennym elor hynod, a drywod dan y llen
> A pherllan wych o afalau yn gyplau uwch ei phen.[9]

Yr hyn sydd o ddiddordeb yn y fan hon yw'r cyfeiriad at y 'drywod', oherwydd ceir fod perthynas agos rhwng yr arfer o waseila, y Fari Lwyd, a'r hyn a elwid yn Hela'r Dryw:

> Moreover certain elements in wassailing which are found in the *Mari Lwyd* ceremony are also similar to those in the historically distinct wren-cult rites.[10]

Y mae Llew Tegid yn ei erthygl, 'Hunting the Wren', yn rhestru rhai o'r damcaniaethau a luniwyd i egluro tarddiad yr arfer, ond wedi crybwyll rhai esboniadau chwedlonol fe ddywed ymhellach:

> The custom looks very much like a relic of animal worship of pagan times, still practised by many heathen tribes.[11]

Afraid fyddai manylu ar darddiad y chwarae; yr hyn sydd o ddiddordeb inni yn y drafodaeth hon yw astudio trefn y chwarae fel y gellir gwerthfawrogi arwyddocâd y caneuon hynny a gysylltir â'r arfer.

Ceir tystiolaeth i ddangos fod yr arfer ar un adeg yn boblogaidd mewn nifer o ardaloedd gwahanol yng Nghymru er nad oes gan Trefor Owen gyfeiriad at fodolaeth yr arfer ym Morgannwg.[12] Fodd bynnag, gwelais un disgrifiad sy'n lleoli'r arfer yn bendant ym Morgannwg. Wele eiriau Mr J. O'Brien:

> Many days have passed since the writer saw a little wren carried round from door to door in the streets of Aberavon. It was usually caught on Christmas Day or thereabouts, and afterwards attached to a holly bush which was decorated with strips of coloured paper or ribbon and taken around by a number of boys on St Stephen's Day, now familiarly known as Boxing Day. On going around the boys sang a simple song expressing their greetings to the people and soliciting money or gifts.[13]

Dilynir y sylwadau uchod gan osodiad arwyddocaol iawn:

> The custom was introduced to Aberavon by the immigrants from Ireland about 1850 and it was observed in the same manner in Lancashire and other counties in the North of England.[14]

O ystyried y gosodiad hwn, buddiol fydd cyfosod trafodaeth O'Brien o'r arfer fel y'i gwelid yn Aberafan, â'r sylwadau canlynol a godwyd o erthygl Llew Tegid lle cyfeirir at drefn yr arfer yn ne Iwerddon:

> Yarrell[15] tells us that it was Charles Smith, in his State of the County of Cork, vol.ii, page 334 (published 1750), who first drew attention to the custom as followed in the South of Ireland. On Christmas day men and boys, each using two sticks, one to beat the bush and the other to fling at the bird, went out in a body to hunt and kill the 'wren', which, from

its habit of making but short flights was soon done to death. On the following day, the Feast of St Stephen, the dead bird, hung by the leg between two hoops crossed at right angles and decked with ribbons, was carried about by the Wren boys, who sang a song beginning,

> Wren, wren, king of all birds,

and begged money to bury the wren.[16]

Gwelir felly fod cryn gyfatebiaeth rhwng natur yr arfer yn Ne Iwerddon o'i chymharu â'r hyn a arferid yn Aberafan dros ganrif yn ddiweddarach. Ond nid dyna ddiwedd y berthynas. Eithr gwelir bod y gyfatebiaeth yr un mor drawiadol o ystyried cynnwys y penillion a gysylltid â'r arfer yn y ddau ranbarth. Wele fersiwn O'Brien o'r penillion i ddechrau:

> When parading the streets the boys sang the following doggerel verses, the words of which, excepting the place names, were similar in other districts:-

> > The wren, the wren, the king of all birds,
> > On St Stephen's Day is caught in the furze,
> > Although he is little, his family is great,
> > Rise up, good lady, and give us a treat.
> > > Chorus
> > > Sing holly, sing ivy, sing ivy, sing holly,
> > > When Christmas comes St Stephen's will follow.

> > As I went out to Baglan Hall,
> > I saw the wren upon a wall,
> > I up with my stick and knocked him down,
> > And Brought him back to Aberavon town.

> > Christmas comes but once a year,
> > And when it comes it brings good cheer,
> > With the season's best wishes and a happy New Year,
> > Please give us your answer and let us clear.

> > Now, if you give us of the best,
> > We'll pray your soul in Heaven may rest,
> > But if your gift should be too small,
> > It would not please the wren boys at all.[17]

Yna yn sgil y penillion uchod ystyrier a ddywed Llew Tegid am y geiriau a ddyfynnir ganddo ef; gwelir fod tebygrwydd agos rhwng y llinellau a godwyd yn Iwerddon a'r pennill cyntaf a'r olaf o fersiwn O'Brien:

> Mr. and Mrs. S. C. Hall, in their work on Ireland, give the following words as sung on St. Stephen's Day in the 'Wren' procession in the South of Ireland:[18]
>
>> The 'Wren', the 'Wren', the king of all birds,
>> St. Stephen's Day was caught in the furze,
>> Although he is little, his family's great,
>> Put your hand in your pocket and give us a treat.
>> Sing holly, sing ivy, – sing ivy, sing holly,
>> A drop just to drink, it would drown melancholy;
>> And if you draw it of the best,
>> I hope in heaven yer sowl will rest;
>> But if you draw it of the small,
>> It won't agree with the Wren Boys at all.[19]

Gwelir felly fod y dystiolaeth uchod yn ategu gosodiad O'Brien mai'r Gwyddelod fu'n gyfrifol am gychwyn yr arfer yn ardal Aberafan.

Er mai penillion Saesneg a ddyfynnir gan O'Brien wrth drafod Hela'r Dryw, fe gofnodwyd rhai enghreifftiau o benillion Cymraeg. Ysgrifennodd Cadrawd am yr arfer hon gan gyfeirio ati fel 'a Pembrokeshire Twelfth Night custom'. Fe ddywed y brawd o Langynwyd ymhellach:

> Up till late years it was the custom from the first till the 12th day of January to carry about a live wren in a small house made of light boards or cardboard, with glass windows, which was carried on poles by four men, one at each corner. The same was generally decorated with ribbons, and on reaching each habitation the processionists sang the following verses:-
>
>> 1. Dryw Bach ydyw'r gwr,
>>   Am dano mae stwr;
>>   Mae cwest arno fe
>>   Nos heno'n mhob lle.

2. Fe ddaliwyd y gwalch,
   'Roedd neithiwr yr [*sic*] falch,
   Mewn 'stafell wen deg,
   Gyda'i un brawd-ar-ddeg.

3. Fe dorwyd y Twr,
   Fe ddaliwyd y gwr,
   Fe'i rhow'd e' mewn llen,
   Ar elor fraith wen.

4. Rhibanau o bob lliw,
   O amgylch y dryw;
   Rhibanau tri thro,
   Ar ei ben yn lle to.

5. Mae'r drywod yn scant,
   Wedi hedfan i bant;
   Hwy ddeuant yn ol
   Trwy lwybrau y ddol![20]

Wedi dyfynnu'r penillion hyn noda Cadrawd y tebygrwydd arwynebol sydd rhwng yr arfer hon a'r arfer o waseila ym Morgannwg a Gwent:

> The object of taking the wren about in 'Pembroke' was the same as the wassailing in Gwent and Morganwg – to levy contributions in money, cake, and beer.[21]

Trafodir yr arfer drachefn gan ohebydd i'r *Gweithiwr Cymreig*,[22] er ei fod yn cydnabod mai D. Silvan Evans biau'r disgrifiad gwreiddiol. Gan fod y drafodaeth yn cynnig rhai sylwadau diddorol, dyfynnaf ohoni:

> Wedi dal dryw, gosodent ef ar clawr bychan wedi ei wneuthur ar gyfer yr amgylchiad, ac yna carient ef mewn gorymdaith at y tŷ yr ymwelent ag ef. Ac yno cyfarchent y gwr a'r wraig ieuainc o dan ffenestr eu hystafell yn y geiriau hyn:
>
> > Dyma'r dryw,
> > Os yw e'n fyw,
> > Neu dderyn to
> > I gael ei rostio.

Yr oedd yn oddefol i osod aderyn to os na ellid dal dryw. Wedi hyny, os yn foddlon, codai gwr y tŷ ac agorai y drws, a rhoddai iddynt eu gwala o gwrw Nadolig, yr hyn oedd amcan y 'performance'. Wedi hyny ymadawai'r cwmni yn llawen.[23]

O ystyried y penillion fu'n gyfeiliant i'r cyfryw achlysuron, canfyddir elfennau neu linellau safonol oedd yn gyffredin i nifer o'r fersiynau traddodiadol, fel bod awgrym pendant fod proses o drosglwyddo ar lafar gwlad wedi diogelu a hyrwyddo'r deunydd hwnnw. Dros genedlaethau, byddid wedi disgwyl gweld patrwm safonol i'r chwarae yn datblygu a phenillion a fyddai'n cynnwys cyfeiriadau penodol at natur a statws y dryw ei hun fel brenin yr adar. Ac eto, yn wyneb rhaglen ryngdaleithiol a rhyngwladol, gellid disgwyl, ar yr un pryd, nodweddion cymunedol, penodol, yn gymaint â bod gorymdeithiau gwahanol ardaloedd yn parhau yn dymhorol gyson yn hollol annibynnol ar ei gilydd. Yr annibyniaeth gynhyrchiol honno fyddai'n gyfrifol am greu penillion plwyfol eu cyfeiriadaeth ac am sicrhau naws a fframweithiau lleol i'r arfer. Mewn cyfnodau pan oedd dulliau cyfathrebu gymaint yn llai cyfleus, gallai cymunedau unigol ddehongli'r dathliadau tymhorol yn eu dull arbennig hwy eu hunain gan ddatblygu rhaglen leol o weithgareddau a phenillion. Hynny yw, mewn oes pan oedd cymunedau yn dal i fod yn ddiwylliannol ynysig, roedd yn bosibl i gyfoeth amrywiol o ddraddodiadau cytras ddatblygu ar sail un fframwaith penodol. Wrth reswm, byddai symudiadau demograffig yn hyrwyddo unrhyw broses o drosglwyddo llafar wrth i drigolion gwahanol ardaloedd symud er mwyn canfod gwaith, yn enwedig gyda dyfodiad y chwyldro diwydiannol neu mewn cyfnodau o ddirwasgiad cymdeithasol. Dan y fath amodau, gellid lledaenu gwahanol fathau o weithgarwch diwylliannol a fyddai'n gallu ychwanegu at neu ddisodli hen raglenni o arferion a thraddodiadau. Gellid awgrymu mai dyna'r rheswm pam y bu i Hela'r Dryw fwrw gwreiddiau newydd yn ardal Aberafan, mewn cymuned lle ceid canran iach o Wyddelod a symudasai i ardal ddiwydiannol i chwilio am waith. Ond os oedd y gwahanol ardaloedd yn gweithredu'n daleithiol annibynnol er mwyn cynnal hen draddodiad, gellid bod yn eitha ffyddiog na phoenai'r perfformwyr eu bod yn cynnal hen ddefod ddigon cyntefig ei natur a gysylltid ag ymdrechion pobl ofergoelus eu hagwedd i sicrhau fod y tir yn cael ei ffrwythloni o'r newydd ar droad y flwyddyn a hynny'n wreiddiol drwy gyfrwng aberth dynol. Mae Hela'r Dryw, felly, yn enghraifft drawiadol iawn o'r modd y gall hen arfer gael ei gweddnewid dros amser fel bod y cyd-destun cyntefig wedi ei anghofio'n llwyr wrth i elfennau a phatrwm newydd ddisodli'r hen. Erys yr enw, felly, ond diflannodd y pwyslais a'r amcan gwreiddiol. Fel yn hanes nifer o arferion eraill, fe fu dirywiad yn hanes Hela'r Dryw hefyd yn hanner olaf y bedwaredd ganrif ar bymtheg, ac erbyn heddiw y mae'r arfer wedi hen ddiflannu yn ei ffurf draddodiadol yng Nghymru. Ac eto mae olion yr hen arfer i'w canfod o hyd yn Iwerddon tua adeg y Nadolig, er bod natur y gweithgareddau a drefnir gan y 'Wren Boys' yn bur wahanol i'r hyn a gysylltid gynt â'r arfer. Disodlwyd y pwyslais defodol yn llwyr wrth i'r enw gael ei gysylltu bellach â chyfres o weithgareddau cymdeithasol eu natur sy'n rhan o raglen dymhorol.

CYFEIRIADAU

1 A. L. Lloyd, *Folk Song in England* (London,1967), 93.
2 Ibid., 94.
3 Ibid.
4 Ibid., 96-7.
5 Julia Kemp, *Hidden Gold* (History and Folklore of the Coomhola and Borlin Valleys) (Coomhola, 1998), 55.
6 Steve MacDonogh, *Green and Gold* (The Wrenboys of Dingle) (Dingle, 1983), 21.
7 Ibid., 50.
8 Julia Kemp, op. cit., 55.
9 Fe ddyfynnir y cwpled gan Trefor Owen (*Welsh Folk Customs,* 59). Fe ddigwydd y gân ar ei hyd yng nghyfrol H. Hughes, *Yr Hynafion Cymreig* (1823), 239-42.
10 Ibid., 63.
11 L. D. Jones (Llew Tegid), 'Hunting the Wren', (Summary of a Paper read before the Welsh Folk-Song Society, in London, May, 1911), *Cylchgrawn Cymdeithas Alawon Gwerin Cymru* I, 111.
12 Fe ddywed Trefor Owen am y caneuon hynny a gysylltid â Hela'r Dryw a gofnodwyd gan aelodau Cymdeithas Alawon Gwerin Cymru: 'These local variations were recorded in Llanrhaeadr-ym-Mochnant (on the borders of Denbighshire and Montgomeryshire), Amlwch (Anglesey), Denbigh, Llwyngwril (Merioneth), Llŷn (Caernarvonshire) and in many parts of Pembrokeshire.' (*Welsh Folk Customs*, 63).

[13] James O'Brien, 'Carrying the Wren', *Transactions of the Aberafan and Margam District Historical Society*, Cyf II (1929), 3.

[14] Ibid., 3.

[15] Fe roddir y cyfeiriad yn llawn yn y llyfryddiaeth ar ddiwedd yr erthygl: 'Yarrell's British Birds (vol.i., 465)' [*Cylchgrawn Cymdeithas Alawon Gwerin Cymru* Cyf. I, 113].

[16] Llew Tegid, 'Hunting the Wren', *Cylchgrawn Cymdeithas Alawon Gwerin Cymru* I, 102.

[17] James O'Brien, 'Carrying the Wren', *Transactions of the Aberafan and Margam District Historical Society*, Cyf.II, (1929), 3-4. Fe genid y cytgan ar ôl pob pennill.

[18] Fe ddywed Llew Tegid mewn nodiad ar odre'r tudalen (110): 'I am indebted to Mrs Herbert Lewis, one of the most ardent supporters of the Folk-song movement, for a copy of these words.' *Cylchgrawn Cymdeithas Alawon Gwerin Cymru* I, 110.

[19] Llew Tegid, 'Hunting the Wren', *Cylchgrawn Cymdeithas Alawon Gwerin Cymru* I, 109-10.

[20] *Cardiff Times*, 9 Ion. 1897, (Erthygl Cadrawd: 'Welsh Customs on New Year's Day'). Mae'r penillion hyn yn bur debyg i'r gyfres a gofnodir gan Trefor Owen (*Welsh Folk Customs*, 66-7); cyfres o benillion a godwyd yn ardal Solfach, Sir Benfro.

[21] *Cardiff Times*, 9 Ion. 1897. (Erthygl Cadrawd: 'Welsh Customs on New Year's Day'). Fel y dywed Trefor Owen: 'The Mari Lwyd wassailing, the wren ceremonies and other customs carried on during the Christmas season, besides having many ancient traits in common, had a similar social function in recent times.' (*Welsh Folk Customs*, 68-9)

[22] Fe ddywedir ar ddechrau'r drafodaeth y byddid yn 'talu ymweliad â chartrefleoedd y cyfryw wyr a gwragedd ieuainc ag oeddynt wedi priodi o fewn y flwyddyn.' (*Y Gweithiwr Cymreig*, 30 Rhag. 1886).

[23] Ibid. Erthygl yn dwyn y teitl 'Hela'r Dryw' a'r llythrennau 'M.P.G.' wrthi. Dyma a ddywed y gohebydd cyn dyfynnu o eiriau D. Silvan Evans: 'Mewn rhifyn arall o'r 'Academy' cyhoeddwyd a ganlyn oddiwrth y parch. D. Silvan Evans.' Dywed Trefor Owen, sydd hefyd yn cyfeirio at dystiolaeth Silvan Evans, mewn nodiad: 'It is possible that his account describes the custom in his native district, but there is no evidence to corroborate such a statement.' (*Welsh Folk Customs*, 67. Nodiad 2.) Brodor o Lanarth yn ne Ceredigion oedd Silvan Evans.

ARFERION ELUSENNOL

Y Bastai

O dro i dro, byddid mewn rhai ardaloedd yn cynnal achlysur a elwid yn 'Pastai', sef paratoi pryd bwyd syml mewn cyd-destun cymunedol ar gyfer y rhai a oedd yn dymuno elwa ar y lluniaeth a baratoid am bris rhesymol. Tueddid weithiau i gysylltu'r Bastai â dathliadau'r ŵyl Mabsant a gynhelid gynt i goffáu sant y plwyf, fel bod y gwledda yn rhan o raglen ehangach o weithgareddau cymdeithasol adeg y dathlu. Ond roedd y Bastai, hefyd, yn ddull o gynnal trigolion llai cefnog yr ardal yn ystod cyfnodau o ddiweithdra neu gyni cymdeithasol. O ystyried y sylw a gafodd yr arfer gan ohebwyr ddiwedd y bedwaredd ganrif ar bymtheg, byddai'n demtasiwn credu ei fod yn gynnyrch y chwyldro diwydiannol, yn arfer a gysylltid â thafarnau'r Blaenau ac nid â gwyliau tymhorol cymunedau cefn gwlad. Ac eto, gwelir fod Iolo yn cyfeirio'n benodol at rai arferion ei gyfnod a symudodd gydag amser i'r cymoedd diwydiannol ac a lwyddodd o ganlyniad i oroesi ymhell wedi dirywiad arferion cyffelyb mewn cymunedau gwledig. Er enghraifft, ceir y cofnod canlynol mewn rhestr o hen wyliau ac arferion traddodiadol a luniwyd gan Iolo Morganwg tua 1810:

> 25. Pastai wawdd – Priodas wawdd – cwrw gwawdd – cyflwyna.[1]

Er i nifer o'r hen arferion a nodir gan Iolo ddiflannu wrth i gymunedau amaethyddol ymddatod yn wyneb amodau cymdeithasol newydd, gwelir eraill yn symud o'r Fro i'r Blaenau gan ailgydio mewn cyd-destun cymdeithasol hollol anghyfarwydd. Mewn erthygl ar 'Rhai o Ddefodau Godreon Brycheiniog' (1922), ceir cyfeiriad gan Lewis Davies at ŵyl Gynog, sef gŵyl y sant a oedd yn fab i Brychan Brycheiniog: 'Ni welais erioed', medd Davies, 'grybwyll am ddathlu'r wyl yn Ystradgynlais, ond bu cryn fri ar Wyliau Defynnog ganrif yn ol, fel y bu ar Wyliau

Dewi Cynon.

Diserth (o haniad gwahanol) ym Maesyfed ychydig yn flaenorol. Dawnsid ar y fynwent, a chwareuid pêl yn erbyn gwal yr eglwys, yn yr oll o honynt. Yng Ngwyl Gynog Penderyn ychwanegid at hynny ddiwrnod cyfan o hela, pan yr ymunai gwreng a bonheddig i ddilyn y pryf trwy gydol y dydd. Diweddid y cwbl gyda swper, pan y gofelid nad oedd ar neb eisieu dim.'.[2] Yn ôl tystiolaeth Dewi Cynon yn ei lyfr *Hanes Plwyf Penderyn* (1905) a ddyfynnir drachefn gan Davies yma, ' y diweddaf a gadwodd yr arferiad oedd y ddiweddar Mrs. Catherine Jones o'r Ysgubor Fawr, tua'r flwyddyn 1840 neu 1850'. Yr hyn sy'n arwyddocaol yw bod Davies yn mynnu fod yr Ŵyl Mabsant wedi parhau am chwarter canrif pellach ym Mhenderyn ac Ystradfellte 'ac yn cydredeg a hi yr oedd y Bastai'. Er bod yr wybodaeth am barhad yr arfer yn berthnasol, trist clywed y cofnodwr yn ychwanegu nad oes angen disgrifiad pellach o'r achlysur 'gan nad oedd nodweddion y rhain yma yn wahanol i unrhyw Fabsant neu Bastai mewn mannau ereill'. Yn rhagluniaethol, ceir ymhlith rhai o bapurau Lewis Davies gyfeiriadau pellach at yr arferion hyn sy'n golygu fod modd ychwanegu at y braslun anghyflawn a gynigir ganddo yn yr erthygl gyhoeddedig.

Bydd casgliadau eisteddfodol a phapurau personol ar brydiau yn cynnig y math o dystiolaeth blwyfol sydd yn gymorth i ddeall gwir natur yr arferion eu hunain, y dystiolaeth honno a fu unwaith ar gof gwlad ac sy'n creu darlun mwy manwl a byw o'r gwahanol weithgareddau a fu'n gymaint rhan o wyliau'r gorffennol. Afraid pwysleisio y byddai ailgyflwyno gwybodaeth yn rhan naturiol o'r broses wrth i hanesion a phenillion llafar gwlad grwydro o un cyd-destun i'r nesaf. Cofnod personol o'r fath a geir gan Lewis Davies yn ei draethawd eisteddfodol, 'Llên Gwerin Dyffryn Nedd', wrth iddo ymdrin â 'Mabsantau Penderyn':

> Rhaid eu bod wedi llanw lle amlwg ym mywyd ein hynafiaid oblegid y mae y chwedlau a'r tribanau am danynt yn lled gyffredin. Dywedir mai y brif dawnsyddes yn ei dydd oedd Mari Rosser, ac mai Sioned, merch yr hen delynor o'r Bont oedd y gantores oreu. Am y ddawnsyddes – Mari Rosser – dywedir iddi gael ei gwrthod i'r cylch y tro cyntaf y ceisiodd ddawnsio, am nad oedd neb yn breuddwydio am ei thalent. Ond gan ei bod yn ddynes benderfynol mynodd ei lle ac wedi iddi syfrdanu pawb ai medr, nid oedd y cylch yn llawn hebddi mwy. At hyn y cyfeiria yr hen bennill

Merch Dafydd Shon Rosser ai rheswm yn *sound*
Mae'r chenes yn *bound* o gael dawnsio.
Mae'n fodlon i dalu beth bynag fo'r gost
Mae hyny'n rhy *dost* heb ei thasto.[3]

Peth cyffredin ddigon oedd gwau stori neu ddigwyddiad o amgylch
pennill neu driban, a'r tebyg yw mai hanesyn onomastig ei naws yw'r
un a draethir yma gan Lewis Davies. Ac eto, ar waethaf unrhyw
wybodaeth a fyddai wedi'i diogelu ar lafar gwlad, yn yr achos hwn
gallai Davies fod wedi troi at gyfrol Dewi Cynon a gyhoeddasid ddwy
flynedd cyn paratoi'r traethawd eisteddfodol. Yn y gyfrol honno, ceir
fersiwn debyg o'r hanesyn uchod ynghyd â gwybodaeth benodol am
barhad yr Ŵyl Mabsant ym Mhenderyn ac am enwau rhai o'r
cymeriadau a gysylltid â hi. 'Darperid Pastai ar yr Wyl', medd yr
awdur, 'a cheid cynnulliadau lluosog'.[4] Byddid yn cyflogi telynorion
ar gyfer yr ŵyl, a'r dawnswyr yn talu 'rhyw gyfran i'r Telynwr am ei
wasanaeth'. Yn ôl tystiolaeth Dewi Cynon, tua'r flwyddyn 1866, y
daeth cyfnod y mabsantau i ben. Mae'n werth nodi hefyd yn y cyd-
destun hwn, na ddylid synnu gweld deunydd a gyflwynwyd gyntaf gan
Dewi Cynon yn cael ei ailadrodd yn nhraethawd eisteddfodol Lewis
Davies. Gellir synhwyro fod cryn bwyslais ar berchnogaeth
gymunedol yn y cyfnod hwnnw fel bod gan bawb hawl ar y penillion
a'r hanesion hynny a ystyrid yn rhan o gynhysgaeth ddiwylliannol yr
ardal. O ganlyniad, byddai yna stôr o ddeunydd a warchodid ar lafar
gwlad ac a fyddai at wasanaeth pob casglydd a hanesydd fel ei gilydd
fel nad perthnasol fyddai sôn am unrhyw hawlfraint hynafiaethol.

Mewn traethawd diweddarach o'i eiddo, mae Lewis Davies yn
dychwelyd i'r union bwnc ac yn gosod y Bastai mewn cyd-destun
cymdeithasol ac o fewn fframwaith amseryddol. Bu'r bedwaredd
ganrif ar bymtheg, medd ef, yn gyfrifol am greu 'difrod ar lawer o
sefydliadau y tadau'. Diflannodd Gŵyl Gynog, 'gyda'i hela a'i
gloddesta', Mabsantau Penderyn ac Ystradfellte, 'y stepo o flaen y
delyn, a'r Fari Lwyd'. Arall, a derbyn tystiolaeth yr awdur, fu tynged y
Bastai:

> Gwanaidd yw 'y bastai' hefyd oedd mor nodweddiadol o'r Mabsantau
> ymhobman. Beth geidw y bastai yn fyw hyd yn hyn, er yn eiddil, yw
> arferiad y cariadon i alw am dani ar eu dychweliad o'r ffeiriau. Bu

pasteion y Brecon Arms, Pontprenllwyd, a'r Cross Keys Cefn-Coed-y-Cymmer yn enwog pan yn anterth eu bri, ac y mae eto ar gof gwerin amryw o ganeuon, hyd yn oed, fu ynglyn a hwy:

Ceid pastai ym Mhenderyn
O hyd ar ddiwedd blwyddyn
Pan yno deuai o bob man
Rhyw ddynion anghyffredin.

O gwmwd Ystradfellte
O lannau Afon Hepsta
O flaenau Rhigos a Chwmtâf
Daeth bechgyn brâf i fwyta.[5]

Byddai cysylltu'r Bastai â'r gwahanol ffeiriau, felly, yn fodd i ymestyn einioes yr arfer am ychydig eto. Yr hyn sydd wedi newid yw'r cyddestun cymdeithasol, wrth fod arfer a fu unwaith yn rhan o ddathliadau arbennig a gynhelid ar un adeg i gofio sant y plwyf, bellach yn ddibynnol ar gyd-destun llawer mwy seciwlar ei naws. Ceir cyfeiriad penodol at y ffeiriau eu hunain yng Nghastell-nedd, Aberdâr, Y Waen [sic] ac Aberhonddu er bod sôn am ffeiriau yn ardal Penderyn ei hun. 'Diflannodd Ffair y Cefn yn ddiweddar', meddir, 'ac y mae Ffair y Bont yn tynnu ei thraed ati i drengu hefyd ond cafodd Ffair Penderyn ar ol bod yn dranc am chwarter canrif adgyfodiad yn y ganrif bresennol'.

Mewn trafodaeth bellach ar ei blwyf enedigol yn y traethawd a anfonwyd ganddo i Eisteddfod Genedlaethol Caerdydd (1938), gwelir yn yr adran ar hen arferion i Lewis Davies fod yn bur deyrngar i'w hen fro drwy atgoffa'r darllenydd fod yr hen wyliau, ar waethaf unrhyw ddirywiad diweddarach, wedi gweld gwell dyddiau:

Ffynnodd yr Wyl Fabsant ym Mhenderyn am [chwarter canrif] ugain mlynedd ymhellach, a mawr oedd y difrïo arni yn ei blynyddoedd olaf am mai diotwyr, yn bennaf, a'i mynychai. Ond bu amser pan oedd gwyr bucheddol hefyd yn myned iddi ac erys traddodiad yn yr amaethdai am rai o'i dawnswyr goreu. O Bontneddfechan y deuai rheini a thebig mai am rai o honynt hwy y siaredid mor edmygus gan Warner yn ei *Second Walk Through Wales*.[6]

Pwysleisir eto mor enwog oedd yr hen wyliau am safon y dawnsio, a
hynny mewn cyfnod pan oedd 'gwyr bucheddol' wrth y llyw. Sonnir
drachefn am y berthynas rhwng ffair a phastai, a nodi'n benodol mai
'yn y Brecon Arms, Pontbrenllwyd tua'r flwyddyn 1882 y paratowd hi
ddiweddaf'.[7] Yr un yw byrdwn y sylwadau a gyflwynwyd gan Lewis
Davies fel rhan o'i draethawd ar 'Bro Morgannwg' a anfonwyd i
Eisteddfod Genedlaethol Llandybie (1944). Er bod yr Ŵyl Mabsant 'o
haniad crefyddol', sonnir unwaith yn rhagor fod pwyslais y dathlu
wedi newid ymhen blynyddoedd. Cyfeirir at fabsantau 'y Drenewydd
(Notais), Llanilltyd Fawr, Llanbedr y Fro a Dinas Powis yn y Fro ei
hun a rhai eraill Llangynwyd a Llandyfodwg yn y cylchynion ar odrau
y Blaenau'[8] ac at bwysigrwydd y dawnsio. Yma eto, dywedir y
byddai'r Ŵyl Mabsant 'yn cydamseru ag wythnos yr Ŵyl 'Bastai' yn
un neu ychwaneg o'r tafarnau agosaf' gyda'r bwriad traddodiadol o
'borthi y rhai a elai iddynt'.[9] O ystyried tystiolaeth Lewis Davies a
Dewi Cynon, ceir darlun o'r Bastai sy'n ei chysylltu'n benodol i
ddechrau â dathliadau'r Mabsant, yn cael ei chynnal mewn gwahanol
dafarnau lle byddid yn cyflogi telynor at yr achlysur a lle byddai cryn
bwyslais ar y dawnsio ac ar arddangos medrusrwydd arbennig wrth
berfformio cyfres o'r dawnsfeydd traddodiadol. Ymhellach, ceir
awgrym i'r Ŵyl Mabsant wanychu yn ail hanner y ganrif ddiwethaf a
diflannu i raddau helaeth tua'r flwyddyn 1866, er bod tystiolaeth i'r
Bastai oroesi am rai blynyddoedd mewn rhai ardaloedd pan gynhelid
hi yn ystod wythnos ffair.

I'r un eisteddfod genedlaethol yn Abertawe (1907) ag yr anfonwyd
traethawd Lewis Davies ar Ddyffryn Nedd, anfonwyd hefyd
draethawd cynhwysfawr a diddorol gan 'Gildas' ar lên gwerin Dyffryn
Tawe. Yma ceir ymdriniaeth bellach â'r Bastai gan ddilyn yr un
trywydd cyffredinol ond bod yna fân ychwanegiadau sy'n bywiocáu'r
darlun ac sydd o'r herwydd yn ddogfen sy'n mynnu sylw:

> Perthynas agos i'r "cwrw bach" oedd y bastai, ond mai yn y tafarndai y
> cynhelid y 'bastai', ac yn y bythynod y cynhelid "cwrw bach".
>
> I baratoi y bastai cyflogid pencogyddes yr ardal; a byddai hono yn
> paratoi dwblereidiau blasus o gig iach a chrystyn brau; a cheid pryd o
> fwyd o'r fath a garai dynion danteithiol am swllt. Yr oedd y bastai yn
> parhau am wythnos o leiaf; elai o amgylch i bob tafarn yn y
> gymdogaeth.

Lewis Davies,
Y Cymer.

Wythnos y bastai byddai telyn a thelynwr yn cael eu cyflogi. Byddai ambell un yn canu gyda'r delyn; ond y peth mwyaf poblogaidd o lawer oedd dawnsio gyda'r delyn, neu stepo – un ar y tro. Byddai yn rhyw fath o gystadleuaeth stepo gyda'r delyn yn y pastiod. Byddai y bechgyn oedd a thuedd at ddawnsio yn tyru i ystafell y delyn, ac yn edrych ar y naill a'r llall yn codi; a mynych iawn y clywid hwy yn cymell eu gilydd – "Cwn, bachan, i roi tro gyda'r delyn". Yr oeddynt yn llawn athrylith yn eu traed a'u coesau, ac yr oeddynt yn gwneuthur son am eu penau wrth ddefnyddio eu traed.[10]

Roedd y bwyd a baratoid, wrth reswm, yn elfen ganolog yn y dathlu, a'r sylltau a gesglid yn sicrhau llwyddiant masnachol yr achlysur. Neb llai na 'phencogyddes yr ardal', yn ôl Gildas, fyddai'n darparu'r wledd, ac felly mae'n briodol fod tystiolaeth ar gael sy'n rhoi inni ryw fath o syniad o natur y seigiau a ddarperid ar achlysur o'r fath. Ymddengys, hefyd, ar sail yr wybodaeth a gyflwynir gan Cadrawd, fod ystyriaethau masnachol yn dylanwadu ar natur y lluniaeth:

> The fare consisted of two dishes – a meat pie with potatoes, hot and heavily peppered – which it was supposed to make the partakers thirsty and call for more beer. The second dish was the apple pie well sugared, which as a rule met the approval of all, especially the young people. The charge for the square meal was always a shilling. The profit was made from the sale of drinks which was considerable in the course of the week.[11]

Mewn llawysgrif arall o eiddo Cadrawd lle ceir cyfres o hen eiriau ac ymadroddion ynghyd â manylion perthnasol, sonnir am 'Pasti ben ceffyl'. Roedd y math hwn o saig, medd y casglydd, yn 'sort of cut and come again piece [*sic*] of home family fare'.[12] Byddid yn gosod haenen o afalau 'into an earthen-ware dish, then a layer of paste, and so on until the dish is filled, when it is put into the big oven with the bread to bake'. Ar wahân i'r manylion atodol a gynigir ynglŷn â natur y bwyd, adleisia Cadrawd hefyd yr hyn a gofnodid gan groniclwyr eraill ynglŷn â natur y dathlu, prif bwrpas yr ymgynnull a naws a phwyslais yr adloniant:

> 'Pasti wawdd'. Invitation Pie. The annual village pie or feast. A common institution in Glam. until a generation ago but now almost has disappeared. The primary object was to assist the people who prepared it. It lasted a whole week, and a good sum was generally made.[13]

Pwysleisir drachefn mai swllt oedd y tâl traddodiadol am y lluniaeth, ac er bod gwedd elusennol i'r dathlu am fod yna ymgais i gynorthwyo rhai o aelodau llai cefnog y gymdogaeth, gwelir fod y tafarnwr yntau yn elwa'n sylweddol ar sail y diodydd a werthid.

Yn y gyfrol yn dwyn y teitl *Llanwynno*, mae Glanffrwd yn dangos fod yr arfer yn bur boblogaidd ar un adeg yn ardal Ynys-y-bŵl yng nghyffiniau Pontypridd. Cyhoeddwyd y gyfrol yn gyflawn yn 1888 ond bod honno wedi'i seilio ar gyfraniadau cynharach i *Tarian y Gweithiwr* (Aberdâr), a cheir gan yr awdur fanylion diddorol am yr arfer ac am y cymeriadau hynny a gysylltid â'r Bastai yn y gymuned. Unwaith yn rhagor, pwysleisir yr elfen elusennol am fod yna ymgais i gyrraedd a chynnal y trigolion hynny a ystyrid yn llai llewyrchus eu stad:

Yr oedd Pastai yr Ynys yn enwog hefyd. Yr wyf yn meddwl mai tua dechrau Awst y cynhelid hi bob blwyddyn, a byddai Sioned Siôn Ifan yn myned o gwmpas i wahodd, ac wrth hynny byddai yn gwneud ceiniog go dda i'w helpu i fyw. Yr oedd yn cael rhywbeth ym mhob tŷ. Tipyn o gig moch, neu o flawd ceirch, a darn o gig eidion wedi ei halltu, a thipyn o wlân defaid mewn rhai lleoedd.[14]

Sonnir drachefn am Bastai arall a gynhelid 'yn eglwys Wynno bob blwyddyn, a gwahoddid i honno yr un modd gan ryw wraig o'r gymydogaeth'. Mae tinc digon cyfarwydd yn y geiriau sy'n dilyn fod 'y pasteiod wedi myned allan o'r ffasiwn erbyn hyn'.[15] I Glanffrwd, arfer a ddiflanasai ers tro oedd y Bastai, a'r to ifanc bellach yn gwybod fawr ddim amdani. Ymddengys fod yr arfer i'w chanfod hefyd yng nghymoedd gorllewinol y sir am fod tystiolaeth i'r Bastai gael ei chynnal yn ardaloedd Nedd ac Afan. Wrth drafod y gwahanol weithgareddau a gysylltid gynt â'r Mabsant yng Nghwm Nedd, ceir cyfeiriad cryno gan D. Rhys Phillips at 'the "Pasti", a toothsome meal prepared daily and lasting for a week'.[16] Er nad yw'r hanesydd yn dewis olrhain datblygiad yr arfer, ceir un cyfeiriad pellach at 'a "Pasti" at the Edwards Arms, Ynys Fach (Resolven) c. 1840-5'. Digon cyffredinol yw sylwadau J. O'Brien yntau ar hanes yr arfer yng nghyffiniau Aberafan. 'A custom', meddai, 'that did spring from the Mabsant was that of holding dinner parties at a public house', arfer y cyfeirir ati fel 'Pasti'.[17] Er na ellir derbyn fod y term 'dinner parties' yn cyfleu holl naws werinol y rhialtwch cymunedol a nodweddai'r Bastai draddodiadol, ymddengys fod elfennau o'r hen arfer wedi goroesi yn eu hanfod yn y cylch hwn, a hynny am flynyddoedd wedi i'r dathliadau ddiflannu yn ardaloedd eraill y sir. Yn ôl tystiolaeth O'Brien, 'it sometimes continued every evening for a fortnight, the menu being of the best'. Dywed ymhellach i'r "Pasti" gael ei chynnal 'annually about September 29th, the Feast of St. Michael, patron of the Parish Church, at the Miners' Arms, Graig y Tewgoed, Cwmavon, up to twenty-five years ago', sef tua throad y ganrif. Ar wahân i'r cyfeiriad hwn, mae'r dystiolaeth sydd ar gael yn awgrymu i'r arfer wanychu yn ei ffurf draddodiadol yn ail hanner y ganrif ddiwethaf a diflannu'n llwyr mewn rhai ardaloedd. Mae Glanffrwd yn cyfeirio at arfer a oedd wedi hen ddiflannu erbyn yr wythdegau, fel nad afresymol fyddai derbyn awgrym Lewis Davies i'r Bastai draddodiadol ddiflannu i bob pwrpas ym Morgannwg a'r cyffiniau tua diwedd chwedegau'r bedwaredd ganrif ar bymtheg.

CWRW BACH

> These were occasions when some poor man or woman, desiring to make up a certain sum for a purpose, brewed a goodly quantity of mead (latterly it has been beer), and announced his or her intention to hold a *Cwrw Bach* on a certain night. Excise or Inland Revenue restrictions were in all probability not enforced at that time, for, at the appointed hour, the house would be filled with young men and young women.
>
> (T.C. Evans (Cadrawd), *History of Llangynwyd Parish*
> (Llanelly, 1887), 158-9.)

Ymddengys fod tebygrwydd sylfaenol rhwng y Bastai a'r hyn a elwid yn Cwrw Bach, yn gymaint â bod i'r ddwy arfer fel ei gilydd elfen ddyngarol am mai'r nod oedd cynnig cymorth i aelodau llai cefnog o fewn y gymdeithas mewn cyfnod pan na fyddai unrhyw gynhaliaeth swyddogol ar gael i'r di-waith, y methedig a'r gwir anghenus. 'Rhywun yn gwneud cwrw yn ei dŷ oedd hynny', medd Edward Matthews, Ewenni, 'er mwyn gwneud rhyw swm i fyny gogyfer â rhent, neu amser gwasgedig mewn cystudd, &.'[18] Ceir y cyfeiriad mewn cyfrol yn dwyn y teitl *Hanes Bywyd Siencyn Penhydd* a gyhoeddwyd yn wreiddiol yn 1850, a'r awdur yn adrodd hanesyn yn ymwneud â'i ewythr Siencyn. Fel yn achos nifer o'r arferion traddodiadol, nid peth hawdd yw dyddio'n fanwl gyfnod eu ffyniant, ond ymddengys yma fod yr awdur yn cyfeirio'n ôl mewn amser at gynnal yr hyn a elwid yn 'Cwrw Bach' ym Morgannwg, 'yn enwedig yn y dosbarthiadau gweithfaol'.Yr hyn sydd yn ddiddorol yw agwedd y cofnodwr at y math hwn o achlysur a oedd 'wedi mynd yn arferiad cyffredinol bron gan bawb, ac yn hynod lygredig'. Hynny yw, fel yn achos rhai arferion traddodiadol eraill, tueddai'r Cwrw Bach i ddenu beirniadaeth lem y garfan arbennig honno o fewn cymdeithas a ymosodai ar unrhyw weithgaredd a fyddai'n cynnig cyfle i drigolion llai dirwestol eu hagwedd droi at y ddiod feddwol, hyd yn oed pe gwneid hynny yn enw traddodiad neu er lles anffodusion cymdeithas. Dyna safbwynt Matthews yntau wrth iddo atgoffa'i ddarllenwyr fod perthynas rhwng dyletswydd a pharchusrwydd ac na ellid derbyn, pa mor elusennol bynnag fo'r nod, fod diota yn gymdeithasol dderbyniol:

> Yr oeddynt yn myned yno i wneud lles i'r teulu, ac o ganlyniad tybiai pawb mai eu dyletswydd oedd yfed cymaint ag oedd bosibl; a'r hwn a dreuliai fwyaf o arian a gyfrifid yn fwyaf anrhydeddus ar yr amgylchiad.[19]

Ar yr un pryd, byddai'r 'rhywogaeth deg yn ymddifyrru gyda'r clwb te, er dangos eu serchowgrwydd a'u cydymdeimlad hwythau â'r teulu adfydus'. Ond nid oedd y duedd hon fymryn yn fwy derbyniol am fod yr achlysur, meddir, yn creu cyfle ardderchog i drafod busnes pawb yn yr ardal fel nad oedd 'dim posib deall ar rai amserau dan ba graig y gallech gael cysgod "rhag cynnen tafodau"'. (t. 19) Adroddir ymhellach sut y bu i Siencyn, un noson, basio rhyw dŷ lle cynhelid 'cwrw bach', ac ar ôl clywed o'r tu allan 'orchwylion y cwrdd gwlyb', dywedir iddo benderfynu rhoi taw ar y dathliadau. Wedi rhybuddio'r bobl y byddent 'yn uffern bob siol cyn pen fawr amser', dyma Siencyn yn arwain y dorf mewn gweddi fel bod 'satan yn gorfod ffoi yn anhrefnus' o ŵydd Siencyn.[20] Er mor ddifyr yw'r cofnod ei hun o'r hen arfer, arwyddocaol yr un pryd yw cyd-destun y cofnodi fel bod Matthews yn ofalus i sicrhau fod yna bellter parchus rhyngddo a'r math o weithgaredd a groniclir ganddo.

Yr un yw agwedd yr awdur mewn ail ymdriniaeth â'r arfer yn y gyfrol *George Heycock a'i Amserau* (1867). Sonnir y tro hwn am arfer a oedd 'nid yn unig yn ysbeilio'r llywodraeth, eithr hefyd yn go ddinistriol i foesau y wlad'.[21] Y cyhuddiad oedd bod yna 'fwy o rialtwch y rhan fynychaf mewn cysylltiad â chwrw bach nag un cwrw arall'. Unwaith yn rhagor ceir darlun dramatig ei naws gyda'r ynad lleol, wedi iddo ddarganfod lleoliad y Cwrw Bach, 'yn gorchymyn cymryd trosol a tharo talcen y gasgen i mewn, yr hyn a wnaethpwyd, fel y rhedodd yr holl gwrw allan ar hyd y parth'.[22] Gellid derbyn, felly, fod yna gryn wrthwynebiad i arferion o'r fath fel eu bod naill ai'n cael eu difodi'n llwyr neu'n cael eu halltudio i gymunedau anghysbell a fodolai ar gyrion cymdeithas ymhell o grafangau awdurdod a diwygwyr dirwestol eu hargyhoeddiad. Wrth reswm, byddai

ymosodiadau cyson ar natur y rhialtwch yn rhwym o beryglu parhad
yr arfer, a hynny ar waethaf yr athroniaeth gymwynasgar a oedd yn
sail i'r holl weithgareddau.

Mae Cadrawd yntau yn cyfrannu at yr arolwg ac yn nodi ar fwy nag
un achlysur fanylion cyffredinol am yr arfer. Ceir ganddo, er
enghraifft, adroddiad byr ar y cefndir i'r traddodiad yn un o'i
lawysgrifau:

> Cwrw Bach. Lit. Small beer. The custom of holding a "Cwrw Bach"
> was very popular in the county at the beginning of last century. A man
> brewed a quantity of beer, as much as he thought he could dispose of in
> a day and a night, which at that period was allowed without obtaining a
> license. Friends were invited to his house and there would be a prize
> offered to the best marksman at target shooting, a goose would be
> raffled for, and other amusing incidents would take place to make the
> function attractive, and in most cases a Harpist was engaged, as dancing
> was an amusement much indulged in by the Welsh in years gone by.
> Cakes, nuts and sweets were also on sale, and a very pleasant time was
> spent where the people who parted [with] their money, had the
> satisfaction by doing so, that they were assisting a poor man, probably
> with a heavy family, to collect sufficient to meet his landlord's demand
> for the year.[23]

Gwelir copi pellach o'r un cofnod 'Cwrw Bach' ymhlith papurau
Cadrawd a gedwir yn Llyfrgell y Ddinas, Caerdydd (Caerdydd Llsgr.
4.317, 6) ac ymdriniaeth bellach eto yn ei gyfrol gyhoeddedig ar blwyf
Llangynwyd. 'The house', meddai, 'would be filled with young men
and young women; and with the inspiring presence of the fair sex, and
the warm desire to do good to a neighbour, even at the expense of
harm to themselves, the drink flowed abundantly, the fun waxed fast
and furious, and doubtless the warlike consequences already alluded to
were not always absent'.[24] Er na chyflwynir tystiolaeth newydd, mae'n
amlwg bod Cadrawd yn ystyried bod i'r Cwrw Bach le haeddiannol
mewn unrhyw arolwg safonol o arferion cefn gwlad ei dalaith.
Sylwadau cyffredinol a geir ganddo sy'n awgrymu nad oedd i'r arfer
gysylltiadau penodol â Llangynwyd a'r cyffiniau, am fod Cadrawd yn
ffyddlon gofnodi pob mymryn o wybodaeth oedd yn ymwneud â
hanes ei fro enedigol. Yma eto, gellir synhwyro fod Cadrawd wedi

Glanffrwd (W. Glanffrwd Thomas 1843-1890).

codi ei wybodaeth oddi ar lafar gwlad gan rai a glywsai sôn am
draddodiadau'r Cwrw Bach gan berthnasau a chydnabod. O ganlyniad,
cyffredinol eu natur yw'r rhan fwyaf o'r sylwadau fel na ellir pennu y
math o ffiniau amseryddol a daearyddol y byddai haneswyr yn
chwennych eu cofnodi mewn cyd-destunau llai gwerinol.

Mae'r pwyslais, fodd bynnag, yn amrywio. Yn achos Glanffrwd, er
enghraifft, gosodir yr arfer mewn cyd-destun cymdeithasol, penodol,
gan wahaniaethu ar yr un pryd rhwng Medd Gwadd a Cwrw Bach. Yn
ôl Cadrawd, er mai 'a goodly quantity of mead' a baratowyd ar un
adeg, daeth tro ar fyd, a 'latterly it has been beer'.[25] Ond gan
Glanffrwd y ceir y darlun cyflawnaf o'r Medd Gwadd gan osod yr
arfer ar wahân ac mewn cyd-destun sy'n benodol blwyfol fel bod
modd gwerthfawrogi naws a chyffro'r achlysur.

> Bu adeg pan oedd 'Medd Gwadd' yn enwog ac yn boblogaidd yn
> Llanwynno. Medd Jemima, yn y Clotch Isaf, oedd yn enwog gynt.
> Darperid llestr o fedd. Eid o gylch y plwyf i wahodd i'r Medd, ac i
> gyhoeddi pa noson yr oedd y Medd i gael ei gynnal. Ar nos Sadwrn yn
> gyffredin y cynhelid ef. Yr oedd set o ddysglau te ar y disiau yno hefyd,
> a rhwng y cwbl, yr oedd disgwyliad mawr am noswaith y Medd.
> Byddai bechgyn a merched y wlad yn dyfod ynghyd i yfed medd a
> thorri cnau, a bwyta afalau a theisennod crynion. Byddai y bechgyn yn
> canu caneuon bob yn ail, a chaneuon doniol oeddynt! 'Mochyn Ton-du'
> a'r 'Ferch o Blwyf Penderyn,' 'Hwmffre'r Clocswr, mawr ei fwstwr,
> dyma fe,' 'Y Gini melyn bach,' a lluoedd o rai cyffelyb. Yna deuid at y
> disiau, a mawr y pryder yn fynych ynghylch pwy fuasai yn debyg o
> ennill y cwpanau te neu y neisiad sidan. Cafwyd llawer o ddigrifwch
> diniwed ym Medd Gwawdd Jemima.[26]

Ac eto, er nad yw Cadrawd yn dewis manylu ar yr arfer yn ei gyfrol
gyhoeddedig, ceir ganddo yn un o'i lawysgrifau y cofnod canlynol
mewn adran yn dwyn y teitl 'Glossary of Glamorgan words':

> Medd gwawdd (gwahodd) An old Welsh custom. A poor person making
> a brewing of mead or metheglin and inviting his friends to attend on a
> certain evening to drink it as a means of raising the wind. By this
> custom a poor man often was put on his feet, making enough to pay his
> rent, and perhaps a little over.[27]

Mae'r ymadrodd 'to raise the wind' yn hollol ddieithr bellach yn y cyd-destun hwn, ond bydd un o gofnodion eraill Cadrawd yn taflu goleuni nid yn unig ar ystyr y Saesneg ond ar yr hen briod-ddull Cymraeg 'cwnu'r latsh':

> Cwnu'r latsh Syn[onymous] with the Eng. Expression "to raise the wind". Do's geni ddim dicon i "gwnu'r latsh" – (I have not enough to pay for a pint of beer.)[28]

Mae sylwadau Glanffrwd ar y Cwrw Bach, fel yn hanes y Bastai, yn gosod yr arfer o fewn fframwaith cymdeithasol lleol:

> 'Cwrw bach' Mari o'r Rhiw hefyd a fu unwaith yn gyrchfan llawer o bobl. Yr oedd Mari yn darpar rhywbeth cryfach na medd ar gyfer yr ymwelwyr, ac nid hawdd fyddai cael ganddynt ymadael cyn eu bod wedi cael sicrwydd fod y llestr cwrw wedi myned yn gwbl hesb. Pan fyddai'r llestr yn tynnu tua'r terfyn, dywedai Emwnt wrth y cwmni, 'Nawr fechgyn, mae'r cwrw wedi darfod, ac mae'r bara wedi dyfod, cerwch cyn bod dynion yn mynd sha'r cwrdd, mae'n bryd, – ody'n cretu.' O dipyn i beth, ar ôl araith Emwnt, llithrai yr ymwelwyr allan i fyned i'w gwahanol gyfeiriadau, gan ddweud yn iaith Llanwynno, – 'dyna noswaith o sbri biwr ddigynnig, ie, wir.'[29]

Yr awgrym a geir yma yw bod y cwmni ei hun yn dangos y math o ddisgyblaeth a fyddai wedi sicrhau enw da'r arfer drwy ddiogelu'r traddodiad rhag unrhyw gyhuddiadau o anhrefn ac ymddygiad gwrthgymdeithasol. Er bod Glanffrwd yn hel atgofion hynod ddifyr ac yn creu cronicl cymdeithasol tra gwerthfawr, ni ellir ond dyfalu pa bryd yr oedd y Cwrw Bach a'r Medd Gwadd yn eu hanterth a pha bryd y darfu amdanynt.

Arall, fodd bynnag, yw pwyslais Gildas yn y disgrifiad o'r Cwrw Bach a geir ganddo yn ei draethawd 'Llên Gwerin Tawe' a anfonwyd i Eisteddfod Genedlaethol Abertawe yn 1907. Hanner canrif a mwy odi ar cyhoeddi tystiolaeth Matthews, wele adroddiad diddorol a chyflawn o'r hen arfer, a hynny heb y cyd-destun moesol a phregethwrol a liwiodd y cronicl cynharach. Yma gwelir pwyslais arbennig ar elfennau cymdeithasol yr arfer, y cyfle i gefnogi tlodion yr ardal a'r cyfle hefyd i greu man cyfarfod ar gyfer ieuenctid y cylch, ond ar yr un pryd, rhaid oedd cydymffurfio'n ymarferol gyfrwys â'r gyfraith. Priodol yw gadael i eiriau Gildas ei hun greu naws a phwyslais yr achlysur:

> Cwrw Bach. Yr oedd y "cwrw bach" yn sefydliad poblogaidd. Dyben y cyfarfyddiadau hyn oedd cynorthwyo'r tlawd; a byddai rhai o bobl oreu pob cymmydogaeth yn eu cefnogi. Rhyw ddiferyn o *"sioncen"*, neu lymaid o *"feth"* fyddai yn y *"cwrw bach"*, i dori syched y rhai fyddai yn canu neu yn bwyta *"pice"*. Os buasai un yn canu cân â thipyn o fyn'd arni, yr oedd yn rhaid *"yfed ato"* – hynny yw, rhoi dracht iddo o beint arall, a chai ambell waith yfed o lawer peint. Fel rheol, byddai pob bachgen yn mynd a'i gariad gydag ef i'r cwrw bach; os na, byddai yn ceisio dwyn cariad un arall: – a dyna y perygl mwyaf oedd yn yr hen sefydliadau. Caffai un beint o gwrw, neu beint o fedd; ac er mwyn osgoi y gyfraith gwerthid *"pice teisene"* yno, a thelid am y *bicen*, a cheid y *cwrw* neu'r *meth* am ddim. Byddai'r bechgyn yn yfed ac yn *tosso* am y *"pice"*, er mwyn eu cyflwyno i'w cariadon, a byddai nifer y *"pice"* a gai merch yn awgrymu nifer y cariadon. Wele un o'r hen bennillion a genid yn y "cwrw bach": –

> > Swllt am garu, swllt am beido,
> > Swllt am roi 'rhen gariad heibo,
> > Swllt am godi cariad newydd,
> > Mae'n well gen i'r hen,
> > Troi'r afon i'r ffynnon,
> > Troi'r ffynnon i'r ty,
> > 'Rwy'n ffaelu troi 'nghariad
> > 'Run feddwl a fi.[30]

Drwy gyfrwng y gwahanol adroddiadau gellir creu darlun digon cynhwysfawr a byw o natur yr arfer, y cyd-destun cymdeithasol, ynghyd â phatrwm y dathlu. Ac eto, ni cheir gan amlaf unrhyw ymgais i nodi'r math o fanylion a allai arwain at gronicl safonol o ddatblygiad yr arfer fesul cwmwd a chyfnod. Ac eithrio tystiolaeth Glanffrwd, cyfeirir at ryw achlysuron diddyddiad a diaelwyd fel mai amhosibl yw paratoi'r math o arolwg penodol a fyddai'n rhyngu bodd yr ymchwilydd cydwybodol a'i fryd ar greu amserlen wyddonol a chyflawn. Ni pherthyn y math hwnnw o ymdriniaeth i faes diwylliant gwerin sy'n ddisgyblaeth ddi-ffin yn dibynnu ar gofnodi mympwyol gwerinwyr cefn gwlad pob cyfnod ac ar ymdrechion croniclwyr diweddarach i ail-greu'r gorffennol a gollwyd.yn yr achos hwn, am fod Matthews Ewenni yn adrodd hanesion am helyntion ei ewythr a gyhoeddwyd yn 1850, gellid dyfalu ei fod yn sôn am chwarter cyntaf y ganrif. Mae'n amlwg fod Gildas erbyn 1907 yn dibynnu ar dystiolaeth a drosglwyddwyd iddo ar lafar gwlad, ac mae bywiogrwydd a manylder yr adroddiad yn awgrymu fod gwybodaeth bersonol am y traddodiad o hyd yn eiddo i rai unigolion arbennig a fyddai'n gyfrifol am ddiogelu cof y gymuned. Ar yr un pryd, fel yr awgrymwyd eisoes, ni ddylid disgwyl cloriannu arferion traddodiadol yn ôl canllawiau a phrosesau'r oes fodern am eu bod yn ddigon annelwig ac amlweddog i ymwrthod ag awydd cenedlaethau diweddarach i gategoreiddio pob dim yn gyfrifiadurol gyfleus. Y peth rhyfedd yw i'r Cwrw Bach a'r Bastai fel ei gilydd oroesi cyhyd yn wyneb pob math o fygythiad, ac ar sail yr wybodaeth sydd gennym, ymddengys iddynt ddifyrru cynulleidfaoedd gwerinol am flynyddoedd lawer, gan gynnal aelodau llai cefnog y gwahanol gymunedau ar yr un pryd.

CYFEIRIADAU

[1] G. J. Williams, *Iolo Morganwg* (Caerdydd, 1956), 39.

[2] Lewis Davies, 'Rhai o Ddefodau Godreon Brycheiniog', *Y Geninen*, Cyf. XL, Rhif 3 (Gorffennaf, 1922), 156.

[3] LlGC 'Llên Gwerin Dyffryn Nedd' ('Meudwy Mellte', sef Lewis Davies), *Cyfansoddiadau Eisteddfod Genedlaethol Abertawe* 1907, Rhif 23, 18.

[4] David Davies (Dewi Cynon), *Hanes Plwyf Penderyn* (Aberdar, 1905), 92-3.

[5] LlGC Casgliad Brinli 35 (4). Ni rifir y tudalennau. Anfonwyd y traethawd sy'n trafod Plwyf Penderyn i gystadleuaeth yn Eisteddfod Genedlaethol Aberystwyth, 1916. Bu traethawd Lewis Davies, 'Ymchwiliad i gyflwr gweithfaol a chymdeithasol unrhyw blwyf gwledig yng Nghymru', yn gyd-fuddugol. Dyfynnir yr un penillion gan Dewi Cynon, op. cit., 93.

[6] LlGC Casgliad Brinli 35 (12), 82. Traethawd yn dwyn y teitl 'Penderyn'.

[7] Ibid.

[8] LlGC Casgliad Brinli 35 (16), 114. Traethawd 'Bro Morganwg' a anfonwyd i Eisteddfod Genedlaethol Llandybïe (1944), Rhif 21.

[9] Ibid., 114-15.

[10] LlGC 'Casgliad o Lên Gwerin Dyffryn Tawe, a rhwng Tawe a'r Llwchwr' (gan Gildas), *Cyfansoddiadau Eisteddfod Genedlaethol Abertawe* 1907, Rhif 22, 204.

[11] AWC 1406 (4). Digwydd y sylwadu ar 'Pasti' mewn cyfres o gyfraniadau ar amrywiaeth o bynciau gwerinol. Trefnir y rhestr yn ôl yr wyddor.

[12] AWC 1406 (1), 102.

[13] AWC 1406 (4). Yn yr adran yn dwyn y teitl 'Pasti'. Gw. 11 uchod.

[14] William Thomas (Glanffrwd), *Llanwynno*, gol. Henry Lewis (Caerdydd, 1949), 73.

[15] Ibid.

[16] D. Rhys Phillips, *The History of the Vale of Neath* (Swansea, 1925), 585.

[17] J. O'Brien, 'Gwyl Mabsant', *Transactions of the Aberafan and Margam District Historical Society*, I (1928). Ni rifir y tudalennau.

[18] *Morgannwg Matthews Ewenni*, gol. Henry Lewis (Caerdydd, 1953), 18.

[19] Ibid.

[20] Ibid., 19.

[21] Ibid., 63.

[22] Ibid., 64.

[23] AWC 1406 (3). Unwaith eto, ni rifir y tudalennau ond rhestrir y cyfraniadau yn ôl yr wyddor.

[24] T. C. Evans (Cadrawd), *History of Llangynwyd Parish* (Llanelly, 1887), 159.

[25] Ibid.

[26] William Thomas (Glanffrwd), op. cit., 73-4.

[27] AWC 1406 (4).

[28] Caerdydd Llsgr. 4.317 (gw. 'Glossary' ar glawr y llyfr nodiadau).

[29] William Thomas (Glanffrwd), op. cit., 74.

[30] LlGC 'Llên Gwerin Tawe a rhwng Tawe a'r Llwchwr', *Cyfansoddiadau Eisteddfod Genedlaethol Abertawe* (1907), 198.

Y WENHWYSEG

(Llawysgrifau Cadrawd)

> We go in search of a word, to find the meaning of that word lit up by some brilliant flash from the mind of a forgotten Shakespeare of the soil, and the word is so to speak, burnt into the memory, the quotation as well. A dictionary of quotations, married to a glossary of this kind, is of immensely more personal and permanent value than any collection of colloquialisms or dictionary of quotations by itself.
>
> (T.C. Evans (Cadrawd): LlGC Llsgr. 1163B, 18.)

Yn ei ddarlith *Cadrawd: Arloeswr Llên Gwerin*, myn Dr Brynley Roberts bwysleisio pa mor eang oedd diddordebau Cadrawd, ac ar waethaf ei duedd i ramanteiddio ambell agwedd ar hanes diwylliannol ei filltir sgwâr, ychwanegir mai gan Cadrawd 'yr oedd yr amgyffrediad lletaf o'r hyn yw llên gwerin, ei bod yn golygu holl faes y traddodiad llafar, nid chwedlau difyr a choelion rhyfedd yn unig, a'i bod yn gallu cynnig allwedd i lawer agwedd ar hanes cymdeithas'.[1] Ar wahân i'r gweithgarwch arbennig hwnnw a adlewyrchir yn ei fynych gyfraniadau i wahanol gyfnodolion o'r wythdegau ymlaen, ymddengys i'w draethawd buddugol, 'The Folklore of Glamorgan' (Eisteddfod Genedlaethol Aberdâr, 1885) gynnig patrwm i'r casglwyr eisteddfodol a'i dilynodd. Ymddiddorai mewn amrywiaeth o bynciau hynafiaethol ac fe'i canmolir am iddo, yng ngeiriau Dr Brynley Roberts, 'geisio efelychu dulliau a safonau casglu'r to newydd o efrydwyr llên gwerin'.[2] Peth naturiol oedd iddo droi at y cyfnod cynddiwydiannol ac iddo ail-greu naws y cyfnod drwy gyfrwng ei waith yn cofnodi hen arferion, hen ddulliau o amaethu, ac yn llunio casgliadau o dribannau a fyddai'n dehongli ac yn cyfoethogi'r disgrifiadau hynny. Ac eto, erys un agwedd ar ei weithgarwch sy'n haeddu sylw am fod ei lawysgrifau yn tystio i'w ddiddordeb mewn tafodiaith a'i frwdfrydedd arbennig dros ei dafodiaith ei hun, y Wenhwyseg.

Ceir ymhlith ei gasgliad o lawysgrifau nifer o lyfrau nodiadau sy'n ceisio cofnodi a disgrifio nodweddion y dafodiaith honno, a chyfoethogir y nodiadau eglurhaol ag enghreifftiau diddorol sy'n dangos mewn modd dadlennol ddifyr, union arwyddocâd a phwyslais y gwahanol eiriau ac ymadroddion. Llafur cariad yn ddi-os oedd y math hwn o weithgarwch iddo, a'r nodiadau yn adlewyrchu nid yn unig barch Ioloaidd at hanes diwylliannol y dalaith ond parodrwyd i arddel agwedd a dull mwy academaidd o drin y deunydd a oedd yn ei feddiant yn unol â'r safonau ymchwil cadarnach a oedd yn dechrau ennill eu plwyf. Wrth gwrs, roedd y gwaith o gasglu a chofnodi penillion traddodiadol y dalaith wedi darparu'r math o ddeunydd crai a fyddai'n ganllaw digon diddorol a pherthnasol i'r sawl a fynnai lunio arolwg hanesyddol o'r dafodiaith. Er bod y dafodiaith yn dechrau gwanychu erbyn cyfnod Cadrawd, fel na fyddai gwaith maes yn debygol o ateb ei holl anghenion, roedd y cyfoeth penillion ac ymadroddion a gasglwyd dros y blynyddoedd ganddo ef a'i gyd-hynafiaethwyr yn cynnwys enghreifftiau lawer o hen eiriau a ffurfiau mewn cyd-destunau naturiol ddilys a fyddai'n cynnig cyfresi o eglurebau cyfleus a dibynadwy.

Gwelir, felly, fod Cadrawd yn llwyr sylweddoli gwerth a phwysigrwydd ymadroddion a phenillion eglurebol o'r fath ac mae ei ddiddordeb amlwg yn nhafodiaith ei dalaith yn sicrhau perthnasedd ac apêl y rhestri o eiriau a welir yn ei lawysgrifau. Dengys y llawysgrifau hynny iddo baratoi mwy nag un fersiwn o'r gwaith a bod tuedd i gynnwys disgrifiadau ac enghreifftiau digon tebyg i'w gilydd yn y gwahanol ddetholiadau. Ond mae hyn oll yn dangos y pwys a roddid bellach ar astudiaeth ieithyddol o'r fath, ymchwil a ystyrid, mae'n siŵr, yn fater o frys cyn i'r hen ffurfiau ddiflannu. Mewn cyfnod a welodd gymaint o drawsnewid cymdeithasol a cholli hen arferion traddodiadol, roedd y bygythiad i'r dafodiaith yr un mor fyw a pherthnasol. Oni bai bod yna ymgais lew a sydyn i gofnodi a disgrifio tafodiaith draddodiadol y rhanbarth, byddai'r hen Wenhwyseg yn diflannu am byth. Afraid dweud bod angen cofnod safonol a chynhwysfawr o bob math o ddeunydd ieithyddol, a'r cofnod hwnnw yn sail i ymdriniaeth academaidd drefnus a phrif nodweddion y dafodiaith. Byddai'r wybodaeth honno, o ganlyniad, ar gael i ymchwilwyr diweddarach pe byddai galw am ddadansoddiad cymharol o wahanol dafodieithoedd y genedl. Tynnwyd sylw eisoes at yr agwedd hon ar ei weithgarwch hynafiaethol sef 'ei sêl dros ei dafodiaith, y Wenhwyseg'. 'Ymfalchïai ynddi', meddai Dr Brynley Roberts, 'galwai am ei harfer yn yr ysgolion a lluniodd nifer o restri o eiriau ac ymadroddion tafodieithol'.[3] Ond er mwyn medru ymgymryd â'r fath ddadansoddiad, aeth ati i astudio gwaith ieithegwyr gan gynnwys y dulliau a arferid o ddisgrifio'r gwahanol dafodieithoedd.

Yn Llyfrgell Genedlaethol Cymru ceir detholiad o lawysgrifau Cadrawd, ac yn eu plith gyfres o lyfrau nodiadau yn dwyn y teitl 'Glossary of the Welsh of Glamorgan and Monmouth' (NLW 1163B-1175B) y dywedir eu bod yn cynnwys 'some ten thousand words, phrases with examples, and illustrations of their usage'.[4] Mae'n wir fod ganddo gasgliadau eraill o eiriau mewn gwahanol lawysgrifau o'i eiddo ond ymddengys fod y casgliad hwn, ynghyd â'r detholiad a anfonwyd i'r Eisteddfod Genedlaethol yn Abertawe yn 1907, gyda'r cyflawnaf ohonynt. I'r 'Glossary' hwn sy'n gymar i'r casgliad eisteddfodol, ceir rhagair hynod werthfawr sy'n egluro safbwynt y casglydd, natur y sbardun a arweiniodd at y casglu, ynghyd â manylion am y cynllun a fabwysiadwyd. Fel yr awgrymwyd eisoes, roedd Cadrawd a'i gyfoeswyr yn ymwybodol iawn fod cymdeithas yn newid a bod y trawsnewid hwn yn bygwth hen draddodiadau a hen ddull o fyw. Ond synhwyrid fod y dafodiaith hithau mewn perygl; gyda'r chwyldro diwydiannol daeth geirfa arbenigol newydd, a'r eirfa honno yn Seisnig ei naws a'i phwyslais fel bod yr hen gadernid ieithyddol a gysylltid â'r cynfyd amaethyddol bellach yn cael ei fygwth gan amodau cymdeithasol newydd. Dyna safbwynt y casglydd wrth iddo ymdristáu o weld cyfnod o ddirywiad ieithyddol; 'an unfortunate feature of modern Gwenhwyseg is the impurity of its vocabulary', meddai yn y rhagair.[5] O'r geiriau newydd a dderbyniasid i'r dafodiaith er 1850 dywedir ymhellach 'that seven tenths are English and the remainder, mining and commercial terms, most of which are of slang or doubtful origin'. Byrdwn y neges yw bod Gwenhwyseg pur cyfnod Iolo Morganwg wedi'i cholli ac yn ei lle ceir 'an inane patois, belonging to a degenerate age'. Mewn sefyllfa mor argyfyngus gwelir Cadrawd yn tynnu sylw at gyfrifoldeb pob un a ystyriai ei hun yn addysgedig 'to guard zealously the purity of his native dialect'.

Ymddengys, felly, fod diogelu purdeb yr hen dafodiaith yn ystyriaeth ganolog a phwysig i'r hynafiaethydd cydwybodol, yn enwedig felly o gydnabod pa mor fygythiol oedd yr hinsawdd gymdeithasol erbyn cyfnod Cadrawd. O droi at gynllun yr eirfa ei hun, gwelir bod Cadrawd mor awyddus i osod geiriau yn eu priod gyd-destun ac mor effro i'r posibilrwydd o ddefnyddio'r tribannau at y pwrpas hwnnw, fel bod tinc Ioloaidd yn ei gyflwyniad:

> It has been the aim of the author to make the work, not only an exhaustive glossary of the Gwenhwyseg, but also a treasury of fitting quotations . . . In the *Tribannau Morganwg* a class of literature peculiar only to this county, we have a well of Glamorganshire Welsh to draw from, the very best source to ob(s)tain stores of the true dialect of the county.[6]

Roedd Cadrawd yn gweld yn glir bwysigrwydd cyflwyno dyfyniadau eglurebol, a synhwyrai hefyd y byddai cynnwys ymadroddion gwerinol o fewn pennill neu frawddeg yn ddull effeithiol iawn o gyfleu'r ystyr i genhedlaeth newydd o siaradwyr. Hawdd derbyn rhesymeg ei ddadleuon. 'The quotations and examples in the glossary in our opinion', meddai, 'especially the *tribanau* are excellent aids to the memory, and will help to fix the original and pure dialect word in the mind'.[7] Ac eto, ni allai'r efrydydd rhesymegol yn Cadrawd lwyr ddisodli'r wedd ramantaidd yn ei gyfansoddiad am ei fod yn mynnu ychwanegu rhai sylwadau am y broses o ddarganfod a chyflwyno geiriau'r 'Wenhwyseg'. Yn y cyd-destun hwnnw, sonnir am fynd ar drywydd rhyw air neu'i gilydd 'and find the meaning of that word lit up by some brilliant flash from the mind of a forgotten Shakespeare of the soil, and the word is so to speak, burnt into the memory, the quotation as well'. Ond ar waethaf unrhyw duedd felly i ramanteiddio'r gorffennol, ni ellir gwadu perthnasedd yr hyn a ddywed am natur ei ddetholiadau, sef bod 'a dictionary of quotations, married to a glossary of this kind, is of immensely more personal and permanent value than any collection of colloquialisms or dictionary of quotations by itself'.

Gellid dadlau mai'r geiriau neu'r ymadroddion eu hunain yw'r elfen bwysicaf yn y casgliadau hyn er bod ymdrech o bryd i'w gilydd i dynnu rhai casgliadau ynglŷn â natur y dafodiaith gan nodi rhai tueddiadau amlwg. Er enghraifft, yn y rhagair i'r 'Glossary' cyfeirir at yr hyn a elwir yn 'metathesis' neu 'trawsosodiad', sef yr arfer o newid trefn cytseiniaid. 'Sounds', meddai, 'are frequently transposed, especially in certain connections; e.g. after *ys*, *wythnos* very often becomes *wsnoth* ; the affinity of *ys* with *ws* being greater than that of *ys* with *wyth*'.[8] Yn dilyn, rhestrir rhai enghreifftiau, sef 'gwiddil, pyrnu, trenfu, cenfu, drychynllid, gomrod, crynhoi, [*sic*] gidil, clascu', rhai yn eu ffurf reolaidd, eraill yn eu ffurf dafodieithol. Wrth gwrs, digwydd enghreifftiau perthnasol o'r arfer drachefn yn y rhestr o eiriau sy'n dilyn yng nghorff y gwaith:

> Canddo N. sing. = Fox
> Pl. canddôd – cenddi, canddoid
> "Canddo o ddiwurnod"
> (A Fox of a day)[9]

Dro arall ceir enghreifftiau achlysurol mewn brawddegau eglurebol, megis arfer y ffurf 'giddyl' yma yn lle'r ffurf safonol 'gilydd':

> Cribo Gwallt v trans Lit: to comb the hair
> Said of two women fighting
> "Ma'r menwod ar y street yn cribo gwallt i giddyl"
> (The women are on the street fighting)[10]

Digwydd enghreifftiau tebyg mewn rhestri a ddiogelwyd mewn llawysgrifau eraill, oherwydd rhannwyd casgliad Cadrawd rhwng Llyfrgell Genedlaethol Cymru, Llyfrgell Dinas Caerdydd a llyfrgell Amgueddfa Werin Cymru yn Sain Ffagan. Ystyrier, er enghraifft, y cofnodion canlynol:

> Cwiddyl (cywilydd) shame
> "Mae yn gwiddyl gwymad iddo." (Lit. It is a face shame to him.)
> Do's arno ddim mwy o gwiddyl, nag sydd ar yr Afar am ddangos 'i thin. (Local Prov. At Llangynwyd.)[11]

> Clascad (casgliad) collection
> Clascad yn y cwrdd – collection in chapel

Clascad ar y bys – a gathering on the finger
Clascu (casglu) to collect
Clascu cwtsh, to gather the weeds together, on a ploughed field for
burning.[12]

Ar y llaw arall, gellid dadlau mai prif werth y gwahanol gasgliadau yw
eu bod yn cynnwys hen eiriau ac ymadroddion sydd bellach wedi
diflannu o'r dafodiaith. Yn y cyswllt hwn, mae'r nodiadau eglurhaol
a'r brawddegau neu'r penillion atodol yn ychwanegu'n fawr at werth y
cofnodi ac yn creu archif hynod werthfawr i'r sawl a fyn astudio prif
nodweddion y dafodiaith. Gwelir detholiad hynod ddiddorol mewn
casgliad a ddiogelir yn y Llyfrgell Genedlaethol. (NLW 1163B –
1175B) Codwyd yr enghreifftiau hyn o'r gyfrol gyntaf, sef LlGC
Llsgr. 1163B:

Acor (A-cor) v trans = to open —-
The adjective Rhagor is also pronounced in some parts of
Glamorganshire "acor"
Mynwch chi acor o fwyd
Will you have more food.

Acha (ach-a) Pr(e)position. On.
Fel ystarn acha cefan cu
Like a saddle on a dogs back
Local Pro.
Ma'r bucal (bygail) yn nhre acha pob pen mis
The pastor is at home every communion Sunday
Ma nhw'n ffyrno'n wastod acha dy' llun
They always bake on Monday
Rhondda

Adar y Felldith = Lawyers
Local Pro

Allws (all-ws) v to empty
We hardly ever hear the dictionary word arllwys used in the colloquial
language of Glamorgan
Allws i gŵd
Empty his sack
Spoken of one who is too ready to disclose a secret

Ammod (am – mod) N. Fem pl ammota – wage
Beth yw dy daro di am fatal
Why do you want to leave
Isha rhacor o ammod
I want more wages
Pyle and Margam

Anach P Pr or adj = Indicating danger
This word according to Dr Pughs Dictionary and also that of Canon
Silvan Evans means an impediment, one that is dull or slow
But in Glamorgan it is used as follows
Mae yn anach pido talu
He threatens not to pay
Mae anach glaw ganti
It has the appearance of rain
Mae anach storm, yn gwynt y môr
There is a storm brewing to windward
Margam and Llangynwyd

Anglod(d)au = Funeral
On the west the word is pronounced angladd
In the centre of the county and to the east anglodd

Mae'r anglod(d) wedi cwnni
The funeral has started (lit. rise)

Ond odd cianu net yn yr anglod(d) hed(d)y
What beautiful singing with the funeral today

Ansal (an-sal) n. fem pl anseli = luck
It is an old custom, when a person is opening a new business, to ask a
friend to make the first purchase in the following words.
Dewch, rhowch, ansal da i fi; implying that if the first to buy with him
wishes him well his success is assured.
The word between the Neath and Llwchwr is pronounced "ansel".

Apal (ap-al) adj. able
Bechgyn Penmain, od(d) y dynion apla glyw'd son am denu nhw, yn y
partha yma 'rio'd. Fe gariws doi o honyn nhw, bren trawst ar i cenfa,
wedi i'r ychen ffaelu i dynu o'r ffos.
Tradition

Arath (ar-ath) adj = another
Mae ochor arath i'r cwestiwn
There is another side to the question

Arlwydd (ar-lywydd) n.m. Landlord
The people of Glamorgan never use the word Arglwydd for a temporal
lord, but for the almighty only
Pwy yw'ch arlwydd chi
Who is your land-lord

Pan ddath arlwydd Margam idd i oedran, fe ddigonw'd idon yn gyfan o
flan y plas.
When the heir of Margam became of age, a bullock was roasted whole
in front of the mansion.

Tir yr Arlwydd
Gwaun yr Arlwydd Place names

Armath (arm-ath)
Bord Armath: A peculiar kind of table to kneed dough and to make all
kinds of bread on.
Crochon armath: A special crock in which the iwd was prepared

One of the centre stones in the gorsedd circle is called Maen armerth
and is translated "perfection stone"

Duwarnod Armath – the baking day, the day according to old custom,
on which the weeks supply of bread was made.

Ar y gridyll
On the grid-iron
Said of one who is over head and ears in debt (*h.y. 'dros ei ben a'i
glustiau mewn dyled'*)

Atgor (at-gor) pl atgorau n.fem a team, yoke of oxen.
Tri pheth wyn wel'd yn llet'with,
Hwch a iwc m'wn gwenith;
Atgor wan yn tori ton,
A phac o gryddion llaw'with.
Hen Drib.

Dro ar ôl tro, ceir ychwanegiadau difyr ar bob math o bynciau gan
gynnwys eglurhad ar eiriau a gwybodaeth am ymadroddion penodol a

gysylltid gynt â hen draddodiadau'r dalaith. Ystyrier, er enghraifft, y gyfres ganlynol a geir mewn llawysgrif arall o eiddo Cadrawd a gedwir yn Amgueddfa Werin Cymru yn Sain Ffagan (AWC 1406/2), cyfres sy'n adlewyrchu'r amrywiaeth helaeth o ddeunydd a ddiogelwyd ganddo:

Ascall (=Asgell) wing
"Rhanu ascall gwybetyn"
Lit. to divide the wing of a knat, a local expression, when referring to a triflng matter.

Awch (min) edge
"Mae awch ar 'i gryman']" (His words are very telling)
"Mae awch ar 'i betha'" (His sayings have much force)

Bacsa footless stalkings (sic)
Mae a'n ciaru yn 'i facs, ne' yn nhrad 'i sana
An expression used when speaking of a young man courting a girl who lives under the same roof.
Fy ffryn'd a'm cyfaill mwyna'
Pan fo' ti yn y Ffalda;
Ma' yma un a wna dy frâd
Yn ciaru'n nhra'd 'i sana'.
(Hen Drib.)

Bara = bread
"Bara bendith". The old custom at Llangyfelach of bringing a loaf of weheaten bread as an offering to the Parson, at the churching of women.
"Do's genti hi ddim torth fendith yn y tŷ." (Said of a woman in extreem poverty)
Bara Lawr – Laver bread
Bara Llechwan (Llechfaen) – Stone baked
Bara Planc – Bakestone bread (Gwaun Cae Gurwen)
Bara Prwmlyd – Bakestone bread (Llangynwyd)
Bara Mâ'n (Maen) – Bakestone bread
Bara Tato – Boiled Potatoes mixed with flour, and baked as bread in the oven.
Bara Trw'r dwr – Unleavened
Bara Shiprys – Bread made from Barley and oats growned together with fine meal
Bara'r Twrch – Fungus which grows on trees.

Blewyn Cwtta. A method of drawing lots, by means of two pieces of straws, or small twigs, the one being longer than the other. The longest to win, shortest to lose. —- This was called "Tyny blewyn Cwtta".

Caseg Wanwyn. Local name for the Woodpecker.

Clawty, pronounced also glawty, a cowhouse

Lle'r gwartheg yw y glawty,
Pan darffo'r hâf gynhesu;
Rhy aethus iddynt fod i ma's,
Mae'n gas 'i gwel'd nhw'n sythu.

Clecan (Chwedleua) gossiping
"Clecan o bothdy'r tai. Herlid clecs."

Tri pheth nid wy'n 'i hoffi,
Rhyw lapitsh tê a choffi;
Gwraig yn clecan fel y cloc,
A myn'd i'r lloc at Shini.

Clerod, doble plural of cleren. – flies

Ar wres nid hawdd i'w trafod,
Yr ych dan iau a'r clerod;
Ond gwaeth na'r clêr i dymher Dic,
I'w iwso'r pric yn ormod.

Cnot pl. Cnots. Knot
"Yr o'dd i phen hi'n gnots i gyd" (Her head was decorated with knots of ribbons).
Cnotto'r Fari / Cnotto'r Gasag: Decorating the "Mari Lwyd" during the Christmas festivities with ribbons of all colours

Mae'n Gasag lwyswedd lysti,
Mae miloedd yn ei moli;
Ei phen yn gnottog enwog iawn,
O foddion llawn difaeddu.

Coffins and cwffins. A kind of mutton pies, a speciality at Cwm Clydach, near Swansea, at wedding feasts, made in the shape of a coffin

"Cwffins clever o gig gweddaer'
Crystyn brou hawdd ei gnoi;
A photen reis eitha neis,
Teishena fo rownd o dri hanner pownd (Cân y Gwahoddwr)

Côl (baich) a load

"Côl o goed tân" (a load of fire wood)

"Côl gwas diog" (a lazy man's load, always too heavy or untidy)

"Tri pheth wy'n wel'd yn lletwith'
Hwch a iwc m'wn gwenith;
Côl o bolon heb un c'lwm
A Thwm y llipryn llaw-whith."

Colbi. The wooden ball used at bandy playing when that game was popular in the county, parishes playing against one another. It was made from a knotty part of the larch tree which would not split. This was the primitive kind of ball used. To make one was the work of a few minutes with a saw and a sharp knife, and when the proper wood was selected, it would last out any leather made ball.

Cramwth sing cramwythan Fritters called crempog in North Wales

Tri pheth sy'n myn'd yn ddiffrw'th,
Blawd c'irch i 'nithyr cramwth;
Tori'r pren cyn crino'i frig,
A phopi'r cig yn olw'th.

Crasu "Ma' isha crasu'r plant 'na." (The children need to be corrected.)

"Crasu'r bara" (Bake the bread)

"Un heb 'i grasu" (He is not all there)

Crimp pl. crimpa (crimmog) shin

Paid llosgi dy grimp (don't burn your shin.)
"Mi dorson ein crimpa ar draws y sticeila,
W'th ddwad t'ag yma, nos heno."
(Cwmpeini'r Wassail)

Crop pl. cropa, same as the Eng. crops

"Ma cropa da iddi gwel'd yn mhobman y leni
(Good crops are to be seen everywhere this year)
Crop budyr o erfin
Crop dysbrad o Fala
Crop digynig o datws
Crop yscon o wair
Crop trwm o lafur

Crug pl. crucia, a stack of corn, a heap
"Crug y Duwlith" The dewless hillock on Margam Mountain one of the seven wonders of Glam.
Crug o lafur
Crug o blant
Crug o arian
Crug o gelw'dd
The word crucyn is also used for crug denoting a good quantity or number.

"Cusanu'r Babi" a local saying
"A ddewi di i gusanu'r Babi?" (Will you come to share my pint of beer) a queer invitation to go to a public house to have a drink or as the invitation is generally said "I gial shâr o beint."

Cwc pl. cwcs (côg) cook
"cwcan cino" Cook a dinner.
"Duw'n rhoi'r trugareddau, a'r diawl yn anfon y cwc."
"Cwco'r Basti". In years gone buy, a very popular institution in the county was the Basti wawdd (gwahodd) held in Valley Inns where a repast was provided consisting of two courses. I Mutton Pie II Apple pie which was generally washed down with a liberal supply of "Home Brewed".

Cwdihw (Dallhuan) Owl (See cyrlluan)
In Folklore, the owl is called in Glam. "Eos Shir Gaer".
Cwdi-hw, – an Earthen Vessel made at Ewenny Pottery, resembling an owl, in which a small supply of oatmeal was kept handy for use.

Cwdyddion. Packmen. Teamen, and all sorts of Hawkers carrying bags with articles for sale.
"Ystyriwch stranciau y Cwdyddion." (Owen Dafydd)

Cwm Colhuw a place name of a small valley near Llantwit Major, leading to the Bristol Channel, where at one time a good deal of piracy was carried on. "Mae a wedi myn'd i gwm Colhuw!" (it has gone to the valley of Colhuw!) used to be a familiar expression in the Vale of Glamorgan many years ago, when referring to anything that was hopelessly lost.

Cwmws (union) immediately, straightway
"Cera i hol y doctor yn gwmws." (Go and fetch the Doctor immediately.)
Ma' isha fa'n gwmws arno i. (I want it immediately)
"Cera ta thre'n gwmws paid a gialw yn ynlla arall,"
(Go home straight way, and don't call in anywhere else, or beside.)
"Yn gwmws heb i gymall." (Wil Hopcyn) (Directly without being invited)

The word is also used in the following sense.
"Dyn cwmws iawn ir swydd." (A very fit person for the office)
(Ergyd cwmws. A straight blow)
"Pren ciam cwmws yn y coed fe dyfws, y sa'r a'i naddws y gôf ei cwplws?"
(An old Welsh Riddle. The ans. Is a gun).

Afraid dweud y byddai'r math o ddeunydd a gasglwyd gan Cadrawd, wrth reswm, o werth mawr i'r sawl a fynnai lunio arolwg hanesyddol neu gymharol o dafodieithoedd y dalaith, a'r llu enghreifftiau yn cynrychioli cronfa ddifyr a pherthnasol o brif nodweddion ieithyddol yr hen gymunedau gwledig. Er enghraifft, gellid rhestru ffurfiau lawer sy'n cynnwys olion y caledu cytseiniol a fu ar un adeg yn nodwedd ddigon cyffredin o iaith y brodorion, ffurfiau a ddiogelwyd mewn penillion llafar gwlad ac mewn nifer o hen ymadroddion. Wrth drafod y gair 'bratu', er enghraifft, ychwanegir copi o hen driban sy'n arddangos yn eglur ddigon natur y caledu hwnnw:

> Yn wir fai'n ffitach croci
> Will o'r Vo'l a Neti
> Am i bod nhw'n bratu co'd
> Wrth ceisio bod yn seiri.
> Hen Drib.[13]

Dro arall, cofnodwyd y triban a ganlyn wrth drafod y ffurf 'Ishta':

> Rwy'n ishta yma's cetyn,
> Yn cisho dal pyscotyn;
> Ond nid yw'r gwr ar gynffon flat
> Yn tynnu at y mwytyn.[14]

Ceir cyfeiriad, hefyd, at yr arfer o ychwanegu 'i' gytsain o flaen 'a' yn y Wenhwyseg mewn rhai geiriau. 'The semi distinct "i", medd

Cadrawd, 'which intrudes before the long vowel a may best be represented by the symbol ''a', hynny yw collnod cyn yr 'a', meddai wrth drafod y ffurf 'cianu'.[15] Weithiau dynodir y sain drwy gynnwys yr 'i' yn yr orgraff, dro arall arferir y collnod y cyfeirir ato uchod. Ceir ganddo 'Ciabitshan', 'cianu' a 'ciaru', ond yna 'c'atw' yn yr un rhestr er bod natur y sain a ddisgrifir yn eglur ddigon.

Fel yr awgrymwyd eisoes, siom i Cadrawd oedd gweld yr hen dafodiaith yn cael ei gweddnewid dan ddylanwad ffactorau cymdeithasol newydd a'r 'corruptor', meddai, 'or the one who permits the corruption (for the two are equally guilty) of a dialect stabs straight at the heart of his country'.[16] Rhan o agenda'r hynafiaethydd, felly, oedd cofnodi'r glendid ieithyddol a fu, a'r ysgogiad traddodiadol mai 'cam i adaw heb gof' yn elfen seicolegol gref. Dyletswydd yr hynafiaethydd o ymchwilydd oedd cofnodi a diogelu, a'r pwyslais hwn sy'n gyfrifol am y mynych restri o eiriau neu ymadroddion a welir yn llawysgrifau Cadrawd. Roedd yn anochel y byddai'r chwyldro diwydiannol yn arwain at broses o Seisnigo'r dafodiaith, ac roedd y rhamantydd yn Cadawd yn feirniadol iawn o'r effaith a gawsai'r eirfa ddiwydiannol a masnachol ar naturioldeb traddodiadol y Wenhwyseg. Byddai cofnodi prif nodweddion yr hen Wenhwyseg yn un agwedd ar y gweithgarwch ieithyddol hwn, ond yn wyneb y Seisnigo diwydiannol, nid annisgwyl oedd gweld ymdrech hefyd i fathu termau Cymraeg ar gyfer llu o orchwylion a datblygiadau newydd, a hynny yn absenoldeb unrhyw asiantaeth genedlaethol, ganolog. Erbyn heddiw, bu raid i wahanol bwyllgorau swyddogol ymateb i bob math o ofynion ieithyddol wrth i fyd diwydiant a thechnoleg dyfu i gyfeiriadau hollol newydd a rhyfedd. Ond hyd yn oed yn y bedwaredd ganrif ar bymtheg, er bod y sefyllfa braidd yn wahanol a'r ymateb yn fwy mympwyol, synhwyrid bod rhaid ymateb i'r her o ehangu geirfa'r iaith er mwyn trafod yr holl ystod o bynciau a ystyrid ar y pryd yn gyfoes berthnasol.

Afraid dweud fod nifer o'r geiriau yn adlewyrchu ymdrech y bathwr geiriau i gyfuno'r gwahanol haenau o ystyr a gynrychiolir gan y gwahanol dermau, a'r ffurfiau o'r herwydd yn ymddangos ar brydiau yn annaturiol o ddifyr. Ar y llaw arall, ar waethaf pob gwendid rhaid cydnabod perthnasedd a phwysigrwydd yr egwyddor. Wele ddetholiad o dermau a gofnodwyd gan Cadrawd:

Geiriau Bathedig Cymraeg (Llyfrgell y Ddinas, Caerdydd, 4.317)

Ffwrnes Wynt (Blast Furnace)
Galwad (A call from a church to minister as their pastor)
Golau–fynag (Light-house)
Goleunwy (Gaslight)
Golygwr (Editor)
Gwawl-fur (Horizon)
Gwirf (Alcohol)
Gwladfudo (To emigrate)
Llong Awyrol (Balloon)
Meddygydd (Doctor)
Mudolaeth (Emigration)
Rhaith Chwiliad (Inquest)
Siaradaeth (Oratory)
Syllwydrau (Spectacles)
Tadogion (Games played by elderly persons)
Tâlwobrwyon (Tips)
Traedfuanydd (Bicycle)
Tramwyon (Tours)

Roedd creu'r gwahanol restri o eiriau neu 'Glossaries', yn elfen ganolog yn yr ymgais i ddisgrifio'r dafodiaith a gysylltir ym meddwl Cadrawd â chyfnod Iolo Morganwg, y cyfnod euraid a chynddiwydiannol hwnnw a fu'n fan cychwyn i gymaint o chwilota hynafiaethol diweddarach. Ceir yn y rhestri hynny gyfoeth o wybodaeth am lu o hen eiriau a ffurfiau tafodieithol y dalaith, ond ymhlith ei bapurau gwelir hefyd adrannau mwy penodol sy'n ffurfio atodiad gwerthfawr i'r prif eirfâu am eu bod yn cynnwys detholiadau diddorol o wahanol fathau o ymadroddion megis diarhebion neu gymariaethau. Ar waethaf ei duedd i labelu pob dim yn daleithiol gyfleus, mae'r casgliadau yn cynnwys nifer o hen ymadroddion digon difyr a lliwgar nad ydynt bellach yn rhan naturiol o iaith lafar y trigolion. Er enghraifft, ceir un rhestr yn dwyn y teitl 'Welsh Colloquial Proverbs' (Caerdydd Llsgr. 2.337). Wele ddetholiad o'r gyfres honno:

Haws dweyd "mynydd" na myned drosto.
Foru Shon y Crydd
Does dim ddaw allan o lestr ond a fydd ynddo.

Gwell y ferch a chant yn ei llawes / mon ei braich
na'r ferch a chant yn ei llogell
Gwell cant ynddi na chant genti.
Caws i fagu asgwrn ymenyn am raen, ond
caws i facu ascwrn
Mae fel siop Jiweller – a'i gwbl yn y ffenestr
Does dim ond ei fod ef (Nearly dead)
Mae'n darllen fel 'ffeirad.
Mae fel gwinllan y dyn diog (Untidy and uncultivated)
Gwell ci byw na llew marw.
Gwell cymydog agos na brawd pell.
A fyno glod, bid farw.
Nid (yn y) boreu y mae barnu'r dydd.
Gwyn pob mynydd nes y deuir ato.
A fyno fod yn fawr, dechruad ar y llawr.
Y cyfaill cywir, yn yr ing fe'i gwelir.
Mae'n bwyta fel cloddiwr.
Mae mor hen a'i famgu.
Mae tro ym mhob heol.
Mwya'r brys, mwya'r rhwystr.

Ar wahân i'r deunydd a gofnodwyd yn ei lawysgrifau, ceir hefyd
adrannau penodol o fewn gweithiau cyhoeddedig sy'n adlewyrchu'r un
pwyslais. Yn ei draethawd eisteddfodol, er enghraifft, yn dilyn ei
gasgliad helaeth o dribannau Morgannwg, ceir adrannau atodol yn
ymdrin â phynciau megis 'Nursery Rhymes' (Hwiangerddi), 'Weather
Prognostications' (Daroganau ar y Tywydd) a 'Some Peculiar
Expressions common with the people of Glamorgan', ac yn ei gyfrol
ar hanes Llangynwyd, ceir cyfres hir o eiriau ac ymadroddion y
dywedir iddo eu casglu 'within the Parish of Llangynwyd'.[17] Ar yr un
pryd, rhaid cydnabod na chyhoeddwyd ond canran fechan o'r deunydd
tafodieithol hwnnw a ddiogelwyd yn ei lawysgrifau. Yno y ceir y
disgrifiad mwyaf cyflawn o natur y dafodiaith, ac yno y ceir y gronfa
helaethaf o eiriau ac ymadroddion y dalaith. Yn yr atodiad sy'n dilyn
yr adran hon, ceir detholiad o gyfeiriadau at eiriau ac ymadroddion
sydd, ar y naill law, yn egluro agweddau ar hen draddodiadau'r
dalaith, ac ar y llaw arall yn cynnig enghreifftiau o hen ffurfiau a
phriod-ddulliau'r Wenhwyseg.

CYFEIRIADAU

[1] Dr Brynley Roberts, *Cadrawd: Arloeswr Llên Gwerin* (Prifysgol Cymru Abertawe, 1996), 13.

[2] Ibid.

[3] Ibid., 13-14.

[4] LlGC Casgliad T. C. Evans (Cadrawd) llsgrau 1163B – 1175B. Gwelir y geiriau a ddyfynnir yn y rhagair i'r gyfres, 1163B, 3.

[5] Ibid., 11.

[6] Ibid., 16-18.

[7] Ibid., 18.

[8] Ibid., 6-7.

[9] LlGC (Cadrawd) 1166B, 16.

[10] LlGC (Cadrawd) 1167B, 39.

[11] AWC Llsgr. 1406/2. Digwydd y cyfeiriadau at eiriau neu ymadroddion yn ôl trefn yr wyddor.

[12] AWC Llsgr. 1406/3

[13] LlGC (Cadrawd) 1164B, 69.

[14] AWC Llsgr. 1406/4. ('Ishta'). Gw. hefyd Tegwyn Jones (gol.), *Tribannau Morgannwg* (Llandysul, 1976), Rhif 492. Gellid awgrymu mai 'a'r cynffon fflat' a ddisgwylir mewn fersiynau a olygwyd.

[15] AWC Llsgr. 1406/3. Trafodaeth ar y ffurf 'cianu'.

[16] LlGC (Cadrawd) 1163B, 12.

[17] T. C. Evans, *History of Llangynwyd Parish* (Llanelly, 1887), 142-8.

ATODIAD

Bacsa = footless [stockings]
'Caru'n i facsa', ne'dra'd i sana', is a common expression when a young man courts a girl who is living under the same roof.
Garw and Ogmore (1163B,77)

Bando pl bandos and bandoys n masc = Bandy
whara bando = playing bandy
matsh bando = a game of bandy
A very popular game with the Welsh many years ago. Parishes and certain districts played against each other, and those that took part did not feel that they had done their duty unless they were laid up in bed for a fortnight after the contest.
Very popular at Margam, Newton, Pyle and Llangynwyd fifty years ago. (1164B, 3)

Beltan (bèl. tàn)
An old Celtic custom of kindling a fire on midsummer day, throwing a small cheese or cake across it, and then jumping over the embers. It is something of a superstitious notion of protecting the crops from blight. The observance was kept up till lately in Gower. (1164B, 23)

Blewyn Cwtta
Tynnu blew[y]n cwtta = drawing lots
Method of drawing lots by means of two pieces of sticks, straw etc. one of which was longer than the other. One would hide them in his hand, with only the bare point of the end of each in sight and ask his op[p]onent to select which he would. If he drew the longer he won, if the shorter he lost. (1164B, 45)

Calan Fara Calend bread
It was a very ancient custom in the Vale of Glamorgan to give away to poor people cakes of bread – wheaten bread on New Year's day. Those who went round the farm houses, sang the following rhyme:
Rhan Rhan cofiwch y gwan
Saigan o fenyn a thorth gan;
Rhan i fi ar cwmni llon
Am gyfarch gwell y flwyddyn hon. (1166B, 9; cf. AWC 1406/2 'Calan Fara')

DIWYLLIANT GWERIN MORGANNWG

Cerig Bach Jack Stones or Tap Stones
At times, a very popular game or play with girls at school. The play is with
five small smooth stones which are thrown up together and caught on the
back of the hand, while those which were missed are picked up from the
ground (or the table on which they play) in a certain fashion.
It has always been a pleasant pastime with small country girls. (1166B, 58)

Cwt a Canw'll
An ancient custom in the Vale of Glam. and practiced [*sic*] half a century
ago on Candlemass night. A struggle between two to put out a candle
placed on the floor. One held a long pole, or brush stick, while another
with the same kind of weapon prevented him. They went about it with
their backs to each other, and working between their legs. Sometime(s) the
contest lasted for half an hour. (1167B, 124)

Cyflwyna
The old custom among the women of Wales of visiting women after child-
birth and of making presents to the new born child. (1167B, 140)

Endid a certain quantity
Endid o g'irch = the quantity which farmers would take to the mill of their
best oats to dry on the kiln for the purpose of making their supply of
oatmeal for the year. It was necessary that enough, and not too much
should be put on the kiln when it was lit, in order to obtain the proper
result, and this was called 'Endid'.
'Cwyro' was the word used for the process of making oatmeal: 'Otych chi
wedi cwyro leni?' (Have you made your supply of oatmeal this year?)
(Llanwyno) (1168B, 97)

Arma'th (ar- maeth) prepare
Bord Arma'th, a special made table to kneed dough upon, and to prepare
other kind(s) of food.
Crochon Arma'th, The Crock in which the iŵd was prepared, or other kind
of food was cooked.
Diwarnod Arma'th, The Baking day, the day upon which the supply of
bread was made and baked for the week.
Maen Arma'th or Armerth, which is translated 'The Perfection Stone'. The
name given to one of the central stones of the Gorsedd Circle.
'Arma'th y dishan fytw'd y ddô' (Local Prov.) (AWC 1406/2)

Clenica.
Poor women going round farm houses to beg wheaten bread as a new
year's gift, for wishing well to do people a happy new year. The good
wives of large farms always prepared a good supply of these cakes to be
given away, as this was the only bit of wheat bread some poor people may
have during the year. (AWC 1406/2)

Clica.
Mynd i glica. This is what the children say at Pontneddfechan when
making the rounds of the neighbourhood on the new year's morning, to
wish the people a happy new year, and to solicit a calenig. (AWC 1406/2)

Calenig, pronounced C'lenig
'Y plant yn mynd i gisho c'lenig'. The children going about on New Year's
Morning with an apple, or orange suitably decorated with boxwood,
rosemary, and oats, with a handle to carry it and legs to stand, finely
dressed from green hazel wood; wishing the neighbours a happy new year
singing, –
'Blwyddyn newydd dda i chi
A ch'lenig i fina'.
'Mynd i G'lenica' they say in Cwm Nedd. (AWC 1406/2)

Coffins, and cwffins. A kind of mutton pies, a speciality at Cwm Clydach, at
wedding feasts, made in the shape of a coffin.
'Coffins clever o gig gwedder
Crystyn brou hawdd ei gnoi
A photen reis eitha neis
Teisenau fo round o dri hanner pownd' etc.
(Cân y Gwahoddwr) (AWC 1406/3)

Jigwr (crychlamwr) = Jigger
In Glam. some half a century ago or more, to be an expert-jigger was a
qualification the young people sought to attain, and to be able to stand up
before a crowd, and win the admiration of the company at a Mabsant or
revel was an accomplishment to be proud of. It was quite an ex(h)ilarating
sight to see two or three of the most celebrated jiggers competing for the
highest applause and approbation of the onlookers by 'keeping up to tire
each other down' as Goldsmith says, using their feet to keep time to the
music of the harp, – 'i drwch y blewyn' as it was said. (AWC 1406/4)

Mabsant pl mabsantau

The Glamorgan revel or celebration of the day upon which the church of a parish had been dedicated to the Patron Saint. In the early days, these feasts partook of a religious character, surviving Catholic times they gradually deteriorated, and became mere Saturnalia – scenes of debauchery and drunkenness. In Glamorgan, however, they were kept up in a popular manner until about the middle of last century, through the attraction of dancing. The dances indulged in were the 'jig', practised only by males, and the 'reel', which consisted of two or four couples of male and female. Also the 'country dances' of which there were quite a variety. The favourite music played at these Mabsantau by harps and crwth were the 'Swansea Hornpipe', 'Irish Jig', and the 'Copenhagen Waltz'. (LlGC 1171B, 1)

Marchog a very small pitcher made at Ewenny Pottery, to carry water or milk. 'Dewch a'r marchog i ga'l llymid o la'th', – would be a command of a farmer's wife to a poor woman employed at the harvest, and who had children to bring up. (AWC 1406/4)

Mwrno Mwrno'r gloch

To muffl(e) the Big Bell. A very old custom in some parishes on the day of the funeral of a distinguished parishioner the tongue of the tenor bell was covered with a thick coating of felt, in order to deaden the sound. The bell was tolled at short intervals during the day from eight o'clock in the morning until the body arrived in church. The fee to the Parish Clerk at Llangynwyd for the mourning of the Bell when ordered was one pound. (AWC 1406/4)

Pasti Wawdd (Invitation Pie)

The Annual Village pie or feast, a common institution in Glam. until a generation ago, but now almost disappeared. The primary object was to assist the people who prepared it. It lasted a whole week, from one Saturday to the other, and a good sum was generally made. A harp was engaged during the whole week, and dancing took place every evening, and some excellent love songs rendered by the swains. It was one of the greatest ambitions of a young lad at this period to be applauded at a public house for his good singing. (LlGC 1171B, 108)

Pilgin (Plygain) The early meeting at churches and chapels on a Christmas morning. This old custom is still observed in some places, when carols are sung and the sacred buildings decorated. (AWC 1406/4)

Pwnsh. Pwnsh a Shiwan.

The Punch and Judy was a conspicuous figure accompanying the Wassailing Company during the Christmas Festivities. Punch, the gentleman, was dressed according to the taste and ability of the wearer, generally in a cap and mask, of some animal's skin, with the hair on, and the jacket was either much decorated, or entirely composed of the same materials; a fat brush, if it could be got, or some hairy ornament a pendant from behind, and a concealed bell tinkling about his hinder parts. His right hand wealded a rod, with which he plentifully belaboured his wife Judy, who is personated by the tallest man the party were able to procure. He is habited in female attire, the face blacked, and an enormously broad-brimmed stouched beaver hat upon the head. These two danced a *pas de deux*, a sort of shuffling run, in very short steps, which was known among fashionable assemblies half a century ago, as the 'Partridge Step'. The jingle of Punch's bell is the only music, and the frequent application of his rod to Judy's back, the most striking part of the performance, the beats in strict time with the steps. (AWC 1406/5)

RHAN 2: GEIRFA, YMADRODDION A PHRIOD-DDULLIAU'R WENHWYSEG

LlGC Llsgr. 1165B (Cyfeirir isod at rif y tudalen)

1 **Bwa'r Drindod** = The Rain bow

4 **Bwch** pl Bychod n mas Buck
Bwch gafar = He goat
Blingo'r bwch = Slang expression. Vomiting
Mae e wedi bod yn blingo'r bwch eto, wel di
He is bilious after his carouse, don't you see

Mae gwynt y bwch gento
He smells heavy under the arm pits
Bedwellty

6 **Bwgylad** (bwg-ylad) bellow
Arw'd(d) glaw, mae'r dda'n bwgylad
A sign of rain the cattle are bellowing

Beth sydd ar y tarw'n bwgylad(d) fel yna
What makes the bull bellow so

DIWYLLIANT GWERIN MORGANNWG

Po fwya bo'r fuwch yn fwgylad, cyn(t)a gyd aiff hi i darw
The more the cow bellows, the sooner will she go to the bull.
Local Proverb Margam, Pyle etc

10 **Bwlffagan** (bwl-ffag-an) v to wrangle
Beth ma'r ffolia(i)d yn bwlf(f)agan a'u gilydd
Why do the fools thus wrangle

Y dâ'n bwlffagan
The cattle butting each other

26 **Byta Bara Secur**
A local phrase for the period of childhood
Yn Ystradgynlais byttes i nhipyn bara secur

28 **Bywyn** (byw-yn) Pith
Bywyn torth = the pith of the loaf
Bywyn tir.
Dos ddim joni mawr m'wn tir heb dipyn o fywyn iddo
Land that has no pith is not of much value.

LlGC 1166B

23 **Carco** (car-co) v trans = to watch
Carcwch y plentyn = take care of the child
Carco'r tŷ = to watch the house

Fe garcws Betti i mam yn ofalus hyd y diwedd
Betti took care of her mother to the last
Carca di ne ti gwmpi!
Take care or you will fall

Gwr doniog iawn, gwr didwyll rhwydd
Mae'n carco i swydd yn Seion.
(R. William o Fargam 1700)

25 **Carfan** (car-fan) n fem pl carfanau = rows of dried hay
Carfanu gwair = to gather the hay together after it is dried in the sun, into
rows for carrying or putting into big cocks
Cefan Carfan / Llan Carfan. Place names in Glamorgan

49 **Celficyn** (cel-fi-cyn) n masc pl celfi furniture
Mae genit ti gapal hardd ma Arglwydd, ond celfi a nath y Jawl.
Siencyn Penhydd at a place where the members had divided and were in
sore disagreement (Taibach and Aberavon)
Celfi berweddu = brewing vessels (Penybont)
Celfi Ceffyla = Harness (Gelligaer)

65 **Cetshin** (cet-shin) n. infection
Ma'n nhw'n gwêd fod pob dolur yn getshin
They say every disease is infectious

66 **Cewc** (cewc) n masc grimace
Do's geni gynig idd i hen gewc a
I cannot bear the grimace of the man

A gwnath wynab ychrydus o gewcog
And he made an awful grimace
(Hanes Siencyn Penhydd)

70 **Ciatar** (c'at-ar) n fem pl cadeira = a chair

97 **Clascu** (clas-cu) v trans to collect
clascu cwtsh = to gather the weeds in a plough(ed) field to be burnt

98 **Clawd** = they say for tlawd at Penderyn
pl clotion Mae a'n glawd iawn
M'wn cloti mawr

106 **Clemhercyn** (clem-her-cyn)
Paid a bod shwd hen glemhercyn
Don't be such an idle starer

149 **Cochi'r Bâl** (making the spade red)
Not making honest work, or thoroughly spading the ground, a cheating
performance, whereby you appear to give the ground a good turning over,
but leaving half of it unturned, with loose earth spread on the surface. The
expression is applied to all kinds of deceptive work. (Vale)

LlGC 1167B

4 **Colli Dŵr** v to weep
Yr odd colli dwr angyffretin yn yr anglodd
There was much weeping in the funeral

Cymanfa fydyr am golli dwr odd hono
Odd y dagra'n cial i tywallt yn gawotydd
Much weeping was experienced in that association and the tears fell in showers
(Cefn Coed y Cymmer)

6 **Conach** (con-ach) v Intran = to grumble
Beth wyt ti'n gonach ws i?
Why do you grumble my man? Lit. My servant.
Do's geni gynig i ddyn fo'n conach yn dragywydd

10 **Corbetwyn** (cor-bet-wyn) n masc = a pigmy, a small pig
The smallest pig in a litter often applied to a dwarf child, or man
Rhyw gorbetwyn o ddyn
A dwarf of a man. (Bettws)

22 **Cownti Crop**: meaning Jail
Fe gaiff e gownti crop rhyw ddiwrnod gei weld
He'll find himself in jail some day you'll see) (Llangiwc)

27 **Craff** n masc. = a fastener, iron clasp with bolt etc
Doti craff ar shafft y cart, pan wedi craco
Repairing the wooden shaft of the cart, after it has cracked
The word in Glam – namely abundance
Mae craff o lo o dan y mynydd yna
There is an abundance of coal under that mountain
Mae craff bidur o datws y leni.

32 **Cramwth** (cram-wth) n fem Fritter
sing. Cramwythen

Tri pheth sy'n myn'd yn ddiffrwth,
Blawd circh i ni'thyr cramwth,
Tori'r pren cyn crino'i frig
A phopi'r cig yn olwth. (Hen Drib.)
　　The variants are ;
　　Cramoth　　Between Aman and Garnant
　　Crymwth　　East Glam
　　Cramboeth　Penderyn sing. Cramboethen

33 **Cranwg** (cran-wg) n masc
An old Glamorganshire measure of lime. It contained about ten Winchester bushells. There would be so many 'cranwgs' given to an acre of land before it was sown with wheat in the old system of farming. Two sacks of lime was equal to one cranwg.

34 **Crasu** (cras-u)
Pidwch a chrasi'r ceffyl fel na'r dyn
Man don't beat the horse so

38 **Creiru** (crei-ru) v Intran = to swear solemnly, to make an oath
'Rodd un yn taeru ac yn creiru ar i enaid, taw nid efe odd tad y plentyn
He protested and swore on his soul that he was not the father of the child

'Fe dyngws goed, maes a mynydd' is a familiar Glamorgan expression
He swore to the wood, field and mountain.

40 **Crib y C'ilog** = a drunkard's nose
Mae e'n cario crib y c'ilog ar fla'n i drwyn
(He carries a cockscomb on the point of his nose)

71 **Culdod** (cul-dod) n masc adversity
Mae a m'wn culdod digynig
He is in very straightened circumstances (Tawe)

76 **Cuwch** (cu-wch) ad(j). As high
Cuwch gŵd a ffetan
Lit.   The bag is as high as the sack
(Eng Equiv.)   Jack is as good as his master.

91 **Cwlffyn** (cwl-ffyn) n masc = a chunk
Cwl-ffan n fem pl cwlffsach
Cwlffyn o fara chaws
Cwlffyn o dorth
Cwlffyn o fachgan cryno
(A tidy chunk of a boy)

Cwlffan o sgenas = (a chunk of a girl)

103 **Cwnu** (cwn-u) v trans and intran = raise, rise
Cwnu'n fora = Early rising
Cwnu'r pryf neu'r canddo = To start the hare or fox (a term used by huntsmen)

Cwnu'r anglodd = to start the funeral
Cwnu hwyl = move the congregation into fervour
Cwnwch yn y bora cynwch y tân
Cerwch i'r ffynon i hol y dŵr glan (Nursery Rhyme)

In the Tawe Valley the word 'codi' is mostly in use

123 **Cwta** (cwt-a) Y gwta fach = the hare
Ci cwta = Dog with a docked tail
Ceffyl cwta/Ceffyl crop = a horse with a short tail
Fe torws hi'n gwta i gwala heno
He cut it short enough tonight
Spoken of a preacher who had cut short his sermon

131 **Cwtyn** (cŵt-yn) n masc pl cwta
Bola cwtyn = a voluptuous belly

Mae'r wraig o Dwyn yr Otyn
A chenti fola cwtyn:
Yn ufad tê dair gwaith y dydd
Ar gwr heb un diferyn   Hen Drib.

151 **Cwmhenu** (cym-hen-u) v trans to scold, rebuke, correct
Pidwch a nghymenu, allswn i ddim o'r wthto
Don't rebuke me I couldn't help it
Y gwr ar Sela domlyd
A'r f(i)stras fach gymhenllyd
Yn awr wyn rhydd ar ben y twyn
Nhw fuo'n bron dwyn y mywyd. (Hen Drib.)

Fe'n cymhenws ni'n wilffwl
He scolded us dreadfully. (Gelli-gaer)

152 **Cymhercyn** (cym-her-cyn) n masc
An old bachelor pl cymhercod

Merch ifanc wyn i mofyn
Er mynd i draffarth getyn
Mil mwy dymunol yw i gw'n
Nag arian hen gymercyn. (Hen Drib.)

153 **Cymoni**

Mae isha cymoni tipyn ar y tô yn dost

The thatch wants tidying very badly

Cymoni'r berth Trimming the hedge

Cymoni'r dâs Tidying the st(a)ck

Mae show o waith cymoni ano ni, cyn dod yn ffit i'r nefodd.

There is a good deal to be done with us to make us fit for heaven.

155 **Cymra'g Cerig Calch** = Homely Welsh

Welsh as spoken in the Vale of Glam., a district lying entirely on the limestone foundation, in general, and the language spoken by the people of Llanharri in particular.

LlGC 1168B

13 **Danadd gwyn'on** Literally – white teeth

The expression in the vale for poverty

Mae i danadd a'n wynon i gwala

(He is very poor, he does not get enough to eat)

In Lantwit Vaerdre the expression 'Glendid danedd' is meant for plenty:

Ti ro'est lendid danedd i ni drwy holl ystod ein bywyd

(Thou didst bless us with plenty all our life)

24 **Datrus** v trans = to comb

Cera i datrus dy ben, ferch, yn lle fod a'n dishgwl fel llwyn o ithin

(Put your hair tidy, maid, and don't let your head look like a furze bush)

Daw Awst, daw nôs = When August arrives the days are seen to shorten.

Local Proverb (Pontneddfechan)

39 **Difa**: A word used as an affectionate term by the milkmaids in Glam in handling their cows:

Difa, difa y morw'n fach i

(Be quiet, my little maiden)

The word also has the following meanings:

Fi na'n ddifa a chi (I will do well with you)

Fe fysa'n ddifa i chi d(d)od i'n gwel'd ni (It would not be much for you to come to see us)

40 **Digynyg** adj. incomparable
'Ma cnwd digynyg o wenith ar y ca' na'
(There is an exceptional crop of wheat on that field)
Dynon bach piwr digynyg sydd yn byw yn Fferm Ty Maen
(The people at Ty Maen farm are uncommonly hospitable)
Mae wedi gnuthur tywydd brâf digynyg i leni
(The weather has been incomparably fine this year)
Plentyn pert digynyg (An exceedingly pretty child)

52 **Diswta** adj. & adv. = Suddenly or sudden
Fe fu farw'n ddiswta iawn
(He died quite unexpectedly)
Fe d(d)a'th y glaw yn d(d)iswta ar yn traws ni
(The rain came very suddenly upon us)

98 **Enllyn** no English equivalent
There has been much discussion in the papers whether there is a word in
the English language that conveys the exact meaning of this word. It
means butter, cheese, meat, milk or anything in the shape of luxury taken
with bread.
Enllyn trwyn = snuff

Y sawl a fyno fyta
Dou enllyn gyda'i fara,
Fe ddyla hwnw fod yn d'lawd,
Am n'uthur gwawd o'i fola. Hen Drib.

101 **Erfyn** v trans = to expect
Dos dim i'w erfyn gen fwlsyn ond cic
Rodd erfyn mawr ar y 'tifadd cyn iddo ddod
R'ym yn dy erfyn Arglwydd mawr etc (a familiar hymn)

Ffitach = more fitting
Fyse'n ffitach iddi fyn'd i dalu i dyled na macsu cynhen rhwng 'i
chymdogon.
(It would be more fitting for her to go and pay her debts than to cause
contention between her neighbours) (Pontardawe)

153 **Ffrwmwndws** nonsense
Whalu ffrwmwndws = talking nonsense

LLYFRYDDIAETH DDETHOL

Ancient National Airs of Gwent and Morganwg (Llandovery, 1844), (Casglwyd a golygwyd gan Maria Jane Williams o Aberpergwm yng Nghwm Nedd)

Beale, Anne, *The Vale of Towey : or Sketches in South Wales* (London, 1844).

Cameron, David Kerr, *The Ballad and the Plough (A folk-history of the Scottish farmtouns)* (London, 1990).

Davies, David (Dewi Cynon), *Hanes Plwyf Penderyn* (Aberdar, 1905).

Davies, Lewis , 'Rhai o Ddefodau Godreon Brycheiniog', *Y Geninen*, Cyf. XL, Rhif 3 (Gorffennaf, 1922).

Davies, William, 'Casgliad o Lên-Gwerin Meirion', *Eisteddfod Transactions Blaenau Festiniog* 1898.

Diary of William Thomas, The (1762-1795), ed. R.T.W. Denning, (Llandybie, 1995).

Evans, Rev. Gruffydd 'Carmarthenshire Gleanings (Kidwelly)', *Y Cymmrodor*, Vol. XXV (1915).

Evans, T.C. (Cadrawd), 'Ploughing with Oxen in Glamorgan', *Red Dragon* (ed. Charles Wilkins), Vol. 3 (Jan.-June 1883).

Evans, T.C. (Cadrawd), 'The Folklore of Glamorgan', *Transactions of the National Eisteddfod of Wales Aberdare 1885*, (Cardiff, 1887).

Evans, T.C. (Cadrawd), *History of Llangynwyd Parish* (Llanelly, 1887).

Evans, Meredydd a Kinney, Phyllis, 'Canu'r Ychen', *Trafodion Anrhydeddus Gymdeithas y Cymmrodorion*, 1986.

Fraser, Maxwell, 'Benjamin Hall, M.P. for Marylebone', *Cylchgrawn Llyfrgell Genedlaethol Cymru*, Cyfrol XIII.

Howells, John, 'The Glamorgan Revel (Gwyl a Gwledd Mabsant)', *Red Dragon* (ed. Charles Wilkins), Vol. 5 (Jan.-June 1884).

Ifans, Rhiannon, *Sêrs a Rybana : Astudiaeth o'r Canu Gwasael* (Llandysul, 1983).

James, Lemuel Hopkin, *Old Cowbridge* (Cardiff, 1922).

Jones, David (Wallington), 'The Mari Lwyd : a Twelfth Night Custom', Archaeologia Cambrensis, Vol. 5 (1888).

Jones, L.D. (Llew Tegid), 'Hunting the Wren', *Cylchgrawn Cymdeithas Alawon Gwerin Cymru*, Cyfrol I (1909-12).

Jones, Tecwyn Vaughan, 'Y Fari Lwyd a'r Adfywiad', *Barn,* 407-8 (Rhagfyr ñ Ionawr 1996-7).

Kemp, Julia, *Hidden Gold (History and Folklore of the Coomhola and Borlin Valleys)* (Coomhola, 1998).

Kinney, Phyllis a Evans, Meredydd, 'Canu'r ychen', *Trafodion Anrhydeddus Gymdeithas y Cymmrodorion*, 1986.

Llawysgrif Richard Morris o Gerddi (LlRMG) gol. T.H. Parry-Williams, (Caerdydd, 1931). (Rhagymadrodd).

Llên Gwerin Blaenau Rhymni o Gasgliad Bechgyn Ysgol Lewis Pengam, (Pengam 1912).

Lloyd, A.L., *Folk Song in England* (London, 1967).

MacDonogh, Steve, *Green and Gold (The Wrenboys of Dingle)*, (Dingle, 1983).

Morgannwg Matthews Ewenni, gol. Henry Lewis (Caerdydd, 1953).

O'Brien, James, 'Y Plygain', *Transactions of the Aberafan and Margam District Historical Society*, Vol. I (1928).

O'Brien, James, 'Mari Lwyd' and 'Carrying the Wren', *Transactions of the Aberafan and Margam District Historical Society*, Vol. II (1929).

Owen, Trefor. M., *Welsh Folk Customs* (Cardiff, 1959).

Payne, Francis G., *Yr Aradr Gymreig* (Caerdydd, 1975), 186

Peate, I.C., 'Mari Lwyd : a suggested explanation', *Man*, XLIII (May-June 1943).

Phillips, D. Rhys, *The History of the Vale of Neath* (Swansea, 1925).

Redwood, Charles, *The Vale of Glamorgan : Scenes and Tales Among the Welsh* (London, 1839).

Reeves, James, *The Idiom of the People* (London, 1958).

Reeves, James, *The Everlasting Circle* (London, 1960).

Roberts, Brynley F., *Cadrawd : Arloeswr Llên Gwerin*, (Prifysgol Cymru Abertawe, 1996).

Roberts, Gomer M., *Crwydro Blaenau Morgannwg* (Llandybie, 1962).

Roberts, W. (Nefydd), *Crefydd yr Oesoedd Tywyll* (Caerfyrddin, 1852).

Saer, D. Roy, *Canu at Iws* (Darlith Goffa Amy Parry-Williams), (Arfon, 1992). Cyhoeddwyd gan Cymdeithas Alawon Gwerin Cymru.

Scourfield, Elfyn, 'Rural Society in the Vale of Glamorgan', *Glamorgan County Historian*, Vol. VI, (ed. Prys Morgan) (Cardiff, 1988).

Sharp, Cecil J., *English Folk Song : Some Conclusions* (London, 1965).

Thomas, Ben Bowen, (gol.), *Baledi Morgannwg* (Caerdydd, 1951).

Thomas, William, (Glanffrwd), *Llanwynno*, gol. Henry Lewis (Caerdydd, 1949).

Trevelyan, Marie, *Folk-Lore and Folk-Stories of Wales* (London, 1909).

Tribannau Morgannwg, Tegwyn Jones gol., (Llandysul, 1976).

Walters, Huw, 'Chwifio Baner Dirwest : Cenhadaeth Dafydd Daniel Amos', yn Geraint H. Jenkins (gol.) *Cof Cenedl*, V (Llandysul,1990).

Walters, Huw, 'Rhagor am ganu i'r ychen : Tystiolaeth Dewi Haran', *Canu Gwerin*, 22 (1999).

Williams D.G. (Ferndale), 'Casgliad o Lên-Gwerin Sir Gaerfyrddin', *Transactions of the National Eisteddfod of Wales Llanelly 1895* (s.l. 1898).

Williams, Gareth, *Valleys of Song (Music and Society in Wales 1840-1914)* (Cardiff, 1998).

Williams, G.J., *Iolo Morganwg* (Caerdydd, 1956).

Williams, G.J., 'Glamorgan Customs in the Eighteenth Century', *Gwerin*, Vol.I (1956-7).

MYNEGAI

Tribannau a Phenillion: Mynegai i'r Llinellau Cyntaf

Mynegai i Eiriau'r Wenhwyseg